Arche-Editionen des Expressionismus
Herausgegeben von Paul Raabe

EXPRESSIONISMUS
DER KAMPF UM EINE LITERARISCHE BEWEGUNG

Herausgegeben von Paul Raabe

ARCHE

Diese Ausgabe erschien 1965 unter dem gleichen Titel im Deutschen Taschenbuch Verlag, München.

Umschlag: Max Bartholl, Frankfurt
Druck, Bindung: Röck, Weinsberg
Printed in Germany
ISBN 3-7160-2047-8

INHALT

Zur Neuausgabe
Einführung 7

Prolog
Stefan Zweig, Das neue Pathos. 1909 15

1. Frühe Hinweise. 1913–1914
Kurt Hiller, Zur neuen Lyrik. 1913 25
Eduard Korrodi, Die Jüngsten der deutschen Literatur. 1914 34
Käthe Brodnitz, Die futuristische Geistesrichtung in Deutschland. 1914 42

2. Darstellungen und Diskussionen. 1915–1920
Otto Flake, Von der jüngsten Literatur. 1915 53
René Schickele, [Antwort an Otto Flake.] 1916 66
Kurt Pinthus, Zur jüngsten Dichtung. 1915 68
Franz Herwig, Vom literarischen Expressionismus. 1916 80
Gerhard Heine, Vom »jüngsten Tag« deutscher Dichtung. 1916 84
Kasimir Edschmid, Expressionismus in der Dichtung. 1918 90
Hermann Hesse, Zu ›Expressionismus in der Dichtung‹. 1918 108
Alfred Döblin, Von der Freiheit eines Dichtermenschen. 1918 114
Alfred Kerr, Junges Deutschland. 1918 121
Rudolf Kayser, Literatur in Berlin. 1918 130
Friedrich Markus Huebner, Der Expressionismus in Deutschland. 1920 133

3. Betrachtungen und Meinungen. 1918–1920
Rudolf Paulsen, Das Tempo unserer Zeit und der Expressionismus. 1918 149
Margarete Susman, Expressionismus. 1918 153
Walter von Molo, Bekenntnis zum Expressionismus. 1920 157
Robert Musil, Expressionismus. 1919 160
Friedrich Gundolf, [Über das neue Pathos und den Expressionismus.] 1920 163

4. Nekrologe. 1920–1921
Kasimir Edschmid, Stand des Expressionismus. 1920 173
René Schickele, Wie verhält es sich mit dem Expressionismus? 1920 176
Iwan Goll, Der Expressionismus stirbt. 1921 180
Paul Hatvani, Der Expressionismus ist tot . . . es lebe der Expressionismus. 1921 182

5. Rückblicke. 1923–1930
Paul Zech, Expressionistisch – ein neuer Kunstirrtum. 1923 189
Heinrich Eduard Jacob, Zur Geschichte der deutschen Lyrik seit 1910. 1924 194
Frank Thiess, Das Ende des Expressionismus. 1926 211
Hermann Kesser, Überblick über den Expressionismus. 1930 217

Nachspiel: Das ideologische Ärgernis. 1933–1938
Börries von Münchhausen, Die neue Dichtung. 1933 229
Gottfried Benn, Bekenntnis zum Expressionismus. 1933 235
Gerd Rühle, Das Ringen gegen die Bolschewisierung des geistigen Lebens. 1936 247
Georg Lukács, »Größe und Verfall« des Expressionismus. 1934 254
Alfred Kurella [Bernhard Ziegler], Nun ist dies Erbe zu Ende . . . 1937 273
Ernst Bloch, Diskussionen über Expressionismus. 1938 283

Nachweise und Anmerkungen 295
Der literarische Expressionismus in zeitgenössischen Dokumenten. Eine Bibliographie 308
Namenregister 315

ZUR NEUAUSGABE

»Der Expressionismus ist tot... es lebe der Expressionismus.« Paul Hatvanis provozierendes Diktum von 1920 läßt sich zu allen Zeiten wiederholen: vor zwanzig Jahren, heute und in der Zukunft. Die spannungsreiche, von Verstand und Gefühl gleichermaßen geprägte künstlerisch-literarische Bewegung zwischen 1905 und 1925 hat die Gemüter immer wieder beschäftigt und inzwischen die wissenschaftliche Auseinandersetzung mit diesem Phänomen zur Folge gehabt.

Der künstlerische Expressionismus ist weltweit ein anerkanntes und immer wieder neu entdecktes und gefeiertes Ereignis der Kunst im 20. Jahrhundert, der Malerei und Graphik, der Skulptur und Architektur. Nicht nur die großen Künstler der ›Brücke‹ und des ›Blauen Reiter‹, sondern auch die Maler, Graphiker und Bildhauer aus dem zweiten und dritten Glied sind längst als Teil dieser Aufbruchsbewegung in der Kunstgeschichte des Expressionismus registriert worden.

Auch der literarische Expressionismus wird seit Albert Soergels Literaturgeschichte (1925) gewürdigt und untersucht, wenngleich die an die deutsche Sprache gebundenen Texte verständlicherweise nicht die Weltgeltung erreichen konnten, wie man es von der Bildenden Kunst gewohnt ist. Das mindert nicht den Stellenwert der Gedichte, Dramen und Prosastücke dieser aktiven dichterischen Strömung innerhalb der breiten künstlerischen Bewegung. Im Gegenteil: Es wurden im Laufe der Zeit nicht nur die Werke von Georg Heym und Ernst Stadler, Georg Trakl und August Stramm in Gesamtausgaben herausgegeben, sondern auch die Schriften vieler poetae minores erneut vermittelt und in das Bild des Expressionismus eingefügt.

So wird es nützlich sein, den am Expressionismus interessierten Lesern und auch den Wissenschaftlern eine Sammlung von Texten über diese literarische Epoche wieder zugänglich zu machen, die vor mehr als zwanzig Jahren (1965) im Deutschen Taschenbuch Verlag erschienen und seit langem vergriffen ist. Wenngleich inzwischen andere Sammlungen wie die Texte der ›Expressionismus-Debatte‹ (Hg. von Hans J. Schmitt. 1976) oder die Sammlung der Manifeste von Theodor Anz und Michael Stark (1982) vorliegen, bleiben Wert und Nutzen dieser in jugendlicher Begeisterung zusammengestellten Anthologie der gleiche.

Die historischen Texte sind heute so wenig wie vor zwanzig Jahren überholt. Sie verdienen es, erneut gelesen und studiert zu werden. Gerade in der Zustimmung und in der Ablehnung spiegeln sie die erregende

Welt des Expressionismus, die ideologischen und poetischen Aspekte, die historischen und individuellen Züge und auch die Sichtweisen avantgardistischer oder reaktionärer Kritiker.

Den Kampf um den literarischen Expressionismus kann man am besten nachvollziehen, wenn man die geschliffenen Texte von Stefan Zweig über Alfred Döblin, Otto Flake, Kasimir Edschmid zu Georg Lukács und Ernst Bloch, aber auch die vielen weiteren auf sich wirken läßt. Man wird zu dem Schluß kommen: »Der Expressionismus ist tot ... es lebe der Expressionismus.«

Paul Raabe

EINFÜHRUNG

Expressionismus – das war die Formel, die die zeitgenössischen Literaten, Kritiker und auch die Dichter erfanden, um die 1910 hervorgetretenen neuen Tendenzen in der literarischen Entwicklung zu bezeichnen. Man setzte ein Schlagwort als Antithese gegen die letzte Phase der Moderne, die man pauschal und summarisch Impressionismus nannte. Will man die Literaturbewegung verstehen, so muß man von dem dialektischen Umschlag ausgehen, dem sogenannten Aufbruch des Expressionismus. Die Situation sollte man sich vergegenwärtigen. »Den Impressionismus schreibt längst niemand mehr auf ein Panier«, postulierte Kurt Hiller 1913 in dem ersten neuen theoretischen Werk ›Die Weisheit der Langenweile‹. »Man stellt sich unter ihm heut weniger einen Stil vor als eine unaktive, reaktive, nichts als ästhetische Gefühlsart, der man als allein bejahbar eine wieder moralhafte entgegensetzt (Gesinnung, Wille, Intensität, Revolution); und man neigt dazu, den Stil, den diese neue Gefühlsart erzeugt, wegen seiner konzentrierten Hervortreibung des voluntarisch Wesentlichen Expressionismus zu nennen.«

In dieser Spannung entstand in einem dynamischen, grotesken, aggressiven Stil eine neue Großstadtlyrik. Der Wille zum Leben im Hier und Jetzt paarte sich mit dem Bekenntnis zur Revolution, zur Änderung der Zustände in der Welt. Zugleich aber steigerte sich die Todessehnsucht und -verfallenheit der Jahrhundertwende zu einer Todesahnung und prophetischen Vision kommenden Unheils. Die literarische Jugend, unter der es viele Talente und einige wenige Genies gab, schloß sich in den Städten zu gemeinsamem Wirken zusammen bei Lesungen und Veranstaltungen, in der Mitarbeit an Zeitschriften, Anthologien und Verlagen. Wie die Maler und Musiker befreite man sich vom Klischee und von der Reproduktion, Kunst wurde allein Ausdruck eines Inneren und Wesenhaften. Man war schon auf dem Wege zum Abstrakten, als der Krieg mit tötender Gewalt in diese junge Literaturbewegung einbrach. Viele der begabten Dichter fielen auf den Schlachtfeldern; im übrigen aber wurde Expressionismus zu einem Programm: er wurde Ausdruck menschlicher Not und Forderung eines neuen Menschen, der Schrei grenzenlosen Leidens und der Ruf zur Brüderlichkeit und Menschlichkeit. Es kam die Zeit der Manifeste und Aufrufe, die oft stärker waren als die zeitgebundenen Dichtungen selbst. Doch je mehr Jahre vergingen, um so problematischer wurde die Utopie der Dichter, um so fragwürdiger und unschärfer auch der pauschale Begriff Expressionismus. Jeder Literat und Kritiker suchte ihn zu deduzieren und zu definieren. Aber in dem Begriff ging das Begriffene unter, je mehr man über ihn schrieb. Verständlich war es, daß ein paar Jahre nach dem Krieg in der Literatur in dem Moment, da der expressionistische Schrei so laut wurde, daß man ihn kaum noch verstehen konnte, ein neuer Umschlag einsetzte, eine Ernüchterung, eine Ratlosigkeit, von vielen erst spät allerdings verstanden. Die Schiffe kehrten heim in den Hafen. Die Dichter suchten eine neue Realität, eine neue Sachlichkeit, viele verstummten, viele wandten sich ganz dem tätigen Geiste zu.

Der Begriff Expressionismus aber kam in Mißkredit. Die Ressentiments wuchsen, je mehr der historische Verlauf in Vergessenheit geriet. Die völkischen und marxistischen Ideologen bekämpften ihn gleichzeitig, nur die Überlebenden verteidigten die Epoche ihrer Jugend. Der Literaturwissenschaft, die sich aus der Distanz, allerdings vorwiegend unter dichtungsgeschichtlichen Aspekten, mit dem Expressionismus befaßt, türmen sich die Widersprüche. Und die Frage: Was war Expressionismus? wurde Ausdruck einer neuen Ratlosigkeit und Verlegenheit.

Der literarische Expressionismus ist heute vielen eine Legende und vielen ein Ärgernis geworden. Aber: les extrêmes se touchent. Die Gründe der gegensätzlichen Einstellungen sind dieselben. Die Quellen sind verschüttet: vieles zerstörte der letzte Krieg und überhaupt die Nazizeit, die den Expressionismus als »entartete Kunst« verdammte. Die Kenntnis der Details ist ausgelöscht, viele Namen sind verschollen und vergessen, die historischen Zusammenhänge nur noch in groben Zügen bekannt. Es reicht aber nicht aus, sich allein an einigen großen Werken des Expressionismus zu orientieren und den Stilbegriff mit dem Phänomen der expressionistischen Bewegung gleichzusetzen. Ist man sich bewußt, daß der Expressionismus eine historisch gewordene literarische Strömung unseres Jahrhunderts ist mit Wirkungen, die noch nicht abzusehen sind, dann ist es Pflicht des Historikers, nicht nur die Dichtungen zu sichten, sondern auch die Dokumente der Zeit, die von ihm berichten. Um Verlauf und Entwicklung des literarischen Expressionismus zu verstehen, muß man den Wandlungen im Selbstverständnis der Epoche nachgehen. So gewinnt man ein farbenreicheres Bild von jener Zeit.

Mit der Jahrhundertwende setzte in der Literaturkritik eine Strömung ein, die sich an dem Vorbild des impressionistischen und subjektiven Stils Alfred Kerrs orientierte. Kritiker und Dichter schrieben nicht selten in demselben Ton. Will man den Zeitgeist verstehen, so kann man ihn auch in den kritischen Äußerungen nachlesen. Die Kritik im Expressionismus kam vielfach aus den eigenen Reihen. Sie trug sehr dazu bei, daß aus dem dichterischen Tun der Einzelnen das Bestreben einer Gruppe wurde. Die Herausgeber der Zeitschriften und Anthologien standen dabei nicht nur Pate, sondern sie waren quasi die Politiker der literarischen Strömung. Endlich: die Bewußtheit, mit der man schrieb, das Engagement, in dem viele standen, förderten ebenfalls den Willen, das darzustellen, was die expressionistische Generation wollte.

Die Urteile und Wertungen der Zeitgenossen sind also zum Verständnis und zur Rekonstruktion des Expressionismus unentbehrlich. Sie werden in einer kleinen Auswahl vorgelegt. Nur solche Aufsätze werden abgedruckt, die sich mit der expressionistischen Strömung im allgemeinen befassen. Es sind Dokumente im historischen Sinne, Aufzeichnungen aus der Zeit, viele schon bedeckt mit der Patina der Geschichte. Manche dieser Texte sind in einem Stil geschrieben, der zeitgebunden wirkt und auch vielleicht in der Entwicklung des Autors eine Frühstufe war. Die Urteile können in Einzelheiten überholt und ungerecht sein, aber dem gegenüber steht der Wert des Dokuments als lebendiges, aus der Zeit geborenes Zeugnis, das unmittelbar die Bedeutung eines Autors umreißt und Zusammenhänge und Tendenzen der Zeit veranschaulicht.

Diese historischen Überblicke (z. B. von Kurt Hiller, Kurt Pinthus, F. M. Huebner, H. E. Jacob, Hermann Kesser) sind aus miterlebender Nähe unter der unmittelbaren Wirkung der literarischen Ereignisse geschrieben. Sie nennen Werke und Schriftsteller, die man im Expressionismus als die für den Expressionismus entscheidenden hielt. Sie sind die Fixpunkte unserer chronologisch angelegten Dokumentensammlung. Aus der frühen Zeit vor dem Weltkrieg gibt es nur wenige, als vorläufig anzusehende Orientierungsversuche. Im Kriege wurde der Expressionismus immer theoretischer. Je zeitgebundener die dichterischen Produkte erscheinen – die meisten großen Werke des Expressionismus kamen vor dem Kriege heraus –, um so eifriger wurde das Phänomen diskutiert, dargestellt, abgehandelt. Allerdings verkündeten nicht nur die Auguren 1920/21, mit dem Ohr an der Wand der Zeit, das Ende des Expressionismus. Gerade diese Begrenzung zu zeigen, den Expressionismus zwischen zwei historisch einigermaßen festzulegenden Daten einzuordnen, erscheint uns wichtig. Die Rückblicke aus den zwanziger Jahren – so selten sie sind – bestätigen, daß der emphatische, dynamische Expressionismus sich überlebt hat. Die Literatur der zwanziger Jahre ist schon die Wirkung und das Erbe des Expressionismus, von dessen Überwindung man noch gelegentlich redete.

Geschichtliche Ereignisse sind nicht nur, je mehr man sich der Gegenwart nähert, in einem Netz von inneren Bezügen zu verstehen. Auch der Expressionismus war eingebettet in einen Prozeß literarischer Entwicklungen. Er ist nicht mit der Literatur der Zeit gleichzusetzen. Zwar löste er in einem gewissen Sinne die Literatur der Jahrhundertwende ab, leitete über vom 19. zum 20. Jahrhundert, war Ausklang und Wende in eins. Aber gleichzeitig gab es die abendländisch gesinnten Dichter in der Tradition Hofmannsthals, weiter wirkte der George-Kreis. Gerhart Hauptmann, Rainer Maria Rilke und Thomas Mann standen auf der Höhe ihrer Zeit. Sie lassen sich so wenig wie andere Dichter einer Bewegung zuordnen, zu schweigen allenfalls von den Provinzschriftstellern.

In der Herausforderung der literarischen Zeitgenossen wie auch in der Kritik der sozialen und politischen Wirklichkeit überhaupt wurde das Gemeinsame der neuen Dichtergeneration zuerst offenkundig. Ohne den Kampf um den literarischen Expressionismus ist der Expressionismus nicht denkbar. Polemik und Auseinandersetzung in den eigenen Reihen gehören zu den Kampfregeln jeder literarischen Jugend. Aber die Angriffe auf die Leitbilder und Ideale einer Zeit, die Provokationen gegen das Alte und Überlieferte forderten Antworten heraus, in denen freilich meist Unverständnis und Ressentiments dominieren, kleinbürgerliche Moralbegriffe und banausische Vorurteile. Doch daneben analysierten und kritisierten Dichter und Schriftsteller aus einer Gegenposition, sei es in ästhetischer, politischer oder konfessioneller Hinsicht, sehr scharf die literarische Modeströmung des Expressionismus, von dessen Endphase sich auch die frühen Expressionisten selbst distanzierten.

Gerade in dem Für und Wider der Argumente, in der Diskussion und Auseinandersetzung um die Grundfragen und Grundprobleme des Expressionismus wird das Phänomen in seiner Vielschichtigkeit sichtbar. Heute sind wir nach fünfzig

Jahren keine Parteigänger des Expressionismus mehr. Er ist Geschichte geworden, deshalb ist auch die Kritik heute, die den Expressionismus noch ohne Distanz aburteilt, ungerechtfertigt. Wir sehen in den Dokumenten, die stellvertretend für viele Zeugnisse aus der Zeit stehen, Bekenntnisse und Meinungen, die diese Literatur auf das Maß des Zeitgerechten und Angemessenen zurückführen, zugleich aber vor Augen stellen, wie problemreich, vieldeutig, kaum ganz ergründbar jene Zeit war. Der Zündstoff, der in dem revolutionären Affront expressionistischer Literatur und auch in den Allüren der Dichter lag, war noch lange gefährlich. Deshalb war es möglich, daß der Streit nach 1933 wieder aufflammte in der grotesken Verwirrung und Verkehrung der Begriffe, als die nazistische Literaturpropaganda die Künstler des Expressionismus als Kulturbolschewisten beschimpfte und gleichzeitig die marxistischen Ideologen im Expressionismus einen Präfaschismus sehen wollten. Damals war es in Deutschland nur Gottfried Benn, der, daheimgeblieben, den Mut hatte, sich öffentlich leidenschaftlich zum Expressionismus zu bekennen. In der Emigration aber verteidigten die Ideale ihrer Jugend Herwarth Walden und Heinrich Vogeler, Rudolf Leonhard und Kurt Kersten, fast schon Veteranen ihrer Vergangenheit, vor allem aber souverän Ernst Bloch.

Es war ein Nachspiel. Im Grunde waren diese persönlichen Apologien schon Erinnerung geworden, man kann sie kaum noch als Darstellungen bezeichnen. Die Zeitgenossen, die meist aktiv am Expressionismus teilnahmen, waren älter geworden. Sie lebten in veränderten Verhältnissen, und die Erinnerungen stehen jenseits des Streites um Größe und Verfall des Expressionismus.

Auch die literaturgeschichtliche Forschung, die schon Anfang der zwanziger Jahre mit Untersuchungen von Ferdinand Josef Schneider und Arno Schirokauer, den Darstellungen von Oskar Walzel und Albert Soergel einsetzte, auch diese objektivierenden Analysen des Expressionismus haben mit dem Engagement der Beteiligten, ob sie sich mit den Zielen dieser Bewegung identifizierten oder nicht, nichts mehr gemein. Die Wissenschaftler sprechen eine andere Sprache als diejenigen, die dabei gewesen sind, die die Unmittelbarkeit lebendiger Anschauung vermitteln, da vielfach Leidenschaft, Erregung und persönlicher Einsatz die Feder führten. Gerade die Kenntnis solcher Dokumente, die Vergegenwärtigung zeitgenössischer Gedankengänge,

Überlegungen und Wertungen tragen zum Bild des Expressionismus bei, das wir uns heute zu machen suchen.

Nimmt man die expressionistische Literatur als ein bedeutendes Ereignis im Ablauf der Geschichte, so tragen die theoretischen Selbstbekenntnisse und die intensiven Versuche des Selbstverständnisses dazu bei, den Sinn für die Bedeutung, den Aufstieg, den Verlauf und das Ende dieser großen literarischen Bewegung zu wecken und zugleich zu zeigen, in welch einer Breite man den Expressionismus verstehen sollte. Es ist alles vorüber, es liegt alles weit zurück, aber es ist unser Jahrhundert, unsere Welt, es sind unsere Probleme. Das Erbe? Wir haben es anzutreten.

PROLOG

STEFAN ZWEIG
Das neue Pathos. 1909.

Das Urgedicht, jenes, das längst entstand vor Schrift und Druck, war nichts als ein modulierter, kaum Sprache gewordener Schrei, aus Lust oder Schmerz, aus Trauer oder Verzagung, aus Erinnerung oder Beschwörung gewonnen, aber immer aus dem Überschwang einer Empfindung. Es war pathetisch, weil es aus Leidenschaft entstanden war, pathetisch, weil es Leidenschaft erzeugen wollte. Das Gedicht jener Großen und Fernen, die zuerst aus dem aufspringenden Schrei des Gefühls Wort und Rede fanden, war eine Ansprache an die Menge, eine Mahnung, eine Anfeuerung, eine Ekstatik, eine direkte elektrische Entladung von Gefühl zu Gefühl. Der Dichter sprach zu den anderen, ein Einzelner zu einem Kreise. Die Hörer standen vor ihm in Erwartung – etwa wie Max Klinger in seinem neuen Gemälde sie vor Homer dem Blinden versammelt sein ließ –, warteten, harrten, hörten, gaben nach, ließen sich mitreißen oder leisteten Widerstand. Jenes Gedicht und sein Vortrag war nicht zur Prüfung gebotene Vorzeigung eines Fertigen, ein Gerät oder ein Schmuck, schon gehämmert und ganz gefügt, sondern ein noch Entstehendes, ein im Augenblick neu Werdendes, ein Kampf mit dem Hörer, ein Ringen um seine Leidenschaft.

Diesen innigen, glühenden Kontakt mit der Masse haben die Dichter seit der Schrift verloren. Was die Verbreitung des geschriebenen Wortes und noch mehr dann die unendliche Vervielfältigung des Druckes ihnen an neuem Raum und an neuer Wirkung verlieh, daß in Ländern ihre Worte lebendig wurden, zu denen sie niemals selbst gezogen waren, daß Menschen aus ihrem Worte Kraft, Begeisterung und Lebensmut noch saugten, als ihr eigener Leib schon längst zerfallen war, dieses Ungeheure und Gewaltige war nur gewonnen worden durch einen Verzicht auf diese andere und vielleicht nicht geringere Wirkung, auf den Dialog, das Aug-in-Auge-stehen mit der Menge. Langsam wurde das Publikum für die Dichter etwas Imaginäres. Wenn sie sprachen, hörten sie eigentlich nur sich selbst zu, ihr Gedicht wurde immer mehr einsame Zwiesprache, Monolog aus der Anrede, immer mehr lyrisch in einem neuen Sinne und immer weniger pathetisch. Immer mehr entfernte sich ihr Gedicht von der Rede, immer mehr verlor es von jenem geheimnisvollen pathetischen Feuer, das nur genährt wird vom Augenblick, vom Gegenüberstehen einer erregten Menge, durch die magische Einströmung von Anspannung und Reiz aus dem Herzen des Hörers in das eigene Wort. Denn jeder Zuhörer tut mit seiner Erwartung, mit seinem Blick, mit seiner Spannung und aufschäumender Erregung ein Gewisses für den Sprechenden, er stachelt ihn an, er drängt etwas von seiner erwartenden Unruhe wie eine Frage in die noch nicht gegebene Antwort hinein. Im Augenblicke aber, wo der Dichter nicht mehr zur Menge sprach, nicht mehr zu einem Kreise, sondern das Wort für den Druck und für die Schrift schuf, entwickelte sich in ihm ein Eigengefühl. Er gewöhnte sich daran, eigentlich nur für sich zu sprechen, sein eigenes Empfinden, ohne Hinblick auf Wirkung und Gewalt, als wichtig zu empfinden, Zwiesprache nur mit sich selbst und mit dem Schweigen zu führen. Und immer mehr wandelte sich das Gedicht. Seit der Dichter nicht mehr das große, atmende Rauschen der Antwort, den Schrei der Leidenschaft, den Jubel der Begeisterung als Finale seiner Dichtung hatte, als den letzten, gleichsam noch zu seiner Musik gehörenden Akkord, suchte er den Klang im Verse aus ihnen selbst zu ergänzen. Die Dichter rundeten ihr Gedicht wie Tongefäße, sorgsam und künstlerisch, ließen es voll Farben sein wie ein Bild, füllten es an mit Musik, immer mehr verzichteten sie darauf, zu überreden, zu überführen und zu begeistern. Sie ließen es fühllos sein für die anderen und gaben ihm nur das Stimmungsleben seiner eigenen Welt. In jener Zeit des Überganges entstand wohl zuerst die »poetische« Sprache, jene Sprache neben der lebendigen, die oft und öfter erstarrte zu einem weltfremden Dialekt, die Marmor ist und nicht mehr Blut. Früher war die poetische Sprache nicht eine neben der wirklichen, sondern nur ihre letzte Steigerung. Durch den Rhythmus der höheren Leidenschaft, durch das Feuer der Ansprache wurde sie ein heiliges Fieber, ein seliger Rausch, ein Festliches im Alltag. So als gesteigerte Lebendigkeit konnte die Sprache anders sein, ohne je unverständlich zu werden, konnte mit dem Volke bleiben und doch über dem Volk, während die Lyrik von heute zum größten Teil den Tätigen, den Wirklichen, dem Arbeiter und dem Werkmann fremd und wertlos geworden ist.

Aber eben in unseren Tagen scheint sich wieder eine Rückkehr zu diesem ursprünglichen, innigen Kontakt zwischen dem Dichter und dem Hörer vorzubereiten, ein neues Pathos wieder zu entstehen. Das Theater war die erste Brücke zwischen der Poesie und der Menge. Aber noch war hier der Schauspieler

Mittler des gesprochenen Wortes, war das rein Lyrische nicht Selbstzweck, sondern nur Hilfe im Trug für drei oder vier Stunden. Aber die Zeit der Absonderung des Dichters von der Menge, die einst bedingt war durch die großen Distanzen der Nationen, scheint heute überwunden, durch die neue Annäherung, durch die Industrialisierung der Städte. Die Dichter lesen heute wieder selbst in Sälen ihre Verse vor, in den Volksuniversitäten Amerikas, selbst in den Kirchen klingen die Verse Walt Whitmans zu amerikanischem Bewußtsein, und was sonst nur die heißen Sekunden politisch bewegter Tage schufen – man möge an Petöfi denken, wie er sein Nationallied ›Talpra magyar‹ vor den Stufen der Universität zur revolutionären Menge deklamierte – das gibt nun fast jeder Tag. Wieder wie einst scheint heute der lyrische Dichter befähigt, wenn nicht der geistige Führer der Zeit, so doch der Bändiger und Erreger ihrer Leidenschaften zu werden, der Rhapsode, der Anrufende, Befeuernde, der Entfachende des heiligen Feuers: der Energie. Ein Warten scheint für ihn zu sein, der das ganze Leben im Blitze zusammenfaßt und über die Dunkelheiten sprühen läßt.

»Il monte – et l'on croirait que le monde l'attend,
Si large est la clameur des cœurs battants
A l'unisson de ses paroles souveraines.
Il est effroi, danger, affre, fureur,
Il est ordre, silence, amour et volonté et haine,
Il scelle à lui tous les violences lyriques.«

Freilich, anders muß das Gedicht sein, das zur Menge sprechen will. Es muß vor allem selbst ein Wille, selbst eine Absicht, eine Energie, eine Evokation sein. Was die Zeiten der Absonderung erzeugt haben an technischen Fähigkeiten und Werten, an süßer Musik, an schwingender Rhythmik, an Geschmeidigkeit und Biegsamkeit der Sprache, darf hier nicht mehr Selbstzweck sein, sondern nur Mittel zur Erregung von Enthusiasmus. Ein solches Gedicht darf nicht mehr sentimentaler Dialog des Einsamen mit irgendeinem unbekannten Einsamen irgendwo in der Ferne sein, darf nicht die kurze, flüchtig zitternde Stimme sein, die schon verlischt, ehe die Flamme des Wortes in ihr emporgeschlagen hat, dieses neue Gedicht muß stark, jubelnd und beseelt sein, weit ausholend und hinstürmend in raschem Schwung. Nicht für leise Stimmen ist es geschrieben, sondern für laute, hallende Worte. Wer die Menge zwingen will, muß den Rhythmus ihres neuen und unruhigen Lebens in sich haben, wer zu ihr spricht, muß beseelt sein von neuem Pathos. Und dieses neue

Pathos, das »ja sagende Pathos par excellence« im Sinne Nietzsches, ist vor allem Lust, Kraft und Wille, Ekstase zu erzeugen. Nicht sensitiv und wehleidig darf dieses Gedicht sein, nicht ein persönliches Leid ausdrücken, damit ein anderer sich darin einfühle, sondern beseelt von Freude und Überschwang, von dem Willen aus Freude wieder Schwung und Leidenschaft erzeugen. Nur große Gefühle tragen das Wort zur Menge hin, kleine, die nur im Schweigen wie in unbewegter Luft auffliegen können, stürzen hin. *Das neue Pathos muß den Willen nicht zu einer seelischen Vibration, zu einem feinen ästhetischen Wohlgefühl enthalten, sondern zu einer Tat.* Es muß mitreißen, muß die zersprengten Kräfte des Dichters von einst wieder in sich versammeln, muß im Dichter den Demagogen, den Musiker, den Schauspieler, den Redner für eine Stunde wieder erschaffen, muß das Wort vom Papier wieder aufreißen in die Luft, das Gefühl nicht sorgfältig als eine Heimlichkeit dem einzelnen anvertrauen, sondern in die Gischt einer Masse schleudern. Gedichte von solchem neuen Pathos können nicht schwache, passive Menschen schaffen, deren Stimmung von der Umwelt in jeder Minute gewandelt wird, sondern nur Kampfnaturen, die beherrscht sind von einer Idee, vom Gedanken einer Pflicht, die ihre Empfindung aufzwingen wollen, ihre Begeisterung zur Begeisterung der ganzen Welt erheben.

Dieses neue lyrische Pathos will in unserer Zeit wieder lebendig werden. Durch Jahrzehnte hindurch hat man die Rhetoriker verspottet. Die Wertwandlung Schillern gegenüber ist dauernde Probe. Und erinnern wir uns, daß Nietzsche, der einzige in Deutschland, der in den letzten Jahren Weltwirkung gewann, dies nur vermochte, weil er einen neuen rednerischen Stil erzeugte – »ich bin der Erfinder des Dithyrambus« –, weil sein ›Zarathustra‹ ein Predigerbuch ist, das ungestüm nach der lauten, tönenden Stimme verlangt. In Frankreich war es Victor Hugo, der zum erstenmal die Notwendigkeit der Ansprache erkannte. Aber er, der gerade an jener haarscharfen Grenze steht zwischen Genie und Talent, er, von dem man entweder sagen kann, daß er einer der geringsten war unter den ewigen, unter den monumentalen Dichtern, oder der größte unter den kleinen, unter den epigonischen, – er beschränkte sich nur auf Frankreich, dachte nur immer an die französische Nation – so wie Walt Whitman immer nur an die amerikanische – und vor allem, er hatte nicht den hohen Platz, zu ihr zu sprechen. Er wäre größer geworden, hätte er wahrhaft die Tribüne gehabt, von der sein Donner und Blitz zu einer Menge gefahren wäre, statt ewig nur das finstere Grollen aus dem Hintergrunde des Exils zu sein. Von seinem hundertbändigen Werke wird vielleicht nichts übrigbleiben als eben jene beschwörende Geste des Sprechenden, wie sie Rodin auf seinem Denkmal festgehalten hat, die nichts anderes ist als der Wille zum Pathos. Diesen Willen hat er erschaffen, nicht das Pathos selbst, und schon die Anstrengung ist eine große und unvergeßliche.

Sein Erbe, das schlecht verwaltet war von den Schwätzern und Patrioten, von Deroulède und ähnlichen Trommel- und Fanfarendichtern, hat heute in Frankreich Verhaeren übernommen. Und er ist der erste, dessen Wort wieder zur Menge geht, die erste französische Gestaltung eines Pathos, das durchaus künstlerisch und dichterisch wirkt. Wie keiner war er, dessen tiefste Lust das Bändigen eines grandiosen Widerstandes ist, er, der »évocateur prodigieux«, wie ihn Berseaucourt nannte, zum lebendigen Wort befähigt. Wenn ich ein Gedicht Verhaerens lese, so überrascht es mich immer selbst wieder, wie ich, der ich es stumm lesend begonnen habe, plötzlich die Worte laut und lauter sprechen muß, wie unwillkürlich in meiner Hand, in meinem ganzen Körper das drängende Bedürfnis nach einer beschwörenden oder aufreißenden Geste erwacht. Denn so stark ist die Leidenschaftlichkeit des ursprünglichen Gefühles, der innere Schrei und Anruf in ihnen, daß er noch durchschlägt in der Reproduktion, noch laut wird aus den toten Lettern. *Alle großen Gedichte Verhaerens haben die Sehnsucht, laut, stark, glühend, in Leidenschaft gesagt zu sein.* Spricht man sie leise, so scheinen sie ganz ohne Melodie, liest man sie ruhig und gelassen, so erscheinen sie manchmal hart, holprig und unvermittelt. Manche Bilder wiederholen sich mit einer gewissen Regelmäßigkeit, manche Adjektiva scheinen erstarrt zu Begriffen – der Kunstgriff des Redners, der das Wichtigste durch ständige Formel einprägen will –, aber im Moment, wo das Gedicht laut gelesen wird, ist es ganz wieder Lebendigkeit, die Wiederholung offenbart sich plötzlich als grandioses Moment der einschlagenden Erregung, die wiederholten Bilder werden zu regelmäßigen Meilensteinen längs des wild ins Unendliche hinausstürmenden Weges. Das Gedicht Verhaerens ist Mitteilung einer Ekstase, Mitteilung aber nicht im Sinne eines Geheimnisses an einen Einzelnen, sondern der Anfeuerung zur Menge. Seine Gedichte scheinen nie ganz fertig zu sein, sondern während man sie liest, erst entstanden zu sein, wie ja auch jede gute, leidenschaftliche Rede den Eindruck der Improvisation macht, sie sind immer das Aufrollen eines Zustandes, die leidenschaftliche Analyse, die wie eine Entdeckung wirkt. Sie sind pathetisch, nicht harmonisch. So wie der Redner eine Versammlung nicht gleich mit der Schlußfolgerung überrascht, sondern sie erst aus allen ihren Bedingungen langsam und logisch entstehen läßt, so wachsen diese Gedichte auf, sie sind aufgebaut aus Visionen, zuerst in Ruhe, dann in der Steigerung, dann mit den brennenden Horizonten immer wild und wilder in Bildern überschäumend. Und diese Bilder wieder sind rednerische, sie sind nicht Gleichnisse, die erst auf dem Umwege des Nachdenkens in ihrer Gänze voll erfaßt werden können, sondern grelle Blitze. Das pathetische Gedicht braucht Bilder, die nicht nur das Gefühl treffen, sondern es sofort tödlich treffen müssen. Sie müssen grell sein, weil sie in einer blitzschnellen Sekunde die ganze Empfindung im Ausdruck zwingen müssen. So erzeugt das pathetische Gedicht eine andere Form der Versinnlichung, und ebenso erzeugt es sich selbst einen neuen Rhythmus der Steigerung. Zuerst beleuchtet Verhaeren mit den Blitzen seiner Bilder die ungeheure Leidenschaft der Visionen, dann steigert er das Staunen und die Erregung durch eine gewisse Monotonie des Rhythmus zur höchsten Ekstase. Immer schon glaubt man bei den Absätzen seiner großen Gedichte auf dem Höhepunkt angelangt zu sein, da aber hetzt er wie mit einem Peitschenschlag immer noch zu höherem Sprung empor, zu höherem Ausblick. »Il faut en tes élans te depasser toi-même«, dieses sein moralisches Gebot ist ihm auch das höchste dichterische. Aufpeitschen, Hinaufhetzen, Mitreißen ist der tiefste Wille seines pathetischen Gedichtes. »Dites«, dieser Anruf, der wie eine Geste ist, das drängende »encore, encore!« sind als Anrufe in seinen Gedichten schon so zu Rufen erstarrt, wie jeder Reiter für sein Pferd gewisse Worte hat, um aus ihm die letzte Kraft herauszuholen. *Solche Worte sind nichts anderes als umgesetzte rednerische Gesten.* Das dumpfe »Oh!« ist die Geste der Beschwörung, das kurze »qu'importe« die Geste des Wegschleuderns einer aufgetürmten Last, das langsame, wölbende, weit ausholende »immensement« die Auftürmung der ganzen Unendlichkeit. Bis zur Fieberhitze sind diese Gedichte emporgetrieben. Denn nicht nur selbst wollen sie fliegen wie die anderen, die harmonischen, die eigentlich lyrischen, die mit ausgebreiteten Flügeln den Wolken nahe zu schweben scheinen, sondern sie wollen noch die ganze träge, schwere Masse der

Zuhörer gewaltsam aufreißen. Darum immer und immer die Wiederholung in dem oft überlangen Gedichte, als wäre noch irgend ein Letzter zu überzeugen, als wäre noch irgend einem Letzten die Begeisterung ins Blut zu sprengen. Vorwärts, vorwärts strebt alles und schleift den Widerstrebenden mit ekstatischer Gewalt nach.

Und hier zeigen sich die Gefahren des Pathos. Die erste, etwa die Victor Hugos, war die Leere, die Hohlheit des Gefühles, das Überdecken eines Nichts durch eine große Geste, das Begeistern aus bloßer Technik und nicht aus innerer Nötigung. Die Phrase ist und bleibt die erste Gefahr des pathetischen Gedichtes. Die Banalisierung der Worte »plus sonores que solides« (Mockel) ist die andere. Hier aber in diesem neuen Pathos ist dazu noch eine neue, die der Überhitzung des Gefühls, die der übermäßigen, ungesunden Exaltation, die dann notwendig einer Abspannung weichen muß. Man kann nicht konstant fiebern in Erregung, nicht ununterbrochen begeistert sein. Und in diesen Gedichten ist der Wille zu einer unaufhörlichen Ekstase. Ebenso geraten auch die rein lyrischen Werte des Gedichtes durch das Pathos oft in Gefahr. Der Wille, deutlich zu sein, drängt zur Banalität des Wortes, die Prägnanz bedingt häufige Wiederholung, der Trieb, organisch eine Ekstase aufzubauen, Überlänge. Durch die grellen, klaren Farben verliert sich aus der Sprache jenes Mystische im Lyrischen – das Inkommensurable, wie es Goethe nannte –, jenes Magische des Geheimnisses, das vor der Menge und vor dem Tageslichte flieht. Aber gleichzeitig bedeutet dieses Pathos auch eine ungeheure Bereicherung des Lyrischen, eine Umwertung des Wortes dadurch, daß es nicht ausschließlich für den Druck, sondern auch für die Deklamation bestimmt ist. Das pathetische Gedicht ruht nicht wie das lyrische auf sich selbst, es ist sich nicht selbst Frage und Antwort zugleich, sondern Erwartung einer Antwort. Das große Pathos wächst daher am Erfolg, mengt die Begehrung und die Antwort seiner Zeit unwillkürlich in das Gedicht. Die Stimme des Dichters ist immer so stark wie der Ruf, der an ihn ergeht. Verhaeren hat dieses neue Pathos aus einer Entwicklung gefunden, weil er die Stimme der Menge, der Städte und all der neuen Dinge nicht mehr als lyrisch-dichterische Hemmung empfand, sondern als Anruf, als rednerische Mahnung. Und je mehr unsere Umwelt wuchtig, grandios und leidenschaftlich wird, je mehr sie durch die Zusammendrängung ihrer Kraft heroisch wird – heroisch in jenem neuen Sinne Emersons –, um so mehr muß auch die Lyrik im neuen Sinn, vielleicht in dem Verhaerens, pathetisch werden. Gigantische Impressionen lassen sich nicht in kleine Eindrücke, in zersplitterte Formen zwingen, lauter Anruf braucht laute Antwort. Mehr, als wir es wissen, ist jede Kunst von ihrer Epoche abhängig. Auch im Künstlerischen scheint die geheimnisvolle Abhängigkeit zwischen Bedarf und Produktion zu bestehen, Gesetze jenseits unserer Erkenntnisse, die manchmal in flüchtigen Beispielen unsicher wie eine Ahnung aufschimmern, aber jeder Formel entfliehen.

1. FRÜHE HINWEISE 1913–1914

Die frühe Periode des literarischen Expressionismus zwischen 1910 und dem Ausbruch des Weltkrieges bedeutete Anfang, Aufbruch, Blüte dichterischen Schaffens und Lebens einer jungen Generation. Die Sammlung der Kräfte in einzelnen Städten – Berlin und München, Leipzig und Prag, Wien und Heidelberg – ging parallel mit der Entfaltung einiger bedeutender Dichter, die der sogenannte Frühexpressionismus hervorbrachte: Georg Heym und Georg Trakl, Jakob van Hoddis und Ernst Stadler, Ernst Wilhelm Lotz und Paul Boldt und einige andere. Spricht man von expressionistischer Lyrik, so hat man vor allem Werke dieser Periode im Sinn.

Im Gegensatz zu den späteren Jahren spielten die Literaturtheorie und die Programmatik im Rahmen dieser expressionistischen Literatur kaum eine Rolle. Man dichtete, ohne sich die Muße zu nehmen, über dieses Tun zu reflektieren. Man stand zu sehr im Leben, als daß man sich schon historisch nahm. Immerhin besaß Kurt Hiller, dessen literaturpolitische Bedeutung für die Entstehung des Expressionismus nicht zu unterschätzen ist, die Begabung, das Neue zusammenfassend darzustellen. Seine frühen Aufsätze sind die ersten Orientierungen über Namen und Tendenzen der neuen Literatur. In der Schweiz schrieb Eduard Korrodi 1914 eine Betrachtung über diese Dichtung, während eine Mitstreiterin – Käthe Brodnitz – schon damals in Amerika darüber sprach. Diese Beiträge sind Andeutungen, Hinweise auf den Expressionismus, von dem expressis verbis schon die Rede ist, bei Korrodi kommt nur der Begriff *expression* vor. Noch sind es Versuche, zeitgebunden und für die Zeit bestimmt, aber frühe Überblicke über die neuen literarischen Tendenzen. Kaum mehr sind bekannt. Das Wort Expressionismus war übrigens noch keineswegs geläufig. Man sprach von der »neuen Dichtung«, der »fortgeschrittenen Lyrik«, dem »neuen Pathos«. Diesen Begriff führte Stefan Zweig schon 1909 ein. Sein Aufsatz steht hier als Prolog. Was er von Verhaeren und Whitman schreibt, sollte in den nächsten Jahren in Erfüllung gehen.

KURT HILLER
Zur neuen Lyrik. 1913.

Ich setze als Ziel der Gedichtschreibung: das pathetische Ausschöpfen dessen, was dem entwickeltsten Typus Mensch täglich begegnet; also: ehrliche Formung der tausend kleinen und großen Herrlichkeiten und Schmerzlichkeiten im Erleben des intellektuellen Städters. Man muß sich, unter anderm, nicht vor Fremdwörtern und allen möglichen terminis technicis scheuen; muß das Geistige nicht klassisch-kaffrig ausschalten; muß knappe und irisierende Synthesen geben von dem, was seltsame analytische Sensation in uns ist.

Diesem Ziel, das ich, mit fast diesen Worten, vernehmlich proklamierte, ehe von »fortgeschrittener Lyrik« die Rede war, kam (abgesehn von wenigen, in ihrer geistigen Leidenschaftlichkeit und Komplexheit prachtvoll vorläuferischen Versen Hardekopfs) als erster Jakob van Hoddis nah, ein ohnmächtiges Genie, heute verschollen. Vielleicht begann gleichzeitig Alfred Lichtenstein; hat man die Rassigkeit nicht heftig zu lieben, mit der er, noch im Schwindeln tragisch (weil er, um den Zwang, schwindeln zu *müssen*, wissend, auch dies Wissen unter neuer Grimasse mitverarbeitet: ewige Kette!), .. die Rassigkeit nicht heftig zu lieben, mit der dieser Zerstörte Lähmungen der Seele gestaltet? Den Turgor der Seele gibt Walter Hasenclever: brausend und brodelnd, wild und weltlich; ein rennender Jüngling und Neo-Schiller; Siegesbote der Erde an die Gehirne. Wenn ich des eingehenderen hier nur folgen lasse, was ich über die bedeutenden Dichter Heym, Werfel und Blass denke (was ich bei ihrem ersten Auftreten über sie dachte), so übersehe ich darum keineswegs die wertvollen Gaben einiger, von denen Versbände noch nicht vorliegen: keineswegs des Arthur Drey märtyrerische Glut und gepreßte Fülle, die tief-verzwickten Melancholien eines geflissentlich unglatten Alfred Wolfenstein, Paul Boldts knappe, statuarische, eisklare Sinnlichkeit. Ich weiß, es gibt heute womöglich ein Dutzend Personen in Deutschland, denen es gelingt, auf geistiger Basis schöne und ehrliche, mithin *gute* Gedichte zu schreiben, – wenngleich zu diesem Dutzend ganz gewiß nicht jene »Fortgeschrittenen« gehören, die bereits bis in die Familienblätter gedrungen und auf ihre abgeguckte Frivolität mächtig stolz sind. Epigonorrhoë grassiert wieder;

die Kerlchen halten Geschicklichkeit für ein Verdienst, Routine für Revolution, und wollen nicht wahrhaben, daß linker Kitsch so kitschig wie rechter Kitsch ist, »radikale« Seichtheit *noch seichter* als die gemäßigte. Zu allerletzt gehört in den Kreis belangvoller Neuerer der schneidige Medizyniker Herr Gottfried Benn, dessen Dichten im allgemeinen nichts anderes als Defäkation ist (ohne inneren Drang). Es sollte sich allmählich die Erkenntnis Bahn brechen, daß unbeteiligte Schilderungen fremden Krebs-Eiters an sich noch keine Kunst bedeuten. Wen gestikulierende Leichen bluffen, der ist ein Bürger; und ein Künstler jemand noch lange nicht, bloß weil die Nonnen Reißaus vor ihm nehmen. Daß heut jeder fünfte Deutsche sein fortgeschrittenes Sonett zu drechseln versteht, kompromittiert den ganzen Literaturzweig ein bißchen. In der lyrischen Branche Großes zu leisten – ist das noch eine Wünschbarkeit? Wozu Gedichte machen? Lieber Geschichte machen! Und lieber noch schlechte Geschichte als gute Gedichte.

Georg Heym
›Der Ewige Tag‹

Man panzre sich das Trommelfell: nur mit Drommeten ist er zu verkünden. Ich ziehe alle Nervenenden ein und strenge nichts an als die Lunge. Brüllende Superlative, brechet in Scharen hervor!

Igitur: Georg Heym ist der wuchtigste, riesenhafteste; der dämonischste, zyklopischste; ein Platzendes Hinhauender unter den Dichtern dieser Tage. Dabei ohne fuchtelnden Teutonismus; vielmehr einfühlsam in die Schrecken der Erde; kubinesk; steil, wüst-starr, mongolisch; Drache auf chinesischen Wandschirmen ... Kein »Lyriker« mit kosmischem Turnerfrohsinn, Botanisierbüchse, gemäßigt-melancholischer Astronomik; kein Sonntagsjodler mit Harfe und Lanolin; doch auch kein Neo-Zyniker, dessen Überlegenheit über Gottes Ernst und die Herrlichkeit der Welt bloß die emphatische Verdrängung bedeutet des interessanten, aber berechtigten Bedürfnisses, über sich selber zu kotzen.

Georg Heym sieht alles Geschehen als eisern und zerrbildlich; als in monstroser Vergrößerung, Vergröberung, Überbetonung; er ist »grotesk«, sozusagen ohne darum zu wissen. Ein feueräugiger Hüne steht er auf irgendeiner Inselhöhe: die Wolken, die Schlote, die konturierten und unkonturierten Dinge des

Daseins anzuschauen; weder ergriffen noch amüsiert; sondern einfach mit potentem Glotzen, gesichteschwanger, mythologisch ... Er ist ein kupferner Gott; ein naiv-entsetzlicher Visionär, durch dessen donnernde Strophen grellgemut dustere Fratzen jagen. Es klatscht, weht, klappert, tobt in den Gewittern seiner Sonette von Gerippen, Gliederstrünken, Getümen; es hagelt Blöcke von Leichenkot. Meilenweit gespreitete Vögel der Nacht; Tote, die an den Wänden ihrer Gräber strickend sitzen, des Hungerhundes lange Zunge, die, blau, sich herauswirft; Holzpantoffeln der Gefangenen auf dem Treppenflur; ein Greis, des Schädel Aussatz weißt; Blinde, mit Gekröse gefüttert (sie spein es auf das schwarze Hemdentuch); das gelbgefleckt sich wälzende Reptil »Strom«; Faune, die in Sümpfe-Schlamm den Arm bohren; Würmer, dem Selbstmörder im Wald satt die rote Stirne entlangkriechend; der krepierten Pferde Bäuche, nach der Schlacht weißlich quillend in Maiensaaten; Louis Capet's blutspeiender Hals, der fest im Loche steckt; Robespierre, im Wagenstroh hin zum Schafott, mekkernd, schleimkauend, man kitzelt ihn am Bein; der Tod als Schifferknecht mit gelben Pferdezähnen; Vampyre, im Frost, die ihrer Eisenkrallen Kraft prüfen; des Schrecks Froschfinger im Rücken einer Mißgebärenden; flatternde Schädel mit Bärten von grünem Moos; Ophelia, im Haar ein Nest von Wasserratten, durchs Röhricht treibend; der Professoren Zungen, wie rote Rüssel über den Pandekten; der Fieberkranke, auf der Bettstatt hockend, Lava im Gaumen, Gebete nachkrähend, aber dann mit spitzem Stein von oben herab den Schädel dem Priester spaltend: der fällt rückwärts, »und es erfriert sein Schrei auf dem Gebiß, das er im Tode weit noch offen hält ...«

... Hieße ich Julius, so setzte ich möglicherweise die dünn in Gold gefaßte Brille mir auf – nicht ohne vorher sie unter gemessenen Bewegungen abgeklärt zu haben – und spräche einiges Privatdozentoïde über .. Statik. Nämlich darüber, daß dieser schaurig-stürmisch-Wirbelnde letzten Grundes doch kein Wirbelnder ist, sondern ein Metallener, ein Festgerammter, ein erstarrtes Meer; ein erstarrtes Meer, auf dessen Fläche die wirbelnde Welt zuckend sich spiegelt; daß nicht Werdendes, sondern Seiendes, nicht urhaft wogende Dynamis, sondern krasses Gefriersal in seinen skythischen Films dröhnt; kurz: daß ihr an ihm einen Landschafter habt.

Er leistet, Lierikknaben, als Landschafter Ehrfurchtgebietendes. Eine Kraft hat er! ein Auge! eine Symbolfindigkeit! Neben

George und Rilke darf man ihn da rangieren; – doch guter Gott, es kommt nicht so sehr auf Deskription an (in der Kunst der Worte) wie auf Deskription von Erlebnissen.

Von Erlebnissen ... Ich empfinde für Georg Heym ehrliche Begeisterung. Merkt man das? Aber es muß mir erlaubt sein, nach der Begeisterung das Ehrliche zu sagen ... Zuvor noch: ich liebe ihn auch deshalb, weil er, bei allem Sturz der Phantasmen, nie wirr, nie trübe, nie dumpf wird, sondern überall eindeutig, farbig, rein bleibt; ein Künstler eben; einer, der zu Ende arbeitet (wenngleich rapide und ohne Schweißverlust); einer, der nicht einfach die gemächlich antanzenden Assoziationen genialisch zu Papiere klackt; ein deutscher Dichter, doch darum kein Magus; kein Mystagog; vielmehr, trotz seinem mongolisch-grotesken Barbarentum, von Latinität der Form; ein Glück, daß ihm völlig das fehlt, was ich »Tüfe« nenne –: aber, beim Styx, mich deucht, ihm fehlt auch Tiefe. Ein Landschafter ist er; *bloß* ein Landschafter; er gibt Gefühle weniger als Gesichte; ein kolossaler Optiker, sagt er nichts von sich, und daher schließlich nichts für uns; er dichtet gegenständlich, jedoch unrührend; er ist nicht tief, er ist (lyncht mich!) objek-tiv.

Ungeheuer ziehen seine Infernalien vorüber: uns schaudert wohl, indes uns erschüttern sie nicht ... Zwar so gigantisch ist er als Phantast des Wirklichen, als ein exagerativer Seher der animalischen Greuel, ja als Artiste (allein über die Vokalfolge bei ihm ließen sich Broschüren schreiben!): daß ich gar zu gern ihn zum »deutschen Baudelaire« stempelte; jedoch was weiß er von den Qualen der Geistigen? Und sind die Verdammten, die in seinem Phlegeton rollen, wir? Er gestaltet die lapidaren Furchtbarkeiten, nicht die imponderablen; den Tod schon, kaum die Problematik; Miasmen der drei Dimensionen, nicht Miasmen der Seele. Was er gibt, ist großartig und unbelangvoll; (*wie* er's gibt – wenn man das so trennen könnte! – freilich großartig und voll Belang). Ich stehe zu ihm unter den Dichtern wie etwa unter den Künsten zur Malerei. Er ist ein Bildner. Ein Zauberer. Ein .. Landschafter. Er packt mich gewaltig an; das Wesentliche tut er nicht kund.

... Manchmal pfeife ich auf die ganze Geistigkeit; und denke: was ist schon »wesentlich« und was nicht; und erinnere mich, daß wir allezumal Sinnengeschöpfe sind; nämlich Augen und Ohren haben, und Anderes, und in der Natur leben, und sterben ... In solchen Stunden wehrt man sich nicht gegen ein Gott-Tier, das, von Glück und Grauen panisch strotzend, herbeitollt und, ohne Metaphysik, auch ohne Selbsthaß, äußert: »Mein Manko ist größter Vorzug; am Ozean steh' ich, der Sonne singend; Geist ist ein Umweg ...«

Georg Heym, dessen Kraft erst breite Anerkennung fand, als sein grauenvolles Ende (das er oft, fast bis in die Einzelheiten genau, beschrieben hatte) der Journaille das Feixen verbot, war, wie seine nachgelassenen Verse zeigen, nicht auf das Makabre beschränkt. Und nach der ersten Lektüre des ›Ewigen Tags‹ schon fühlte ich: Als seiner Farben köstlichste würden mir in der Erinnerung nicht die unheimlichen bleiben, sondern ... die unheymischen. Die süßeren, die hellenischen:

»Das Dunkel ist im Osten ausgegossen,
Wie blauer Wein kommt aus gestürzter Urne.
Und ferne steht, vom Mantel schwarz umflossen,
Die hohe Nacht auf schattigem Kothurne.«

Franz Werfel
›Der Weltfreund‹

Endlich schwieg man. Und Herr von B., verfallen, mit ungeheuer blanken Achataugen, improvisierte:

»Hélas: kraft absichtlich sinnloser Märchen, die man erzählt, beweist man die Sinnlosigkeit des Daseins nicht. Der links jetzt vielfach beliebte Epikertyp, der sich durch den Willen auszeichnet, das Leere-Erlebnis, den Kater nach nicht begangnen Selbstmorden, unehrlich (nämlich zynisch und kraus-phantastisch) darzustellen, .. korrekter: durch die Unfähigkeit, ihn ehrlich darzustellen –: fällt dieser sauersüße Typus Ihnen nicht bald auf die Nerven? Mir sehr! Ich hasse diese Weltanschauten; diese Exzentriks, Egozentriks, Dämoniks; diese Mießnicks mit Hintergründen ..., und denke mir: Wem so übel ist, der gehe von hinnen; macht einer Kunst, so bejaht er Gott; *Kampfwut* fehlt den Gallseelchen und *Güte* (– was nämlich ein und dasselbe ist).

Als ich nun Werfel den Weltkreis anjauchzen hörte, schwamm ich in einem Meer von Lust. ›Ich bin ein Korso auf besonnten Plätzen, ein Sommerfest mit Frauen und Bazaren, mein Auge bricht von allzu viel Erhelltsein. Ich will mich auf den Rasen niedersetzen und mit der Erde in den Abend fahren. O Erde, Abend, Glück, oh auf der Welt sein!!‹ Hebt das? Magnetisiert das? Bugsiert das fuderweise Energien ins Mark? –

Gewiß: Seligkeiten und Lobgesänge beweisen auch nichts

für das Dasein. Aber nicht auf Beweise –: auf Suggestionen kommt es an. Verwechseln Sie Werfeln nicht mit Prag; nicht den Odentürmer mit Herrn Bibliophil Beschreibicke. Prag nämlich, seit es sich als Verein für ausführlichen Optimismus etabliert hat, fängt mit Recht an, Ihnen fürchterlich zu werden. Das Aufdembauchrutschen vor petits faits, über das Nietzsche sich so erbost hat, gewinnt nicht an Adel dadurch, daß es aus Theorie geschieht. Der philosophische Indifferentist, der sich entschließt, statt Gewichtiges unernst, Geringfügiges ernst zu nehmen, und der gegen Weltverbesserung, aber für rosa Schleifen, lange Sätze und alte Möbel kämpft, wird zum Bürger.

. . . Doch Sie wollten meine Meinung über Werfel hören. Werfel, der Prager, blüht in jener Luft, und man merkt sie ihm ein bißchen an. Aber es wäre wahrhaftig falsch, ihn der Gemütlichkeit, des Idyllismus, des erbärmlichen Behagens zu zeihen. ›Der sich zu Boden schmiß, keuchend und krankgehetzt, nachts in die Pölster biß‹ – der hat die Entwicklung des Indifferenten zum Indiffe-Rentner nicht mitgemacht; wer den Schmerz herbeiruft: ›Schmerz, Erzeuger du der Gefühle und Urgott, stürz herab, Erzengel mit eisernem Antlitz, und dein Flug zerballe des kleineren Denkens Gleichmut und Ärger!‹ – der verkehrt im Verein der ausführlichen Optimisten höchstens als gelegentlicher Gast. Ich glaube, heimlich verabscheut Werfel dieses geruhig-deskribentische Prag fast so wie wir; er scheint mir ein Tiefer und Trauriger zu sein; ein von den vielen Dingen Gequälter; und gerade wo er grenzenlos orgelbrausend, weißer Adler, über dem Himalaya schwebt, hör ich aus seinem Triumph Töne der Trübsal.

Wissen Sie, weshalb ich ihn besonders liebe? Seines *Mitleids* wegen. Außer Walt Whitman (diesem mehr Bäurischen, mehr Gebräunten, mehr Atlantisch-Lapidaren) gibt es ja niemanden, niemanden, der so voll Gefühls und großer Menschenliebe wäre (unter Dichtern) wie Franz Werfel. Eines seiner schönsten Gedichte beginnt: ›Mein einziger Wunsch ist, dir, o Mensch, verwandt zu sein! Bist du Neger, Akrobat, oder ruhst du noch in tiefer Mutterhut, klingt dein Mädchenlied über den Hof, lenkst du dein Floß im Abendschein, bist du Soldat, oder Aviatiker voll Ausdauer und Mut . .‹ Und er darf sich rühmen, alle Schicksale durchgemacht zu haben; er weiß das Gefühl von einsamen Harfenistinnen in Kurkapellen, das Gefühl von schüchternen Gouvernanten im fremden Familienkreis, das Gefühl von Debutanten, die sich zitternd vor den Souffleurkasten stellen. Er lebte im Walde, hatte ein Bahnhofsamt, saß gebeugt über Kassabüchern und bediente ungeduldige Gäste; als Heizer stand er vor Kesseln, das Antlitz grell überflammt, und als Kuli aß er Abfall und Küchenreste ... Und dann dieses zu Tränen rührende Mitleid mit sich selbst: die Sehnsucht, welche groß und gütig und laut hervorbricht, nach seinem Kindheitsdasein; nach Zärtlichkeit; nach einer kleinen Lampe; nach bewußtheitsfernen Promenaden im laubbodigen Stadtpark; nach Matrosenanzug, Fußball, Indianergeschichten. Er sieht im Spiegel einen dicken Mann, mit wildbewachsner Brust und unrasiert: ›Ach Gott das bin ich nicht!‹

Zum erstenmal rauscht hier wieder, in grandioser Woge, aus dem Urgrund auf: *die Musik des Gefühls.* Violante, Herzogin von Assy, (bei Heinrich Mann) sagt: ›Ich will kein Gefühl in Liedern. Ich zucke befremdet die Achseln, so oft einer mich mit Versen rühren möchte. Ich finde ihn zudringlich. Meine Dichter sind klare Meister des Worts; sie verschmähen die kleinen weinerlichen Menschlichkeiten. Sie sind stolz auf ihr Herz, das Vollendetem schlägt. Ihre Verse geben, wenn wir sie aussprechen, einen Klang, als fielen bronzene Münzen nieder auf Marmor. Sie haben ihre untadeligen Stanzen und Sonette in diese engen und von Kunst berstenden Plätze eingelassen als Reliefs, schwellend von Bildern und streng.‹ Dies äußert, hautainement, die Herzogin; und als wir vor einigen Jahren die Stelle fanden, fühlten wir uns sehr bestätigt. Inzwischen aber benahmen sich die Hautaines und Hautains von Woche zu Woche widerlicher, und ich muß bekennen, Herrschaften: ›Überlegenheit‹ und ›Distance‹ stehn mir bis dorthinaus. Den Idioten die Nasenstüber; aber diese Untadeligen und Strengen und Gehaltenen gebärden sich heute, daß man riecht: sie würden auch dann Abstand markieren, wenn es ... gar keine Idioten *gäbe!* Formenschöne Hochnäsigkeit als absolutes Prinzip von Dichtungen? Nein; ich bin nachgerade gegen den décor – und wieder für den désespoir. Darum erfrischen mich Dichter, welche die Furcht überwunden haben, ihren Herzkern bloßzulegen; die Furcht vor der Banalheit; die Furcht vor dem Gefühl. Sentimentalität – ihr Lieben, was ist das? Sentimentalität, als Abwehrbegriff, ist ein dreckigster Humbug der Literaturgeschichte, inszeniert von selbsthasserischen Exhibitionisten. Gefühlsamkeit und Empfindungsfülle bleibt das Höchste, Hehrste, Heiligste, was ein Künstler hervorbringen kann; und die Todsünde, die ihm Gott nie verzeiht, lautet: Verhaltung.

Nicht: Symboldick-Undeutliches farbenvoll auf Tiefe deichseln; nicht: (bütten-)papiernen Imponier-Schmus keusch anordnen; sondern (alles Geistige und alles Kindliche und alles Dumpfe und alles Klein-Tatsächliche in die eine Musik schlagend) den großen Strom der Gefühle strömen lassen, furchtlos den Gesang der wirklichen Wonnen und der wirklichen Schmerzen –: um dieser *neuen Sentimentalität*, um dieses (wenn Ihnen ein Ismus Spaß macht:) *neuen Naturalismus* willen liebe ich stürmisch, wie den (ärmeren, doch uns näheren) Blass, den in Prag blühenden Werfel. Und Ihnen, lieber Freund, der Sie Werfel als einen ›Quietschvergnügten‹ abtun wollen, schwöre ich: daß seine Orchideen, sehr vorschriftsmäßig, in den Miasmen wurzeln; und wette, daß er Ihren blinden Verdacht übermorgen durch Revolutionen von fraglos pragloser Orkanwucht (nicht à la Heym; sondern zerrütteter, hirnlicher) niederohrfeigen wird. Schon schwirren Gerüchte von . . Dialogen.«*

Jetzt schwieg Herr von B. Er machte eine mürrische, entsagende Physiognomie. Die Achate der Augen waren auf keinen der Zuhörer gerichtet. Man fühlte: er fühlte sich unbefriedigt. Ausgekochten eine lange Rede über einen geliebten Literator halten – und dabei wissen, daß man eines Künstlers Essenz niemals, o niemals umschreiben, übermitteln kann . . .! Und von der Technik hatte er gar nicht geredet. Aber schließlich: Nur das Moralische ist ja wichtig; das Technische versteht sich immer von selbst.

Ernst Blass
›Die Straßen komme ich entlang geweht‹

Man braucht wahrscheinlich nicht Vauvenargues gelesen zu haben, um gute Verse zu schreiben; aber wenn man, wie die meisten Versfüger heute, sogar Husserl kennt, dann ist es schwierig, seinen Gedichten die Physiognomie des reinen Toren zu geben. So wenig ein Gedicht auf der Welt ist, um Erkenntnisse zu vermitteln, so wenig hat es die Aufgabe, seinen Verfasser dümmer erscheinen zu lassen als er ist. Klassizistische Scheidewände zwischen Gefühl und Intellekt sind unpsychologisch – dieweil das sogenannte Gefühlsleben durch Bewegungen des Intellekts erklecklich determiniert wird. Ein geistiger, zerlegerischer, wenn es sein muß skeptischer Mensch . . »fühlt«

* Die Gerüchte haben sich sehr erfüllt.

eben anders als ein Dumpfbock. Dumpfbocksgesänge nun, mögen sie noch so kosmisch orakeln, interessieren mich nicht; und ein Gescheiter gar, der Dumpfheit *lügt*, verdient, wie bemerkt, den Popo voll. Ein Gedicht soll keine Erkenntnis vermitteln, soll kein versifiziertes Weistum, kein Aphorisma in lyrischer Sauce sein; aber man muß ihm deutlich anmerken, daß es die (obschon nicht auf Erkennen gerichtete) Lebensäußerung eines Erkenners ist. Ein Gedicht taugt nur dann etwas, wenn es prangend auf seiner Stirn das Kainsmal.. Verzeihung: wenn es den Blick des Wissenden trägt.

Herr Ernst Blass, Berlin, daselbst geboren während des Oktobers 1890, mittelgroß, starkknochig, leicht gebeugt, mit unendlich großen (treuen?, oft brutalen) Blauaugen im sehr zerfurchten Breit-Kopf, dichtet Verse jenes Blicks. Damit ist viel zugunsten des genannten Dichters gesagt.

Aber nicht alles. Hinzukommt: daß in diesem Zeitalter dekorativer Aufplusterei, des Willens zur Verundeutlichung, der Schwindelmystik einer es wagt, aufrichtig zu sein; einer sein böses und sein schwebend-seliges Erleben furchtlos in Dichtungen entäußert, als so, wie es ist. Andere, weil sie nicht einmal reden können, gestalten um. Dieser, der zu gestalten vermag, darf wagen, zu reden. Unter den wenigen Geistigen ist er, in seinen Dichtungen, der ganz wenigen Ehrlichen einer. Und damit ist überaus viel zu seinen Gunsten gesagt.

Indessen, Freunde, ein Drittes lauert darauf, notiert zu werden. Es gibt unter den Geistigen Ehrliche, deren Verszeilen sehr unserm Herzen nahe.. und trotzdem bemängelbar sind. Die Form, die Musik, das Indefinible – da haperts.

Einmal paßt die Jambik nicht, ein andermal steht ein schlechtes Wort da, oder ein gutes am falschen Orte; hier ein Zuviel, dort ein Zuwenig; bald etwas allzu Gepreßtes, bald Schlackiges (leere Stellen); im Augenblick ärgert eine verirrte Akzentuierung, im nächsten ein deplacierter Affekt; das Poem hat, obwohl Versatilität nicht sein Thema ist, eine wechselnde Miene: Unser Herz bleibt besten Willens, aber unsre (heiligen!) Nerven sträuben sich; das Eingefühl stolpert;.. ausbleibt der Seele Melodei, das Kunstwunder, die Magie.

Die Magie: das ist es! So wahr unbeholfnere Aufrichtigkeit adelig gedrehter Kunscht immerdar vorzuziehn ist, so wahr reicht Aufrichtigkeit allein nicht hin zu jener Größe und zur Erzeugung jenes Rausches, für den wir keine Erklärung wissen, der dennoch als Tatsache in unserm Bewußtsein steht. Der

Dichter Blass ist von allen, die bloß »etwas können«, so weit entfernt wie Menschentum vom Managertum; aber: bei allem Menschentum kann er was. Die Adäquierung von Ausdruck und Eindruck, die Symbolwahl, die Akzentverteilung, der ganze Takt im Wortesetzen: einzig alles, unausdenkbar sicher, von quasi mathematischer Präzisheit bei ihm. In Versen gibt es das seit Rilke nirgends sonst; in Prosa (seit Nietzsche) eigentlich nur bei Kerr und Hardekopf (denen Blass' Stil auch in anderer Beziehung vergleichbar ist: als die simultane Fleischwerdung zweier einander scheinbar ausschließender Form-Ideen: des Konzentrierten, Knappen, Pilligen und des Lockeren, Luftigen, Leichten). Nennt diese edel und unfehlbar funktionierende Kunst der Materialbehandlung getrost kalt Technik; eine erlernbare Fertigkeit ist sie nicht. Das Moralische bleibt das Wesentliche; sie aber erscheint mir oft als das Geheimnisvollste am Künstler; und gerade deshalb geheimnisvoll, weil fast kein Künstler sie besitzt. Die Magie: das ist es! Blass hat sie; hat die Zauberfinger, die Zauberstimme, das Schmeicheln; hat die süße Suggestion. Dolce fließen in seinen Versen Flüsse aus klingendem Silber; ... in diesen Versen voll Wirklichkeit; voll Intellekt, Erotik, Trauer, Frechheit, Labilität und lauter Großstadtsachen! (In diesen Versen voll Wirklichkeit; voll Intellekt ...: nämlich auch in den Strophen des Laurenz Kiesgen und der Hedda Virginia Sauer fließen ja sozusagen, dolce, Flüsse aus .. immerhin aus klingelndem Alpaka.)

Ernst Blass hat die Magie.

Das *Hirn*, den *Mut* und die *Magie* –: Darum ist er der erste seit Goethe, der, ohne epigonal zu sein, ganz goethesch wirkt; darum ist er der besten deutschen Gedichtschreiber einer.

EDUARD KORRODI

Die Jüngsten der deutschen Literatur. 1914.

I. Die Weißen Blätter

Als kürzlich ›Die neue Rundschau‹ das fünfundzwanzigste Jahr ihres Bestehens feierte, vergaß sie in ihrer Jubiläumsbilanz freilich etwas mitzurechnen: das erste Silberhaar der Jubilanten. Immer jung gab sich der Geist der ›Neuen Rundschau‹, als David mit der Harfe oder der Schleuder; jetzt aber, da seine

Zauberlehrlinge Hauptmann, Schnitzler, Bahr, Altenberg zu Jahren kommen und ergraute Meister werden, wird ›Die neue Rundschau‹ ein getreuer Eckart werden müssen, der seine Meister beschützt, bis sie Patriarchen werden. – ›Die neue Rundschau‹ hat zwar jeden Atemzug der neuen Generation belauscht und manches junge Talent – wie das Witzwort geht – ins Leben geohrfeigt, aber da sie ihren Wohnsitz in Berlin hat, glaubte sie, die deutsche Literatur müßte sie in der preußischen Kapitale besuchen. Ihr kritischer Hochmut gab ihr Profil, und ihre Einseitigkeit Charakter. Statt daß nun das neue junge Geschlecht, »das aus dem Dunkeln in das Helle strebt«, ihr höflich zum Jubiläum gratuliert, gründet es eine – und darin liegt die schmerzliche Bosheit – gut fundierte, kluge Zeitschrift, und projiziert nun all seinen Geist schwarz auf ›*Weiße* Blätter‹. Diese beweglichen Wortführer der ›Weißen Blätter‹ würden ›Die Deutsche Rundschau‹ Rodenbergs ihren Großvätern als Lektüre empfehlen; so ganz anders und viel interessanter kommen die jungen Herrschaften sich vor, die eilig genug uns von ihrer Existenz überzeugen wollen. Wie? Durch Talentunterschied natürlich! Unterstehen Sie sich, daran zu zweifeln? Ewig jung an diesen Jüngsten ist die Art, wie sie die Ältern erledigen. Nicht mehr so ungezogen wie früher, nein, in Pagenanmut beugen sie ihr Knie vor den ältern begehrten und verehrten Meistern; aber dann drohen sie höflich wie der rheinische Scharfrichter: »Tu mir den einzigen Gefallen, Jaköbche, und laß dich köppen.«

Ich übertreibe nicht. In dem (an dieser Stelle seinerzeit zum Abdruck gebrachten und ähnlich gewürdigten. Die Red.) Programmartikel: Vom Charakter der kommenden Literatur (Oktoberheft der ›Weißen Blätter‹) steht klipp und klar, daß »*wir heute nach dreißig Jahren vor der Tatsache vieler Bücher, aber keines Werkes stehen. Wie schnell ist das alles historisch geworden, da es nichts als zeitlich war.*« – Lächelndem Mitleid begegnet der Tor, der noch an Hauptmann, an Stefan George, an Schnitzler, an Liliencron, an Rilke, an Wassermann sich klammern will, der ein paar Bücher aus diesem Trümmerhaufen – ›Die Buddenbrooks‹, ›Kaspar Hauser‹, ›Peter Camenzind‹, ›Jesse und Maria‹ triumphierend gen Himmel hebt! Der noch an Dehmel oder Spitteler glaubt und zu dieser Meinung steht. So steh' er denn – in alle Ewigkeit! Wir gehen weiter, »wir«, d. h. die Jünger der ›Weißen Blätter‹ – die noch nicht die Jungen aller deutschen Himmelsstriche, vorderhand nur eine literarische

Sekte sind, die aber doch manchmal den Keil in die Sache treiben und mit inquisitorischem Blick erkennen, wie es um den Herzschlag der Ältern steht, dieser »abgelaufenen Periode«, von der sie behaupten, sie habe sich noch an zu vielen Idealen der bürgerlich-kapitalistischen Welt erwärmt. »Die soziale Frage saß ihnen wie eine Harpune im Fleisch und man verblutete an ihr.« Diese Jüngsten wollen nämlich sagen, die Dichter, auch die sozial angehauchten, hätten keine tiefere Sehnsucht gehabt – als das Huhn im Topf! – Daß die ältere Generation sich am Gängelbande der exakten Wissenschaften führen ließ, der Vererbungstheorie eingeschworen war, daß sie den Himmel auf die Erde zog, nicht weltfromm war, aus Stoffhuberei harmlos wurde, aus Originalitätssucht »psychologisch«: dies alles wird ihr jetzt als Rückständigkeit aufgemutzt. Doch wird man erstaunt, wenn man den bescheidenen Ton hört, mit dem diese Jüngsten sich als Zukunftsträger charakterisieren, die doch soeben nicht zu »bescheiden« die Ältern beklopften.

»Der kommenden Literatur wird die anspruchsvolle Geste der abtretenden nicht eigen sein, *bescheidener wird sie sein und in der Ordnung eines größeren Ganzen sich zu finden wissen!* ... sie wird keine Stoffe entdecken, die sie mit Fanfaren ausbläst; sie wird deutlich und einfach sein und vor der komplizierten Seele nicht in die Knie brechen, sondern die Wunder der einfachen Seele anbeten; Zorn wird Zorn sein, ganz undifferenziert, und Haß wird Haß sein ebenso, aber doch wird sie froh sein, weil sie von der Welt ist, von dieser Erde und dem Himmel darüber.« – Zweifellos eine sympathische Geste, mit der hier die Jugend die Gefahr jener Autoren abwehrt, die sich hauptsächlich im Kreise der ›Neuen Rundschau‹ oder nun im ›Neuen Merkur‹ G. Müllers heimisch fühlen: Zergliederer und Gedankenspalter, die das Glas Wasser analysieren, bevor sie es an die Lippen führen, eine grade Linie in die Spirale verwandeln, kurz, an den Fremdwörtern »Differenziertheit« und »Kompliziertheit« eigentlich zugrunde gehen. – Aber die Jüngsten irren, wenn sie glauben, die Ältern hätten die Sanduhr nicht umgedreht. Der »Nurliterat«, der Kunst und Literatur – wieder literarisch auspreßt, künstlerische Inzucht begeht, und der Dichter, der sich von der Gesellschaft, vom Staat und vom Vaterland freiwillig enterbt, führt die Literatur unter eine Glasglocke! Mögen ein paar »Nur-Künstler« das Artistentum zu Tode hetzen, ihr einseitiger, unzeitgemäßer Wille führt sie wie Brand in eine Eis- und

Gletscherkirche, aber am Leben und an unserer Zeit haben sie nicht mehr teil. – Ob S. Fischer die Sackgasse der Ästheten wohl erkannte, als er manchen seiner Autoren »auf Reisen« schickte, damit sie – da die meisten aus Gründen des Blutes in Preußen nicht an die Krippen des Staates kommen – Patrioten der Erde würden und Wirklichkeit atmeten? ›Die neue Rundschau‹ pflegt den politischen und nationalökonomischen Essay immer mehr! Sie weiß wohl, daß ein Industrieller wie Walther Rathenau oder Werner Sombart mehr zu sagen hat (und mehr Erlebtes im Hintergrunde seiner Rede lauert), als wenn ein heimatloser, sendungsloser junger Seelenzergliederer in Worten herumirrt wie Hamlet auf den Terrassen von Kronberg, und nicht *eine* Tat wagt.

II. Der neue Dichter!

Die Zeitschrift also ist da! Fehlt nur der Dichter und der geduldige Resonanzboden – das Publikum. Wie wird der neue Dichter sein? Nun der Widerspruch und Gegensatz der Dichter, die um 1890 und 1900 herum als verwegene Jugend sich gebärdeten. Ach, das war eine zahme, flügellahme Jugend, die auf die Privilegien der Jugend: optimistisch und überzeugt zu sein, verzichtete. Mit zwanzig Jahren war ihnen »aller Schmutz der ungelebten Gefühle« längst verflogen. Altklug, strapaziert, führten sie die Feder, redeten vom Tod wie der blutjunge Hofmannsthal, begeisterten sich nicht für den tollen, jungen Goethe, sondern für die würdevolle Exzellenz. Hofmannsthal hat in einem Dialog eine Vorausverkündigung der Literatur um 1890 herum Balzac in den Mund gelegt. »Die geistigen Erkrankungen der Dichter werden überhand nehmen, ihre übermäßig gesteigerte Empfindlichkeit, ihre *Unfähigkeit, sich an dem existierenden Worte beim Ausdruck ihrer Gefühle zu begnügen.*«

Oder seht euch den dreiundzwanzigjährigen Thomas Mann an! Er schildert drei Jahre lang, während rings um ihn deutsches Wirtschafts- und Geistesleben im Optimismus deutscher Kraft aufstrebt, den Zerfall dreier Generationen des 19. Jahrhunderts: die Dekadenz des Gesellschaftskörpers im kleinen. Ein junger Schriftsteller, den er zeichnet, sieht »müde« aus, nervös und überarbeitet, er verachtet Temperament, oder setzt das seine wenigstens auf Eis, schaut degagiert in das Welttreiben, in dem selber ein tätiger Zähler zu sein, er dankend ablehnt. Zarte Nervenbündel werden die auserkorenen Helden der Romane, überfeinerte Nils Lyhne, gefährliche Kopien Oscar Wildes! Oder, um einen Repräsentanten der damals jungen Wiener zu nennen: Richard Schaukal! Er schickt den Poeten seiner Zeit zum Schneider, bis er aus seinen Händen als vollendeter Dandy hervorgeht. Aber der richtige Dandy – wie ihn die Engländer seit Brummels Tagen sich idealisierten – kann wieder nicht jugendlich sein, denn das »Nil admirari« muß sein Wesen bestimmen. – Daß diese Ältern zu früh alterten, steht sozusagen schon in den Gesichtszügen des vierzigjährigen Gerhart Hauptmann geschrieben, die eine ganze Walstatt von Enttäuschungen tragen und zu früh dem Gesicht des alten Goethe sich anzugleichen strebten. Wer aber je vor dem Histrionengesicht Herman Bangs erschreckte, der weiß, was ausgehöhlte Blicke sind, der weiß, daß – hier die Jugend übersprungen und die Kraft unterschätzt wurde. Ist einer unter diesen, der nicht den Schwachen bevorzugt, der nicht den Tod fast besser schildern konnte als das Leben (Hofmannsthal, Schnitzler, Mann), der nicht gerne jedem Helden die Schuld abnahm und sie auf dem Wege der Vererbung den Vätern zuschrieb? Haben nicht Emil Strauß, Hermann Hesse und Friedrich Huch den Knaben geschildert, der »unters Rad« kam? – Der junge Dichter, der heute zwischen zwanzig und dreißig steht, wird unzweifelhaft ökonomischer sein, indem er die junge Schwungkraft und seine Nerven schätzt, er wird nicht Skeptiker, solange ihn die Kritik des Skeptizismus als Daseinsform davor bewahren kann. In einem Vorwort zu dem Roman des frühvollendeten Erich von Mendelssohn (›Tag und Nacht‹, Kurt Wolff, Leipzig 1913) hat Thomas Mann einen Dolch gespitzt, den man gegen ihn zücken könnte. Er behauptet, das ältere Dichtergeschlecht sei von dem Problem der Degeneration tief erschüttert worden, das jüngere dagegen stehe unter der Herrschaft des Regenerationsgedankens: »Ostentativ helläugig, vom Wintersport gebräunt und mit offenem Hemdkragen, das unbedeckte Haupt der Sonne darbietend.« Kurz, ein gesünderes Geschlecht! Doch bemerkt er mit Recht, daß das Werk des Dichters oft im Gegensatz steht zum Dichter selber: der Prediger des Nirwana kann ein Patriarchenalter erreichen und die Flöte blasen, und umgekehrt kann einer, dem die Schwindsucht auf beiden Wangenknochen glüht, beständig rufen: Wie ist das Leben so stark und schön! Die Jüngsten aber bekunden ihre gesunden Sinne vielleicht in nichts so sehr, als daß sie »den holden Wahnsinn der Poesie« als solchen erkennen und ihm dadurch begegnen, daß sie sich einen Beruf wünschen. Es gibt großartigere Sätze in diesen ›Weißen Blättern‹ und den Dichtungen des ›Jüngsten Tages‹ (wie sich eine kleine Sammlung nennt), aber keinen heroischeren als diesen, daß es ein Übel sei, wenn *der Dichter ein Produzent wirtschaftlich gemachter Werte* sei. Er leiste »nutzbringende Arbeit, für die er bezahlt wird, und die ihn in den Stand setzt, seine Kunst abseits vom Markte zu verrichten«. Damit stellen sich die Jüngsten doch wieder auf den Standpunkt ihrer stilleren Großväter, die von »Dichter-Schutzverbänden« und »Schiller-Stiftungen« ihre Muse nicht abhängig machen wollten – aus guten und vornehmen Gründen. Der jüngste Dichter will also mit seinem Werk keinen Besitz erhamstern, ohne ihn jedoch zu verschmähen. Er ist, wenn er bei diesen Grundsätzen bleibt, Idealist, wie er es im Werk ist, das Höchste erstrebend, und doch sich daran blutig reißend, daß die Äußerung des Wortes in der Schrift »schon eine Trübung und Verblendung ist«, daß von mancher hoher Stimmung auf dem Papier nur noch eine Stimmungsleiche übrig bleibt. Nietzsche hat die Frage gestellt, ob am Ende des 19. Jahrhunderts ein Dichter noch wüßte, was Inspiration großer, starker Zeitalter bedeutete. Vielleicht werden die Jüngsten, über das Temperament, über das Naturell hinaus, wieder an eine Inspiration, an Erfühltes, Geschenktes glauben, das von Nichtschreitenden ersessen werden kann. Sofern er der anspornenden Vorbilder bedarf, wird der neue Dichter nie ächzen und wimmern, solange ihn Biographien wie jene Gogols, Dostojewskis, Tolstois befeuern und ihm beweisen, daß hie und da einer: Wahnsinn, sibirische Nöte und marternde Seelenpein – als Wahrheitsbeweise seiner Kunstwerke erduldet. Er wird den Abstand der großen und seiner kleinen Biographie erkennen, aber, wenn er Arzt, Pfarrer, Ingenieur, Kaufmann im Leben ist, so wird er doch Dichter sein, aber das Wort nicht öffentlich mit jenen teilen wollen, für die es ein Komplex sehr eitler und skurriler Vorstellungen bleibt. So wird der Dichter, der heute der jüngste und morgen der kommende ist, sein! Woher wissen Sie es? Ach, daß ich es wüßte. Leider weiß ich es nicht, weiß und sehe nur, daß ich den idealen Typus des Dichters erträumte! Erlauben wir also dem existierenden Dichter, etwas unter dem Ideal zu stehen; denn die heutigen Jungen werden, wenn sie ihren Zeitgenossen bedeutend und unentbehrlich geworden sind, ja doch auch einmal nach den Früchten ihres Erfolges aussehen – in der Dichtersprache heißt es »die goldenen Äpfel auf silbernen Schalen« ergreifen, in die Sprache der Wirklichkeit ausgedrückt: sich wie Dickens ein Landhaus mit Park zulegen;

oder, wenn der irdische Besitz schon da ist, sich von einer königlichen Hoheit nobilitieren, oder gar durch einen Ehren-Doktorhut sich den gelichteten Scheitel verhüllen lassen. Wer wird Einwand erheben? Keiner der Kommenden, wenn sie arriviert sind! Keiner? Einer ... der Jüngste von 1930!

III. Aber die Werke?

Die Leistungen, die Beweise der Jüngsten, die doch die Goldkronen der Ältern so unsanft antippen, um zu sehen, ob es auch wirkliche Gold- und nicht Pappekronen sind? Die Ältern dürfen beruhigt sein, sie werden nicht erledigt, wenn sie sich nicht selber erledigen. Sie sollen sich wehren, wie Ibsen, als ihn der Ruhm des jungen Hauptmann beunruhigen wollte. Er schrieb den ›Baumeister Solness‹, in dem Ragnar an Hauptmann erinnert. Also ein Werk war die Antwort! Aber – ganz aufrichtig zu sein – die Leistungen der Jüngsten haben gar nicht die untrügliche Klaue des Genies. Daß z. B. diese »Jüngsten«, die sich bald um die ›Weißen Blätter‹, bald um den Argonauten-Kreis in Heidelberg scharen, überhaupt sich Resonanz verschaffen, liegt an der Einheit ihres Willens, liegt an ihrem kollektiven Aufmarsch! Gar manche müssen von der Zukunft so viel borgen, daß wenn die Zukunft ihre Gegenwart wird, sie in den Konkurs kommen könnten. Als Jüngste geben sie sich, indem sie noch mit *Lyrik* ihren Anhang statuieren. Ob ihnen die Welt zuhorcht, es schert sie wenig, sie horchen in die Welt hinein. Das ist der entscheidende Zug an Franz Werfels Gedichten: ›Wir sind‹, und an Paul Zechs Gedichten: ›Die eiserne Brücke‹, daß beide nicht mehr die Pulsschläge des eigenen Herzens zählen, sondern sozusagen immer Kollektivgefühle in den Vers einfangen. Ohne Verhaeren, ohne Whitman sind sie nicht zu denken. Daß diese Darsteller einer äußern, aber beseelten Welt dem Pegasus, sofern er deutsch und deutlich sprechen soll, viel zumuten, ist klar, und man darf nicht immer die Extremitäten dieser Lyrik, die Reime, zu genau besehen. Von vielen solcher zu Paaren bestimmten Reimen gilt Hebbels Wort: »Zwei Reime, die erst eine Reise um die Welt gemacht zu haben scheinen, ehe sie sich gefunden haben.« Werfels große Begabung steht freilich außer Frage. Er hat letzte erreichbare Gefühle formuliert in edlen Versen, er gibt nun auch Menschen eine so hohe Sprache, denen die Natur sie sonst versagte und die darum in der Lyrik selten zum Worte kommen: Ein Staatsmann, »eine alte Frau, die beim Diner servierte«, eine Chansonette, ein Dienstmädchen, eine Morphinistin, eine Vorstadtdirne, eine »Damenkapelle«! – Ja, ein Kanarienvogel und eine Schultasche entledigen sich zu unserer Überraschung ihrer Seelen! Kühnheiten und Keckheiten aller Art! Aber immer sind es Expressionen und nicht Impressionen: ausgedrückte Eindrücke! Daß Werfel statt weltkritisch, selbstkritisch ist, beweist jeder Vers. Wie wundersam berührt einmal das Geständnis eines Lyrikers, der nicht mit dem eigenen Erlebnis protzt, sondern ergriffen tausend andere bewundert, die widerwillig und still tausendmal mehr erlebten! Man muß ihm glauben, daß keines seiner Gedichte entstand, um das ästhetische Triebwerk im Gang zu halten: »Trotzdem diese Gedichte noch tief dort unten stehen, wo die Wahrheit erst zu atmen beginnt, scheinen sie mir dennoch wichtig zu sein, weil sie Sendung haben.« – Wie Werfel will auch Paul Zech jedem Gefühl einen neuen Namen geben. Als Großstädter verrät er sein Naturell dadurch, daß er nicht die lyrische Staffage von Wäldern und Wiesen übernimmt. Soziale Untertöne schwingen mit, ohne propagandistischen Vortrag: Wie er die Fabrikstädte an der Wupper schildert, bleibt haften!

Neben diesem intellektuellen und exakt beobachtenden Lyriker steht der Innsbrucker Trakl – als ein innerlicherer, aber minder überraschender frommer Geiger da, der nicht mit einem Bogen, mit einem Mondstrahl über das Instrument fährt! Diese Jüngsten und Jungen haben nur als Lyriker – sich erwiesen. Als Dramatiker und Epiker schwärzten sie zwar wie Eulenberg, der Jünglinggebliebene, und Carl Sternheim viele Weiße Blätter, aber mit problematischen Zeichen. Ob Sternheim sein Ziel, der Lustspieldichter unserer modernen Gesellschaft zu sein, erreicht, ich weiß es nicht. Und ob Eulenberg den Scherbenberg seiner genialen Mißerfolge hinwegwischt mit einem Werke? Ich weiß es nicht. Und ob die Epiker, die in dem Jahrbuch ›Arkadia‹ sich zusammenfinden (Kurt Wolffs Verlag, 1914), die deutsche Literatur aus den Angeln heben, durch die Einsicht, daß man mit Bilderfutter allein seinen Stil noch nicht fett macht? Ich weiß es nicht – aber weiß doch, daß hier überall Möglichkeiten liegen, nur keine Erfüllungen: Zwiebelknollen! Aber welcher Art die Blütenträume sind, die daraus reifen? – Eines ist gewiß: Sie werden kommen – noch viel bescheidener als »die Jüngsten« glauben. Vielleicht sind aber die wirklich Kommenden gerade nicht die, die jetzt den Bengel so hoch werfen. Kann der Kommende nicht etwa in Sternenberg oder in Husum die Stunde seiner

Sendung abwarten? Warten auch wir, wie Goethe zu tun pflegte:

In wenig Jahren wird es anders sein,
Wenn sich der Most auch ganz absurd geberdet,
Es gibt zuletzt doch noch en Wein.

KÄTHE BRODNITZ
Die futuristische Geistesrichtung in Deutschland. 1914.

Es mag ein gewagtes Unternehmen sein, in Tagen, die so völlig von einem einzigen großen Gedanken erfüllt sind, den Blick auf eine noch allen fern liegende Bestrebung zu richten, für die man selbst in gesunden Tagen keine Zeit hatte. Tendenzen will ich besprechen, die noch keine Literarhistoriker gefunden haben, die noch nicht einmal zu großen Werken kristallisiert sind. Nun, man weiß, daß die dicken Bände erst dann geschrieben werden, wenn eine Philosophie Popularphilosophie geworden ist, d.h. wenn sie bereits in die breite Masse drang. Gedanken befruchten die junge Generation, nicht die Bücher der Vielschreiber. Gedanken äußern sich elementar fragmentarisch in schüchternen Versuchen. Oft sind die Ausdrucksmittel der Tradition unzulänglich für die neuen Versuche. Experimente sind oft verfehlt, bis sie schließlich gelingen. Der Laie sieht nur Bruchstücke, verkennt, wieviel mehr Kraft dazu gehört, einen neuen Torso zu errichten als die Venus noch einmal zu kopieren, er verkennt ferner, daß neue Gedanken erst eine Generation erziehen müssen, deren Nervensystem sensibel genug ist, den Fortschritt zu goutieren. (Man denke, wie schwer Wagner sich durchgesetzt hat.) Aber, – gibt uns dies alles ein Recht, erst dann von einer Strömung zu sprechen, wenn sie längst vorbei ist? Dem modernen Menschen scheint es interessanter, sie zu beobachten, solange sie im Werden und Wachsen ist. Das Entwicklungsprinzip bewußt, aktuell und in uns selbst erleben zu wollen, – das ist vielleicht der Kernpunkt, auf den die heutige Philosophie, soweit sie sich literarisch äußert, hinaus will. Unsere heutigen Künftigen – soweit ich sie beobachtet habe – das sind nicht mehr die schmächtigen, blasierten, lyrischen Jünglinge, die vor ein oder zwei Jahrzehnten in der Literatur auf- und untertauchten, – es sind Asketen des Willens und ihrer Überzeugung! –

Sie wollen eine Kunst schaffen, die frei von antikünstlerischen Tendenzen ist. Sie sind nicht lüstern, auch nicht zynisch, aber noch weniger prüde, nicht moralisch, nicht patriotisch, nicht sentimental gefühlslyrisch.

Bedeuten sie mit so vielem Negativen eine Gefahr für die Gesellschaft? Sie sprechen als Propheten ihrer Zeit das aus, was ihren Mitmenschen noch unbewußt ist, obwohl sie bereits stark davon affiziert sind. Ein Beispiel mag das erläutern: Unsere Sozialdemokraten wurden als Vaterlandsfeinde betrachtet, bis sie sich im Kriege opferfreudig bis zum Äußersten bewiesen; heldenmütig sterben sie für ihre Freiheit. Im deutschen Volke hat jeder einzelne gelernt, dem Anführer zu folgen, aber persönlich für seine Handlungsweise zu haften und nicht blind und willenlos zu sein. Ähnlich ergeht es den modernen Literaten. Im Frieden ständig vom Staatsanwalt unzüchtiger Schriften angeklagt, während sie behaupten, für eine reformierte gesunde Moral einzutreten, beweisen sie jetzt, daß ihre Nerven und ihr Denken gesund sind. Sie ertragen die Strapazen des Feldzuges mit jener zähen Ausdauer, die den starken Willensmenschen vor dem schlappen sentimentalen Gefühlsphilister adelt. Ja und tausendmal ja, sie haben von Nietzsche gelernt, – aber sie haben ihn richtig verstanden! – Nicht ihre Mitmenschen sind ihre Sklaven, sondern ihre eigenen Leidenschaften verstehen sie kraft ihres Willens zu bändigen. Sie leugnen nicht deren Existenz, denn das wäre Feigheit. Aus Feigheit hängen sich heute viele den Mantel der Moral um. Sie fühlen einfach nicht den Mut, für ihr besseres Wissen einzutreten. Die Moral unserer Literaten weist allerdings andere Wege. Sie lassen keine Hintertüren offen. Charakteristisch dafür ist ihr Stil. Während sie kraftvolle Bilder aus bisher unentdeckten Reichen heranziehen, verwerfen sie alle abgenutzten Vergleiche und die blumige Sprache der älteren Lyrik. Sie werden keine Romane von fünfhundert Seiten oder mehr schreiben. Ihre angestrengteste Arbeit besteht darin, den knappsten, prägnantesten, individuellsten Ausdruck für jeden Gedanken zu schaffen. Sie wollen ein literarisches Kunstwerk hervorbringen, das konzentrierte Arbeit repräsentiert, dessen Struktur aus einfachen, klaren Linien besteht. Vielrederei ist Sache der Schwätzer und unkünstlerisch.

Gefühlserlebnisse werden übergangen, – vielleicht aus Schamhaftigkeit. Sie werden nur durch ihre Wirkungen charakterisiert und sollen sich dadurch auf die Leser übertragen.

Die abgeleierte, wortreiche Gefühlslyrik, die jeder Schulknabe in sein Diarium schmierte, ist endlich sanft entschlafen, und ein hoffnungsvoller Sproß, die Verse des Willens, ist an ihren Platz getreten. Sie reimen oft nicht und können nicht geleiert oder gesungen werden. Sie haben sich auch keine Kunstsprache reserviert, die für den ehrlichen Charakter unsrer Neuen zu gekünstelt wäre. Der stärkste Ausdruck ist ihnen der liebste, wenn er den Nagel auf den Kopf trifft. Viele teilen ihre Arbeit zwischen einer rein künstlerischen und einer tendenziösen Tätigkeit. Zeitschriften geben ihnen dazu Gelegenheit. Alfred Kerr druckt den ›Pan‹ und Franz Pfemfert die ›Aktion‹ in Berlin. In München erschien kurze Zeit die ›Revolution‹ und in Wien veröffentlicht Karl Kraus die ›Fackel‹. In Friedenszeit wird Politik kritisiert, in Kriegszeiten enthält man sich voreiliger Verdammung oder Begeisterung, selbstverständlich jeder Verspottung der Feinde. Kriegslieder stacheln nicht an, sondern berichten von Blutlachen und Todesqualen. Soziale Mißstände finden schärfste Satire, Weltanschauung, Theater, Literatur, Kubismus, alle übrigen Künste werden besprochen.

Durch Alfred Kerr hat sich ein neuer Stil künstlerischer Kritik ergeben. Man spottet der altmodischen Philologie, der Doktorarbeiten, die oft den Geist in ein Gebiet knechten, zu dem er nicht hinstrebt, oder das nicht der Mühe wert ist, verarbeitet zu werden. Trockene Gelehrsamkeit, nichtssagende Pedanterie ist ihnen als dorrer Zweig am Stamme eines kernfrischen Schaffens in der Seele verhaßt. Und scheußlich ist ihnen stilistischer Barbarismus früherer Gelehrter. Nur in einer künstlerisch unanfechtbaren Form soll neues Wissen geboten werden. Besonders sollen Kunstkritiken in ihrer Kürze abgeschlossene Kunstwerke sein. Nicht anatomisch zerlegen, sondern philosophisch betrachten! Geistiges in eine äußere Hülle bringen! Kritik kann demnach rein mystisch sein, d.h. expressionistisch. Man verlange nicht, daß eine mystische Form einheitlich verstanden werde! Diese wie auch die möglichst knappe Ausdrucksformel erfordern Mitarbeit dessen, der das Werk in sich aufnehmen will; und so hängt nicht nur vom Gegenstand das Fazit ab, das der Einzelne daraus zieht. Lässigen Geistern ist das unbequem; sie werden nach einer einheitlichen Erklärung oder Regel suchen. Aber unsere neuen Kunstbestrebungen werden nicht vom platten Rationalismus erzeugt. Sie sind die Frucht eines heiligen, man kann sagen religiösen Schauers, und wo dieser empfunden wird, wo dieser unausgesprochen vom Werke zum Genießer geht, da ist die Arbeit gelungen. Eine derartige Übertragung, wie sie heute durch ein futuristisches Gemälde, Gedicht oder Musikstück möglich ist, muß stärkere Reize erzeugen als da, wo Gefühle mit Namen genannt und sentimental breit getreten werden. Die Wirkung wird vertieft, weil man nicht nur einzelne Disharmonien in ein Werk einfügt, sondern weil man wagt, eine Kunst der Disharmonie zu schaffen. Es galt schon längst als kein Fehler, einen unharmonischen Charakter zum Helden zu machen, – aber das ist sentimental.

Kunst ist es, beispielsweise eine Novelle zu schreiben, in der die einzelnen Ereignisse derartig hart aufeinander stoßen, daß es kreischend wie eine einzelne Dissonanz in unsrer Seele schreit. Seelentöne sollen in Farbe, Wort und Musik wiedererweckt werden.

In diesem Sinne nähern wir uns den Romantikern, die vor 100 Jahren den ersten Gedanken zu einer Universalkunst gefaßt hatten. Die ersten Künste, die sich damals verschwisterten, waren Malerei und Dichtung. Bald wurde bildnerisch der vorher in Worte gefaßte Gedanke wiederholt, bald ein Bild Anlaß zu einem poetischen Gedanken. Und beidemal würde ich eine derartige Kunst eine geistige oder illustrative nennen. Denn sie ist nicht aus sinnlicher Freude an Farbe und Linie oder aus der Tiefe einer elementaren Empfindung hervorgegangen, sondern mit dem formalen Zweck, einen neuen Ausdruck für bereits Vorhandenes zu schaffen. Damit treten sie in scharfen Gegensatz zu Lessings Laokoon; sie beweisen, daß alle Künste denselben Stoff behandeln und dieselben Empfindungen auszulösen vermögen. Dieser Gedanke ist antiklassisch – urdeutsch. Dürer und Holbein haben bereits illustrativ gearbeitet. Doch wir können noch weiter zurückgreifen: die urgermanische Kunst bestand aus der ornamentalen Linie, war also rein abstrakt. So wird heute in der Kunst und Literatur des Expressionismus ein chaotisches Linien- oder Farben- oder Gedankengewirr angestrebt, das nur Ausdruck, aber nicht Inhalt im Sinne eines Objektes besitzt. Man will – ob bildnerisch oder in Worten – einen Vorgang darstellen, wie er von aller Körperlichkeit entlastet in der Vorstellung existiert. Dies war die Reaktion zu den einseitigen Sinneseindrücken, die der Impressionismus wiedergibt.

Bevor ich beweise, wie sich der Expressionismus bereits seit der Romantik in der Literatur finden läßt, will ich dem zweiten Element des Futurismus nachgehen: es ist der Wille, der die heutige Generation mehr als Sinne oder Gefühle leitet. Durch Kant wurde er bereits zu einem wichtigen Faktor des kategorischen Imperativs erhoben. Fichte begriff, daß nur das existiert, was in unserm Vorstellungsvermögen liegt, und nur so, *wie* es sich darin reproduziert. Es gibt so viele Welten, wie Ich-Existenzen sie zu schaffen vermögen. Auf heute übertragen: Solange uns Bild oder Dichtung dazu verhilft, eine neue Welt in uns zu schaffen, ist das Kunstwerk gelungen, so verzeichnet es auch vom anatomischen oder psychologischen Standpunkt aus sein mag. Wir wollen keine Realien lernen; unser *produktives* Wissen soll durch die heutige Kunst bereichert werden. »Wissend reinigt sich der Leib«, sagt Nietzsche. Wir sehen, die Neuen bezeichnen nur den bisher letzten Punkt einer Entwicklungslinie in der geistigen Kunst, die mit Ornamentik und Runenschrift beginnt, sich als mystisches Element durch die Jahrhunderte fortpflanzt, bis Fichte sich aus Kants positivem Verantwortungsgefühle, verbunden mit dem Chaos des mystischen Bewußtseins, die Welt des Ichs gebären läßt. Nietzsche fügt den Willen und das Streben hinzu, die Welt, die uns die besten Lebensbedingungen zusichert, nicht in uns, sondern auch *außer* uns zu erzeugen. »Arzt, hilf dir selber, so hilfst du auch deinen Kranken noch.« Es ist der ethische Wille, an der eignen Vervollkommnung zu arbeiten, um damit der Gesamtheit in größerem Maße dienen zu können. Und mir scheint: die Generation, die er gewollt, ist jetzt da, und ihr verdankt die Nation ihre jetzigen Erfolge. Unser Wille ist stärker, weil weitfassender als die zierliche Stuck-Schönheit oder die liebenswürdige Stuck-Moral, – der Wille als Ganzes ist Schönheit und Ethik in sich! Elementar und unverkümmert muß er sich zunächst Bahn brechen: göttlich stark und aus Vernunft zum Wohle der Mitmenschen.

Wenn Hans Sachs den lieben Gott einen Besuch in Adam und Evas Kinderstube abstatten läßt, so wird das nicht als mangelnde Gottesfurcht empfunden, obwohl der Herr fast als seinesgleichen geschildert wird. So faßt heut der in sich begrenzte, klassizistische Rilke Gott als seinen einsamen Nachbarn auf, während die Willensstarken, statt Gott herabzuziehen, selbst emporstreben. Auch das ist nicht gottlos! Es ist göttlich, verlorenem Gute, gestorbenen Werten nicht untätig nachzutrauern, sondern neu zu erwerben, aufzubauen.

Und doch sind wir nicht nüchterner als jene, die Gefühl kultivieren. Von dem Standpunkt der Romantik ausgehend haben wir unsere Mystik aufgebaut. Schon die Romantiker Schelling, Schlegel, Novalis wollten Schöpfer sein. Sie betrachteten alles Endliche, Sinnliche, Natur und Kunst, als Symbole der letzten

Weisheiten, nach denen der Mensch strebt, um eine immer höhere Gottesgleichheit zu erlangen. Die Verschmelzung und Auflösung des Individuums in der großen Weltharmonie soll seine Schöpfung sein. Pflanze, Tier, Mensch und Gott bedeuten einen einzigen modifizierten Begriff. Ebenso – folgert man weiter – sind Sinnes-, Gemüts-, Geistes- und Willensäußerungen in sich verwandte Erscheinungen, die für einander eintreten und sich auslösen können. Entsprechend ist auch jeder sinnliche Reiz imstande, dieselbe Empfindung hervorzurufen wie ein anderer, der einen gänzlich verschiedenen Ursprung hatte. Der Mensch, der der göttlichen Harmonie näher steht, muß Töne sehen können, geschriebene Musik hören, in Farben Empfindungen haben, in jeder Einzelerkenntnis den Weltgeist bewundern, in jeder Leidenschaft die Weltenliebe finden. Symbol ist alles: Farbe, Ton, Wissen, Liebe. Friedrich Schlegel sagt schon 1792 von Huber, er finde im Faust Raffaelsche und Ostade'sche und wieder Michelangelo'sche Gemälde . . . im Gretchen sehe er bald Madonna und bald Magdalena.

Die expressionistischste und daher die deutscheste und modernste aller Künste ist Musik; sie ist letzten Grundes die kubistische Formel für ein Erlebnis. Wie sich Musik nicht pedantisch deuten läßt, so hat man auch in der Poesie versucht, berauschende Bilder aneinanderzureihen, deren logischer Sinn dunkel bleibt. Goethe gab uns in den Auswanderererzählungen sein ›Märchen‹. –

Hebbel ist ein Beispiel für die Vermischung der Reize aus verschiedener Quelle. Er hörte beim Dichten Melodien und hatte Gesichtserscheinungen; bei den ersten Akten der ›Genoveva‹ schwebte ihm die Farbe des Herbstmorgens vor; bei ›Herodes und Mariamne‹ das brennendste Rot; beim Epilog der ›Genoveva‹ sah er eine geschossene Taube fliegen. (Es sei erinnert, daß heute Freud ähnliche Probleme bewußt zu lösen trachtet.)

Novalis reflektiert in einem seiner Fragmente: »Es lassen sich Erzählungen ohne Zusammenhang, jedoch mit Association wie Träume denken; Gedichte, die bloß wohlklingend und voll schöner Worte sind, aber auch ohne allen Sinn und Zusammenhang, höchstens einzelne Strophen verständlich, wie Bruchstücke aus den verschiedenartigsten Dingen. Diese wahre Poesie kann höchstens einen allegorischen Sinn im großen und eine indirekte Wirkung wie Musik haben.«

Mozart nennt einmal den enthusiastisch entworfenen Bericht eines Festspiels »eine gemalte Symphonie« und »ein vollkommnes Gleichnis überdies des Mozartschen Geistes selbst in seiner ganzen Heiterkeit«.

Grillparzer sagt in seinen Tagebüchern: »Es ist mir schon oft eingefallen, unsre Tonkünstler mit Werken der Schöpfungstage zu vergleichen. Das Chaos – Beethoven. Es werde Licht! – Cherubini. Es entstehen Berge! (große, aber sehr unbeholfene Massen) – Joseph Haydn. Singvögel aller Art – die italienische Schule. Bären – Albrechtsberger. Kriechendes Gewürm – Gyrowetz. Der Mensch – Mozart!«

Der frühste von allen, Tieck, sehnt sich in seinem ›Sternbald‹ nach grellen Farben, jener wunderlichen Musik, die der Himmel dichtet, und beklagt es vor mehr als hundert Jahren, daß Bedeutung im gewöhnlichen Sinne noch immer eine Bedingung unsrer Kunst ist. – Mir scheint er ein Vorläufer des Malers Whistler, der seine Bilder in Farbensymphonien dichtet. –

Wir müssen uns die Expressionsfähigkeit solcher Autoritäten vergegenwärtigen und die Entwicklung des schöpferischen Willens während des letzten Jahrhunderts hinzufügen, wenn wir einen futuristischen Roman, wie Carl Einsteins ›Bebuquin‹ nicht restlos verdammen, sondern begreifen wollen. Er schildert einen Helden, dessen silbernes Hirn mit glitzernden Edelsteinsplitterchen besetzt ist. Strahlen aus allen Sinnes- und Geistesgebieten brechen sich tausendfältig in diesen Splittern. Der Mensch, der sich der Unzähligkeit dieser Strahlen bewußt wird, sieht sich verwirrt, als zwei Personen, tot und wieder lebendig.

In ›Bebuquin oder die Dilettanten des Wunders‹ ist das outrierte Bewußtsein dargestellt. In Alfred Walther v. Heymels kurz vor seinem Tode geprägten Ausspruch: »Wenn der Wille nicht mehr so stark ist, daß er imstande ist, Kugeln aus der Bahn abzulenken, taugt er nichts« und in Hanns Heinz Ewers' Grotesken oder seinem Vorschlag, durch die Wissenschaft den Menschen zu erzeugen, findet der Wille, und zwar der Wille zum Leben, seinen stärksten Ausdruck.

In seiner ›Weisheit der Langenweile‹ erfaßt Kurt Hiller bewußt das ihn interessierende Leben. Er geht den Ereignissen auf den Grund, wird nüchtern, gelangweilt und verzichtet auf jedes äußere, von unserm Willen unabhängige Erleben. Er will zum Banausentum zurückkehren. – Dieselbe Philosophie bereits in Bierbaums ›Prinz Kuckuck‹: Sarkasmus über unverdienten Erfolg, über die Fülle äußeren Erlebens kraft äußerer Mittel. – Denselben Grundton unenthusiastischen Konstatierens hält Hermann Bahr in Lustspiel und Kritik, Herman Bang in seinen Romanen fest. Sie sind ohne Anfang und Ende, Ausschnitte des Lebens.

Zuweilen artet Blasiertheit und Wunsch nach Erkenntnis in Todessehnsucht aus; dann trifft sich Futurismus mit Expressionismus. Dies ist bei dem jung verstorbenen Hans Leybold in seinem unveröffentlichten ›Chaos der Tod‹ der Fall und ganz besonders bei Johannes Becher, in denen sich die katholisch-erotische Mystik von Novalis erneuert.

Härter sind rein futuristische Verse. Sie schmeicheln sich nicht ins Herz; sie widern uns z.T. an. Aber mit gutem Willen können wir eine starke Gedankenarbeit darin erkennen, die sich gewiß – nach der Meinung vieler – nicht lohnte, weil sie selbst für die häßlichsten Dinge Bilder herauszuziehen sucht. Sie läßt die verschiedenen Sinnesempfindungen durcheinander wirken und bereichert dadurch unsér künstlerisches Können und Wollen. Else Lasker-Schüler träumt wie der Teppich des Tibets; sie selbst lebt, ob in Wien, München oder Berlin in ihrer Gedankenwelt ein Pascha- und Haremsleben. In dem Tabakqualm der Cafés glaubt sie alle Wohlgerüche und Opferdüfte des Ostens zu verspüren, und die Stimme der liebenden Herzen.

Andere besingen den Ekel der Großstadt. Lampen glühen wie Eiterbeulen. Verbrecherinnen der Liebe werden verfolgt. Ein Gespenst, von Leybold der hymnische Fluch genannt, schleicht von einem zum andern und drückt jedem rote Krallen ins Fleisch. Der Rauch der Schlöte schreit zum Himmel von den Qualen der Masse, die im Fusel und eignen Schlamme erstickt.

Die Verse geben niemandem recht, klagen niemanden an; sie konstatieren. Sie wollen über den Parteien stehen, und auch das ist ein Resultat starker Willensarbeit. Sie werden von keinem Hammel geleitet, mitgerissen. Selbst denkend vereinen sie ihre Kräfte zu gemeinsamem Ziel.

Noch ein Beispiel von der Vielseitigkeit heutiger Literatur, wie sie einlinig arbeitet! Man lese eine in endlosen Sätzen langatmige, klassische Reisebeschreibung, darauf eine Weltreise im Feuilleton beschrieben, jener Stätte unsterblichen Kitsches, und dann, was Norbert Jacques über die Südsee oder Karl Otten über Albanien zu sagen hat: Keine Kilometerberechnungen, kein Schwärmen für die lukullischen Genüsse des Ozeandampfers, die unter fremdländischem Himmel besonders munden, – aber: Eindrucksgemälde von Landschaften, Bewohnern und Sitten. Wiederum: naives Konstatieren, gesundes Sehen und Einfühlen, ohne Berufung auf frühere Forscher.

Viele unsrer futuristischen Denker streifen in fernen Welten herum; echte Willensmenschen, – nicht nur mit der Feder. So findet man draußen nicht nur den bäuerischen Farmer, den Kunst verlassenen Naturburschen. Unsere letzten Ziele wollen das körperliche und geistige Ausleben und Erlebnis in sich vereinen.

Mit dieser neuen Erkenntnis ist die zweite Romantik des fin du siècle überwunden. Aus der Mystik des Gefühls ging die Mystik des Willens hervor; sie äußert sich in dem künstlerischen Volleben, in der kunstdurchsetzten, Kraft äußernden und erzeugenden Tat!

2. DARSTELLUNGEN UND DISKUSSIONEN 1915–1920

Die zweite Phase des Expressionismus, Höhepunkt und Verfall der literarischen Bewegung, umspannt die Kriegszeit und einige Nachkriegsjahre. Die Dichtung wurde Ausdruck der von Leid und Schmerz heimgesuchten Menschheit. Die Ereignisse hatten das in den Dichtungen Vorgeahnte eingeholt. Aus den kleinen literarischen Kreisen erwuchs zwischen 1915 und 1920 eine breite literarische Strömung. Man schrieb nicht mehr allein Gedichte, sondern übte sich in Prosa, vor allem eroberte man mit den Dramen das Theater. Außerdem häuften sich die Manifeste und Programme, Aufrufe und Bekenntnisse. Das Schlagwort Expressionismus war plötzlich in aller Munde. Die Zahl der theoretischen Darstellungen und Auseinandersetzungen ist kaum abzuschätzen. Zur Erkenntnis dessen, was Expressionismus war, sind diese Zeugnisse von unterschiedlichem Wert. Oft verstellen sie den Weg mehr, als daß sie zu neuen Erkenntnissen führen. Doch darunter sind einige wesentliche Beiträge, die zugleich historische Überblicke über die Grundtendenzen und Hauptvertreter des Expressionismus sind, geschrieben von Otto Flake, Kurt Pinthus und Kasimir Edschmid. Diese Texte sind hier als Selbstaussagen abzudrucken, sie sind für die Rezeption des Expressionismus von ausschlaggebender Bedeutung geblieben. Hinzugefügt werden einige Aufsätze, die sich polemisch mit diesen Thesen auseinandersetzen, sei es aus anderer geistiger Sicht oder Ahnenschaft, sei es unter konfessionellen Perspektiven. Gerade Zustimmung und Widerspruch, Polemik und Apologie machen die Problematik und Vielschichtigkeit des Phänomens deutlich. Am Schluß dieser Reihe stehen zwei knappe historische Darstellungen, geschrieben aus miterlebender Nähe. Sie fangen die Auseinandersetzungen auf und tragen dazu bei, die Entwicklungslinien des Expressionismus durchsichtig zu machen.

OTTO FLAKE
Von der jüngsten Literatur. 1915.

Die Frage »Wo steht unsere Literatur?« soll keine Mahnung, kein Vorwurf und kein Schreckschuß sein, sondern einfach – eine Frage. Sie ist nicht durch den Krieg veranlaßt, sondern durch die Tatsache, daß eine Reihe jüngerer Autoren immer deutlicher zur Gruppenbildung schreitet. Man stellt fest, daß gewissen Dichtern und ihrem Wirken, wie es sich in Werken, Aufsätzen, Auftreten und vielleicht auch Lebensführung äußert, etwas Neues gemeinsam ist, und fragt daher: Was ist das Neue?

Das Neue ist die Opposition gegen das Alte. Was aber ist das Alte? Das, was vor einem oder zwei Jahrzehnten selbst einmal jung gewesen ist. Daraus kann man die bekannte wohlwollende oder auch resignierte Philosophie ableiten, daß »Jugend« immer radikal zu sein glaubt und doch nur dem gärenden Most gleicht, der ein trinkbarer Wein werden wird. Das ist eine niedrige und ohnmächtige Art, die Bilanz aus den eigenen Lebenserfahrungen zu ziehen. Fragen wir lieber: Was ist das Alte in dem ganz konkreten Fall der heutigen deutschen Verhältnisse? Ich sage absichtlich nicht: im Fall der heutigen literarischen Verhältnisse, denn Literatur ist Umsetzung der nationalen Kulturverhältnisse ins Geistige. Nationale Kulturverhältnisse ist aber ein weiter Begriff. Eine literarische Opposition kann sich richten gegen das ästhetische Ideal, ferner gegen die bürgerlichen, kirchlichen und politischen Zustände, und zuletzt sogar gegen das nationale Temperament, gegen die Art, wie das Leben betrachtet wird. Frankreich zum Beispiel hat viele literarische Revolutionen gehabt; sie waren ästhetischer und politischer Art, aber sie haben sich nie gegen die spezifisch französische »Mentalität« gerichtet; ihre Führer wußten wohl, daß in England oder Deutschland oder Rußland die Kultur sich um eine andere Achse drehte, aber den französischen Geist ändern zu wollen ist keinem eingefallen. Man blieb Franzose und wollte in der Literatur mit der Zeit fortschreiten, das ist das Geheimnis aller Literaturrevolutionen jenseits der Vogesen und ihres Erfolges. Bei uns dagegen kann es geschehen, daß Oppositionen gegen viel weitere Grenzen anrennen, nämlich gegen die, die das deutsche Leben, den deutschen Charakter überhaupt bedingen. Es ist eine Opposition denkbar, die ästhetisch, politisch, bürgerlich und »völkisch« zugleich ist; es ist möglich, daß diejenige, von der hier die Rede sein soll, von dieser Art sein wird – denn vorläufig sammelt sie noch ihre Kräfte und ist erst im Begriff, sichtbar zu werden.

Ich muß ein wenig auf den Ausgangspunkt aller modernen Dinge, den Naturalismus, zurückgreifen, ohne mich bei langwierigen Konstruktionen aufhalten zu wollen. Der Naturalismus schien allen Hütern der damals überlieferten Ideale verrucht; aber er fand längst auf die spezifisch deutsche Bahn zurück; war er doch von Anfang an anders als der französische Naturalismus, pedantischer, philosophischer und bisweilen krasser und anarchistischer. Die deutschen Schriftsteller hatten nicht die Kraft, die große Entwicklung des deutschen Militärstaates und der kaisertreuen Bourgeoisie aufzuhalten, obwohl sie alle im Anfang sozialistisch angehaucht waren. Doch das waren sie mehr auf allgemeiner, ideeller Grundlage, als aus intellektuellem Haß: der deutsche Intellektuelle war damals noch gar nicht geboren, wie wir sehen werden. Es geschah das Charakteristische, daß sie mit dem Staat eine Art Frieden schlossen, der die radikalen Grundfragen unentschieden ließ und dadurch ermöglicht wurde, daß man sich auf seine deutsche Seele besann und aus der letzten Quelle trank, aus der alle Kunst entspringt, aus der großen Menschlichkeit, die ewig ist. Hauptmann wurde ein reiner und starker deutscher Meister, es wäre ihm oder jedem anderen sonst nur übrig geblieben, Sozialdemokrat zu werden. Diese Entscheidung ist durchaus verständlich, nur wollen wir über der großen Rettung nicht die Flucht übersehn. Hauptmann und die andern wurden nie hoffähig und nie von oben herangezogen, und dienten doch ihrem Volke. Das ist deutsch und es ist groß; nur kommt es hier darauf an, daß es auch Resignation oder besser Abbruch eines Feldzuges war, der doch einmal begonnen worden war; das Problem war von dieser Generation beigesetzt worden, aber es war nicht verscharrt.

Vorläufig aber verflüchtete sich der Schuß perlender Kohlensäure, den die naturalistische Revolution in das deutsche Blut gebracht hatte, und es kehrte wieder in seinen eigentümlich deutschen Beharrungszustand zurück, zu seinem spezifischen Gewicht, zu dieser etwas zu schweren, etwas zu verträumten, etwas zu unwirklichen, etwas zu wenig lebhaften, ganz ehrlichen und ethisch orientierten Art, das Leben zu behandeln. Welche Energie, Stoßkraft, Unbesieglichkeit darin verborgen ist, haben wir im Krieg gesehen, und eben der Krieg bringt den Nachweis, daß in ihr mehr Leben enthalten war, als man annahm, und daß hier die deutsche Tradition zu suchen ist, wenn sie überhaupt irgendwo gefunden werden will.

Die Landschaft des deutschen Geistes also wurde nach 1890 um einige Partien vermehrt, die durchaus das deutsche Gepräge tragen. Es ist, im Gegensatz zu der französischen Parklandschaft, Berglandschaft: Alpengipfel und Mittelgebirge umfassend, die Heimat des Dämonischen und des Märchenhaften, des Elementaren und des Freundlichen, eine Landschaft zum Wandern – nur wenige, wie Goethe, bauten methodisch Gärten bis in die Ebene hinaus. Hauptmann, Hesse, Strauß, sie leben im Einklang mit dem Deutschen, das lange vor dem Naturalistischen war, mit Keller, Schwind, Novalis, aber ebensogut mit Luther, Fichte oder wer sonst immer ein deutscher Mensch war. Hannele stieg aus den Tiefen dieser Seele zum kindlichen Ziele ihrer Sehnsucht, dem Himmel des deutschen Gottes, der gütiger als ein anderer ist; doch wo blieb, um bei den Frauen zu bleiben, die Gestaltung der zeitlicheren, aber auch komplizierteren, differenzierteren Geschöpfe? Genügt das Kindliche, das Ursprünglich-Einfache, gibt es nicht das Problem, die Menschen der Zivilisation in der Form zu gestalten, die wir kennen, und diese Form zum Behälter der menschlichen Leidenschaften und aller Regungen zu machen? Der Naturalismus hatte wohl gewußt, daß das lockendste Kunstproblem ist, das Absolute nicht absolut über den Hörer zu schütten, sondern jeder zeitlichen Figur den Lebensfunken mitzugeben. Deshalb hatte er das Charakteristische betont, und das war zunächst das, was man wirklich kannte und beherrschte: so griff Hauptmann zu Bauern, Gebirglern und Volk, aber aus dem Charakteristischen glitt er deutsch in das Charaktervolle und von diesem in die uralten einfachen Untergründe des Seelischen, das von der vorgeschrittenen Kultur und dem Nervenzustand ihrer Menschen nicht mehr viel wußte.

Die Gesellschaftsschilderung geriet in die Hände der schlechten Begabungen, das Gesellschaftsdrama wurde Sudermann ausgeliefert, und gar Ironie, Satire und hohe Komödie blieben brach liegen; die Erinnerung an die erste politische Unzufriedenheit war mehr als verblaßt. Auch das ist ganz deutsch; die Seelenhaftigkeit der Dinge zu sehen und ihre Sterblichkeit, Unzulänglichkeit vergessen, ist deutsch – ein Lob, aber auch ein schwerer Mangel. Denn beharrlich das »Positive«, das »Gute«, das »Ewige« sehen, führt dazu, übergütig, unscharf, nachgiebig zu werden. Künstler, die zugleich einen scharfen Intellekt haben, werden diesen etwas verschwommenen Harmoniezustand gefährlich finden, statt Anpassung Auswahl, statt chaotischen Verständnisses methodische Ziele verlangen. Köpfe mit modernem Selbstbewußtsein und moderner Achtung vor der Persönlichkeit können nicht bei der altgermanischen Selbstentäußerung und dem demütigen Dienen stehen bleiben, das Käthchen und Griseldis verklärt, aber nicht zu entwickelten Hirnwesen paßt; sie werden mit Haß auf Verhältnisse reagieren, in denen die Machthaber das einzige Recht, das sie der Kunst gegenüber haben: die großen Talente zu weithin sichtbaren Repräsentanten der nationalen Kultur zu machen, nicht nur nicht ausüben, sondern sie geflissentlich übersehen oder gar beschimpfen; aus diesem Haß oder mindestens der kalten bewußten Entfremdung wurde eine ganz neue, bestimmt gefärbte Opposition geboren, durch einen Akt der Selbsthilfe entstand, später als in anderen Ländern, und noch heute bei uns nicht als berechtigt erkannt, der *Intellektuelle*.

Der Intellektuelle ist nicht mehr der deutsche Dichter, der, wenn es ihm nicht gelingt, bei der Gesellschaft oder dem, was sich so nennt, sein Glück zu machen, irgendwo in dem großen Lande verschwindet und sich resigniert in seine selbstgezimmerte geistige Welt zurückzieht; er rechnet vielmehr scharf und unerbittlich mit den Fehlern und Sünden des ganzen Systems ab und ist sich mit der Zähigkeit dessen, der nicht angreifen darf, bewußt, daß er gleichberechtigt ist und eine große Macht, den Geist, vertritt. Da er ein Ziel hat, sieht er sich nach einem Mittel um, um es zu erreichen, und ordnet ihm instinktiv alle seine Gedanken unter. Er ist nicht mehr deutsch im alten Sinn, weil er nicht faustisch die ganze Welt haben und auch nicht alles verstehen will, weil es alles billigen hieße, sondern er ist Methodiker und Stratege, der seine Kräfte auf einen Punkt vereinigt. Methodisch aber, formal, klar ist der Romane: diese Intellektuellen lieben alle die französische Dominante der Kultur, die politische Orientierung. Diese Hochschätzung der Politik als angewandter Geistesklarheit, der diplomatischen Geschmeidigkeit, die an dem einen unbeirrbaren Ziele festhält, ist bei vielen Intellektuellen nur platonische Liebe, aber gerade sie äußert sich glühend und hat eine Annäherung an französisch-englische Betrachtungsweise zur Folge, die man bei uns ganz richtig demokratisch nennt, darum aber noch nicht verstanden hat.

Der Vater der deutschen intellektuellen Literatur ist Heinrich Mann. Die seelische, musikalische, sittliche, demütige Grundverfassung war hier ersetzt durch eine formal-künstlerische, sinnliche, humorfeindliche, die, wenn sie auch nicht hinreißend auftrat, sondern das Pathos durch die mehr defensive Haltung ersetzte, doch außerordentlich stark auf die geistige Jugend wirkte.

Zuerst versuchte es Mann noch mit deutschen Gesellschaftsromanen aus Berlin und München. ›Schlaraffenland‹ war ein Gegenstück zu Maupassants ›Bel ami‹, aber so verschieden davon wie französische und deutsche Gesellschaft. Jene existiert, diese nicht, der Roman wurde satirisch, höhnend und in gewissen Kapiteln verzerrend. Dann suchte sich Mann ein zweites Vaterland und fand Italien. Nicht das der sentimentalen und trinkenden Deutschrömer, sondern das romanische Italien bevölkert von romanischen Seelen, deren Intrigantentum, Jakobinertum, Bourgeoisegoismus er nicht etwa verspottete, sondern, wenn auch nicht pries, doch befriedigt gestaltete; stand ihm doch hier, was für den Schriftsteller so notwendig ist, eine geschlossene Welt zur Verfügung, die durch feste soziale Gesetze geordnet war und nicht moralisch, sondern vital orientiert war: der Egoist, der Streber, der Intrigant im Menschen sind feste Tatsachen, die durch noch größere Geschmeidigkeit, noch zähere Vitalität, noch klarere Schärfe der Menschenkenntnis überwunden werden können und so, ohne daß moralisch gebessert wird, doch einen Ausgleich und einen tieferen Sinn herbeiführen: Mensch sein heißt hier auf der Hut sein, das Duell mit dem Degen in der Hand bestehen, sich einsetzen; und die Belohnerin für den, der zulänglich ist, ist hier die Frau, die die letzte Bilanz, die Verrechnung zieht. Sich in diesen Kampf der Egoismen stürzen, ist die Auffassung von Heroismus, die die lateinischen Völker haben, ihr Stichwort ist der Nebenbuhler, also nur der Doppelgänger des selbstsüchtigen Ich (bei den Deutschen die Selbstentäußerung, die Überwindung des Egoismus). Dieser Heroismus wird von den ›Flöten und Dolchen‹ bis zu den letzten Novellenbänden Manns immer mehr Mittelpunkt, aber man kann nicht sagen, daß er an Wert für das deutsche Leben gewinnt. Von einem nicht nur gemischten, sondern rein lateinischen Temperament gestaltet, also um beredtes Pathos bereichert, ergäbe er etwa d'Annunzio, aber Mann verfügt nicht einmal über seine Glut, und so erklärt sich die Tatsache, daß seine Variationen des heroischen Ringens mehr Krampf als Kraft sind, voller konstruktiver Umschläge; es sind Gebärden und Überhitzungen ohne die schöne große Gelassenheit, deren der Deutsche fähig ist, und ohne die Kontrolle der Klarheit, die die Linienführung des lateinischen Künstlers so sicher macht; es sind Nervenekstasen eines zu blutarmen Hirnes, leere Körner ohne Menschlichkeit. Dieser Abstieg eines so stark begabten Künstlers ist um so tragischer, als Mann nie »seine Zeit« gehabt hat, die jeder deutsche Künstler dafür verdient, daß er dem Übermaß des Innerlichen und des Zeitlosen einen Riegel vorschiebt und formal, sinnlich, sichtbar, methodisch zu gestalten lehrt. ›Die kleine Stadt‹ ist, rein als zeichnerische Leistung, als Geschenk der sicheren Hand und der gleichmäßigen Komposition betrachtet, noch immer der beste moderne deutsche Roman.

Verweilen wir noch einen Augenblick bei Mann. Ich habe von vornherein betont, daß die methodisch-beschränkte Geistesrichtung des Intellektuellen, im Gegensatz zur chaotisch-systematischen des normalen Deutschen, unzertrennbar mit politischen Tendenzen verbunden ist, denn eine Änderung der Kulturverhältnisse ist nur durch Änderung der großen materiellen Zustände einer Nation zu erreichen, und deshalb ist es ein durchaus ernster Gedanke, die geistige Opposition politisch zu orientieren, ja es ist der einzig richtige Gedanke. Dem deutschen Charakter läge es am nächsten, diese Forderung zu einem Programm zu erheben, sie laut auszusprechen – Mann wurde davon durch sein rein auf Anschauung zielendes Künstlertum abgehalten und gab, in nichts vielleicht romanischer als darin, dem indirekten, nie greifbaren, überall fühlbaren Angriff den Vorzug. In allem, was er schreibt, ist der geheime und verdeckte Stachel, der nur nachgewiesen werden könnte, wenn man den Organismus selbst sezierte. Diese intrigante Kunst, die unter leisem Hohne mit ihrer äußeren Korrektheit herausfordert, wird uns bei einem jüngeren Führer dieser Gruppe wieder begegnen. Kurz vor dem Kriege begann eine Zeitschrift Manns neuesten Roman ›Der Untertan‹ abzudrucken; obwohl er noch nicht als Buch erschienen ist, kann man also darüber sprechen. Dieser Roman ist eine Darstellung des liberalen deutschen Bürgertums vom Abgang Bismarcks bis zum Abgang Bülows. Daß nicht die expansiven Kräfte dieser Epoche geschildert werden, sondern ihr Supplement, die knechtischen, deutet der Titel an. Der Untertan ist der Mann der gottgewollten Abhängigkeit, der sie durch inbrünstige Dienstbereitschaft für sich aufhebt, aber nicht für fremde und kritische Zuschauer; er macht alle Schwankungen der von oben ausgegebenen Parole mit und merkt es nicht, da sein Schlachtruf, der dem Treueid der Kriegervereine entnommen ist, sich gleich bleibt; er ist der Streber, der Staatsdiener, der Fanatiker der Kasernierung, der Neudeutsche, das, was heute weiter zu betonen nicht der Augenblick ist und doch nie übersehen werden darf, alles mit einer harten, haßerfüllten Tendenz imprägniert, der doch kein Staatsanwalt etwas anhaben könnte, da sie nicht »zu fassen« ist. Dieses Buch scheint auszurufen: So sehen in Wirklichkeit die Zeitgenossen Hauptmanns aus, so ist im Grunde seiner Seele dieser Deutsche, dessen religiöse Einfalt, Güte und Hingegebenheit ihr zu verklären nicht müde werdet.

Wer würde nicht daran erinnert, daß während des Krieges unsere Gegner Züge an uns aufdecken, die wir verleugnen möchten, und einen riesenhaften Zwiespalt, den wir mit allen Konstruktionen nicht überbrücken können. Haß sieht scharf. Seien wir mutig: die niedrigen, subalternen, hochfahrenden Züge bestehen und, was wichtiger ist, die Notwendigkeit, prinzipiell politische Unerbittlichkeit zu treiben, besteht, selbst der Haß ist berechtigt; nur – ein Mitglied des deutschen Volkes muß ihm eine Modifikation geben. Keine Beschönigung, aber eine Modifikation ethischer Natur. Für einen Schaffenden, dem an der Kultur seines Volkes gelegen ist, darf Haß nur Mittel sein. Je grausamer die Satire, um so besser, aber wenn er nicht zur Menschlichkeit und Gerechtigkeit führt, ist er ohnmächtig. Und hier muß man sagen, Manns Haß hat nicht die langen Wellenschwingungen, die sich weiter und weiter fortpflanzen, bis sie kosmisch übergreifen zu denen der Liebe, er ist hämisch. Er greift nicht an, er stellt nur fest, und Feststellungen langweilen, wenn sie nur Wiederholungen werden. Es ist ein Haß des Verstandes, nicht des Blutes, er bleibt klein und kommt nicht über die Tagesgereiztheit des Simplizissimus hinaus. Und hier ist das Wort unvermeidlich, dem ich bis jetzt aus dem Weg gegangen bin: es ist ein literarischer Haß, sein Autor ist ein Literat. Der Literat macht den ersten Schritt, vom Leben, das das Banale ist, zur Literatur, die das Geistige ist, und ist darin vorbildlich und unentbehrlich. Aber er müßte auch den zweiten Schritt machen können, zum *Elementaren*, dieser freigewordenen Geistigkeit, zurück. Darin ist Wedekind viel größer als Mann, er ist ihm gegenüber der Moralist, wenn er auch denselben zu kurzen, hastigen Atem, dieselbe zu eilige Nervenreaktion besitzt. Wedekind weist ins Elementare, seine grelle Barockheit dürfte in einem imaginären modernen Shakespeare nicht fehlen, wie in dem alten Shakespeare die »Nachtseiten« zu ihrem Rechte kamen.

Einen anderen Weg als Mann, der sich in Italien eine neue Heimat suchte, schlug die Masse der jungen Literaten ein; sie blieben in Berlin oder etwa noch München und schritten zur Gruppenbildung, zur sozialen Gemeinsamkeit, zum Konventikel. Machte die Bürgerlichkeit sich nichts aus ihnen – sie machten sich noch weniger aus der Bürgerlichkeit und waren sich selbst genug. Man könnte ebensogut ein Buch wie nur ein paar Zeilen über diese Kreise schreiben, die der Bürger noch mit einem älteren Ausdruck von oben herab als Bohème bezeichnet und in deren Sitten sich doch das Recht durchsetzt, individuell und anarchistisch, das heißt radikal nach dem eigenen Ermessen zu leben. Was der einzelne mit sich, seiner Gesundheit, seinem Körper, seinen Talenten anfängt, ist seine Privatsache. Auf dieses Resultat ist vielleicht die ganze Revolution Ibsens und der Emanzipationen aller Art eingeschrumpft, aber dieses Resultat ist der große Grundsatz der modernen Zeit. Da es erobert ist, wurden die Kräfte nicht weiter für einen moralischen Feldzug benötigt, sondern wurden frei für einen des *intensiven* Ausdrucks. Die Nerven der Kunst Hauptmanns sind noch die der Kunst Goethes oder Schwinds oder jedes deutschen Repräsentanten aus vormoderner Zeit. Die Großstadt erzeugte und verlangte neue Nerven, teils direkt, weil sie zu einem ungeheuer gesteigerten Verbrauch von Kräften führte, teils indirekt, weil ihre Bewohner älter, zivilisierter, verfeinerter sind. Eine Kunst, die dem Nervenzustand der neuen Zeit, den eröffneten Tiefen, Übergängen, Reizungen Ausdruck verlieh, waren aber Naturalisten und ihre Nachfolger schuldig geblieben. Die jungen Literaten übernahmen die Züchtung dieser Kunst, und man kann ihnen alles vorwerfen, nur nicht, daß sie sich dabei vor den Konsequenzen gescheut hätten – sie opferten verschwenderisch und unbekümmert um ihre Gesundheit. Hunderte verbrauchten sich, Hunderte näherten sich den Grenzbezirken des Wahnsinns, Hunderte waren schwächer als ihre Aufgabe – und traten darum nicht weniger selbstbewußt auf, ein Knäuel menschlicher Erregungen, die doch in den Cafés die wohltätige Gemeinsamkeit von ihresgleichen suchten. Die Historiker werden einst die ›Aktion‹ durchforschen, um die Geschichte der Stammelnden zu schreiben. In ihrem Verlage ist auch ein kleiner Roman erschienen, der als ein Beispiel unter vielen genannt sei: Franz Jungs ›Sophie‹, ein Buch ohnmächtiger sexueller Auflehnung, konstitutionellen Masochismus, der sich an den Wänden der Abhängigkeit den Kopf einstößt, mit jenen gelegentlichen Wüstheiten, die nicht viel mehr als das Zähnefletschen eines gehetzten Tieres sind und die in Johannes Bechers ›Verfall und Triumph‹ die Dominante werden, nur daß dieses Temperament aus dem Münchner Kreise der ›Neuen Kunst‹ viel gewaltiger ist und an die Roheiten eines Boxers erinnert. Die letzte Geste, die das selbstzerstörende Hinausschleudern hier findet, ist die unflätige Beschimpfung, die den eigenen Gefühlen ins Gesicht spuckt.

Aber weder die Feststellung solcher Kraftgenies noch der armen Häscher der Selbstzerfleischung gibt das Recht, anders als mit Ernst von der Bewegung als solcher zu sprechen, deren Bedeutung in einer ungeheuren Zunahme an Intensität besteht. Wenn einer der Jüngsten, der im Kriege fiel, Lotz, ein Gedicht beginnt: »Ich flamme das Gaslicht an / Ein donnerndes Staunen umprallt die vier Zimmerwände / Ich fühle mich dünn in der Mitte stehn / Verkrampft in Taschen klein meine Hände / Und muß dies alles sehn / Die Mauern bauchen aus, von Dröhnen geschwellt usw.«, so ist das aus einer anderen Welt als der Goethes, aber aus unsrer Welt, ein klassischer Ausdruck moderner Nervenerschütterung, eine Wortillustration zu Meidnerschen Zeichnungen, in denen die Häuserfronten gegeneinandertaumeln; das »Ungeheure des Gefühls« ist so gut wie bei Goethe darin.

Auch die Literatur kommt nicht mehr ohne die Experimente aus, die dem entsprechen, was man in der nachimpressionistischen Kunst *Expressionismus* nennt. Niemand kann bestreiten, daß der Impressionismus historisch geworden ist und daß er, dessen besten Werken noch etwas von der realistischen Studie und von Verschönerung des bürgerlichen Daseins anhaftete, durch eine größere Geistigkeit und größere Betonung der gesetzgebenden und zusammenfassenden Persönlichkeit abgelöst zu werden beginnt.

So verhält es sich auch in der Literatur. Die deutschen Persönlichkeiten der großen Vergangenheit wollten erschüttert sein, von den kosmischen Schwingungen getragen werden: diese pantheistische Sehnsucht, der wir auch heute noch in ungezählten Deutschen begegnen, ist ein *Erregungszustand*, eine Erregung des totalen Menschen, in dem Sinnlichkeit, Geistigkeit, das egoistische Temperament und die weltumfassende Güte zugleich ergriffen werden, also, wenn man genau untersucht, einander aufheben und dadurch dem Menschen ein Gefühl der *Gesundheit* mitteilen, das außerordentlich an die Folgen einer durchgreifenden Körperbetätigung erinnert, die ja auch darin besteht, daß jeder Teil des Ganzen herangezogen wird. Diese Totalitätserregungen sind also zentraler Art – spezifisch moderne Erregungen, wenn man will, Großstadterregungen, benutzen im Gegensatz zu ihnen die Nervenbahnen, schreiten also von außen nach innen und sind zunächst impressionistisch. Aber nur zunächst. Denn sie dringen allmählich immer tiefer von der Oberfläche nach innen und erreichen, wenn auch *dieser* Weg schwere Störungen und selbst Zerrüttungen erzeugt, zuletzt die Zentren; das heißt, auch der Expressionismus führt zu einem Zustand, in dem die Gesamtpersönlichkeit, die letzte elementare Vitalität ergriffen wird, und das ist der Ausgangspunkt des Expressionismus; er unterscheidet sich vom Impressionismus durch den Drang der totalen Erregung, durch gesteigerte »Geistigkeit«, das heißt Zusammenfassung, und durch größere Genialität, das heißt zentralere und tiefergelegene Erregung.

Wie verhält er sich nun zur alten deutschen Totalität? Das ist die entscheidende Frage. Es läßt sich von vornherein vermuten, erstens: da er durch alle Nervensensationen hindurchgegangen ist, wird er viel reicher an Differenzierungen und Feinheiten sein, viel reicher auch an Kenntnissen der physiologischen und animalischen Geheimnisse der menschlichen Natur; zweitens: da er vom Körperlichen ausgeht, wird er, im Gegensatz zur alten deutschen Seelenhaftigkeit, nicht moralisch, sondern vitalistisch, energetisch bedingt sein, und drittens steht zu vermuten, daß die Erregungen der ganzen Persönlichkeit nicht so »gesund« ausklingen, nicht so wohltuend verebben, das heißt, daß die schöne tiefe Selbstaufhebung des ganzen Prozesses ausbleibt – mit anderen Worten, die Erregung wird gleich elementar, aber zerstörerischer sein, der große Eingang in Gott oder die Welt oder die Totalität wird unvollkommen sein.

Um diese Thesen zu beweisen, genügt es hier, wo ja keine Entwicklungsgeschichte gegeben werden soll, einen Blick auf den stärksten dieser »Expressionisten« zu werfen, auf René Schickele. Ein nahezu klassisches Beispiel der Überwindung des Impressionistischen durch den Drang nach Zusammenfassung und ihrem Ergebnis, der Totalität des Persönlichen. Das charakteristische Merkmal dieser Richtung, die Intensität, ist hier aufs äußerste ausgebildet. Er schlägt Schlachten, um die Durchbrüche nach dem Reich der Mitte zu erzwingen. Jedes Werk oder Werkchen (alle im Verlag der Weißen Bücher) ist ein Ansturm, ein Ich lasse dich nicht, du segnest mich denn; einige enden wie gewisse Sturmangriffe dieses Krieges resultatlos, andere führen auf Vorhöhen, auf denen die Fahne aufgepflanzt wird, aber der große Durchbruch war es doch nicht. Ein Talent, das lyrisch stark begabt ist (alle Expressionisten sind Lyriker), die Stoßkraft des Dramatikers, aber weniger seine menschliche Vielfältigkeit hat (alle Expressionisten sind Subjektivisten) und vom Ehrgeiz, der erzählenden Prosa neue Wege zu weisen, besessen ist.

Zunächst werden viele Leser abgestoßen durch die Verworrenheit der äußeren und näheren Umstände, durch den typischen Mangel an Grundriß oder architektonischem Aufbau. Jede Natur macht aus ihrer konstitutionellen Eigentümlichkeit eine Philosophie; was in Wirklichkeit Abhängigkeit ist, erhebt sie zur Theorie: lassen wir es gelten und geben wir, da es im Grund eine Bagatelle ist, einmal zu, es sei künstlerischer, nämlich reiner, essentieller, wie es in Schickeles ›Benkal‹ geschieht, nicht mehr Franzosen, Elsässer und Deutsche zu sagen, sondern Langnasen, Königstädter und Kremmen. Gewiß ist es sogar banal, immer die Zivilstandsverhältnisse zu geben, und viel wirksamer, gar nicht auf die Realitäten einzugehen. Geben wir also zu und begreifen wir, daß ein *intensiver* Künstler diese Dinge verachtet. Was gibt er nun intensiv? Schickele strebt intensiv nach dem Punkte, der sowohl vor als hinter dem Eintritt des Geschöpfs in die Realität liegt: vor oder hinter der bürgerlichen Existenz, vor oder hinter der Geburt der geordneten Beziehung. Er ist lyrisch und er ist anarchistisch. An ihm wird sehr deutlich, daß jeder Künstler einen Zustand kennt, dem er unaufhaltsam zueilt, wie ein Morphinist seiner Droge. Dieser Zustand ist für Schickele die Zertrümmerung der Ruhe. Unsere Natur hat die Neigung, seßhaft zu werden, und insofern ist es gut, daß es höhnende Temperamente gibt, die die menschliche Ordnung zerstören, wie man einem Ameisenhaufen Gelegenheit zu neuem Aufbau gibt, wenn man ihn aufwühlt. In den Urgrund unsrer Seele, das Chaos, zurückgestoßen zu werden, ist nötig, um zu erkennen, daß unser praktisches Leben, wie Staat, Familie und jede Organisation, nicht Gottheiten und Gesetze über uns, wir also nicht ihre Sklaven, sondern Hilfsmittel unsrer irdischen Notdurft, wir also ihre Herren sind. Aber das ist nun ein Gedanke, zu dem bereits wieder die deutsche (die alte) Totalität gehört, und es zeigt sich, daß die Expressionisten an diesem Punkt verkümmerte Organe haben. Die Kapitel, in denen

Schickele dem Chaos, das ist in ›Benkal‹ der Krieg mit der inneren Anarchie, zueilt, sind fanatisch stark und groß, aber wenn das Chaos erreicht ist, bricht die Offensive zusammen. Weil man ergriffen war und Respekt hatte, ist es so erschreckend, zu sehen, was dann herauskommt. ›Benkal‹ wird ein Stammler, Ohnmächtiger, und ich gestehe, einer der ernüchterndsten Momente, die ich in der Literatur erlebte, war, zu lesen, was geschieht, wenn der Krieg vorüber ist. Ein bißchen Revolution ist vorübergezogen, ein wenig Jakobinertum hat sich ausgetobt, und über den Trümmern höre ich ein geheimes Schluchzen versagender Nervenkraft. Jetzt verstehe ich, weshalb diese Literaturkreise, fast alle dieser Jungen, so hysterisch feindlich dem Staate, der Gesellschaft, der ganzen hohen Rationalität gegenüber sind, die man den Aufbau im Sinn der großen Deutschen nennen kann, und weshalb ich bei ihnen so viel vorschnellem Urteil und Überschätzung der eigenen Geistigkeit, diesem Ausleben in Artikeln, Angriffen, Polemiken begegnet bin. Die Weltstimmung, in die sich Schickele schwingt, kann man als heroisch bezeichnen; aber man braucht nur an Beethoven zu denken, um zu erkennen, welche reine Unpersönlichkeit die deutsche Seele unter heroischer Stimmung versteht und daß der Barrikadenheroismus einer anderen Rasse angehört.

Ich kann nicht anerkennen, daß in ›Benkal‹ der gegenwärtige Krieg, sei es auch nur in seinem deutsch-französischen Teil, vorweg gestaltet sei.

Sehr stark ist die Fähigkeit Schickeles, die Frauen zu fühlen, wo sie Trägerinnen des Vegetativen und des Animalischen sind, und immer hält er sie an ihren sensitiven Nerven wie an einem Zügel; aber was ist mit diesen Ji, Kru, Gugu und wie sie alle heißen, auf die Dauer? Kru sucht ihren Geliebten im Wirrwarr der Front, und um zu ihm zu gelangen, gibt sie sich jedem, der ihr den Weg versperrt. Das wird vorgetragen als der äußerste Ausdruck von Menschlichkeit und Tragik. Es ist aber, dieser Prätention zum Trotz, weder so neu und unerhört, noch so wichtig. Wichtig ist zum Beispiel eine nun schon hundert Jahre alte Figur wie Gretchen, was ich nicht unter dem moralischen oder idyllischen, sondern unter dem intensiven Gesichtspunkt sage. Und Ji, die über dem Kriege Cancan tanzt, ist, als rothaarige Muse der Auflösung, sehr eindrucksvoll; da sie aber auch nachher nur Cancan tanzt, schrumpft sie zu einer Varietéfigur zusammen. Das ist die Tragik der expressionistischen Unerhörtheiten, sie wachsen nicht ins Unvergeßliche, sondern ins

Ärmliche. Daneben hat sich schon eine Schule von Nachahmern gebildet, die schematisch und sentimentalisch arbeiten, ganz wie in der Malerei. Die letzten Kapitel von ›Benkal‹ lesen sich fast wie ›Kammermusik‹ von Peter Baum, einem anderen dieser Untotalen, es fehlt der große, elementare Ausklang, und alles wird Ästhetizismus statt gesteigertes Leben. Und Schickele fühlt das selbst, denn er schrieb eine Novelle ›Trimpopp und Manasse‹, in der er versucht, eine ordentliche Fabel mit Eingang und Steigerung zu geben. Und hier geschieht das Groteske, daß dieser Künstler Seiten schreibt, die sich wie Kapitel aus der ›Berliner Range‹ lesen, voll gewolltem Humor und gewollter Klarheit, arm und tragisch. Dieser Autor ist nahezu rein französisch, er ist methodisch, aber nicht total im deutschen Sinn.

Die deutsche Totalität ist letzten Endes große Harmonie, große Güte, große Gelassenheit, sie ist und bleibt ethisch orientiert. Das ist das Endergebnis dieser Untersuchung, und sie ist, denke ich, zeitgemäß. Sie war nicht vorgefaßt, es ist einfach der Durchbruch einer nationalen Wahrheit. Tolstoi ist nur Moralist, und das braucht man nicht zu sein, aber zuletzt ist es mehr, eine Kraft wie Tolstoi zu sein, als ein Expressionist. Ich habe jedoch keineswegs die Absicht, irgendwie aufzuheben, was der Expressionismus erreicht hat. Wir wollen nicht a priori Ethiker sein, wie noch die Zeitgenossen und Gründer der deutschen »sittlichen Weltordnung«. Wir sind modern, wir sind Erkenner der vitalen, animalischen, energetischen Tatsachen und halten den Schild vor jene Lyriker, die die Morgue besungen haben, unsere Pole sind wohl nicht mehr Gott und die Seele, sondern Tod und Leben, verbunden durch die Achse des Wirklichen; wir sind also anders orientiert; aber was wir nie abwerfen können, ist der zentrale Vorgang in uns, der deutsche Vorgang der großen Übersichtlichkeit, Gerechtigkeit und Güte.

Ich könnte nun noch von den Anfängen dieser Kunst im Expressionismus sprechen, und ich würde hinweisen auf Leonhard Frank, den unvergeßlichen Georg Heym, Franz Werfel, auf den gefallenen Ernst Stadler, der in der Umbildung begriffen war, und auf Sternheim, der die expressionistische Formel und Konzentration dem Drama zuzuführen sucht, wenn auch auf Kosten der sprachlichen Möglichkeit; aber davon ein andermal.

RENÉ SCHICKELE
[Antwort an Otto Flake.] 1916

Unterdessen hat mein ehemaliger Freund Otto Flake in der ›Neuen Rundschau‹ einen Aufsatz über die Jüngste Literatur veröffentlicht, worin er einer Gesellschaftsanschauung den Garausmacht, die er »Expressionismus« nennt. Ich könnte, ich will ihm nicht antworten, wie eine reinliche Auseinandersetzung es vielleicht verlangte, und beschränke mich deshalb darauf, ihn an einiges zu erinnern, was er, wenigstens in seinem Aufsatz, vollkommen vergessen zu haben scheint. Den Roman von Heinrich Mann, den er kritisiert, zu erwerben, hat er sich zur Zeit, wo die ›Weißen Blätter‹ vorbereitet wurden, lebhaft bemüht; der Roman wäre im ersten Jahrgang dieser Zeitschrift erschienen, den er als verantwortlicher Schriftleiter gezeichnet hätte. Flake hat sich überdies angeboten, für Heinrich Mann die Verhandlungen über die Übersetzung in eine fremde Sprache zu führen . . . Die Arbeit erschien dann in einer Münchener Wochenschrift. Flake weiß, daß der Roman infolge des Krieges überstürzt zu Ende gebracht wurde, er weiß, daß und warum das ausgedruckte Buch während des Kriegs nicht erscheint. Er hätte, ganz abgesehen von kameradschaftlichem Anstand, Gründe, sogar persönliche Gründe genug gehabt, diese Zurückhaltung zu achten. Dabei nehme ich an, daß er aufrichtig, im Innersten durch den Krieg umgelernt hat, und daß er sich nicht einer Strömung fügte, die sein eigenes Denken und Trachten leichthin umwarf . . . Was er nicht nur über meinen Roman ›Benkal‹, sondern über mich schrieb, berühre ich nicht; es tat mir leid, daß er den Augenblick für gekommen hielt, nein, daß er sich in diesem schlecht gewählten Augenblick verleiten ließ, in der ›Neuen Rundschau‹ weiterzugeben, was unser Landsmann Fritz Lienhard in seiner Flugschrift über das Elsaß ungefähr zur selben Zeit ausspielte, wo der von Lienhard verdächtigte Ernst Stadler auf dem Schlachtfeld fiel: eine falsche Charakteristik unserer während mehr als zehn Jahren gemeinsamen Bestrebungen, die auf eine unwürdige Denunziation hinauslief. Aber Flake überbot Lienhard: er vergaß wiederum, daß er bis in die letzte Zeit sich selbst in jener, wie er sagt »hysterischen« Verfassung befand, die er als die unliterarische Gemeinsamkeit der »Expressionisten« bezeichnet. Der Aufsatz ist schlecht. Wer von uns hätte noch keinen schlechten Aufsatz geschrieben? Er bedeutet jedoch die Ausführung eines redaktionellen Auftrags, dessen Sinn nicht mißzuverstehen war. Den Auftrag hätte Flake, wenn nicht aus persönlichen, so wenigstens aus gesellschaftlichen Gründen ablehnen müssen. Wenn er ihn aber übernahm, so hätte er entweder, in rücksichtsloser Aufrichtigkeit, ein Pamphlet schreiben sollen – was eine saubere Sache gewesen wäre – oder aber sich darauf beschränken müssen, literarische Angelegenheiten, ohne kulturhistorische Manöver, nach bestem Wissen literarisch einzuordnen. Die scheinbare Objektivität des Verfahrens, das er wählte, mag zeitgemäß sein. Sie ist widerlich und setzt einen Schriftsteller tiefer herab, als ihn zwölf gute Bücher hinaufheben könnten, die er noch in seinem Leben schriebe.

Ich würde nicht bei einem Aufsatz wie dem besprochenen verweilen, wenn nicht Angelegenheiten, die sehr persönliche zu sein scheinen, heute in Wirklichkeit überpersönlicher Art wären: sie stellen Menschen dorthin, wohin sie endgültig gehören kraft der Prüfung, die ihnen von der Zeit auferlegt ward. Gemeinschaften haben sich gelöst, andre werden sich statt ihrer bilden. Ihr Bestand wird fester sein, weil sie nicht durch Zufall, Neigung und Berechnung bestehen werden, sondern aus Treue zu sich selbst und der erprobten Widerstandskraft gegen Gewaltsamkeiten aller Art. Man wird gern alles verzeihen, aber gut tun, nichts zu vergessen.

Da wir schon beim »Expressionismus« sind, will ich mit meiner Meinung über ihn nicht hinter dem Berg halten. Der Expressionismus ist ebensoviel und ebensowenig wert, wie jedes Schlagwort. Es gab expressionistische Dichtungen, expressionistische Gemälde, bevor es einen »Expressionismus« gab. Vielfach nennen wir heute expressionistisch, was früher romantisch hieß, und deshalb ist es nicht richtig, daß uns die Intensität des Ausdrucks, die ihn kennzeichnen soll, erst durch französische Werke vermittelt werden mußte. Jedenfalls hat das Schlagwort den Wert eines Schlagworts, es ist mit ihm bestellt wie mit dem Realismus und Naturalismus früherer Generationen. Es kann eine moralische Macht werden oder in der Literaturgeschichte stecken bleiben. Der Essay von Heinrich Mann im Novemberheft zeigte, zu welcher politischen Macht der Naturalismus in Frankreich gelangen konnte; ein Vergleich mit der sozialisierenden Liebhaberei der schnell emporgekommenen deutschen Naturalisten, die eben nur Literaturbeflissene waren,

Literaten, die, wenigstens bildlich gesprochen, eilig nach Berlin W übersiedelten, würde das Mißverhältnis in ein noch grelleres Licht setzen.

Der Expressionismus, so, wie ihn die sehn, die als Expressionisten angesprochen werden, ist natürlich auch eine technische Ausdrucksform – der die Naturalisten genau so gegenüberstehn, wie die »totalen« Deutschen der achtziger Jahre den Naturalismus ansahn. Er bedeutet aber vor allem den Wunsch, neben die Schilderung einen moralischen Willen zu setzen; er ist kämpferisch; er ist radikal; er schleudert die Kunst, die in und seit unsrer Klassik ein vornehmes Privatleben führte, durch die Straße – selbst auf die Gefahr hin, daß sie dort zugrunde gehe.

KURT PINTHUS
Zur jüngsten Dichtung. 1915.

Diese Betrachtungen, in den kurzen Pausen militärischen Dienstes entstanden, begnügen sich damit, das Gemeinsame, nicht das Trennende jüngster Dichtung zu entwickeln. Mangel an Ruhe, Raum und Redefreiheit zwangen zu formelhafterer, abstrakterer Behandlung als eine künftige weiter umrissene Darstellung zeigen wird.

In Friedrich Schlegels süßem, wildem Buch ›Lucinde‹ stürzt sich der Held Julius aus Verzweiflung am Geistigen in Sinnlichkeit. Die jüngsten Dichter schwangen sich aus Rausch und Verzweiflung an der Sinnlichkeit ins Geistige empor, breiteten sich dann verzweifelt und gestärkt aus dem Geistigen aufwachsend ins Ethische.

Einer früheren Generation bedeutete Abschilderung, Analyse und Erkenntnis der Wirklichkeit Aufgabe und Ziel der Kunst. Im beglückten Rausch, nach verlogenem Romantisieren und imitierendem Renaissanceln freundlicher Unterhalter, eine überall andringende, dennoch bislang mißachtete Wirklichkeit zum Objekt der Kunst erhoben zu haben, übersah man, daß Abschilderung der Erscheinung nicht Wesen des Wirklichen erfasse, daß Analyse der beobachteten Einzelheiten niemals der geformte Ausdruck für die Totalität des Seins werden kann, daß die Aufdeckung des Mechanismus im psychischen Geschehen und seiner Verschiebungen nicht zur dynamischen Bewegung der

Seele anschwillt. Mit dem Augenblick, da Studium und Nachformung der Realität als Aufgabe der Kunst statuiert ward, begab sich freiwillig die Kunst zu ihr in jene Abhängigkeit und Bedingtheit, die das Ornament der Wirklichkeit, bestenfalls von Nuancen des Lichts und der Töne umschimmert oder von sozialer Tendenz durchbebt, für Hervorkehrung des Wesentlichen hält.

Nachdem Sinne und Nerven für die Einzelheiten neuer und alter Erscheinungen geschärft, gespitzt, nachdem Komplikationen der menschlichen Seelen und Strebungen entdeckt und erforscht waren, begann man, ahnend, daß nicht das Streben nach dem Detail, sondern zur Totalität Wesentlicheres der Kunst bedeute, die Totalität der üppig und wirbelnd in rasendem Tempo zu neuen Formen sich entwickelnden Umwelt in lange, stürzende Verse zu fassen. Triumphgefühl seelischer Expansion über die Gestaltungen der Natur und Verrichtungen der Menschheit, über technische Wunder, fremde Erdteile und die blühenden Weiten des Kosmos ward in Hymnen gejauchzt (die freilich oft nur aneinandergereihte Deklamation von bisher in der Poesie noch wenig gebrauchten Vokabeln waren). Als noch Verhaeren große Formen für das Weltgefühl dieser Kunst suchte, das Whitman schon, primitiver, aber, vom Strom der Güte und Liebe durchrauscht, beglückender vorangesungen hatte, das Ernst Lissauer schließlich in seinen früheren Gedichten derb in starrem Rhythmus zusammenschraubte, bohrte sich Rilke mit so beseligter Inbrunst in die Bilder der Realität, daß er sie durchdrang und ins Reich des Göttlichen einzog, während zugleich Stefan George, vorbildlich durch des Charakters und der Form Haltung, mit strenger Gebärde wegwies von der modernen attrappenhaften Wirklichkeit zum Vollkommenen.

Die jüngsten Menschen aber, nach 1900 sich entwickelnd, fanden sich wehrlos und ungeschützt hineingestellt in den schimmernden Zauber der abenteuerlichen Reisen, der freier sich bietenden Geschlechtlichkeit, der von geheimnisvollen Farben, Geräuschen und Gestalten schwirrenden und verwirrenden Straßen, Landschaften, Cafés und Vergnügungspaläste, der rätselhaften Fabriken, Maschinen und Bewegungsmöglichkeiten ... Sie stürzten sich, beherrscht vom rasenden Takt der mechanisch abrollenden Umwelt, mit wollüstigem Schrei in die »Welt neuer Wunder«, verschwendeten sich entzückt an die Erscheinungen, ließen Sinne und Nerven lodern und zucken... und dichteten Rausch, Spannung und Kater. Bis allmählich in der Seligkeit des Seins leise anklingend, dann posaunenhaft dröhnend die Erkenntnis aufschwoll: ... Wir sind! Und sind Menschen! Uns Menschen soll nicht die Welt, sondern die Menschheit das Wichtige sein. »Die Welt fängt im Menschen an.« (Werfel) ... »Uns dient die Erde nur, uns selbst zu sehen« (Wolfenstein) ... Alle unsre Wege sollen nicht weg von uns, sondern zu uns hin führen. Nicht wollen wir einen Mikrokosmos in die Welt, sondern den Makrokosmos in unsern Mikrokosmos hineinprojizieren und umgebären. Von der Expansion hin zur Konzentration! Nicht Erschütterungen der Sinne, sondern Erschütterungen der Seele!

Mit aufkeimender Einsicht: Wirklichkeit und Kunst seien nicht ein Abhängiges, Bedingtes, sondern (um es schärfstens zu formulieren) sie schlössen sich aus, beginnt die Epoche der jüngsten Kunst. Die Wirklichkeit, die starr und wild, mild und sanft uns umgibt, jene Wirklichkeit, die unsere Sinne lockt, ätzt, quält, entzückt, jene Wirklichkeit, von der wir nicht wissen, was eigentlich an sich sie ist, jenes uns ganz Fremde, das außer uns, ohne uns ist, Chaos, jenseits unseres geistigen Willens, in das mühsam wir Gesetze hineininterpretieren, – und jene Kunst, die ganz und gar aus uns selbst strömt, die ganz in der Idee, in der von uns gegebenen Form lebt, also ganz und immer Schöpfung und Werk unseres Gefühls, Geistes und Willens ist ... was eigentlich haben sie miteinander gemein? ... Was anderes, als daß wir der Kunst Ausdrucksmöglichkeiten, Requisiten wie eine Haut abnehmen von den Erscheinungen, welche die Wirklichkeit unseren Sinnen darbietet, – um das der Wirklichkeit Fremdeste: Geist, Fühlen, Wollen einander sichtbar zu machen.

Die Wirklichkeit vom Umriß ihrer Erscheinung zu befreien, uns selbst von ihr zu befreien, sie zu überwinden nicht mit ihren eigenen Mitteln, nicht indem wir ihr entfliehen, sondern, sie um so inbrünstiger umfassend, durch des Geists Bohrkraft, Beweglichkeit, Klärungssehnsucht, durch des Gefühls Intensität und Explosivkraft sie besiegen und beherrschen, ... das ist der gemeinsamste Wille der jüngsten Dichtung.

Unter Wirklichkeit soll nicht etwa nur die Erscheinungswelt der Natur und der uns umgebenden, von uns selbst geschaffenen, körperlichen Kulissen der Städte und der Erzeugnisse formender Technik verstanden werden, sondern vor allem das Gewirr unserer sozialen, kulturellen, politischen, wirtschaftlichen Beziehungen und Einrichtungen.

Hebbel läßt im unentrinnbaren, starren Mechanismus kosmischen Geschehens ohnmächtig seine Gestalten im Verzweiflungskampf sich bewegen, wie sie Wagner im Netz der Motive einspinnt und verstrickt, sie dennoch aber, von der Musik belastet, durch die Musik zu erlösen versucht, – beide statt des Absoluten das Gesetz der Unentrinnbarkeit findend, beide am bedeutungsvollsten in ihrer Kunst – wie alle Künstler – dort, wo sie ihre Theorie durchbrechen. Ibsen versuchte, die Determiniertheit des vermeintlichen wirklichen Geschehens durch naturwissenschaftliche Analyse seelischer Beziehungen aufzudecken; zu spät ahnte er in seinem Epilog, daß die reine Erkenntnis jener verworrenen Beziehungen den Tod bedeute, das Losringen von ihnen aber das Erwachen. Und Strindberg als Erster müht sich mit furchtbarer explosiver Anstrengung, den alpdrückenden Block dieser Wirklichkeit, die sich der Mensch, ein gutwilliger Atlas, auflud, von seiner Menschlichkeit abzuwälzen, fortzusprengen.

Wedekinds Verdienst bleibt es, gezeigt zu haben, daß, sobald das drohende Gesetz der determinierenden Wirklichkeit durch den wild emporstoßenden Trieb ursprünglicher Menschen, durch Raffiniertheit und Zufall, schnell und leicht aufgelöst, ausgelöscht ist, die Realität alsbald in grotesker und tragischer Verwirrung sich trudelt und die Moral, umgestürzt, wiewohl strampelnd, eine (scheinbar) tiefere Moral enthüllt.

In Heinrich Mann und Carl Sternheim erstanden zwei resolute, unverblüffbare Beherrscher, Hantierer und Vernichter jener Realität, die uns zugrunde richtet, statt von uns durch die Tugenden des Geistes und Herzens aufgehoben zu werden.

Die Wirklichkeit, deren Bewältigung Flaubert in der Qual stierhafter Arbeit erkämpfte, die ebenso enthusiastisch Zola, Wahrheit und Besserung erstrebend, in den Massen ihrer tausendfältigen Erscheinungen zusammenhäufte, während Balzac durch ganz und gar entschälte Menschlichkeit, Dostojewski durch die ungeheuer aus dem Krater der Geschehnisse aufsteigende Göttlichkeit sie vernichtete, diese Wirklichkeit wirft Heinrich Mann wie ein tausendfach zerknittertes und zerknülltes strahlend-buntes Blatt vor uns hin, spielend mit ihren Erscheinungen und Figuren wie die Herzogin von Assy, zeigend auch, daß, wer einmal von ihr verderbt und unterjocht, im Aufstand sich durch sie, gegen sie erhebt, in Verderbnis stürzt wie Professor Unrat und die Bürger der kleinen Stadt.

Sternheim läßt die sogenannte wirkliche Handlung fast ganz hinabsinken; willkürlich, zufallsgefördert führt er seine bürgerlichen Typen in kurzem Wort und knapper Tat zu gänzlicher, direkter Entschleierung, daß aufklafft jener schauerliche Abgrund zwischen dem wahren Wesen des Menschen und seiner von ihm selbst geschaffenen Wirklichkeit, mit der er sich üppig behängt und in der er sich (durch Sternheim bewegt und enthüllt) quält und lächerlich macht. Ohne realistische Nuancen spricht jeglicher vom Graf bis zum Strolch in der zugespitzten, kondensierten Grammatik Sternheims, – und dennoch, gerade deshalb stehen diese Wichtigtuer, betrogenen Betrüger entzaubert haarscharf dann als arme mitleidswürdige Typen unseres Bürgertums hilflos da, in denen, durch Wirklichkeit des Tags verdorben und verdrängt, ach! Geist und tiefere Sittlichkeit schrumpfte.

Klar und bewußt formt Sternheim mit ruhigstem, sicherstem Können zu fast nüchternen Kunstgebilden jene Leidenschaft, welche den jüngeren Dichtern gemeinsam ist: Entsetzen und Abscheu vor der geistigen und ethischen Atmosphäre eines Bürgertums, das, unterjocht und hingegeben einer Wirklichkeit, die es selbst gleichgültig und raffiniert schuf, durch »die Macht der Verhältnisse«, nicht durch Geist und Willen, getrieben, gejagt, geknechtet wird. Statt die technischen Vervollkommnungen, den beweglicheren Strom der Finanzwirtschaft, die Erleichterungen menschlicher Mitteilbarkeit und körperlicher Fortbewegung zur Entlastung des äußeren Lebens, zur Beschleunigung des alltäglichen Ablaufs zu benutzen, um alsdann seiner höheren Bestimmung sich mit innigerer Leidenschaft hingeben zu können, um die drohende Wirklichkeit zu beherrschen, um an den Freuden der Natur, der Großstadt, der menschlichen Gemeinschaft mit verfeinerten Sinnen und Nerven sich zu erfreuen, – statt dessen ließ der Mensch die selbstgeschaffene Wirklichkeit zur einzigen Dominante seines Lebens anschwellen, die, von außen herschallend, alle Stimmen seines Selbst überhallte, die Freuden- und Leidenseligkeit des Daseins niederbrüllte, Staatenbildung, das Leben der Menschen miteinander auseinanderblies. Denken und Tun, Staatspolitik und Familienleben läßt er von dieser imaginären Realität härter und demütigender beherrschen, als je von einer absolutesten Monarchie oder einer orthodoxesten Religion (von denen sich losgekämpft zu haben doch sein mannhaftester Stolz ist) – und als Spiegelbild der vermeintlichen Wirklichkeit schuf er sich ein voranleuchtendes Spiegelbild in der Presse, die aus einer Großmacht allmählich für ihn zur Allmacht wird.

Aus diesem Bürgertum aller Stände aufwachsend irrt der junge Dichter in der neuen Wirklichkeit umher. Entzückt, verwirrt und begeistert erlebt er den prachtvollen Mechanismus der großen Staaten, großen Städte, großen technischen und wirtschaftlichen Möglichkeiten . . . Durch Abenteuer der Leidenschaft und des Geistes will er ihn ergründen, sich, alle Möglichkeiten des Seins durchlebend, durch den Genuß der Realität erhöhen – und erkennt, daß er in die Macht der malmenden Turbine gezerrt wird, deren lenkende Beherrschung das Menschengeschlecht verlor, sobald es sich Probleme, Sorgen, Strebungen von den Erscheinungen der imaginären Wirklichkeit und ihren Beziehungen diktieren ließ.

Diesem Mischgefühl von Entzücken, Enttäuschung und Abscheu des Menschen in der neuen Wirklichkeit entströmte die jüngste Dichtung. Wenige Dichter nur flüchteten überhaupt aus der Realität hinweg, und das Motto »l'art pour l'art« blieb stets mehr ein Schlagwort Mißgünstiger als ein praktisches poetisches Rezept. Während Hofmannsthal die moderne Wirklichkeit verließ, um auf der Ebene einer anderen Umwelt tiefere Wirklichkeit um so offenbarer sich entfalten zu lassen, löste Walser sie in anmutiges Idyll voll zarter Genüsse, Altenberg zum Paradies weiser, zärtlicher, beseligender Gefühle, überwölbte die Lasker-Schüler sie mit den Bildern biblischer Sinnlichkeit, türmte sie Theodor Däubler (wie stiller und inniger Oskar Loerke) aus Landschaft und wanderndem Durchleben zu zyklopischen Hymnen immanenter Metaphysik und Ethik, ließ sich Walter Calé melancholisch als reifer Jüngling aus ihr hinweggleiten, und Georg Trakl durchschwebte sie wie hyazinthenen Traum aus Trauer, Herbst-Farben und mildbeglückender Natur.

Andere, Werdende, leiden wilder und verzweifelnder an der Wirklichkeit, schreiten aus Straßen und Cafés, aus Vorstädten und nächtlichen Ausschweifungen, schreiend und höhnend, sehnsüchtig betend, sich marternd, um sich schlagend, speiend, mit Lärmen und Stöhnen den Passionsweg zum Geist.

Manchem scheint sie sexualer Wirbel, in dem, so bei Franz Jung, aus Düsternis tauchend, Mann und Frau gegeneinanderragen, sich zerpeinigend, zerstechend, ohne, wiewohl sie's ersehnen im Geist, einander helfen zu können, gut und mild zu sein. Es zieht Ehrenstein auf Erden umher, der ewige Schlemihl, zermürbt und trotzig . . . problemlos, lichtlos wie ein großes

Leid lastet die Welt auf ihm, jedes Tun wird zum Schmerz, jedes Gefühl zur Qual . . . selbst die phantastische Welt, in die zu fliehn er versucht, schwillt zu Alpdruck, und der Kosmos ist erfüllt von Peinigungen, die unbarmherzig auf ihn niederstrahlen. Alfred Lichtenstein löste sich die Welt der süßen Genüsse und tiefen Qualen zu tragischer Groteske. Während Paul Boldt einen zur Versöhnlichkeit neigenden Boxkampf mit der strotzenden Sinnlichkeit der Realität aufführt, steht Alfred Wolfenstein in der versteinerten Stadt und ruft, einsam, nach Freunden, zieht sich die Unzulänglichkeiten der gottlosen Jahre der Jugend, die fest gewachsen sind wie seine Haut, von Leib und Seele, und ringt mit härtester Anstrengung aus der dumpfen Wirrnis der Wirklichkeit den Geist zur Klarheit und Gemeinschaft empor. Übertönt werden alle von den ungeheuerlichen Ausbrüchen der wüststrotzenden Begabung Bechers, den Verfall und Triumph der auf ihn schamlos eindringenden Umwelt zu den zerhackten, hinausgeschrienen, schwebenden, dröhnenden Versen eines fäkalischen Barock, zum anklagenden Taumeltanz auf dem verwüsteten Leib der Gegenwart aufreizt, – bis er, aufgerafft, neuestens das junge Europa zum Kampf gegen das alte aufruft.

Der die Fruchtbarkeit und brodelnde Sinnlichkeit der überall andringenden Realität als eine ungeheuer drohende Vision zuerst empfand, war Georg Heym, in dem aber die Kraft tobte, mit mächtiger Faust sie kurz und klein zu schlagen, zu verschlingen und dann auszuspeien, so daß sie wiederum zum furchtbar aufgezackten Monument düsterbunter Farben über Zusammensturz und Leichenfeld sich auftürmte. Nicht war ihm die Schwebeleichtigkeit Walter Hasenclevers gegeben, der durch lyrische Explosion über die Realität sich hinausschleudern läßt, in graziösem Schwunge hinfliegend, so daß ihm das genossene Objekt entschwindet und nur Gefühl bleibt, welches er liebt, so sehr liebt, daß er nicht die Geliebte, sondern die Liebe (in ihren Variationen) liebt, daß er, der Sohn, den Haß des hassenden Vaters haßt. Durch seine Dichtung spielt sich in unendlichen Melodien Leidenschaft und Verzweiflung des Jünglings, der das Abenteuer nicht dem Genuß, sondern der Vollendung des Geistes zuliebe krampfhaft sucht.

Wie Heym in stilleren Stunden des dröhnenden Daseins, bevor ihn der oft besungene Schrecken der Wirklichkeit in das Eis des Sees hinabschluckte, mit der mildernden Melodie Hölderlins das zerrüttende Düster zu klären begann, so suchte mancher der jüngeren Dichter, bewußt und stetig, Erlebnis und Erscheinung in der Wiege der Strophen Klopstocks und Hölderlins ins Geistige zu heben, so Rudolf Alexander Schröder, Albrecht Schaeffer, Paul Kraft, dunkler und schimmernder Georg Trakl, verbissen selbst Ehrenstein und zu gewaltigster Musik anschwellend bisweilen Werfel. Einer, der sich einst durch die Straßen der steinernen Stadt wehen ließ, mit sicherer und kritischer Hand fast spielerisch ihre Bilder und Bewegungen in Verse faßte, Ernst Blass, sucht nunmehr, sich abkehrend von der Stadt-Welt, die einst ihn beglückte, in menschlicher Einsamkeit das Wesen tieferer Welt mit feierlichen Gesängen geschlossenster Form zu entschleiern. Auch Robustere verschiedenster Art und Kraft (Zech, Lotz, Benn, Klemm, Leonhard) bohren sich immer tiefer und wilder – einige mit mystischer Verzückung – in die Erscheinungen von Landschaft, Stadt und Körper ein, deren Tatsächlichkeit und Silhouette abzuzeichnen sie anfangs sich begnügt hatten.

Die Entwicklung der letzten Jahre, aus Qual und Schrei, aus Bewunderung und Hohn, Analyse und Verehrung hinzudringen zum Wesentlichen, zur Essenz nicht nur der Erscheinung, sondern des Seins, offenbart sich (um auf ein klares und eindringliches Beispiel zu weisen), in der Gestalt Ernst Stadlers, der – hatte er den frühen Tod des Schlachtfelds geahnt? – schließlich aus den Erscheinungen der modernen Welt eine zarte, innige Frömmigkeit saugte und in edler Erkenntnis sich den angelischen Spruch: Mensch, werde wesentlich! voransetzt, jenen bekennenden Spruch, der nicht nur über seinem Werke stehen kann, sondern über einer Generation, der Karl Kraus den erweckenden Posaunenstoß erschallen ließ, der Werfel als begeistert Erwachter voranschreitet.

Was in der Lyrik unbewußter, schmerzhafter, aber um so brennender, explosiver sich entfaltet: der Kampf des geistigen Menschen in der Wirklichkeit (was sich als Stammeln und Schreien bis zu endlich geklärterer Form in der Zeitschrift ›Aktion‹ darstellt) entwickelte sich ruhiger und sachlicher in der Prosakunst. Max Brod hat zum erstenmal das Problem geschärft und konsequent im Roman ›Schloß Nornepygge‹ durchgeführt, den geistigen Helden nacheinander allen Variationen der Realität gegenüberstellend, der trotz seiner intellektuellen Überlegenheit dennoch ohnmächtig, tatlos, ratlos verharrt und vergeht. An eigener Menschlichkeit durchlebte Max Brod in mannigfachen Kunstgebilden mannigfachen Wertes diesen Kampf, bis auch er, wie Jüngere, erkennt, daß das Problem des geistigen Menschen in der Welt nur durch ethischen Gewaltstreich zu lösen ist. Einstein im ›Bebuquin‹ schob den Konflikt bis dahin, wo das Geistige in den Nihilismus schwindet, jede Brücke zwischen Realität und Geist einstürzt, so daß dem ganz zum Intellekt Vereisten die Welt taumelnde Groteske, bestenfalls Mittel zum Denken wird.

Ebenso klar wie als stoffliches Problem läßt sich die Auflösung der Realität durch den Geist in der (äußeren? nein innersten!) Form der jüngsten Prosa erkennen. René Schickele in der Folge seiner Dichtungen zeigt die Wandlung deutlichst: die erst impressionistisch gefaßte Umwelt schwindet hier sichtlich in eine höhere, in der die Gesetze der Realität nicht gelten, das Sinnliche schwillt ins Phantastische, die bürgerliche Empfindung wächst zu überirdischer Intensität, die Handlung schwindet, und gewaltig steigt die Verknüpfung mit dem Absoluten, dem Typischen empor ... Bis in der bald zarter, bald beruhigter, bald beschwingter, bald erregter sich ausdrückenden Prosa Ferdinand Hardekopfs, Robert Musils, Philipp Kellers, H. E. Jacobs, Leonhard Franks, Franz Kafkas, Georg Heyms, Arnold Zweigs jene Realität, die der Realismus mühsam mit qualvoller Abschilderung der Umwelt, mit schriftlicher Nachahmung der dialektisch oder nach Ständen gefärbten Rede wiederzugeben suchte, sich durch die Beherrschung und Umgebärung im Geist ganz zur Selbstverständlichkeit, zu schwebender Sicherheit zerlöste, löste, erlöste. Dem virtuosen Erzählertalent Kasimir Edschmids gelingt die Verwandlung mit kräftigerem Mittel: er schabt den Flitter der Wirklichkeit ab, daß die Späne fliegen und wehrlos sich das Wesen bewegt enthüllt. Während die Realität in den Novellen Wolfensteins, Benns fast sichtbar durch den Geist zerrieben, zersetzt, auseinander und ineinander zerschoben wird, ist sie in Leonhard Franks Erzählungen durch intensivste geistige Durchdringung so selbstverständlich, fast nüchtern, anscheinend mühelos zur Realität der Kunst umgeboren, daß diese eigentlich nicht realistische Kunst als naturalistisches Meisterwerk gepriesen werden konnte. In der Prosa dieser Erzähler wird das Dickkleberige, Chaotische der Realität durch den Filter des Geists ausgeschieden, es entschält sich jene feinste dynamisch bewegte Substanz, die wiederum, um sinnlichen Ausdruck zu finden, des Substrats der sinnlichen Erscheinung bedarf, – also Farben, körperliche Formen, Töne der faktischen Erscheinung entnimmt. –

Die summierende Aufführung einzelner Dichter sollte die

apodiktische These des Anfangs dieser Betrachtungen erläutern; nachdem versucht ist, die jüngste Dichtung als Totalität, als gemeinsamen Aufschwung des Geistes aus der umschließenden Realität nachzuweisen, darf sich die Erörterung wieder ins Allgemeine wenden. Es muß darauf verzichtet werden, zu zeigen, wie sich parallel der Dichtung die jüngste Malerei in ähnlich stammelnden, explosiven, grenzensprengenden und doch oft antikisch geschlossenen Formen und Experimenten entwickelte bis zur Auflösung der Erscheinung ins abstrakteste, geometrische Gebilde, um zum Wesen, zum stärksten Ausdruck, zu innerster Bewegung zu dringen. Und man horche auf, wie die dritte, absoluteste der Künste, die Musik, aus ihrem jenseits aller Realität schwebenden Reich in die (scheinbar nur durch das Wort zum Ausdruck gelangende) Dichtung einströmt. Nicht aber als das realitätsnachahmende Motiv und das Wirklichkeitsbeziehungen nachbildende Netz thematischer, schematischer Verknüpfung, sondern in ihrer absoluten Form als unendliche Melodie, als Wollust der tönenden Bewegung, die fühlende Erinnerung an paradiesische Zeiten erzeugt. (Was in Werfels Dichtungen am überwältigendsten in Erscheinung tritt.)

In den zerhackten, hymnischen, antikisch beherrschten, musikalischen, prophetischen, manifestatorischen jüngsten Dichtungen wird der Determinismus der Wirklichkeit überwunden nicht durch den psychologischen Individualismus, sondern durch die Erhöhung des Individuums vermittelst des Ausbruchs allgemeinster Gefühle, Leidenschaften und Tugenden. (Die psychologische Analyse ist immer nur erste Anbohrung ins Wesen des Wesentlichen.) Die Umarmung, Zersetzung und Neuschöpfung der Realitätserscheinungen geschieht, um Wesen, Herz und Nerv der Dinge, um mit der Hülle zugleich den Kern zu fassen, der sich in quellender Emporreife offenbart, meist aber explosiv, unter krampfhafter Eruption, nicht selten unter Zersprengung der Form sich entschleudert. Die Entwicklung zu äußerster Differenzierung, die einigen Übergangskünstlern Selbstzweck war, wird Mittel einerseits zu inbrünstigerer Erfassung der Totalität, andererseits zur Verstärkung der Intensität des Ausdrucks, des Ausbruchs.

Drum blüht und strahlt aus der auf Totalität gerichteten Kunst das allgemeinste Menschliche, das für uns das Göttliche bedeutet, eindringlicher und leuchtender hervor, als aus der von der Einzelheit ausgehenden, den Spezialfall konstruierenden Experimentalkunst der früheren Epoche. Es entkräftet sich also von selbst der von Gegnern der jüngsten Dichtung erhobene Einwand, sie sei »fremd unsrer Zeit«. Der Kampf der sogenannten realistischen Dichtung war soziale psychologische Bemühung, der Wille der jüngsten Dichtung war zunächst ein geistiger Kampf gegen die imaginäre Wirklichkeit ... Die Erkenntnis aber, daß ein gänzliches Auflösen ins Geistige Indifferentismus und Nihilismus erzeugt, führt diese Dichtung, nach der Eroberung der Welt durch Hirn und Abenteurer, durch die glühende Inbrunst des Gefühls, durch die Agilität des Geistes, auf vielen Wegen, aber, wie es scheint, in jedem Fall, ins Reich des Ethischen. Es erwacht in ihr wieder, lang verachtet, der jähe Aufbruch des großen Gefühls, das Pathos, es ertönt der Schrei verschütteter Verzweiflung, der melancholische Klagegesang des Einsamen, vor allem aber das sehnsüchtige Erhoffen, die prophetische Verkündigung allgemeinster menschlicher Tugenden und Gefühle: Güte, Freude, Freundschaft, Menschlichkeit, Schuld und Verantwortung.

Philosophisch zugespitzt (und keineswegs neuartig) ließe sich sagen: Der im Kampf mit der Wirklichkeit zum Bewußtsein seiner selbst gelangte Geist setzt das Ethische als Notwendiges (weil Ursprüngliches, Allgemeinstes) zur Beherrschung der Realität und zur Bindung der durch den schaffenden Geist isolierten Menschheit.

Wenn du, Mensch, dich, gut zu sein entscheidest,
Wirst den Weltenlauf du umgebären.

Max Brod

Die jüngste Dichtung, die (wiederholend sei's ausgesprochen) nicht Erscheinung und Ornament, sondern Wesen, Herz und Nerv erstrebt, die gegen eine von außen oktroyierte Wirklichkeit ein intensiveres, edleres, es sei gewagt zu sagen, besseres Sein erkämpft, ist schließlich – und wird sich dessen immer bewußter – eine politische Dichtung – politische Dichtung höherer Art, denn sie müht sich nicht um Sturz und Sieg politischer Parteien und Personen, sondern um eine Politik der Menschheit und der Menschlichkeit, aus der allein nach dem gegenwärtigen Chaos wie in der Kunst so auch in der Staatengestaltung die notwendige Formung folgen kann.

Es begann eine Philosophie, die sich von der Kritik der Erkenntnis abwandte zur Kritik der Phänomene der Menschlichkeit. Aus geschmeidigen und anmutig-gelehrten Betrachtern der Kunst entwickelten sich Polemiker eines enthusiastischen, impetuosen Stils. Manifeste und Programme gegen die Zeit für die

Zeit versuchten, stumpfe und verhärtete Herzen zu entzünden. Es ist im Grunde derselbe Furor, dasselbe lodernde Pathos, das sich in der stürzenden Leidenschaft Karl Kraus' gegen die imaginäre Wirklichkeit und ihre Puppen offenbart wie im explosiven Gestammel und Aufschrei jüngster Versuche der Dichtung und bildenden Kunst, wie in der inbrünstigen Flucht mancher aus der faktischen Wirklichkeit zum absolutesten menschlichen Gut: der Musik, wie in den mit antikischer Beredsamkeit menschliches Verantwortungsgefühl predigenden Stimmen Georges und Borchardts.

Dieser Kampf, diese Sehnsucht, dies Pathos, von all dem hier gesprochen wurde, bricht – wie gleichzeitig in französischer und tschechischer Poesie – aus der Schar der jüngsten Deutschen am gesammeltsten und glühendsten in der Dichtung Franz Werfels hervor, dessen Bedeutung nicht, wie viele rühmen, darin besteht, daß er die Totalität der Welt und des Seins mit freundlichem Wohlwollen sammelt und wiederum aus den Gebilden seiner Kunst ausstrahlen läßt, sondern: daß er das ethische Gewitter unserer Epoche ist, Dichter und Prophet zugleich (ein Prophet, der kein Dichter ist, bleibt ebenso stumm und starr, wie ein Dichter, der kein Prophet ist), der aufrüttelnder, aber süßer und verheißender die Fanfare tönen läßt als seine Mitkämpfer. In seiner Dichtung schließt Ost und West sich zu einem Dach, unter dem alle Menschheit hausen kann, und die große Linie von Laotse über die Antike, das Urchristentum, Neuplatonismus, Pascal und Dostojewski zu der höheren Gemeinschaft der deutschen klassisch-romantischen Epoche schwillt erneut als breiter, beglückender Strom in die zerreißende Mannigfaltigkeit unserer Zeit, Gefühle musikalisch daherrauschend, die nicht die Menschen trennen, sondern sie binden und einen.

Und hier wiederum weist die jüngste Kunst ins Politische, denn sie wirkt hin auf jene geistige und ethische Einung der Deutschen, die, von den klassischen und romantischen Dichtern noch als die einzig mögliche deutsche Einigung erachtet, erhofft und beinahe erreicht, nach der über Erwarten schnell geschehenen politischen Bindung Deutschlands wieder verloren ging. Diese Kunst der Aufrüttelung des Geists durch den Geist und des aus ihm neu geborenen Ethos treibt uns abermals hin zu jener fast vergessenen höheren Gemeinschaft, die nicht nur die geistig-sittliche Einigung der Deutschen bedeutet, sondern – vielleicht – des erdbewohnenden Menschengeschlechts.

FRANZ HERWIG
Vom literarischen Expressionismus. 1916.

> Wer die blühenden Wiesen kennt
> Und die hingetragene Herde,
> Die, das Maul am Winde, rennt:
> Junge Pferde! Junge Pferde!
>
> Paul Boldt

Es wird nicht nötig sein, die Veränderungen der Literatur seit den achtziger Jahren umständlich vorzuführen; jeder, der ein wenig aufgemerkt hat, kennt diese Veränderungen, die sich allesamt anspruchsvoll ankündigten, alle von einer besonderen Ästhetik getragen wurden und letzten Endes nichts anderes waren als Ausströmungen des jeweiligen Zeitgeistes. Eine Torheit zu glauben, Literatur oder jede andere Kunst hinge in der Luft. Selbst die Artisten waren und sind durchaus im Zusammenhang mit dem Zeitgeist: beim Nihilismus angelangt, fanden sie nichts anderes zu wollen als die Form. Nun ist seit einigen Jahren eine Bewegung entstanden und stärker geworden, die, verwirrt und abgestoßen durch die mannigfaltigen und auseinanderstrebenden Erscheinungen des Lebens, nach dem Zusammenfassen strebt, nach dem Deuten, dem Ausdrücken, ja nach dem Führen. Ich habe diese Bewegung in der Literatur seit ihrem ersten Auftreten im Verlag Rütten und Loening in Frankfurt verfolgt, habe sie ein bescheidenes Unterkommen in der ›Neuen Rundschau‹ finden sehen, bis sie, ernsthaft gefördert durch die ›Frankfurter Zeitung‹ und die zu ihrem Wohle gegründeten ›Weißen Blätter‹, nun in dem Verlage Kurt Wolff, Leipzig eine warme und gut ausgestattete Wohnung bezog. Da sie zweifellos ein bedeutsamer Faktor geworden ist, muß man zu ihr Stellung zu nehmen versuchen.

In dem Almanach neuer Dichtung ›Vom jüngsten Tag‹ bemüht sich Kurt Pinthus in einer ausnehmend hitzigen und bohrenden Darstellung das Wesen der neuen Dichter deutlich zu machen. Man muß gestehen, daß er große Worte nicht spart, und daß, wer ihn hört, glauben muß, nun werde die eigentliche deutsche Dichtung ihren Anfang nehmen. Man möge sich aber erinnern, daß jede Bewegung, die ein auch nur beschränktes Neues gibt, mit ihrem Wollen verschwenderisch umzugehen pflegt. Gedanken sind leicht und frei, man kann sie verschießen wie Pfeile. Uns können diese Gedanken nur soweit kümmern, als sie zur Beleuchtung gleichsam dienen; im übrigen aber geht uns nur die dichterische Leistung an, was sie ist und was sie werden kann. Wenn Kurt Pinthus sagt: »Die jüngsten Dichter schwangen sich aus Rausch und Verzweiflung von der Sinnlichkeit ins Geistige empor«, so wird man wohlwollend aufhorchen und weiter erstaunend vernehmen, daß sie dann »verzweifelt und gestärkt aus dem Geistigen ins Ethische aufwuchsen«. Wenn derselbe weiter behauptet, »Abschilderung der Erscheinung erfasse nicht das Wesen des Wirklichen«, so wird ihm niemand ins Wort fallen. Er ruft: »Von der Expansion zur Konzentration! Nicht Erschütterungen der Sinne, sondern Erschütterungen der Seele!« Und erklärt als den gemeinsamsten Willen der jüngsten Dichtung dieses: »Die Wirklichkeit vom Umriß ihrer Erscheinung zu befreien, uns selbst von ihr zu befreien, sie zu überwinden nicht mit ihren eigenen Mitteln, nicht indem wir ihr entfliehen, sondern, sie um so inbrünstiger umfassend, durch des Geistes Bohrkraft, Beweglichkeit, Klärungssehnsucht, durch des Gefühls Intensität und Explosivkraft sie besiegen und beherrschen.« Die neueste Dichtung will »hindringen zum Wesentlichen, zur Essenz nicht nur der Erscheinung, sondern des Seins«. Das ist groß gewollt, wie jedermann zugeben wird, groß, aber doch nicht neu. Diesen Willen hat noch jeder Dichter gehabt, den die göttliche Kraft geheimnisvoll bewegte, und wenn Pinthus ankündigt, daß nun die prophetische Verkündigung allgemeinster Tugenden und Gefühle ertönen werde: Güte, Freude, Freundschaft, Menschlichkeit, Schuld und Verantwortung –, so ist diese Prophezeiung für uns keine; diese Tugenden und Gefühle wurden immer gesungen, solange es Dichter gibt. Wenn man nun der letzten Jahre vor dem Kriege sich erinnert und der in ihnen deutlich werdenden Opposition gegen den Materialismus – auch in den Kreisen, die ihm so lange gehuldigt –, so haben wir den Untergrund, aus dem die neueste Dichtung erwuchs, und wollte man diese Dichtung nach ihren Zielen, ihren vorgesetzten Zielen beurteilen, so müßte man allerdings wie Kurt Pinthus mit Überschwang einen guten Einfluß dieser Dichtung auf Deutschland und die Welt erhoffen.

Aber uns gehen die Ziele nur mittelbar an, wesentlich allein ist das Können. Wie steht es nun damit? Ich habe neben manchem Verstreuten, an Erzählungen gelesen: René Schickele, ›Trimpopp und Manasse‹ und ›Aïssé‹, Franz Kafka, ›Die Verwandlung‹, Marcel Schwob, ›Der Kinderkreuzzug‹, Kasimir Edschmid, ›Das rasende Leben‹, und Carl Sternheim, ›Die drei

Erzählungen‹, und ich muß offen gestehen, daß ich das Programm in diesen Erzählungen nicht wiedergefunden habe. Eins freilich ist ihnen allen als verhältnismäßig Neues gemeinsam: sie sind Verdichtungen, Auszüge, Formeln. Das Fleisch ist sorgfältig von den Knochen getrennt, das Gerippe ein wenig verschleiert, so daß die Menschen und Vorgänge etwas Gespenstisches bekommen. Die Romantiker haben so angefangen, auch Hebbel, man denke an seine Erzählung ›Die Kuh‹. Es gibt keine charakteristische Rede mehr, alles Zufällige ist ausgemerzt, die Umgebung spielt keine Rolle mehr, die Menschen haben nichts Menschliches als ihre Leidenschaften. Und weil diese alles Menschlichen entkleideten Menschen in maßlosen Leidenschaften wüten, verstärkt sich der Eindruck des Gespenstischen zum Quälend-Grotesken, und da alle Übergänge fehlen, so wirkt das unmittelbare Neben- und Nacheinander von seelischem und geistigem Rausch nicht nur verblüffend, sondern abstoßend komisch. Wie in Sternheims ›Busekow‹, wo eine Straßendirne in den Armen eines Berliner Schutzmanns die – heilige Schrift erklärt. Wäre ein psychologischer Übergang da, so könnte eine solche Wandlung natürlich wirken, aber das Natürliche ist ja nun verpönt, Rausch steht neben Rausch, man verachtet den Realismus und wirft mit ihm, wie das immer so geht, auch sein Gutes zum Fenster hinaus. In dieser Wut gleichen sich übrigens alle diese neuen Dichter. Und sie gleichen sich nicht nur darin: ihre Art zu denken, zu empfinden, zu sprechen ist so gleichförmig, daß man von einer geistigen Uniform sprechen kann. Schickele ist ein wenig unruhiger, spielerischer als die andern, Kafka ist ein wenig verbohrter, Schwob einfacher und artistischer, Sternheim grotesker und Edschmid trunkener – aber schließlich ist jeder einzelne wieder unruhig, verbohrt, einfach, artistisch, grotesk und trunken, ohne daß ein einziger die Persönlichkeit sein könnte, von der man die Gesundung der Literatur erwarten könnte. Stilistisches Vorbild ist ihnen natürlich kein Deutscher, sondern Flaubert, der auf Chateaubriand zurücksah, als er von »dem Zauber des prachtvollen Stils träumte, mit seinen königlichen Kurven und seiner wogenden, federngeschmückten, drapierten Phrase, stürmisch wie der Wind jungfräulichen Urwalds, farbig wie der Hals des Kolibris, zart wie die Strahlen des Mondes durch die Kleeblattrose der Kapellen«. Aber da sie nur das Wesentliche wollen, so haben die neuen Dichter diesen Stil knapper gemacht, spitzer und ausschweifender – alle, und sie sind auch darin uniform.

Und was erzählen sie nun? Sie erzählen vor allen Dingen vom Ungewöhnlichen, von überhitzten Verhältnissen, überhitzten Menschen. Schickele erzählt in ›Trimpopp und Manasse‹ von zwei Nebenbuhlern; die Halbjungfrau, um die es sich handelt, verlobt sich mit dem Juden nächtlicherweise in seiner Wohnung, ihr Bruder, der Offizier ist, verhaut den Juden, worauf dieser, nachdem ein arischer Freund von ihm den Leutnant im Duell totgeschossen hat, in die Fremdenlegion flieht. Trimpopp, der Nebenbuhler, der im Patentamt arbeitet, verrät eine Anmeldung an einen Fabrikdirektor, um Geld zu haben. Da ihm dieser mit dem Geld nicht zu Willen sein will, macht ihn Trimpopp kalt, schmeißt ihn in den Geldschrank und schlägt die Tür zu. Worauf er als eine wirkliche Erlösung ebenfalls die Fremdenlegion begrüßt. – Die Erzählung ›Aïssé‹ von Schickele ist erotische Mystik; ihre Etappen sind Liebe, Beichtstuhl, Indien. – Kafka erzählt in ›Die Verwandlung‹, wie ein Reisender verrückt wird, erzählt davon, indem er sich in den verrückt werdenden Mann versetzt. – Schwobs ursprünglich französisch geschriebener ›Kinderkreuzzug‹ spielt mit dem Katholischen, das er vom Standpunkt eines natürlich freien, aber von unsauberer Mystik verwirrten Geistes sieht. – Edschmids Buchtitel: ›Das rasende Leben‹ kennzeichnet auch den Inhalt, der Erzähler wendet sich, ehe er beginnt, schon an den Leser und meint, seine Novellen sagten nicht: leben, sondern: rasend leben. Am Schlusse jeder Novelle steht er nochmals auf und erklärt die Moral von der Geschicht'. Woraus man sieht, daß dieser Mann sich nicht zutraut, mit der reinen Darstellung das zu wirken, was er wirken will. – Sternheims ›Drei Erzählungen‹ betreffen den Schutzmann Busekow, von dem ich vorher schon sprach, Entwicklung, Höhe und Sturz eines Kellners, der Napoleon heißt, und die Geschichte des mittelmäßigen Musikers Schuhlin, für den Weib und Schüler sich erniedrigen und opfern müssen.

Alle diese neuen Dichter sehen die Dinge höchst zusammengesetzt, oder vielmehr sie sehen nur höchst zusammengesetzte Dinge. Es interessiert sie nur das Ungewöhnliche, das Absonderliche, sie stürzen sich mit leidenschaftlichem Ungestüm auf das mühselig Gesuchte. Geschlechtlichkeit und Pathologisches beherrscht ihren Darstellungskreis vollkommen, und es ist wirklich nicht gut abzusehen, wie die versprochene ethische Betätigung eintreten könnte. Sie nehmen die Eigenart, die der Meister auf der Höhe seiner Kraft aus sich selbst schöpft, vorweg, greifen also eigentlich jeder Entwicklung vor – wenn nicht diese

Eigenart eine bloß angenommene ist (was wahrscheinlich scheint) und somit eines Tages von ihnen abfällt wie eine Schale, damit die wesentliche Eigenart sich entwickeln kann. Man muß die Krankheit sozusagen dilatorisch behandeln; das Überwiegen des Animalischen und Pathologischen im Stofflichen allein genügt nicht, um sie abzutun: die Jugend gebärdet sich oft. Ja, man könnte sagen, alle großen Dichter haben so angefangen, von der eigenen schäumenden Verwirrung auf das diesem Wesen Ähnliche in der Welt gestoßen – wenn nicht in den *großen* Dichtern der Kern einer zukünftigen Sittlichkeit schon undeutlich sichtbar wäre. Dieser Kern aber fehlt hier. Und ich vermag einfach nicht daran zu glauben, daß auch nur einer dieser Dichter »ins Ethische« wirklich wesenhaft emporwachse. Was ich ihnen zumute, ist der leidenschaftliche Schrei *nach* dem Ethischen, die Sehnsucht nach ihm, die sie selbst nicht erfüllen können, sondern die irgend ein anderer Mensch erfüllen wird, der weit ab von ihrer Gruppe heranwächst. Daß diese Gruppe sich ehrlich mit den Zielen identifiziert, die ihr Interpret Pinthus ihnen zuspricht, glaube ich unbedingt. Das ist ein Grund, weshalb ich mich hier mit ihnen auseinandersetze. Ein anderer Grund ist die zweifellos große Macht, die sie in der Presse bereits gewonnen hat. Die Expressionisten der Literatur werden von der Zeit getragen; daß sie die Zeit einmal führen werden, kann ich nicht glauben: sie werden aber laut nach dem Führer rufen dürfen. Vorläufig sehe ich sie einfach als junge Pferde, von denen einer der ihrigen, Paul Boldt, dichtet, junge Pferde, die herdenweis hin und her galoppieren, die Nase am Wind, ungebärdig sind, reiterlos – indessen der Koppelmeister am Gatter steht und diesen Jahrgang wie jeden andern vor ihm auf das Spiel seiner Muskeln prüft.

GERHARD HEINE

Vom »jüngsten Tag« deutscher Dichtung. 1916.

Während die Almanache, die unsre bedeutenden Verleger erscheinen lassen, in hohem Maße vom Kriege beeinflußt sind, ist der Almanach des aufstrebenden, rührigen Verlags von Kurt Wolff wohl ein Spiegel des jungen Dichtergeschlechtes, das sich um diesen Verlag sammelt, aber bewußt kein Spiegel des Krieges. Er zieht unsre Aufmerksamkeit vielmehr durch das Schauspiel einer neuen Dichterjugend auf sich, mit gärendem Streben, eigentümlichem Fühlen und neuartigen Mitteln. Gegenüber dem Naturalismus mit seiner Wirklichkeitssucht und dem Belauschen der besonderen Akzente, gegenüber der Neuromantik mit ihrem Ästhetizismus und ihrem Schönheitsreiche erhebt sich hier ein eigenwilliger, gesteigerter Lebensdrang, der in neuen Rhythmen und Bildern, aber auch in einem neuen Verhältnis zur Wirklichkeit sich auslebt und austobt.

In diesem Chaos neuer Strebungen, neuer Dichter, die in sich selbst chaotisch scheinen und zwischen denen doch schon große Einzelne reifend emporragen, jetzt schon Richtlinien zu ziehen, wird ohne einige Gewaltsamkeiten nicht möglich sein. Dennoch wird sich sagen lassen, daß ihre Dichtung von der Welt der Erscheinungen, sei es die wirkliche, sei es die Welt spielender Phantasie, sich abwendet und in die Erschütterungen der Seele stürzt. Mit dem glühenden Pathos des Expressionismus, das in verwandten Erscheinungen der Malerei bebt, zum Teil auch mit der Willkür des Futurismus, der herrisch die räumlich geordnete Welt seinen Sensationen dienstbar macht, sucht eine neue Inbrunst des Fühlens sich vom Ich aus zu orientieren und hinter dem Mechanismus des Geschehens und dem Äußerlichen der Gemeinschaftsformen das Wesentliche zu erfassen und zu gestalten. Dabei stößt sie schneller und mit stärkerer Leidenschaft als Naturalismus und Romantik auf das Ethische und gewinnt in ihren stärksten Vertretern etwas Prophetisches, wird Gestaltung neuen, starken Lebensgefühls in künstlerischen Sinnbildern. Freilich wenn diese Dichter gegen das Chaos der sinnlichen Welt anbrüllen, aufstöhnen oder ihm herrisch trotzen, wenn sie von der Erscheinungswelt nur die Requisiten entnehmen, um ihr innerstes Fühlen und Wollen sichtbar zu machen, wenn sie wild an der Welt der Erscheinungen hämmern wie an einer Mauer, um das dahinter wohnende Wesen zu ergreifen, so ist die Gefahr da, daß sie nur Mauerschutt in den Händen behalten, und allein den Starken wird es beschieden sein, durchzustoßen, um in eigenen Rhythmen das neu Erlebte zu gestalten.

Der Nachruf auf Georg Trakl, der mit 27 Jahren als österreichischer Leutnant ein Opfer des Krieges und der eigenen Widerstandsunfähigkeit geworden ist, sagt: »Der stärkste Eindruck seines friedlichen Lebens war es gewesen, als er einmal vom vierten Stock eines Hauses einen Zigarettenstummel abwärts fallen und dann hinglimmen, verglimmen sah, übergehen in ein Nichts, in graue Asche.« Das sieht nicht nach neuem Prophetentum aus, das ein neues Lebensverhältnis erkämpft, sondern nach gesteigerter Sensibilität, die wogenden Subjektivismus mit zuckenden Händen an Wirklichkeitserscheinungen anknüpft.

Naturgemäß stellen diese Dichtungen – wie die Bilder des Expressionismus – an das Eindringen und Einfühlen ungewöhnliche Anforderungen, und manchmal muß man zufrieden sein, nur einen Zipfel des Dichterkleides zu erhaschen. Das gilt zum Beispiel von der flackernden, schwermütigen Sehnsucht Georg Trakls, von den wildgrotesken Visionen Georg Heyms, der fünfundzwanzigjährig beim Schlittschuhlaufen auf der Havel ertrunken ist, den wirbelnden Impressionen Johannes R. Bechers, dem literarischen Pointillismus Paul Boldts.

Aus dieser Schar, deren Veröffentlichungen mir allerdings nicht vollständig vorliegen, scheinen mir einige hervorzuragen, die in die Zukunft weisen.

Bei dem Elsässer René Schickele überrascht die Spannkraft des dichterischen Vermögens. Wohl verdampfen auch hier in wunderbarer Trunkenheit Gefühle, ehe sie sich voll gestaltet haben; aber der Reichtum seines Fühlens und Könnens umfaßt die mystische, religiöse und erotische Inbrunst, Naturstimmungen, geschichtliche Balladen, findet eigene Rhythmen, formt in zarten und glühenden Bildern und verfügt auch über den schlichtschönen Ton wie in dem Gedicht ›Bete‹:

Bete, daß die tot Versunknen
in dir und allen auferstehn,
daß wir stets bei unsern Taten
ihr ernstes Lächeln vor uns sehn.

Bete, daß die Kraft der Opfer,
so dargebracht, wie nie zuvor
sich ein Volk noch hingegeben,
ein ewig Licht sei an dem Tor

Deines Hauses und des Reiches,
durch das Geschlechter Deutsche gehn.
Gleich wie Gottes mög ihr Atem
auf unsern hellen Straßen wehn.

Bete, daß wir alle werden
durch ihren Tod so stark wie frei,
und am Ende, daß der Deutsche
ein milder Herr der Erde sei.

Max Brod ist im Almanach mit einem starken Gedicht vertreten, das unter dem Eindruck des Weltkrieges eitlem Subjektivismus und Ästhetizismus die Absage erteilt:

Ihr fühltet nicht des Daseins Würdigkeit,
Nicht das Gewicht des Ich. Euch loszulösen
Aus Irdischem, zu flattern aus der Zeit,
Verfrühtem Himmelreich galt euer Kinderwesen.

Sein reicher und tiefer Roman ›Tycho Brahes Weg zu Gott‹, dessen schönstes Kapitel in den Almanach aufgenommen ist, zeugt von dem gewonnenen Ethos.

Eine hohe künstlerische Reife zeichnet Ernst Stadler aus, dessen Gedichtband ›Der Aufbruch‹ uns zugleich mit Bewunderung und mit Wehmut erfüllt: der Dichter ist einunddreißigjährig als Artillerieleutnant im Westen gefallen. Seiner Leidenschaft, die mit zarter Weichheit verbunden ist, gibt ein sittlicher Wille Bändigung und Kompaß, seiner Gestaltungskraft färbt sich die Sprache neu und blüht zu duftendem Ausdruck auf, und in langatmenden Rhythmen ergießt sich der Reichtum der inneren Melodie.

Da Gottes Gnade ihm die Binde von den Augen nahm, ward die Welt ihm geschenkt und ward erst sein:

Jedes Ding war neu und ging
In tiefer Herzenswallung mir entgegen, sich zu schenken, so wie am Altar,
Des Opfers freudig, ganz in Glück gekleidet. Und in jedem war
Der Gott. Und keines war, darauf nicht seine Güte so wie Hauch um reife Früchte hing.
Mir aber brach die Liebe alle Türen auf, die Hochmut mir gesperrt:
In Not Gescharte, Bettler, Säufer, Dirnen und Verbannte
Wurden mein lieb Geschwister. Meine Demut kniete vor dem Licht, das fern in ihren Augen brannte,
Und ihre rauhen Stimmen schlossen sich zum himmlischen Konzert.
Ich selbst war dunkel ihrem Leid und ihrer Lust vermengt – Welle im Chor
Auffahrender Choräle. Meine Seele war die kleine Glocke, die im Dorfkirchhimmel der Gebete hing
Und selig läutend in den Überschwang der Stimmen sich verlor
Und ausgeschüttet in dem Tausendfachen unterging.

An Künstlerschaft und Gestaltung der Gesichte reicht Franz Werfel nicht an ihn heran, ja man möchte bezweifeln, daß er ein blutsverwandtes Verhältnis zur Sprache hat, die er eine »Hure« schilt und in Versen mit gekünstelten Doppelreimen für unfähig erklärt, den Sinn des Lebens auszusprechen und Gesichte zu gestalten:

Wie fleht der Sinn, den wir zu tragen haben,
Uns um sein Wort!
Das Lied doch, das wir ihm zu sagen gaben,
Schon rafft ihn fort.

Wenn traumwärts süße die Gestalten walten,
Ruf sie nicht her!
Du wirst in Armen schon die Kalten halten,
Verzerrt und leer.

Mit rücksichtsloser Gewalttätigkeit zwingt er die Reime wie die Bilder, ohne sie zu bändigen. Mit Einem Atem bestreicht er das Hohe und Banale, ohne Schlichtheit und Melodie. Aber auf Melodie kommt es ihm nicht an, und was sollte besonders banal sein, wo es von dieser Weltschöpfung heißen muß: Gott sahe sie an, und siehe, sie war schlecht? Gefangen in seinem Ich, mit Verzweiflung an die Stäbe des Käfigs schlagend, entrückt dem Urwesen der Dinge, ohne Vertrauen zu menschlichen Gemeinschaften, nur dem Weltallwesen zugewandt, ein Sehnsüchtiger des Kosmos, strebt er aus unsagbarer Vereinzelung nach Anteil an den Dingen, nach Mitfühlen, Versöhnung und Liebe:

Ha, mein und mein! Und immer diese Wand!
Warum bin ich nicht durch die Welt gespannt,
Allfühlend gleicherzeit in Tier und Bäumen,
In Knecht und Ofen, Mensch und Gegenstand?

Aber bei allen künstlerischen Ärgernissen – aus seiner Dichtung spricht eine kühne Selbständigkeit, eine glühende Leidenschaft, ein aufrüttelndes Pathos; neben manchem Verstiegenen, Verzerrten, Dunkeln, Abstrakten, doch auch so heiße Blutwärme in Ausdruck und Bild, daß er bannt. Besonders in seinen Oden, in denen auch die Sprache eine erhabene Melodie gewinnt; aber sein letzter Gedichtband ›Einander‹ deutet überhaupt auf Reifung; noch können wir hoffen, daß seine Mystik ihn nicht zum Nihilismus des Nirwana führe. Dann wird vielleicht die Sehnsucht erfüllt, die in den Worten bebt:

Warum, mein Herr und Gott, schufst du mich nicht
Zu deinem Seraph, goldigen, willkommenen,
Der Hände Kristall auf Fieber zu legen,
Zu gehn durch Türenseufzer ein und aus?!

Gegrüßet und geheißen:
Schlaf, Träne, Stube, Kuß, Gemeinschaft, Kindheit mütter-
Und daß ich raste auf den Ofenbänken, [lich?!
Und Zuspruch bin, und Balsam deines Hauses,
Nur Flug und Botengang, und mein nichts weiß,
Und im Gelock der Frühtau deines Angesichts!

Was bei Brod, Werfel und Stadler ergreifend hervorbricht: das ethische und religiöse Empfinden, scheint in den Prosadichtungen, soweit sie mir vorliegen, zurückzutreten, weshalb hier das Kinderwesen des Ästhetizismus die letzte Reife verhindert. Da veröffentlicht Franz Kafka in übervornehmer Ausstattung ein Werk ›Betrachtung‹, das mit aufmerksamem Ohr auf verzitternde Nuancen des Lebensliedes lauscht, ahnungslos, daß es schließlich Nichtigkeiten einfängt; und er zeigt doch in dem Fragment ›Der Heizer‹, daß er zu erzählen versteht, ebenso wie in der mit verblüffender Selbstverständlichkeit erzählten Groteske vom Handlungsreisenden Gregor Samsa, der eines Morgens sich in seinem Bett zu einem ungeheuren Ungeziefer verwandelt findet und nun zum Kummer seiner Familie seine Laufbahn als Käfer bis zum trübseligen Ende fortkrabbelt (›Die Verwandlung‹). Carl Sternheim erzählt in seinem ›Napoleon‹ in klarem und feinem Stil die Geschichte eines französischen Kochkünstlers, die zum Ausdruck herzlicher Menschenverachtung wird. Die letzteren sowie andere Werke sind in der Sammlung ›Der Jüngste Tag‹ erschienen, die außer stofflicher Französelei französische Geschmacklosigkeit in den Bildern mit sonst guter deutscher Ausstattung verbindet.

Schickele in seinem ›Trimpopp und Manasse‹ spannt eine abenteuerlich bewegte Geschichte von Berlin W und der französischen Fremdenlegion in den weiten Horizont seiner Menschen- und Lebenskenntnis; heimisch in romanischer und deutscher Kultur, lenkt er seinen glänzenden Doppeldecker über reiche Landschaften, aber ohne rechte Steuersicherheit. Als Zukunftsreichster aber wird gepriesen Kasimir Edschmid, der in der Novellensammlung ›Die sechs Mündungen‹ ungebrochene Leidenschaften im stilistisch vielfach gebrochenen Lichte moderner Reizsamkeit darstellt; Karl May'sche Abenteuerlichkeiten umkleidet er mit schimmerndem Stil, besetzt mit echten und unechten Edelsteinen, ohne Gefühl für die Komik, wenn er Covercoat und Plaine für Überzieher und Ebene sagt oder ein Geigenspiel wie aus unmusikalischem Hundeempfinden heraus also beschreibt:

»Und da schwamm aus dem Schloß das hungrige Begehren einer Geige, hob sich, klirrte wie ein scharfer Käfer, raste um die Hügel, hieb sich verzweifelt sehnsuchtsvoll in die starke Brunst der weißen Bäume und kreiste den Horizont ein in zuckende Tiraden.«

Wenn uns eine Besprechung mahnt: »Man horche auf den kochenden Ton dieser neuen Stimme«, so möchten wir doch noch warten, daß seine Gerichte gar werden, ehe wir seine ›Sechs Mündungen‹ »die Einfallstore in die moderne Kunst« nennen; sonst könnte auch uns der Vorwurf Max Brods treffen:

Verfrühtem Himmelreich galt euer Kinderwesen.

KASIMIR EDSCHMID

Expressionismus in der Dichtung. 1918.

Rede, gehalten am 13. Dezember 1917 vor dem Bund Deutscher Gelehrter und Künstler und der Deutschen Gesellschaft 1914.

Vorbemerkung. Wir bringen den Aufsatz Edschmids aus keinem andern Grunde, als um dem Leser eine Probe zu geben, wie ein Dichter der jüngeren Generation sich seine Auffassung expressionistischer Ziele definiert und seine historischen und zeitgenössischen Urteile bildet. Wir brauchen nicht zu betonen, daß eine programmatische Bindung in dieser Zeitschrift damit nicht nur nicht gegeben ist, sondern daß wir die ästhetische und literarhistorische Rangordnung der Werte, soweit sie sich auf die Produktion der letzten dreißig Jahre bezieht, durchaus ablehnen. Es hat sich bisher immer erwiesen, daß mit der Abschätzung einer literarischen Richtung die Werke, die man ihr zuzählt, keineswegs mit getroffen werden. Nie wird eine Persönlichkeit von der Richtung geschluckt, sie wird von ihr genährt und dann entbunden. Das ist eine ewige Erfahrung der Kunstgeschichte. Auf dies delikate Problem wird sich lohnen, in größerem Zusammenhange zurückzukommen. [Die Redaktion der ›Neuen Rundschau‹]

Wenn man, selbst verstrickt in eine Bewegung, darüber auszusagen den Drang spürt, bedarf es vor allem Unerbittlichkeit und Hingabe. Voll tiefem Glauben an die Idee habe man Mißtrauen gegen die Zeitlichkeit. Unser Blick, allzusehr befangen im Irdischen, täuscht unsere Liebe zu leicht.

Inbrunst ohne die Strenge aber ist zügellos. Der Glaube nur, der sich aus Sehnsucht selber peinigt, wird endlich aktiv. Tieferer Sinn steigt erst aus der Mißhandlung. Schmähung der eigenen Hingabe macht sie erst süß. Hier muß viel gewagt werden, um das Undeutliche zu vermeiden, alles, um das Gerechte deutlich zu machen. Eifer allein ist die Leidenschaft des Beschränkten. Kühnheit, die sich quält, ist das Ziel des Edlen und Tapferen.

Schon der Außenstehende hat zwischen dem Absoluten und sich die Zeit. Der Innenstehende und Beteiligte hat zu der Zeit noch die Sehnsucht, daß der Ausdruck, dem er die unendliche Form gibt, der dauernde sei. Ihm verwirrt das Urteil noch dazu die Liebe. Es gibt darum nur eine Forderung: Grausamkeit.

So allein vermag manchmal das objektive Bild aufzustehen und blank zu scheinen. Doch auch dies ahnen wir nur. Die letzten Urteile werden erst in der Zeit gefällt, nicht in der Zeitlichkeit unseres Tags. Um gerecht zu sein, bedürfen wir vieler Distanz. Die aber haben wir nur durch den Mut der Strenge. Ja wir müssen es wagen, voll Hoffnung, unsterbliche Ziele aufzutürmen, den Gedanken zu halten, wir seien ein Spielzeug nur der Schöpfung, und was uns groß erschien und das Höchste, sei nur ein kleiner Versuch. Hohn käme über das, was wir liebten, Verachtung auf unsere Inbrunst. Auch dies bedenkend, muß der Angriff gewagt sein.

Es muß der Mut da sein, größer als jener, der bejaht, sich selbst zu schänden, zu bluffen, geformtem Ding den Schädel einzuschlagen, voll der Neugier, ob Bleibendes sich weise. Nur Wille, sich selbst zu mißtrauen, macht die Sehnsucht frisch, das Positive rund. Nur so erhält das prüfende Auge Distanz.

Nur so verschwindet das gorgonische Haupt der Bewegung, das die Zeit umspielt, und wir greifen ihr ins Herz. Mit einem einzigen Griff. Sein Ausschlag, seine Zuckung weist in Vergangenes, weist in das Kommende. Durch strengste Forderung allein kommen wir zu überzeitlichem Urteil. Vielleicht aber müssen wir hier auch nur stehen, glaubend und hoffend, aber nicht wissend. Aber eines besitzen wir zum wenigsten dann: geprüfteren Blick.

Der Blick geht auf die Historie.

Doch ist sie nur logisch, dunkleren Zusammenhängen der Idee gegenüber taub. Logisch entwickelt der Geist sich nicht, tieferen Kräften nach steht er auf und braust oder schweigt. Wir fühlen ihn nur. Zusammenhänge laufen nicht gradlinig, mehr unter, als in der sichtbaren Zeit. Dazu kommt, daß auch rein formale Entwicklung bei uns getrübt ist. Auch das rein Orientierende am äußeren Verlauf der Entwicklung ist in Deutschland schwer.

Wir haben noch nicht Tradition, noch nicht gefestigten Mutterboden, aus dem in organischem Wachstum die Idee sich entwickelt. In Frankreich etwa steht jeder Revolutionär auf den Schultern seines Vorgängers. In Deutschland hält der Achtzehnjährige den von zwanzig für einen Idioten. In Frankreich verehrt der Junge im Älteren irgendwie den Erzeuger. Bei uns ignoriert er ihn. Aus dem Zentrum völkischen Weltgefühls schafft der Franzose. Der Deutsche beginnt jeder von anderer Stelle der Peripherie. Bei uns ist vieles noch Zuckung sich gestaltender völkischer Mentalität. Vieles noch stürzendes Chaos, noch nicht starke tragfähige Ebene.

Darum haben wir wildere, unendlichere, aber zerrissenere Kunstwerke. Andere Völker haben mehr die stete Form.

So ist selbst schwer beim Suchen des Wesentlichen, die formale Entwicklung aufzuzeichnen. Historie bedeutet auch hier nur die äußere Leitung.

Seit der Romantik war Stagnation.

Der große Bogen bürgerlichen Gefühls, der zu enden jetzt anhebt, begann. Gegen ausgepumptes Epigonentum schlug die naturalistische Welle. Aus Schminke, Fassade und Feigenblatt brach schamlos die Tatsache. Nichts vom Wesen eines Dings. Nichts Eigentliches, was der Gegenstand unserer sensuellen Welt nur zudeckt. Nur Notiertes, nur endlich Ausgesprochenes. Aber mit grandioser Wucht lauter Dinge, belanglos für das Kunstwerk in seiner letzten Form, aber Anstöße, Kampf. Der Naturalismus war eine Schlacht, die wenig Sinn für sich hat, aber er gab Gesinnung.

Da standen plötzlich wieder Dinge: Häuser, Krankheit, Menschen, Armut, Fabriken. Sie hatten keine Verbindung noch zu Ewigem, waren nicht geschwängert von Idee. Aber sie wurden genannt, gezeigt. Nackte Zähne der Zeit klafften und zeigten Hunger.

Er warf auch menschliche Fragen auf und brachte das Eigentliche damit näher. Er mischte sich mit Sozialem eng: schrie ... Hunger, Huren, Seuche, Arbeiter.

Doch ohne Ahnung seiner Grenzen focht er nicht nur gegen die Form der Zeitlichkeit, er hatte schöpferische Ambition. Er glaubte ohne Geist sein zu können, begann den Zikadenkampf gegen Gott. Das löste ihn sofort auf. Er dauerte kaum einen Atemzug.

Gegen seine wüste Orientierung gab es einen Gegenpol voll Aristokratie. Gegen den Lärm Adel, das Asoziale, das Kunstà tout prix. Die Überschätzung des Maschinellen ließ auf die Seele deuten.

Hier wurde zum erstenmal wieder Dichtung. Stefan Georges große Gestalt erhebt sich da. Doch war es ihr, die noch zu nahen reinen Tatsachen stand, nicht gegeben, Tempo, Geist und Form der Zeit zu großen umfassenden Schöpfungen zu verdichten. Dazu war die Zeit noch nicht reif. Das wesentlichste Verdienst dieser Bewegung ist der Wert, den sie auf das Formale legte. Man begann sich wieder zu besinnen, was Schilderung und was dagegen Dichtung sei. Die Unterschiede zwischen Schriftsteller und Dichter wurden klar.

Jedoch: sie wurden allzu klar gelegt. So lief diese Bewegung in Erstarrung. Man verwechselte Dichten und Würde. Man glaubte, das Wesentliche sei das Erlauchte und Würde sei besser als der Mut unbedenklichen Zugriffs. Es wurde Cenakelkult getrieben. Ästhetentum verbreitete sich und traf in eine Zeit, die, reich geworden, von den Gründerjahren und dem Zustrom des Geldes übersättigt, noch völlig ohne die Struktur eines kulturellen Zeitbodens, glaubte die schöne Dekadenz spielen zu können.

Immerhin aber hob sich das ganze Niveau. Man konnte nach George nicht mehr vergessen, daß eine große Form unumgänglich sei für das Kunstwerk. Man konnte nicht mehr nur durch Kraßheit, Photographieren der Wirklichkeit, nicht mehr mit flauen Sentiments nach dichterischen Zielen greifen. Das strenge Gesetz Georges brach über den Rand des Geheimbunds, kam in Lyrik und Essay, in Drama und Roman und half erziehen.

So kam zum Blick für die Tatsachen der Sinn für die Form.

Der Impressionismus begann, die Synthese ward versucht.

Sie ward sogar erreicht in einem gewissen Bezirk. Die leitenden Ströme der Zeit schlossen sich zusammen, aber sie entzündeten sich nur am Moment. Es wurde die Kunst des Augenblicks.

Man war geschult und hatte Vorwürfe. Mit nervöser Zärtlichkeit behandelte man die Objekte. Sprunghaft setzte man Stück an Stück. Mit gehobener Technik vermochte man die Dinge anzugreifen, doch wurde es oft Deskription. Das eigentliche, der letzte Sinn der Objekte, erschöpfte sich noch nicht ganz. Denn der Lichtstrahl des Schöpfers überzuckte sie nur kurz. Es gab blendende Gebärden, göttliche Momente. Das Unsterbliche tauchte bestürzend auf und verschwand. Es war wie die Anrufung eines Geistes, dessen Umriß zitternd in der Luft schwebt, geahnt wird, aber nie mit Brausen in die Form der Wirklichwerdung stürzt. Es gab Momentbilder von Schönheit, gab Gesten von Tiefe, es gab vielleicht eine Tat, eine Handlung, eine kurz herausgebrochene unsterbliche Schönheit.

Aber auch diese Zeit lag noch in jenem Riesenbogen, der bürgerlichen Vorstellungen zugängig, kapitalistischen Zusammenhängen unterworfen, privat blieb. Nöte und Sorgen des Individuums lebten darin. Die bürgerliche Gesellschaft gab ihr Thema, Not und Gehalt. Ehe, Familie, bürgerliches Dasein wurden Themen, die man künstlerisch und technisch geschickt verarbeitete. Versuchte man Kosmisches, ward es nicht erreicht, blieb im Lallen, gab man Natur, ward es Ausschnitt, gab man Leben, war es Sekunde, gab man Tod, war es nur das Erlöschen, nicht das ungeheure nie endende Geschehen des tragischen Hingehns.

Der Impressionismus, der so nie total ward, nur Stückwerk gab, nur dramatisch oder lyrisch oder sentimental für einen Gestus, ein Gefühl war, diese kleinen Ausschnitte der großen Welt aber oft herrlich formte, wurde und mußte werden, dem Kosmos gegenüber, im Auge die Schöpfung, Mosaik. In unzählige kleine Teile zerlegte er die Welt, um ihr den tieferen Atem einzuhauchen. Er war das Ende einer langen Entwicklung. Das große Raumgefühl der Renaissance erreichte in ihm den Schluß.

Er zersetzte, löste auf und parzellierte, formte das Zerschlagene in kleine Gefühle, nicht zu massiv verschmolzenen Zusammenhängen. Über ihn hinaus gab es nur Anarchie.

Seine letzte Zerstäubung ist der Futurismus. Expressionismus hat nicht die Spur mit ihm zu tun. Futuristen waren es, die den schon in Teile, Minuten, Fermaten zerteilten Raum noch einmal zum Explodieren brachten, indem sie das Weltbild als ein gleichzeitiges Nebeneinander von Sinneseindrücken darstellten. Sie spitzten die Teile des Impressionismus nur zu, glätteten sie, gaben ihnen schärfere Form und gespenstigeren Umriß, vermieden das Kokette und schoben das Nacheinander des impressionistischen Weltlaufs zu einem hastigen, gehetzten Nebeneinander, Ineinander.

Der Expressionismus, ein Schlagwort von zweifelhafter Formulierung, hat mit dem Impressionistischen nichts zu tun. Er kam nicht aus ihm. Er hat keinen inneren Kontakt, nicht einmal den des neuen, der den alten erschlägt. Es sei denn, daß dies die beiden Bewegungen verbände, daß die eine die andere vorbereitete nach einem dunklen immanenten und unlogischen Gesetz des Triebes, der Steigerung der Idee und der Kraft.

Der Expressionismus hat vielerlei Ahnen gemäß dem Großen und Totalen, das seiner Idee zugrund liegt, in aller Welt, in aller Zeit. Was die Menschen heute an ihm sehen, ist fast nur das Gesicht, das was erregt, das was epatiert. Man sieht nicht das Blut. Programme, leicht zu postulieren, nie auszufüllen mit Kraft, verwirren das Hirn, als ob je eine Kunst anders aufgefahren sei als aus der Notwendigkeit der Zeugung. Mode, Geschäft, Sucht, Erfolg umkreisen das erst Verhöhnte.

Als Propagatoren stehen die da, die in dumpfem Drang des schaffenden Triebes zuerst das Neue schufen. Als ich vor drei Jahren mein erstes Buch schrieb, las ich erstaunt, wenig bemüht damals um künstlerische Fragen: hier seien erste expressionistische Novellen. Denn Wort und Sinn waren mir damals neu und taub. Nur die Unproduktiven eilen mit Theorie der Sache voraus. Eintreten für sein Ding ist eine Kühnheit und eine Sache voll Anstand. Sich für das Einzige erklären, Frage des bornierten Hirns. Eitel ist dies ganze äußere Kämpfen um den Stil, um die Seele des Bürgers. Am Ende entscheidet lediglich die gerechte und gut gerichtete Kraft.

Es kamen die Künstler der neuen Bewegung.

Sie gaben nicht mehr die leichte Erregung. Sie gaben nicht mehr die nackte Tatsache. Ihnen war der Moment, die Sekunde der impressionistischen Schöpfung nur ein taubes Korn in der mahlenden Zeit. Sie waren nicht mehr unterworfen den Ideen, Nöten und persönlichen Tragödien bürgerlichen und kapitalistischen Denkens.

Ihnen entfaltete das *Gefühl* sich maßlos.

Sie sahen nicht.

Sie schauten.

Sie photographierten nicht.

Sie hatten Gesichte.

Statt der Rakete schufen sie die dauernde Erregung. Statt dem Moment die Wirkung in die Zeit. Sie wiesen nicht die glänzende Parade eines Zirkus. Sie wollten das Erlebnis, das anhält.

Vor allem gab es gegen das Atomische, Verstückte der Impressionisten nun ein großes umspannendes *Weltgefühl*. In ihm stand die Erde, das Dasein als eine große Vision. Es gab Gefühle darin und Menschen. Sie sollten erfaßt werden im Kern und im Ursprünglichen. Die große Musik eines Dichters sind seine

Menschen. Sie werden ihm nur groß, wenn ihre Umgebung groß ist. Nicht das heroische Format, das führte nur zum Dekorativen, nein groß in dem Sinne, daß ihr Dasein, ihr Erleben teil hat an dem großen Dasein des Himmels und des Bodens, daß ihr Herz, verschwistert allem Geschehen, schlägt im gleichen Rhythmus wie die Welt.

Dafür bedurfte es einer tatsächlich neuen Gestaltung der künstlerischen Welt. Ein neues Weltbild mußte geschaffen werden, das nicht mehr teil hatte an jenem nur erfahrungsmäßig zu erfassenden der Naturalisten, nicht mehr teil hatte an jenem zerstückelten Raum, den die Impression gab, das einfach sein mußte vielmehr, eigentlich und darum schön.

Die Erde ist eine riesige Landschaft, die Gott uns gab. Es muß nach ihr so gesehen werden, daß sie unverbildet zu uns kommt. Niemand zweifelt, daß das Echte nicht sein kann, was als äußere Realität erscheint. Die Realität muß von uns geschaffen werden. Der Sinn des Gegenstands muß erwühlt sein. Begnügt darf sich nicht werden mit der geglaubten, gewähnten notierten Tatsache, es muß das Bild der Welt rein und unverfälscht gespiegelt werden. Das aber ist nur in uns selbst.

So wird der ganze Raum des expressionistischen Künstlers Vision. Er sieht nicht, er schaut. Er schildert nicht, er erlebt. Er gibt nicht wieder, er gestaltet. Er nimmt nicht, er sucht. Nun gibt es nicht mehr die Kette der Tatsachen: Fabriken, Häuser, Krankheit, Huren, Geschrei und Hunger. Nun gibt es die Vision davon. Die Tatsachen haben Bedeutung nur soweit, als durch sie hindurchgreifend die Hand des Künstlers nach dem faßt, was hinter ihnen steht.

Er sieht das Menschliche in den Huren, das Göttliche in den Fabriken. Er wirkt die einzelne Erscheinung in das Große ein, das die Welt ausmacht. Er gibt das tiefere Bild des Gegenstands, die Landschaft seiner Kunst ist die große paradiesische, die Gott ursprünglich schuf, die herrlicher ist, bunter und unendlicher als jene, die unsere Blicke nur in empirischer Blindheit wahrzunehmen vermögen, die zu schildern kein Reiz wäre, in der das Tiefe, Eigentliche und im Geiste Wunderbare zu suchen sekündlich voll von neuen Reizen und Offenbarungen wird.

Alles bekommt Beziehung zur Ewigkeit. Der Kranke ist nicht nur der Krüppel, der leidet. Er wird die Krankheit selbst, das Leid der ganzen Kreatur scheint aus seinem Leib und bringt das Mitleid herab von dem Schöpfer. Ein Haus ist nicht mehr Gegenstand, nicht mehr nur Stein, nur Anblick, nur ein Viereck mit Attributen des Schön- oder Häßlichseins. Es steigt darüber hinaus. Es wird so lange gesucht in seinem eigentlichsten Wesen, bis seine tiefere Form sich ergibt, bis *das* Haus aufsteht, das befreit ist von dem dumpfen Zwang der falschen Wirklichkeit, das bis zum letzten Winkel gesondert ist und gesiebt auf den Ausdruck, der auch auf Kosten seiner Ähnlichkeit den letzten Charakter herausbringt, bis es schwebt oder einstürzt, sich reckt oder gefriert, bis endlich alles erfüllt ist, das an Möglichkeiten in ihm schläft. Eine Hure ist nicht mehr ein Gegenstand, behängt und bemalt mit den Dekorationen ihres Handwerks. Sie wird ohne Parfüme, ohne Farben, ohne Tasche, ohne wiegende Schenkel erscheinen. Aber ihr eigentliches Wesen muß aus ihr herauskommen, daß in der Einfachheit der Form doch alles gesprengt wird von den Lastern, der Liebe, der Gemeinheit und der Tragödie, die ihr Herz und ihr Handwerk ausmachen. Denn die Wirklichkeit ihres menschlichen Daseins ist ohne Belang. Ihr Hut, ihr Gang, ihre Lippe sind Surrogate. Ihr Wesen ist darin nicht erschöpft. Die Welt ist da. Es wäre sinnlos sie zu wiederholen. Sie im letzten Zucken, im eigentlichsten Kern aufzusuchen und neu zu schaffen, das ist die größte Aufgabe der Kunst.

Jeder Mensch ist nicht mehr Individuum, gebunden an Pflicht, Moral, Gesellschaft, Familie. Er wird in dieser Kunst nichts als das erhebendste und kläglichste: er wird Mensch.

Hier liegt das Neue und Unerhörte gegen die Epochen vorher. Hier wird der bürgerliche Weltgedanke endlich nicht mehr gedacht. Hier gibt es keine Zusammenhänge mehr, die das Bild des Menschlichen verschleiern. Keine Ehegeschichten, keine Tragödien, die aus Zusammenprall von Konvention und Freiheitsbedürfnis entstehen, keine Milieustücke, keine gestrengen Chefs, lebenslustigen Offiziere, keine Puppen, die an den Drähten psychologischer Weltanschauungen hängend mit Gesetzen, Standpunkten, Irrungen und Lastern dieses von Menschen gemachten und konstruierten Gesellschaftsdaseins spielen, lachen und leiden. Durch alle diese Surrogate greift die Hand des Künstlers grausam hindurch. Es zeigt sich, daß sie Fassaden waren. Aus Kulisse und Joch überlieferten verfälschten Gefühls tritt nichts als der Mensch.

Keine blonde Bestie, kein ruchloser Primitiver, sondern der einfache, schlichte Mensch, sein Herz atmet, seine Lunge braust, er gibt sich hin der Schöpfung, von der er nicht ein Stück ist, die in ihm sich schaukelt, wie er sie wieder spiegelt.

Sein Leben reguliert sich ohne die kleinliche Logik, ohne Folgerung, beschämende Moral und Kausalität lediglich nach dem ungeheuren Gradmesser seines Gefühls.

Mit diesem Ausbruch seines Inneren ist er allem verbunden. Er begreift die Welt, die Erde steht in ihm. Er steht auf ihr mit beiden Beinen angewachsen, seine Inbrunst umfaßt das Sichtbare und das Geschaute. Nun ist der Mensch wieder großer unmittelbarer Gefühle mächtig. Er steht da, so deutlich in seinem Herzen zu erfassen, so absolut ursprünglich von den Wellen seines Bluts durchlaufen, daß es erscheint, er trüge sein Herz auf der Brust gemalt. Er bleibt nicht mehr Figur. Er ist wirklich Mensch. Er ist verstrickt in den Kosmos, aber mit kosmischem Empfinden. Er klügelt sich nicht durch das Leben. Er geht hindurch. Er denkt nicht über sich, er erlebt sich. Er schleicht nicht um die Dinge, er faßt sie im Mittelpunkt an. Er ist nicht un-, nicht über-menschlich, er ist nur Mensch, feig und stark, gut und gemein und herrlich, wie ihn Gott aus der Schöpfung entließ. So sind ihm alle Dinge, deren Kern, deren richtiges Wesen er zu schauen gewohnt ist, nahe. Er wird nicht unterdrückt, er liebt und kämpft unmittelbar. Sein großes Gefühl allein, kein verfälschtes Denken führt ihn und leitet ihn. So kann er sich steigern und zu Begeisterungen kommen, große Ekstasen aus seiner Seele aufschwingen lassen. Er kommt bis an Gott als die große, nur mit unerhörter Ekstase des Geistes zu erreichende Spitze des Gefühls.

Doch sind diese Menschen nicht töricht. Ihr Denkprozeß verläuft nur in anderer Natur. Sie sind unverbildet. Sie reflektieren nicht. Sie erleben nicht in Kreisen, nicht durch Echos. Sie erleben direkt.

Das ist das größte Geheimnis dieser Kunst. Sie ist ohne gewohnte Psychologie. Dennoch geht ihr Erleben tiefer. Es geht auf den einfachsten Bahnen, nicht auf den verdrehten, von Menschen geschaffenen, von Menschen geschändeten Arten des Denkens, das, von bekannten Kausalitäten gelenkt, nie kosmisch sein kann. Aus dem Psychologischen kommt nur Analyse. Es kommt auseinanderfalten, nachsehen, Konsequenzen ziehen, erklären wollen, besser wissen, eine Klugheit heucheln, die doch nur nach den Ergebnissen geht, die unseren für große Wunder blinden Augen bekannt und durchsichtig sind. Denn vergessen wir nicht: alle Gesetze, alle Lebenskreise, die psychologisch gebannt sind, sind nur von uns geschaffen, von uns angenommen und geglaubt. Für das Unerklärliche, für die Welt, für Gott gibt es im Psychologischen keine Erklärung. Ein Achselzucken nur, eine Verneinung.

Die neue Kunst ist daher positiv. Weil sie intuitiv ist. Weil sie, elementar empfindend, willig aber stolz sich den großen Wundern des Daseins hingebend, frische Kraft hat zum Handeln und zum Leiden. Diese Menschen machen nicht den Umweg über eine spiralenhafte Kultur. Sie geben sich dem Göttlichen preis. Sie sind direkt. Sie sind primitiv. Sie sind einfach, weil das Einfachste das Schwerste ist und das Kompliziertеste, aber zu den größten Offenbarungen geht. Denn täuschen wir uns nicht: erst am Ende aller Dinge steht das Schlichte, erst am Ende gelebter Tage bekommt das Leben ruhigen steten Fluß.

So kommt es, daß diese Kunst, da sie kosmisch ist, andere Höhe und Tiefe nehmen kann als irgendeine impressionistische oder naturalistische, wenn ihre Träger stark sind. Mit dem Fortfall des psychologischen Apparats fällt der ganze Decadencerummel, die letzten Fragen können erhascht, große Probleme des Lebens direkt attackiert werden. In ganz neuer Weise erschließt sich aufbrandendem Gefühl die Welt. Der große Garten Gottes liegt paradiesisch geschaut hinter der Welt der Dinge, wie unser sterblicher Blick sie sieht. Große Horizonte brechen auf.

Allein die andere Art des Blickpunkts verwirrt den Menschen oft das Dargestellte. Da geschaut und nicht gesehen wird, täuscht der neue Umriß. Dem Menschen, der ungeschult lebt, ist die Vision etwas Entferntes, der plumpe Gegenstand aber deutlich und nah. Das ausgewiesene Psychologische gibt dem Aufbau des Kunstwerks andere Gesetze, edlere Struktur. Es verschwindet das Sekundäre, der Apparat, das Milieu bleibt nur angedeutet und mit kurzem Umriß nur der glühenden Masse des Seelischen einverschmolzen. Die Kunst, die das Eigentliche nur will, scheidet die Nebensache aus. Es gibt keine Entremets mehr, keine Hors d'œuvres, nichts Kluges, was hineingemogelt, nichts Essayistisches, was allgemein unterstreichen, nichts Dekoratives mehr, was von außen her schmücken soll. Nein, das Wesentliche reiht sich an das Wichtige. Das Ganze bekommt gehämmerten Umriß, bekommt Linie und gestraffte Form. Es gibt keine Bäuche mehr, keine hängenden Brüste. Der Torso des Kunstwerks wächst aus straffen Schenkeln in edle Hüften und steigt von dort in den Rumpf voll Training und Gleichmaß. Die Flamme des Gefühls, das direkt zusammenfließt mit dem

Kern der Welt, erfaßt das Direkte und ordnet es in sich ein. Es bleibt nichts anderes übrig.

Manchmal unter dem großen Trieb des Gefühls schmilzt die Hingabe an das Werk dieses übermäßig zusammen, es erscheint verzerrt. Seine Struktur aber ist nur auf das letzte Maß der Anspannung getrieben, die Hitze des Gefühls bog die Seele des Schaffenden so, daß sie, dunkel das Unermeßliche wollend, das Unerhörte hinauszuschreien begann.

Das Wollen wird deutlicher im Malerischen, am klarsten in der Plastik. Im Schreiben verwirrt die nicht zum erstenmal, aber noch nie mit solcher Innigkeit und solcher Radikalität vorgenommene Verkürzung und Veränderung der Form. Bei Plastiken Rodins sind die Oberflächen noch zerrissen, jede Linie, jede Gebärde noch orientiert nach einem Affekt, einem Moment, einer einmaligen Handlung, kurz: eingefangen in den Augenblick und bei aller Kraft doch unterworfen einer psychologischen Idee. Einer denkt, zwei andere küssen sich. Es bleibt ein Vorgang.

Bei modernen Figuren sind die Oberflächen mit kurzem Umriß gegeben, die Furchen geglättet, nur das Wichtige modelliert. Aber die Figur wird typisch, nicht mehr untertan einem Gedanken, nicht mehr hinauszuckend in die Sekunde, vielmehr sie erhält Geltung in die Zeit. Alles Nebensächliche fehlt. Das Wichtigste gibt die Idee: nicht mehr ein Denkender, nein: das Denken. Nicht zwei Umschlungene: nein, die Umarmung selbst.

Dasselbe unbewußt waltende Gesetz, das ausscheidet, ohne negativ zu sein, das nur erlesenen Moment zu magnetisch gleichen Punkten bindet, reißt die Struktur des Schreibenden zusammen. Die Sätze liegen im Rhythmus anders gefaltet als gewohnt. Sie unterstehen der gleichen Absicht, demselben Strom des Geistes, der nur das Eigentliche gibt. Melodik und Biegung beherrscht sie. Doch nicht zum Selbstzweck. Die Sätze dienen in großer Kette hängend dem Geist, der sie formt.

Sie kennen nur seinen Weg, sein Ziel, seinen Sinn. Sie binden Spitze an Spitze, sie schnellen ineinander, nicht mehr verbunden durch Puffer logischer Überleitung, nicht mehr durch den federnden äußerlichen Kitt der Psychologie. Ihre Elastizität liegt in ihnen selbst. Auch das Wort erhält andere Gewalt. Das Beschreibende, das Umschürfende hört auf. Dafür ist kein Platz mehr. Es wird Pfeil. Trifft in das Innere des Gegenstands und wird von ihm beseelt. Es wird kristallisch das eigentliche Bild des Dinges. Dann fallen die Füllwörter. Das Verbum dehnt sich und verschärft sich, angespannt, deutlich und eigentlich den Ausdruck zu fassen. Das Adjektiv bekommt Verschmelzung mit dem Träger des Wortgedankens. Auch es darf nicht umschreiben. Es muß das Wesen am knappsten geben und nur das Wesen. Sonst nichts.

Doch an diesen sekundären Dingen, nicht an den Zielen, scheitert gewöhnlich die Diskussion.

Die technische Frage verwirrt und wird gehöhnt. Man glaubt, sie sei Bluff. Nie ist in einer Kunst das Technische so sehr Produkt des Geistes wie hier. Nicht das ungewohnte Formale schafft die Höhe des Kunstwerks. Nicht hierin liegt Zweck und Idee. Der Ansturm des Geistes und die brausende Wolke des Gefühls schmelzen das Kunstwerk auf diese Stufe zusammen und erst aus dieser gesiebten, geläuterten Form erhebt sich die aufsteigende Vision. Die Menschheit aber will nicht wissen, daß unter dem Äußeren erst das Dauernde liegt. Der Geist, der die Dinge hinauftreibt in eine größere Existenz, anders geformt als die Sinne sie zeigen in dieser begrenzten Welt, ist ihr unbekannt. Es ist ein lächerlich kleiner Sprung zu diesem Begreifen. Aber die Menschheit weiß noch nicht, daß die Kunst nur eine Etappe ist zu Gott.

Die Ziele aber liegen nahe bei Gott. Das Herz der Menschen strahlt über die Oberfläche hin. Persönliches wächst in das Allgemeine. Seitherig übertriebene Bedeutung des Einzelnen unterzieht sich größerer Wirkung der Idee. Das Reiche entkleidet sich seines äußeren Rahmens und wird reich in seiner Einfachheit. Alle Dinge werden zurückgestaut auf ihr eigentliches Wesen: das Einfache, das Allgemeine, das Wesentliche. Die Herzen, so unmittelbar gelenkt, schlagen groß und frei. Die Handlung wird voll Ehrfurcht auch im Gemeinen. Die Elemente walten nach großem Gesetz. So wird das Ganze auch ethisch.

Nun aber springen die verwandten Züge auf. Sie liegen nicht in der vorhergegangenen Generation, von der diese Kunst alles scheidet. Sie liegen nicht im Einzelnen, nicht in der Gotik, nicht im Nationalen, nicht bei Goethe, Grünewald oder Mechthild von Magdeburg. Nicht in romanischer Krypta, nicht bei Notker, bei Otto dem Dritten, nicht bei Eckehard, Chrestien von Troye oder den Zaubersprüchen. So einfach läuft die Geschichte der Seele nicht am logisch historischen Band. Verwandtschaft ist nicht begrenzt. Tradition nicht national oder an Geschichte einer Zeit gebunden.

Nein, überall ist das Verwandte, der Ansatz, das Gleiche, wo eine ungeheuere Macht die Seele antrieb, mächtig zu sein, das Unendliche zu suchen und das Letzte auszudrücken, das Menschen schöpferisch mit dem Universum bindet.

Überall, wo die Flamme des Geistes glühend aufbrach und das Molluskenhafte zu Kadavern brannte, Unendliches aber formte, als solle es zurückgehen in die Hand des Schöpfers, alle dunklen großen Revolutionen des Geistes trieben dasselbe Bild der Schöpfung hervor. Es ist eine Lüge, daß das, was mit verbrauchtem Abwort das Expressionistische genannt wird, neu sei. Schändung, es umfasse eine Mode. Verleumdung, es sei eine nur künstlerische Bewegung.

Immer wenn der oder jener der Menschheit die Wurzeln der Dinge in der Hand hielt und seine Faust Griffe hatte und Ehrfurcht, gelang das Gleiche. Diese Art des Ausdrucks ist nicht deutsch, nicht französisch. Sie ist übernational. Sie ist nicht nur Angelegenheit der Kunst. Sie ist Forderung des Geistes. Sie ist kein Programm des Stils. Sie ist eine Frage der Seele. Ein Ding der Menschheit.

Es gab Expressionismus in jeder Zeit. Keine Zone, die ihn nicht hatte, keine Religion, die ihn nicht feurig schuf. Kein Stamm, der nicht das dumpfe Göttliche damit besang und formte. Ausgebaut in großen Zeiten mächtiger Ergriffenheit, gespeist aus tiefen Schichten harmonisch gesteigerten Lebens, einer breit ins Hohe wachsenden, in Harmonie gebildeten Tradition wurde der Stil der Gesamtheit: Assyrer, Perser, die Gotik, Ägypter, die Primitiven, altdeutsche Maler hatten ihn. Bei ganz tiefen Völkern, die Witterung der Gottheit aus schrankenloser Natur überstob, wurde er anonymer Ausdruck der Angst und Ehrfurcht. Großen einzelnen Meistern, deren Seele von Fruchtbarkeit übervoll war, heftete er sich als natürlichster Ausdruck in ihr Werk. Er war in der dramatischsten Ekstase bei Grünewald, lyrisch in den Jesuliedern der Nonne, bewegt bei Shakespeare, unerbittlich in der Weichheit bei den Märchen der Chinesen, in der Starre bei Strindberg. Nun ergreift er eine ganze Generation.

Eine ganze Generation Europas. Die große Welle einer geistigen Bewegung schlägt überall hoch. Die Sehnsucht der Zeit fordert das Letzte. Eine ganze Jugend sucht gerecht zu werden der Forderung. Was kommen wird, ist der Kampf der Kraft mit der Forderung. Denn daß Kunstwerke entstanden, war nie allein Folge der Idee. Sie ist nur die Sehnsucht nach Vollkommnerem, die in die Menschen schlägt. Zur Formung gehört die Kraft. Die Generation wird sie besitzen oder nicht. Das liegt nach vorwärts und entzieht sich unserem Hirn. Um so schärfer, da diese Hauptgefahr einer Bewegung noch im Dunklen liegt, muß die Forderung nach dem Echten mit Strenge gestellt sein. Nur innere Gerechtigkeit bringt bei so hohem Ziele das Radikale. Schon wird das, was Ausbruch war, Mode. Schon schleicht übler Geist herein. Nachläuferisches aufzudecken, Fehler bloß zu legen, Ungenügendes zu betonen, bleibt die Aufgabe der Ehrlichen, soweit es klar liegt und schon erkennbar ist. Der tiefste Wert und der tiefste Sinn liegt uns allen verborgen.

Nicht die schöpferische Stärke, die seltsame Außenformen annimmt, verwischt nach außen das Gesicht der Bewegung ins Irritierende und Modegeile. Es ist vielmehr das bewußt durchgeführte Programm. Geistige Bewegung ist kein Rezept. Sie gehorcht lediglich gestaltendem Gefühl. Da die Bewegung durchgesetzt ist, beginnt ihre nachträgliche Theorie produktiv zu werden. Sie wird Schule, wird Akademie. Die Fackelträger werden Polizisten, Ausrufer der einseitigen Dogmatik, Beschränkte, Festgebundene an das Heil eines Buchstabens. Stil in höherem Sinne setzt sich durch als Kraft, als selbständige Wucherung, reguliert von tausend Zuflüssen und Strömen vom Geist gebändigter Schöpferkraft. Nie als Form. Gerade die einfachen Linien, die großen Flächen, die verkürzte Struktur werden einförmig bis zum Entsetzen, langweilig zum Erbleichen werden, wenn sie nur gekonnt, nicht gefühlt werden. Das abstrakte Wollen aber sieht keine Grenze mehr. Erkennt nicht mehr, welch ausbalanziertes Vermögen besteht zwischen dem Gegenstand und der schaffenden Form. Die Grenzen des Sinnlichen durchbrechend, schafft sie lauter Theorie. Da ist kein Ding mehr, das gestaltet, umgeformt, aufgesucht wird, da ist, den Kampfplatz verlassend, nur öde Abstraktion. Hier wird, wie oft, vergessen, daß jede Wahrheit einen Punkt hat, wo sie, mit törichter Überkonsequenz ausgeübt, Unwahrheit wird.

Man ist nicht genial, wenn man stottert, man ist nicht schlicht, indem man niggert, man ist nicht neu, indem man imitiert. Hier mehr wie irgendwo entscheidet die Ehrlichkeit. Wir können nicht aus unserer Haut und unserer Zeit. Bewußte Naivität ist ein Greuel. Gemachter Expressionismus ein übles Gebräu, gewollte Menschen werden Maschinerie. Auch dies wird Frage der dienenden Stärke. Hier ist das Treibende und Gemeinsame nur der Glaube, die Kraft und die Inbrunst.

Wo dies aber beisammen sich fand zur mystischen Hochzeit, war Expressionismus in jeder Kunst, in jeder Tat:

Am Anfang die Schöpfung, die großen Kreise der Mythen, die Sagen, die Edda. Bei Hamsun, bei Baalschem, bei Hölderlin, Novalis, Dante, bei den Utas, im Sanskrit, bei De Coster, bei Gogol, bei Flaubert, bei der Mystik des Mittelalters, in den Briefen van Goghs, in Achim von Arnim. Bei dem Flamen Demolder, bei Goethe, manchmal bei Heinse. Im serbischen Volkslied, bei Rabelais, bei Georg Büchner, bei Boccaccio. Diese Namen, zufällig herausgegriffen, sind kein Abschluß, keine Vollständigkeit, nur Andeutungen und vielleicht nicht einmal hierin genügend. Es ist vom Wichtigen nur das eine und das andere.

Aber sie leiten über. Da stehen die Heutigen. Da steht eine ganze Generation.

Da steht René Schickeles fanatische Figur, der über Bürgerliches hinweg, vom Blut zweier Länder entzündet, die Kunst wie eine Barrikade stürmte, in jeder Arbeit, sei sie versagend, sei sie erreichend, sterbend oder die Hände hochhebend, immer die Fahne des Geistes kühn vor sich einstößt.

Da steht Heinrich Mann, der Älteste, voll von Liebe zum großen Gedanken der Menschheit, auch in der Verzerrung und im Haß nicht ohne Sehnsucht zum Steigern des Menschen, noch nicht rein, noch nicht ganz geläutert, aber immer Dichter, hereinragend aus früherer Epoche in die neue. Einer Zeit noch untertan, die sich an Bürger und Kapital noch orientierte, gab ihm die große Schöpfungskraft seiner Kunst die Möglichkeit zum Kampf. Bei ihm sieht man die gigantische Anstrengung, die Materie zu kneten und zu vergeistigen. Doch stehen die Menschen noch nicht einfach da. Noch erleben sie indirekt und ihr Herz ist umsponnen von Reflexion. Aber der große Durchbruch bereitet sich hier groß vor.

Da steht Paul Adler, der immer wieder den Versuch macht, die Hülle der Irdischkeit ganz zu durchbrechen. Sein Schreiben kommt aus ganz schöpferischem Geist. Im dunkelsten Traum das eigentliche Bild der Welt und der Seele suchend, spiegelt seine samtweiche und wie das Nachtschwarz gleißende Sprache den Raum und die Sehnsucht in unruhvoll musikalischer Form. Hier ist schon letzte Grenze.

Quadratisch steht Döblin da. Ohne die Spur psychologischer Konstruktion baut er seinen Roman aus kubischen Gleichmassen. Ohne Leidenschaftswelle, gebirgig, organisch wächst der monumentale Ausdruck. Er kündet, die Welt sei nur geistig und nicht durch die Tat zu erlangen, durch Handeln nur zu verlieren, eine schon asiatisch abgeblendete Sonne des Ethischen. Hier ist China als riesenhafte Vision. Nichts gemalt, alles geschaut, nichts geschildert, alles erfühlt. Nichts Notiertes, alles gestaltet zur Vision.

Es kommt die ungeheure Wucht der Überzeugung des Leonhard Frank. Sein fanatischer Glaube reißt ihn zu aufgetürmten Forderungen der Güte.

Ehrenstein, der kosmische Schlemihl, zerrissen und wütend weinend über die Sinnlosigkeit der realen Welt, gibt eine heroisch depressive Weltanschauung, sich befreiend in Anklage und zornigen Gebeten.

Es kommt Walser, der mit knabenhaftem Lächeln die Welt hinnimmt, und der noch tiefer ihm nachgrabende Kafka, der das Wunder auf die Erde bringt und die äußeren Dinge mit schlichten Worten zart und fein mit Selbstverständlichkeit wie etwas Unirdisches wiedergibt.

Sternheim weist Prosakunst, die aus geschärftestem Hirn kommt, Hirn, das so übermächtig wurde, daß es produktiv sich äußert, daß es dichterisch wird. Ein Rezept, aber ein geniales. Der Haken, an dem Nachläufer sich aufhängen. Diese Kunst, am wenigsten unter all diesen vom Ausbruch des Gefühls herausgeschleudert, ist am leichtesten zu imitieren. Hier liegt die Gefahr einer Seuche, die an Dürrheit und Trockenheit das Äußerste wird, was einen Stil unleidlich machen kann.

Dann kommt noch Buber, der mit unerbittlicher Strenge hart und gütig, den großen Ekstatikern seines jüdischen Volkes nachwandelnd, in Worten von Einfalt und Größe die eigenen Hymnen mit denen der großen religiösen Ausbrüche der Rabbiner mischt.

Sie alle suchen das Ende, das Absolute. Ihnen diktiert kein Gesetz außer der innerlichen Kraft. Keine Historie bedingt sie. Keine Landschaft schränkt ein. Das Moralische spannt sich in dem angezogenen Gefühl. Sie diktieren der Außenwelt den ewigeren Rhythmus ihres bewegten Geistes. Sie sind religiös, indem sie das Letzte erstreben, ethisch ohne Dogma, indem sie den dunklen, unbewußten Drang des Ethos tragen, ohne den keine Dichtung in das Dunkel drang. Und dann: da sie die Menschen lieben, sind sie politisch, indem sie die Liebe wollen, nicht die Macht. Je nach Kraft und Vermögen suchen sie Gott.

Dann kommt die Lyrik: Franz Werfel, der größte. Seine

Musik donnert: Liebe. Unmittelbar und großartig im Gebären des Gedichts, wie man es jüdischer Dichtung nicht geglaubt hätte, unmittelbar fast wie jene der Lasker-Schüler, wo schon Gleichung einsetzt zwischen Vers und Blut. Sie ist eine der größten Dichterinnen, weil sie zeitloser ist als alle, sie tritt dicht neben das Hohe Lied. Man glaubt, ganz Asien sei in der seltsamen Schau ihres Gedichts Lyrik geworden. Werfel dagegen ein Prophet aus dem Osten, der ein europäisches Ethos trägt. Werfel ist mächtiger mit der fanatischen Flamme, die Lasker-Schüler ist nur Gedicht. Sie ist unmittelbarer. Werfel ist Dichter, verstrickt in die Zeit. Die Lasker hat nichts um sich. Vielleicht wird sie später die größere sein.

Da ist Georg Heym, der zuerst Gedichte wieder mit monumentalem Zugriff stürzte und im Zusammenhämmern der Bilder Vision aus den Strophen glühte. Da ist Zechs robuste Kraft, der die Vorwürfe Zolas in dynamische Sonette formte.

Da ist das süße Farbspiel, aus Verwesung das Göttliche mit krankhafter Schönheit suchend, bei dem Tiroler Georg Trakl, der die Natur mit elegischen Gesichten nie gesehener Schönheit erfüllte.

Bei Johannes R. Becher verströmt die große Explosion. Im Herauswurf gerät ihm das Gedicht in Fetzen. So ungeheuer ist das Gefühl aufgestanden in ihm. Ihm geraten Klänge manchmal wie keinem anderen, weniger oft durch allzugroße Zerstörung ein ganzes Gedicht.

Das letzte hier ist Stramm, der den Satzleib so zerglühte, daß nur Stichflammen, einzelne Worte, benommenstes Stöhnen der Sehnsucht übrig blieb. Auch hier ist Grenze. Diese Gedichte, die mehr mit Schreien als mit Kunst, aber dennoch noch geleitet von stärkstem Geist, Bild der Schöpfung wiederformen wollen, sind schon jenseits der Dichtung und werden erst, zurückgeholt in die bewegte Stimme des Rezitierenden, Musik und aus dem Chaos sich schließende Realität.

Da ist Däublers in silbernen Wucherungen kosmisch wucherndes Versfleisch, Ehrensteins manchmal zu klassischer Rundung in großem Pathos sich formende Anklage über die Unvollkommenheit der Welt.

Wolfensteins in Starre unentwegt suchender Geist. Blass, der an erster Stelle das Gedicht zu revolutionieren begann, Rubiner, aktivisches Heil suchend, Loerkes süße und dunkle Pansmusik.

Die männliche, kühne und edle Figur Ernst Stadlers, der mit Inbrunst und einer wunderbar rhythmischen Sprache die Außenwelt einsog und umgestaltete zu Fließen und Farbe und Sehnsucht.

Vor dem Drama steht Wedekind wie Mann vor der Prosa, ein Klotz, der hineinwächst, Brücke in die Zeit. Da steht als stärkster Georg Kaiser, der den Geist kristallisch zu dramatischer Gespanntheit formt und der ausschweifend in die Höhe bewegteste Ekstase aus den Menschen schlägt. Milder, von Osten her kommend, Sendling russischen Geistes Kornfeld, der in Milde und Dienen und Weltüberwinden Menschen gibt mit einem einfachen Pathos, zu lyrisch, was Kaiser zu kalt ist. Hasenclevers jünglingshafte Beschwingtheit eilt zu lyrischen Räuschen der Freiheit, zu schönen knappen Szenen, zwar ohne Werfel nicht denkbar, aber eigen wieder in dem geschmeidigen, raschen Suchen nach der Tiefe. Unruh, noch nicht ganz entfernt von Kleist, geht in stark gewachsener Szene ursprünglichsten Fragen der Menschheit wild an die Brust. Sorge, verzückt in katholischer Inbrunst, erhebt sein Gesicht zum Göttlichen. Nirgends ist hier Draperie, nirgends der psychologische Apparat, gesellschaftliche Bedingtheit, Weltanschauung oder Stück des Milieus. Dies offensichtlich zu töten ist Sternheim am Werk, der in seinem steten Kampf gegen das Bürgerliche Pionier ist, der Satire den neuen Gestus seines Stils zeigte, zu den großen Aufgaben des einfachen Menschenbildes selbst aber nur Übergang ist im letzten Sinn.

Hier auf der Bühne sind Menschen, die Welt, das Schicksal. Es kann große Tragödie werden.

Wenn die Kraft dazu langt.

Denn die Ziele stehen klar und übersichtlich. Aber die Stärke der Begabungen übersieht hier keiner. Es ist billig, zu tadeln, beschränkt, nur zu loben. Doch vermag niemand das tiefere Bild zu entscheiden. Hier ist ebenso vermessen, ja zu sagen, wie nein. Dies alles ist Schicksal.

Uns vermag der Glaube, daß die Ziele dieser Kunst höher sind als die vergangener unserer nahen Zeitlichkeit, nicht darüber zu täuschen, daß das große Kunstwerk dennoch nur der große Schöpfer bildet. Dies ist das Letzte.

Die Tragödie der Zeit könnte es gewollt haben, die Begabungen zu verteilen nach ihrem Ermessen und uns nicht durchdringbarem Sinn. Sie kann das eine meinen wie das andere. Sie kann die großen Begabungen hinüberwerfen in Zeiten niederer Kunst und die kleinen aufsparen für die großen Kämpfe und tiefen Ziele. Auch dies ist hinzunehmen.

Noch sind unsere Augen zu befangen. Noch haben wir nicht Raum zum Sehen. Einziger Regulator geleisteten Werkes bleibt nur die Zeit. Das Letzte entscheidet, das wissen wir heute wie immer, die Kraft. Dies ist aber die größte Verwirrung, daß die Menschen, geschlagen von dem Geist der Zeitlichkeit, die Ambition der Leistung verwechseln mit dem Werk. Wohl steigt der Wille des Geistes heftiger und höher, aber die Entscheidung letzter Stunde liegt bei der Persönlichkeit.

Niemand ist gut, weil er neu ist. Keine Kunst ist schlecht, weil sie anders ist. Diese Anmaßung ist grenzenlos. Ruhig urteilendem Gefühl der Gerechtigkeit nach ist nur das Gute dauernd, nur das Echte gerecht. Ein guter Impressionist ist größerer Künstler und bleibt für die Ewigkeit aufbewahrter als die mittelmäßige Schöpfung des Expressionisten, der nach Unsterblichkeit schaut. Vielleicht besteht vor dem Urteil des letzten Tages Zolas schamlose, gigantische, stammelnde Nacktheit der Kraft besser als unser großes Ringen um Gott.

Auch das ist Schicksal.

Vielleicht, daß diese Kunst aber zu großen Dingen führt. Wir würden es tragen. Vielleicht, daß wir zu niederen Dingen nur ausersehen waren und die Ziele nicht erreichten. Wir hätten auch dann Sinn gehabt. Wir hätten anderes, vielleicht erst spät einbrechendes Große vorbereitet, das Niveau an großen Aufgaben geschult und einen tatsächlichen Stil der Epoche vorbereitet. Es wäre menschlich, auch dies zu tragen.

Hier haben wir kein Wissen. Das steht bei Gott, der uns anrührte, daß wir schufen. Wir haben kein Urteil, nur Glauben. Wir dienen auch im Geringen. Auch dies ist unsterblich.

HERMANN HESSE

Zu ›Expressionismus in der Dichtung‹. 1918.

Die Schriftleitung der ›Neuen Rundschau‹ lädt mich ein, etwas auf Edschmids Aufsatz im Märzheft dieser Zeitschrift zu erwidern. Aus eigenem Antriebe hätte ich das nicht getan. Ich habe jenen Aufsatz mit Vergnügen gelesen, ich bin mit ihm einverstanden.

Aus der Stellung aber, welche viele zu Edschmids Artikel und zu allen programmatischen Äußerungen der Expressionisten einnehmen, witterte ich eine gewisse Verstimmung, eine Art von Furcht und Mißbehagen. Diese Stimmung gilt der Polemik im Auftreten der Jüngeren und dem unbekümmerten Wegwerfen, Verachten oder Nichtkennen von Werken und Werten, welche wir zu schätzen und zu lieben gewohnt waren.

Hier freilich ist Antworten leicht. Der historische Überblick über die nun eben zu Ende gegangene schlimme Niedergangszeit der Dichtung, den Edschmid andeutet, wird ja zum Teil von ihm selbst wieder korrigiert. Er gedenkt der öden Zeiten des Impressionismus, und findet einige Seiten später ein Liebeswort für Flaubert. Er schreibt, unten auf der fünften Seite seines Aufsatzes, die schönen Worte über »Weltgefühl«, welche dort so klingen, als sei dies Weltgefühl eine Sache des Expressionismus und als habe es Ähnliches seit langem nicht mehr gegeben – einige Zeit später aber fällt ihm doch der Name Hamsun ein.

Ungerecht im Verschweigen oder Nichtkennen ist Edschmid aber in allem, was er über die neuere (jetzt also soeben vergangene) *deutsche* Dichtung sagt. Daß er die bürgerlichen Maßstäbe und Probleme nicht ernst nehmen kann, fühle ich ihm lebhaft nach – aber hat wirklich unsere Dichtung in den Zeiten seit der Romantik aus nichts anderem bestanden als aus »Ehegeschichten, aus Tragödien, die aus Zusammenprall von Konvention und Freiheitsbedürfnis entstehen, aus Milieustücken« usw., wie er es darstellt? Und ist wirklich Stefan George der einzige deutsche Dichter zwischen Novalis und Wedekind, dessen Name einem bei einem raschen Überblick einfallen darf?

Hier geht es Edschmid nach seinem eigenen Wort: »An diesen sekundären Dingen (womit Stilfragen und die Technik des Einzelausdrucks gemeint sind), nicht an den Zielen, scheitert gewöhnlich die Diskussion.« Nämlich aus der ganzen Dichtung der letztvergangenen Jahrzehnte hat nichts ihm Eindruck gemacht als George, weil der allein sich von seiner Zeit in den äußerlichen Dingen der Wortwahl usw. unterschied. Sähe Edschmid unterm Kleide das Herz, so fände er die trostlose Literatur dieser Zeiten gar nicht so leer und tot. Und wie konnte er, gerade er, kein Gefühl für Richard Dehmel haben! Edschmid schreibt über die Zeit des Impressionismus: »Versuchte man Kosmisches, ward es nicht erreicht, blieb im Lallen –.« Das mag richtig sein, auch im Blick auf Dehmel, Mombert und andre. Aber ich kann bei aller Liebe durchaus nicht finden, daß bei den Expressionisten (man denke an J. R. Becher) das Gefühl des Kosmischen sich anders als in ekstatischem Lallen äußere.

So könnte man lange fortfahren. Edschmid tut dem Historischen unrecht auf jeder Seite.

Es fragt sich aber, ob wir mit dieser Feststellung nicht wieder ihm bitter unrecht tun? Hat er denn die Aufgabe übernommen, eine objektive Tatsachenweisheit zu geben? Will und soll er denn etwas anderes als das: seinen Glauben aussprechen, seinen Gott verkündigen, seine Liebe ausströmen?

Das hat Edschmid getan. Er hat ausgesprochen, daß für ihn »Expressionismus in jeder Kunst, in jeder Tat« sei.

Für ihn nun hat der Name »Expressionismus« sakralen Wert. Vielleicht nimmt er an, daß bei anderen der Name »Impressionismus« ebenso wirke und gelte, und vielleicht gibt es das. Jedenfalls ist dies glühend fromme Eingeschworensein auf einen Namen ein Stück Jugend. Und von der Jugend, wenn wir sie lieben wollen, fordern wir nichts, als daß sie jung sei. Der Sturm gegen Namen und gegen selbstgemachte geschichtliche Konstruktionen ist etwas Jugendliches, ist nicht nur eine Art oder Unart, sondern ein Recht und Trieb der Jugend (die man ja nicht nach Kalenderjahren zu zählen braucht). Ob ich Goethe den großen Frommen nenne, oder den großen Heiden, oder den Expressionisten, oder sonst irgendwie, das ist lediglich Sache meiner Gefühle. Ich kann jede Kunst, die mich ergreift, göttlich nennen, oder kann sie expressionistisch nennen, es ist mein Recht.

Und so hat Edschmid auch das gute Recht, eine Kunst abzulehnen, sie nicht schätzen und nicht kennen zu wollen, von der er vermutet, daß sie die Merkmale der bürgerlichen Epoche trage. Ihm selber ist es so gegangen, daß man zu seinem Erstaunen einst seine ersten Novellen expressionistisch nannte. Er wußte damals nichts von Expressionismus. Zahllosen früheren Künstlern ist es ebenso gegangen – sie machten impressionistische Kunst, ohne etwas von Impressionismus zu wissen. Neben alledem aber existiert in der Kunst aller Zeiten auch noch ein zeitloser Geist, ein Weltgefühl ohne Zeitprägung und ohne Alter. Wenn einst, sagen wir in hundert Jahren, jemand diejenigen Gedichte aus der Zeit von 1850 bis 1910 zusammenstellt, in denen er dieses zeitlose Weltgefühl findet, so wird vielleicht nicht manches von Stefan George und nicht manches von den heutigen Jüngsten dabei sein, vielleicht aber dies und jenes von Dichtern, welche heute als »Impressionisten« gelten.

Der Hauptunterschied zwischen Impressionisten und Expressionisten in der Dichtung scheint mir im Augenblicke der zu sein, daß der Impressionist seinen Namen von fremdher aufgeprägt erhält, der Expressionist ihn selber wählt.

Im Streit um die Kunst ist es wie in allem Streit um Meinungen. Man versteht einander nicht, solange man einander nicht liebt. Einander lieben aber kann man nur, wenn man die Welt mehr in sich selbst erlebt als im Äußeren. Man liebt nicht Objekte, sondern die Objekte sind willkommener Anlaß für unsre Seele, ihre wärmste Kraft, das Lieben, strömen und spielen zu lassen. Mir ist es nie begreiflich gewesen, daß man ein Gedicht nicht lieben könne, weil es von einem Franzosen oder Japaner stammt, daß man einen Menschen ablehnen könne, weil er Katholik, Jude oder Konservativer ist. Ich liebe Dostojewski anders als ich Goethe liebe, und Kornfeld anders als Mörike, aber es wäre mir unmöglich zu sagen, welchen ich mehr liebe. Ich liebe jeden in dem Augenblick, wo er mich angeht, wo ich ihm gehören, ihm zuhören kann – ein andermal könnte ich es nicht, wäre er kein Leiter für meinen Strom.

Und so habe ich an mir in vielen Lesestunden erfahren, daß man sehr gut Gottfried Keller und auch Werfel lieben kann. Ich kann mit Hölderlin einen Tag im Garten glücklich sein, und kann in Schickeles ›Benkal‹ Seiten finden, die mich reich beschenken.

Und auch ich sehe »Expressionismus« überall da, wo Kunst mich tief und groß anruft. Denn für mich, in meiner ganz privaten Theologie und Mythologie, nenne ich Expressionismus das Erklingen des Kosmischen, die Erinnerung an Urheimat, das zeitlose Weltgefühl, das lyrische Reden des einzelnen mit der Welt, das Sichselbstbekennen und Sichselbsterleben in beliebigem Gleichnis.

Dieser Expressionismus ist es, zu welchem in dem ganzen nicht polemischen Teil seines Aufsatzes auch Edschmid sich bekennt. »Niemand ist gut, weil er neu ist. Keine Kunst ist schlecht, weil sie anders ist.« So sagt Edschmid.

Und wenn er nicht überall so zu tun scheint, wie er sagt, so ist auch das ein Recht seiner Jugend. Jugend hat es schwer, sie ist voll von Kräften und stößt aller Enden an Regeln und Konventionen. Der Sohn haßt nichts so sehr als die Regeln und Konventionen, in denen er den Vater befangen sieht. Ein Faustschlag ins Gesicht der Pietät gehört zu den Taten, ohne welche man nicht von der Schürze der Mutter loskommt. Und da nun die junge Generation eine ganze jahrzehntealte bürgerliche Welt hinabsinken fühlt, unter deren kleinlicher Rute sie aufwuchs, frohlockt sie mit Recht.

Daß inmitten dieser hinabsinkenden Welt das Gute und Eigene auch da war, daß diese sterbenden und gestorbenen Onkel keineswegs lauter schnöde Lustspielfiguren waren, daß während dieser ganzen bürgerlich impressionistischen Zeit in hundert Herzen das zeitlose Feuer brannte, das zu wissen, das anzuerkennen, dafür dankbar zu sein, ist nicht Sache der Jungen.

Wohl aber ist es Sache derer, die jene Zeit und Kunst mehr miterlebt haben, sich nun nicht irre machen zu lassen. Sache der Älteren ist es, freier, spielender, erfahrener, gütiger mit der eigenen Liebesfähigkeit zu verfahren, als Jugend es tun kann. Alter findet immer leicht die Jungen altklug. Aber Alter ahmt selber immer gern die Gebärden und Arten der Jugend nach, ist selber fanatisch, ist selber ungerecht, ist selber alleinseligmachend und leichtbeleidigt. Alter ist nicht schlechter als Jugend, Lao Tse ist nicht schlechter als Buddha, Blau ist nicht schlechter als Rot. Alter wird nur gering, wenn es Jugend spielen will.

Es gibt Kunstredner und Schnelläufer, die immer auf der Höhe sein wollen. Die ihren Böcklin verkauften, um einen Leibl zu haben, und den Leibl für einen Picasso tauschten. Wer zu diesen gehört, ist unbelehrbar. Er wird heute den Hauptmann, morgen den Ibsen, übermorgen den Goethe aus seiner Bibliothek werfen und die Lücke schamhaft verhüllen.

Und andere können es nicht vertragen, daß heut etwas anderes gelten soll als gestern. Sie werden furchtbare Schwüre tun, daß ihnen eher die Hand abfaulen soll, ehe sie ein Buch von Werfel lesen oder in ein Stück von Kornfeld gehen.

Andre, unter denen ich gern meine Freunde sähe, werden über diese beiden lachen können. Sie werden die Liebe nicht verleugnen, die sie zu Storm, zu Keller, zu Dehmel, zu Herman Bang haben, und werden eben darum einen Klang aus der Welt der Jüngeren, der sie mahnend und rührend trifft, gern in sich aufnehmen. Warum denn nicht? Denn mit der Liebe ist es gerade so wie mit der Kunst: wer das Größte ein klein wenig zu lieben vermag, der ist ärmer und geringer, als wer am Kleinsten aufglühen kann.

Es ist wunderlich mit der Liebe, auch in der Kunst. Sie vermag, was alle Bildung, aller Intellekt, alle Kritik nicht vermag, sie verbindet das Fernste, stellt das Älteste und Neueste nebeneinander. Sie überwindet die Zeit, indem sie alles aufs eigene Zentrum bezieht. Sie allein gibt Sicherheit, sie allein hat recht, weil sie nicht recht haben will.

Ihr ist nichts heilig – ehe sie es liebt. Nichts verdächtig, ehe sie es liebt. Ihr gilt der alte Schmöker und das heftig auftretende Pamphlet des Tages gleich – wenn nur der Geist daraus weht.

Wir alle haben in Knabenjahren nebeneinander den Schiller und das Indianerbuch geliebt. Es ergab sich von selber, daß das revidiert wurde. Wir haben in Shakespeare, in Goethe alle zehn, alle fünf Jahre anderes gesehen, anderes geliebt, und alles war gut. Wir werden, wenn wir dem Herzen folgen, auch im veränderten Rhythmus einer ganz neuen Dichtung nicht völlig heimatlos stehen. Nicht, weil wir ein Programm des »Menschlichen« haben, nicht weil wir es für unsre Pflicht halten, keiner Moral zu unterliegen. Warum nicht einer Moral, einer Kunstrichtung unterliegen? Aber nur so lange, als sie Gegenstand unsrer Liebe sind. Sie können immer nur Anlässe sein, nicht Wesenheiten. Wesentlich ist unsrer Seele nichts als der Funke des Lebens, der in uns glüht, dessen Glühen uns Gnade und Gotteskindschaft bedeutet, dessen Glühen allein uns unbedingt und immer wichtig ist.

Darum scheint es mir nicht bedenklich zu stehen mit dem historischen Unrecht, das ein Aufsatz wie der von Edschmid begeht. Wer bisher Keller oder Fontane, Storm oder Ibsen geliebt hat, wird sie heut nicht wegwerfen, nicht um alle schönsten Artikel der Welt. Tut er es, so tue er's, es ist sein Schade. Und wer die Einseitigkeit und kühne Umstürzlerei in solchen Äußerungen nicht ertragen kann, wer Jugend lieber weise, lieber gütig, lieber allverstehend sähe als fanatisch und puritanisch, der lehne sie ab. Es wird sein eigner Schade sein.

Eine Säuberung und Sichtung wird die brennende Frage vielleicht in der Kritik bringen. Der Kritiker, der bis jetzt nach gutem Rezept gelesene und ungelesene Bücher besprochen hat, der voll von Ahnungen, voll von Modernität ist, das Alte kennt und das Neue kommen fühlt, der nirgends unrecht tun, der drüber schweben und stets der Weise sein will, der hat es jetzt bitter schwer. Aber warum sollen Kritiker es nicht schwer haben? Dazu sind sie da.

ALFRED DÖBLIN
Von der Freiheit eines Dichtermenschen. 1918.

Die Tatsache dieser Bewegung, die man ruhig Expressionismus nennen kann, ist nicht zu bezweifeln. Ein, zwei Jahre vor dem Krieg hatte ich Gelegenheit französische, russische, italienische Künstler der jetzt dominierenden Generation zu sprechen; zu meinem Erstaunen, dessen Heftigkeit ich mich noch entsinne, äußerten sie, die mit deutschen Verhältnissen gerade so unbekannt waren wie ich mit ihren, Wünsche, Urteile, Pläne über Kunst und Verwandtes, die verblüffend mit einigen in Deutschland umgehenden übereinstimmten. Es war und ist eine Bewegung, eine atmosphärische Welle, wie ein wanderndes barometrisches Maximum oder Minimum. Keine Richtung, durchaus im Gegenteil: Gärung ohne Richtung; etwa Zeitströmung im Sinne von Brandes, nicht einmal so bestimmt und gezielt wie etwa ganz allgemein »Romantik«. Einen wirklich bezeichnenden Namen kann das Ganze nicht, oder noch nicht, haben; spricht man von Expressionismus, so bezeichnet man den Wagen nach einem Rad; möglich ist, daß mit Expressionismus sich schon ein wesentlicher Einzelwille der Bewegung formuliert. Was voranging, so in der am meisten auffälligen Malerei, in Kubismus, Futurismus, aber noch früher, ja vielleicht längst vorher im Impressionismus, jawohl Impressionismus, gehört zu der gleichen Geisteswelle, die durchweg bei ihren Trägern oder Befallenen durch eine zunehmende Steigerung des Lebensgefühls, ein leidenschaftliches Sichbesinnen sich charakterisiert, durch eine berserkerhaft entschlossene Stellungnahme im Formalen und Inhaltlichen, Drang zu intensiver ungebrochener Äußerung.

Vielleicht hängt diese Bewegung, nicht nur zeitlich, mit anderen Bewegungen im Leben der europäischen Nationen zusammen: mit dem Erstarken der ganzen Volkskörper im letzten Jahrzehnt, dem Anschwellen des Nationalgefühls; wirtschaftliche Parallelvorgänge sind wahrscheinlich. Ich habe das Gefühl, daß diese Bewegung aus keiner Not, sondern einem Überfluß stammt; Stolz ist ihr charakteristisches Grundgefühl.

Es ist keine Bewegung der Jugend, ich meine kein plötzliches Auftreten einer neuen Jugend in der Kunst, »die nicht von Joseph wußte«. Die Herren, deren Personalien mir bekannt sind,

sind zum Teil zwischen zwanzig und dreißig, welche zwischen dreißig und vierzig und schon darüber. Weder Franz Marc noch der sehr befallene August Stramm waren Knaben. Nun ist es zweifellos, daß diese und andere schon vorher, früher charakteristische Züge aufwiesen, jedoch der Durchbruch, die Ausbreitung, das Bodenfinden, damit das Hervortreten an die Öffentlichkeit ist erst in diesem Jahrzehnt ermöglicht. Jetzt konnten die einzelnen zu einer Welle zusammenschlagen, sich verstärken, indem sie rechts und links Bereitschaften verwirklichten. Und dieser Prozeß und sein Durchschlagen ist erst im Beginn, seine Ausbreitung auf andere Gebiete ist sehr wahrscheinlich und steht bevor.

Die Persönlichkeit hat sich ihrer Haut zu wehren gegenüber einer geistigen Bewegung. Personen sind die Träger der Bewegung, ihre Macher, sind die Beweger, andere geraten in das Fahrwasser, ahnungslos oder bewußt, treiben mit ihm. Von dieser Welle werden einzelne kaum bespült, andere waten knietief hinein, andere schwimmen darin stoßweise nach eigenem Antrieb, andere werden weggeschwemmt, liegen nach Abflauen der Flut platt auf dem Strand. Von solcher Bewegung erfahren viele eine Reinigung, viele eine Stärkung, viele eine Richtung. Sie folgen, wie einmal Hegel sagt, den Seelenführern, denn sie fühlen die unwiderstehliche Gewalt ihres eigenen inneren Geistes, der ihnen entgegentritt.

Das muß noch genauer gesagt werden, möglichst unbildlich oder mit anderen Bildern. Das fesselnde Renkontre von geistiger Bewegung und Charakter. Zunächst ist festzuhalten: eine Bewegung ist keine Mache oder das Arrangement einer Gruppe Interessenten. Vielmehr, aus zahlreichen zunächst dunklen Ursachen sozialer politischer menschlicher Art wächst sie, hier flammt es, dort flammt es bei Feinfühligen, Scharfhörigen, Hellsichtigen auf, durch sie kommt die Maschine zu ihren ersten Kolbenstößen und Umdrehungen. Und so sich voranschiebend, unsicher ratternd, mehr dampfend als bewegend, ist sie außerhalb bestimmter oder überhaupt einzelner Menschen, eine allgemeine öffentliche Angelegenheit, aber was mehr als das ist, unabhängig von den Plänen und dem Vorhaben von Menschen. Ein aus bestimmten Situationen und Konstellationen fließendes breites Spannungs- und Kraftgefälle. Ein Außerhalb des Menschen wie eben ein Milieumerkmal. Dies ist überaus wichtig, denn damit entfallen viele Angriffspunkte. Bewegungen sind prinzipiell zunächst einmal zu erkennen; damit ist schon alles geschehen. Daß ein Konservativer nicht die Notwendigkeit des Zentrums, des Liberalismus oder gar der Sozialdemokratie anerkennen wird, ist ihm nachzufühlen, er bedarf dieser Partei nicht zu seiner Existenz, aber daraus folgt nicht die fehlende Existenzberechtigung der Parteien. Der Eitelkeitsfrage ist damit der Boden entzogen, denn da die Bewegung kein Privateigentum ist, kann sich jeder von ihr aneignen, was er will und wieviel er will. Man kann sich auch ohne Entschuldigung von dieser Table d'hote zurückziehen und Diner à part bevorzugen. Wie es Goethe mit der Romantik gemacht hat, bald so bald so, ist bekannt. Was Theodor Fontane im Alter getan hat, war kein Schade für ihn. Es muß jeder wissen, wie ihm zumute ist.

Die der Bewegung mit Leib und Seele verschrieben sind, werden ihre Märtyrer. Sie werden von der Bewegung aufgebraucht und bleiben nachher liegen krüppelhaft, invalide. Hier kann man in der Tat sagen: sie werden verschluckt von der Idee, nur werden sie wieder ausgespien, nachdem ihr Bestes und Brauchbarstes resorbiert ist. Sie hatten außerordentlich feine Organe für die Not ihrer Zeit, sie dienten leidenschaftlich ihrer Zeit, trieben eine Art hohen Journalismus, sie begleiteten den Tag als sein Priester oder vielleicht als Vorreiter, um an einer bestimmten Wegstrecke abgedankt zu werden. Was sie leisteten: ein meist bald verschollenes Werk, das höchst signifikant für die Sache war, scharf ein paar Jahre vorwärts leuchtete, bei dessen Betrachtung man später rasch das dünne wesenlose Menschlein erkennt, das daran zappelt, aufgehängt erstickt an seiner Momentbegabung. Was ihnen fehlte? Oh, an sich nichts, keinem Menschen fehlt etwas, nur die Ursache dieses Verlaufs war das dünne Wesenlose der Persönlichkeit. Wesenhaft nämlich ist dieser Mensch nur gewesen in seiner Zeitspanne, aus ihr floß sein Wesen, zugleich mit ihr war er hin, verbrannt, verpufft, verronnen.

Das Tempo des Menschen aber, der nicht Märtyrer der Zeit, sondern ihr Herr ist, ist ein durchaus eigentümliches; ein Organismus wächst, entfaltet sich, altert aus sich heraus, rücksichtslos, keine Zeit hält damit, mit dieser Sonderbarkeit, Schritt. Und wie sollte sie auch. In unserem Leben sind Jahrmillionen zusammengezogen der Erd- und Menschengeschichte, was können mich sechzig Jahre lehren? Oder bloß zehn. Wie könnten »Bewegungen« anders als flüchtig über uns schwimmen; ein wirklich umwälzendes Geschehen ist auf keine Weise möglich. Wir sind gut gesichert gegen Einbruchsdiebstahl und Verführung. Man will nicht, man kann auch nicht aus seiner Haut heraus.

Die Bindung der Bewegung an die Persönlichkeiten ist ganz und gar nicht zwingend. Und hier beginnt ein besonderes, sehr fesselndes Kapitel. Es ist das Kapitel, das Ruhmreiches erzählt, denn es behandelt die Trennung Nietzsches von Wagner, das traurig ist, wenn es erzählt, wie von den Bewegungen Menschen wie von Hefe aufgetrieben und dann fallen gelassen werden. Die Zeit ist danklos, treulos, erbarmungslos. Gegen die Zeit gibt es keine Rettung als unser angeborenes adern- und darmdurchflossenes Altenteil, anderthalb Meter hoch, sechzig, siebzig Kilogramm schwer. Ja die Entscheidung letzter Stunde liegt bei der Persönlichkeit. An dieser Stelle ist es Zeit Fanfaren zu blasen. Es ist das Kapitel von der menschlichen Freiheit.

Es braucht keiner Furcht haben, es verliert sich niemand, auch nicht an eine Bewegung. Etwas Abwechslung ist immer erwünscht. Und viel mehr kommt bei dem Zauber hier doch nicht heraus.

Wenn eine Bewegung viel getan hat, hat sie archäologisch gewirkt: sie hat eine Verschüttung in uns beseitigt.

Die Bewegung macht ein Ritzchen: tut nicht weh, tut nicht weh. Homer bewegt dabei nicht den Kopf, und nur das liebe Kindchen schreit.

Die Zeit dringt verschieden tief in unsere Poren ein. Man glaube nur nicht, daß die blanke glatte Hingabe an die Zeit die Regel und das Gewöhnliche wäre. Die wenigsten Menschen erleben ihre Zeit, das muß hart festgestellt werden, die meisten Menschen sind geschäftlich tätig und haben keine Zeit für ihre Zeit. Woraus nun nicht folgt, daß sie das Haupt in die Sterne erheben. Vielmehr, aber man weiß schon, was ich sagen will: sie sind überhaupt nicht vorhanden in einem gewissen Sinne. Die Gegenwart senkt sich verschieden tief in die künstlerischen Individuen, dies ist kein einfacher Vorgang wie zwischen Zeus und Danae. Es gibt im Menschen recht viele, sehr unterschiedliche Strömungen; für literarische Zwecke kann man diesen

Tatbestand nicht brauchen, jetzt haben wir keinen Grund ihn zu verheimlichen. Wie die Erde einen Kern von Nickeleisen hat, sechstausend Kilometer tief, drüber einen Mantel von Magnesium Silicium 1500 km tief, darüber eine ganz schmale Schicht Silicium, Aluminium, Basalt, Diabas, der Boden unserer Erde, dann wehend unsere Stickstoffatmosphäre, überragt von Wasserstoff in zweihundert Kilometer Höhe, so geschichtet und noch schlimmer verschoben und verschachtelt die erdgeborenen Individuen. Wir haben Fältelungen in uns, die auf die Eiszeit zurückgehen, andere, die mit Christi Geburt datieren, andere; wir stammen durch Vater und Mutter von sehr weit her, die kreuz und quer ab, das sind Dutzende Quellen, aere perennius. Aber in dies dunkle Triebwerk von Erinnerungen und Instinkten greift unsere Erziehung. Unsere Umwelt, unser Umgang gruppiert hier, macht es wie bei einer Gesellschaftsphotographie: läßt den im Dunklen, setzt den in scharfes Licht, schiebt den vor, den daneben. Um unseren Reichtum zu zeigen, müssen Ereignisse herankommen. Die Bewegung als Reiz, Versuchung, Aufspaltung. Als Schlüssel zum Geldschrank.

Und da ist die Rolle der Bewegung für das Leben der Individuen schon klar; sie ist nicht mehr und nicht weniger wie sonst ein Erzeugnis von Belang. Über den Prozeß Steinheil seligen Angedenkens können wir eine Umwälzung, eine Erdrevolution im Wasserglase so zu sagen erfahren, oder über dem Buch so und so von Tolstoi oder über dem Urteil in einem Prozeß, über einer Zeitungsnotiz, einer kindlichen Bemerkung, einer Reifbildung an einer Holzlatte.

Die Entscheidung letzter Stunde liegt bei der Persönlichkeit. Es gibt Menschen, die eine solche Spannung ihrer Vitalität durchstrafft, daß sie gänzlich unfähig sind, aufzumerken, ihrer Zeit bewußt zu werden, Einflüssen zu unterliegen. Produkte fließen aus ihnen kontinuierlich, aus ihnen schlägt es dauernd von Urteilen, Hinweisen, Anregungen, Förderungen. Sie sind eisern gepanzert, halb taub, halb blind. Ihre Kraftquellen kommen tief herauf. Sie sind umdüstert von den Gewalten ältester Zeiten, können nur wirken, sich ausstrahlen. Ihre persönliche Entwicklung ist wichtiger als alle Bewegung, welche dem gegenüber nur ein Hilfsmittel ist, etwa wie der Ersatz eines großen Staatsmannes durch ein Parlament. Sie berührt keine Bewegung, was sollte sie bei ihnen? Etwas aufdecken? Vulkane oder Sterne aufdecken? Sie können selbst Reihen von Bewegungen auslösen.

Die Bewegung ist mit einer Egge zu vergleichen, die den Boden aufreißt; das heißt, sie befruchtet nicht. Befruchten ist ein irreführendes Bild; die Persönlichkeit zentriert und orientiert sich an dem Geschehen. Die Bewegung revidiert, bietet mutig Ladenhüter aus. Daher die Rückwärtsentdeckungen: Rampsenit der Zwölfte als Novität.

Sie wirkt wie das bekannte Salzkörnchen in der Mutterlauge, um das die Kristallisation, aber die der Mutterlauge, stattfindet.

Einseitigkeit, Monomanie der Bewegung. Die Gäule bekommen Scheuklappen, Selbstfahren verboten.

Eine Massenerscheinung, Erscheinung an Massen. Es gibt noch Aristokraten.

Ein Heilungsprozeß, der zu einer neuen Gesundheit führt. Es gibt noch Gesunde.

Ein Wachstumsprozeß. Er geht Erwachsene nichts an.

Eine Epidemie. Unbeschadet daß manche schon aus den Masern heraus sind.

Unzeitliche aus Not: sie sind innerlich gefesselt, ihr Organismus erschöpft sich in Störungen, Reibungen. Sie kommen nicht zu sich, geschweige zu andern.

Reiz und Auslösung. Es werden manche in die falsche Zeit hineingeboren, erleben staunend Bewegungen mit, deren Reize an ihnen vorbeigleiten. Ein dumpfes suchendes quälendes Gefühl in ihnen: sie können nicht. Sind verbiestert. Die Raffaels ohne Arme, die Fehlgeburten. Mit der Demokratie allein ist es nicht getan; wie kommt der Tüchtigste, wenn das Malheur es nicht will, zu seiner höchsten Potenz? Wer geht politisch gegen das Malheur vor?

Ceterum: die ganze Menschenbetrachterei ist überflüssig. In der Kunst dreht es sich um das Opus. Der Künstler ist nur die Möglichkeit zum Opus, wir reden von den Fakten. Die Merkmale der Größe beim mazedonischen Alexander und Napoleon sind nicht schwer zu finden; das Ungeheure, das sie leisteten, springt hervor, man kann es negieren, man muß es erleiden, man hört: die und die Völker ausgerottet, umgepflanzt, Grenzen in dem und dem Maße verschoben, so und so viele hunderttausend

Tote. Hier nun die Kunst, das Reich der Werte, jenseits des Zentimetermaßes, der Arithmetik, der Waagschale. Werte: das ist, was zwischen Menschen von Mensch zu Mensch geht. Das Opus ein Gewirr ethischer und ästhetischer Werte. Die Güte dieses Übertragungsapparates bemißt sich nach dem, was er überträgt, und wie er übertragen kann. Ein physikalisches Instrument, das psychische Spannungen beherbergt wie ein Kopf.

An sich ist ein Buch, Bild ein Raumfüllsel, – gänzlich ohne diese psychische Spannung. Nicht einmal ein Übertragungsapparat: nämlich dazu gehört einer, der sich etwas übertragen läßt. Das ist peinlich; Michelangelos Deckenmalerei ist Anstrich ohne den Herrn Müller und seine beiden Töchter, die sich die Sache besehen. Es ist peinlich, aber es hilft nichts. Michelangelo hat nicht an den Herrn Müller bei seiner Arbeit gedacht, aber von dem Augenblick an, wo er seinem Werke den Rücken kehrte, war es auf Herrn Müller angewiesen, als auf seinen nunmehrigen Pflegevater. Will dieser Herr nicht, so verkommt das Kind. Und so geschieht es bekanntlich: Dinge von ehemaliger Kostbarkeit verschwinden von der Bildfläche wie nichts, ohne Recht zu tragischer Grimasse zu haben. Was es ist, ob der Übertragungsapparat nicht funktioniert, ob die übertragenen Werte nicht taugen, beurteilt einzig Seine Majestät Herr Müller, es hängt von seinem Belieben ab.

Solche Zeitperiode ist ein weißer Elefant, pompös über und über behängt mit Dingen, die ihm Spaß machen, die es fressen und saufen kann, mit denen es sich und andere belustigt. Manchmal sitzt einer oben, mimt den Lenker. Die Bestie trabt gigantisch vorwärts, langt sich mit dem Rüssel heran, was es mag, wirft ab, was ihm nicht paßt, schabt sich an Bäumen, Felsen wie eine Laus den Michelangelo ab. Man hat leicht, ironisch »Herr Müller« sagen! Es läßt sich großartig sagen: das Kunstwerk ist ein organisches Gewächs. Ist es leider nicht, dann brauchte es nicht nach dem genannten Herrn zu rufen, um auf seinen, nämlich dessen Beinen zu stehen. Ist eine totale Null, von Haus aus belangloser als ein Kretin, nicht mal soviel wert, wie eine Leiche, ja dies, woran Flaubert bluttriefend sechs Jahre lang feilte. Und in welcher Zeit wird ein Kind gezeugt von einem Betrunkenen und einer Betrunkenen? Das Opus ist einfach von dem Range einer alten Hose, günstigstenfalls einer neuen, und es können Debatten entstehen über den Wertunterschied von Bratkartoffeln und einem Beethovenquintett. Kein Wunder, wenn man das Großhirn ohne nennenswerten Schaden aus dem Kopf entfernen kann, dagegen bei dem Versuch nichts zu essen –

Man weiß, daß in der katholischen Kirche nur der geweihte Priester die Vollmacht hat zu absolvieren, die Pforte zum Himmel zu öffnen. In der Kunst hat Herr Müller diese Vollmacht. Dies sind die Massen der Zeitgenossen, ein vielgestaltiges Gebilde. Sie sind tief gestaffelt wie ein römisches Karree und eine spanische Armada. Zähflüssig für sie wie das Magma, auf dem unsere Erdrinde schwimmt. Sie werden wie das Individuum von hundert, sich fremden, aneinander, durcheinander ziehenden Strömungen durchwogt, – das ist das Leben der Massen. Hundert Instinkte brauchen Sättigung, Störung, jene Instinkte, die die Werte spenden, von welchen alles abhängt, unsere Zeitgötter, die verblichene Marlitt, der glatte ewige Raffael, Munch der gespenstige, Zend-Avesta, Räuberpistolen, Frömmigkeit, Atheismus, Zoterei. Im Hause meines Vaters sind viele Wohnungen. Noch einmal müssen Fanfaren geblasen werden zum Lobe dieser Massen und der menschlichen Freiheit. Einmal nämlich fallen mir die Zähne aus, meine Haare werden weiß werden, knickebeinig werde ich gehen, falls ich nicht vorher ins Gras gebissen habe. Dann wird sich, was ich produziere, vergeblich umsehen nach einer Bewegung, die schon längst guten Morgen gesagt hat und um die Ecke geschwunden ist, nicht ohne einen angenehmen Duft hinterlassen zu haben. Meine armen lumpengestampften Kinder werden ins Weinen geraten. Aus dem Kreise des Herrn Müller wird einer an sie herantreten und wird sie fragen, wie es ihnen geht. Sie werden zusammen dinieren, Bratkartoffeln mit Schinkenstückchen; wenn noch Krieg ist, Kohlrabi mit Wuchertunke. Es wird anders sein als in früheren Zeiten, aber es wird auch sein.

ALFRED KERR
Junges Deutschland. 1918.

1

Vor neun Jahrzehnten nannte man sich: Das junge Deutschland. Dichterziel war: die Politik. Sturm gegen die Niederhaltenden. »Unreifes« lief zwischendurch, – es wird von allen Oberlehrern betont, welche niemals an einer sonstigen Staatsströmung das Unreife betonen. (Bloß hier, weil es die Welt vorwärtsbringen half).

Der Name »Das junge Deutschland« ist itzo Schild für ein Theaterunternehmen. Die Prinzenbühne der Kreuzbergstadt borgt ihn. Eine Gesellschaft wird ... wohin gerufen? Aber ins Leben. Weil das Theater selbst Kassenstücke gibt. Es könnte schlicht äußern: »Wir wollen manchmal am Vormittag nicht Kassenstücke bringen«. Damit wäre jedoch kein Aufruf möglich. Kein Notizenhundert. Man murmelte vielmehr: »Bloß am Vormittag ...!« Also: Das junge Deutschland eine eigne Gesellschaft. Was hineingehört, ist nicht immer gebracht worden. Was gebracht worden ist, hat nicht immer hineingehört. Manches in der Darstellung war packend. So wie der Aufruf dennoch nichts.

2

Die jungen Dichter, welche Max Giacomo Reinhardt mit dem Aufruf umrahmt, zeigen in Wirklichkeit eher Beziehungen zu »Sturm und Drang« als zum »Jungen Deutschland«. Sie sehn sich als heutigen Sturm und Drang. Und es gibt, wissen sie beim rasenden Galopp der Feder, eine Graphologie.

3

Auch R. Sorge, welcher den ›Bettler‹ geschrieben hat, ist Sturm und Drang, im Bau.

Er dichtet wie »Nacht. Offen Feld« –; faustisches Vorbild. Oder wie Strindberg in späten Jahren dichtet: Auflösung des Dramas in Seelenbilder. Bei Sorge mit pupillenstarrem Glast und einer ... leidlosen Trauer. Schlummernde Innigkeit, aber auch Handschwäche. Zergehend – nicht nur in der Gestalt; auch zergehend in der Mattheit vorwelken Fühlens. Ein Robert Schumann ohne seine Süße. Nur mit zersprungenem Willen. (Mit Müd-Innerlichem, Fahlblickendem, das in eines Genesungsheims weißen Kissen aus weißem Auge glänzt und schweigt.) Wie von einem Gelähmten, früh Gezeichneten; von einem edlen, kranken Wachschläfer.

Nachfahrig; enkelhaft in der stillen Moritat: ein Doppelgiftmord mit Verwechslung. Ergreifend aber, wo der sogenannte Naturalismus hindurchblinzt (will sagen: Lebensnähe; Durchforschung der Brust): in der lastenden Schreckensgegenwart eines Irren; des geisteskranken Vaters, der gegen seine Frau vor den Kindern geschlechtszudringlich wird.

Mittendrin eine Knospe, hauchzag; schweifender Stolz, der zuviel fordert. Einer, der in die Welt nicht paßt, wie beim Verlaine Kaspar Hauser (die Menschen – ils n'ont pas voulu de moi); der nur Fassung zeigt; noch in der Hoffnung wie ein Entsagender; noch im trostgezimmerten Glück verprügelt. Zwischendurch starre, selbst im Kreischen tonlose caprichos – nicht wie von dem lachenderen Sennor Francisco Goya y Lucientes. Schließlich alles vor Mattheit zerbleichend.

4

Kaum zwanzig, schrieb er das; kaum vierundzwanzig, war er ins Katholische hingewechselt. Sein Held . . ., wenn er das Leben beginnt, ist er fertig damit. Die Lippen fest zu; wie mit unterdrücktem Aufstoß vormals ungeweinter Tränen.

Sanft und still das Ethos: daß man kein Aufhebens von einem unehelichen Kindlein der Geliebten macht. Sie hat's halt. Hierüber nicht zu sprechen ist Ehrenpunkt. Soll der Held sich dabei verweilen? Angelegenheit! Mit dem starr-gütigen Stummsein der Erschöpfung überhört er das. Gegenstand!

Alles in allem: der Wirkensbeginn eines edel Umdämmerten; den das Schrapnell vor Pein bewahrt hat. Vielleicht vor einem hohen Kranz aus blinkend spitzen Morgensternen.

5

Bei Werfel besucht ein verschollener Schlemihl aus der andren Welt die einst geliebte Hedi; jetzt schwangre Gattin eines Baurats. Sie wollte von ihm nichts wissen; hat ihm dafür die Sehnsucht geschenkt.

> Tja, wär' Petrarch nicht unerhört geblieben,
> Er hätt' im Leben kein Sonett geschrieben!

– äußert schon Byron. Bei Werfel wird ein bißchen doziert. »Jene Sehnsucht, die sich von ihrem Mittelpunkt abkehrt« erläutert er, der Heimgegangene. Es war »kosmisches Bedürfnis«. Hm. Eine Sehnsucht mit Klugheiten. (Oft, auch vor den Gedichten, scheint mir: Werfels Lyrik ist gar keine Lyrik, sondern das gehobene jüdische Feuilleton.)

Die Frau empfängt einen Sohn aus dem Besucher wie vom Heiligen Geist. Dieser Sohn wird verkündet. Werfel, der christelnde prager Israelit, ist hier noch weitab von seiner Glaubensfülle; das holde Dramerl stammt vom Jahre 1912. Er stieg in meinen Augen nicht, als er christentümlich wurde. (Der Werfel ist gefallen! dacht' ich.) Glücklicherweise zieht er nicht alle Konsequenzen des leider so spät verstorbenen Weininger. Es wundert einen manchmal, daß heut nie einer zum Buddhismus geht. Warum dort kein Glaubensglanz? (Ich spreche nicht mehr von Werfel.) Stelle nur fest: Kon-fut-se wird auffallend wenig gefragt. Es zahlt sich nicht aus. Gesellschaftlich. Nicht aus zahlt es sich.

In jedem Fall (ich spreche nicht von Werfel) ist jenes unschlichte Kaffeehaus-Christentum mit dem Schubs in der Beweisführung, das Literaten der Gegenwart glaubenstief überkommt, nicht Streberei. Sondern unbewußte Streberei. Nein, auch das nicht – bloß der Sieg des anpassungsfähigen Unter-Ichs. Diese Gattung (sozusagen: der Schmonzeschrist; das Lämmchen mit dem Dreh; der Zwecknazarener für Zeitschriften) macht Eindruck auf mich durch die grundlose Vergoidung oft guter Gaben. Das unter der Hand.

Bei Werfel ist in diesem ätherischen Aufzügle manches ungemein hold. Zumal, wenn der Herabgeflatterte, fast noch während er die Wonnen elysäischer Gefilde preist, aus der Rolle purzelt, und ihm gewissermaßen der Seufzerich entflieht: »Als ich noch Prinz war von Arkadien ...« (Das Dramerl wurde fälschlich mit einem Stich ins Gruseln gespielt; statt schwingend und totenheiter.) In eine Gesellschaft mit Rahmen, Kundgebung, Zusammenschluß gehört es kaum.

6

Der ›Kain‹ des jungen Friedrich Koffka nun schon gar nicht. Das ist der Schulaufsatz.

Für solche Dramen – der eine Bruder schwarz, der andre blond; der eine mitleidsvoll, der andre fühllos; der eine sinnend, der andre tatkräftig – läßt sich heut schon ein Dackel abrichten. Es ist kurz das gebildete Zusammentragen von »Zügen«.

Im Grund müßte bei Koffka der Abel den Kain töten. Denn Kain ist hier als unmächtig gemalt; Abel jedoch als bedenkenlos, als handelnd. Da kommt nun der Kniff des »jungen« Autors, welcher aus Schwitzerland stammt: der geduckte Bruder hypnotisiert einfach den Tatmenschen; den Blondäng. Daß der so leicht zu hypnotisieren ist!

Man fühlt Impotenz, die für das Darstellen der Impotenz zu impotent blieb.

Nebenbei jenen knechtischen Zug, der heut verbreitet lebt: der Frohling und Rohling wird angehimmelt. Wie der Parsifallot. Wie sein Vetter bewundert wird, weil er den Mime mordet und dann so recht herzig dem Waldweben lauscht. Chamberlain deine Wang' an meine Wang'! Wie mancher Schwachmattikus erliegt dem Schwindel – und müßte sich für einen Abel halten, weil er hypnotisiert wird.

Ohne den modischen Aberglauben hat ein Bruderpaar der Maupassant gesehen: Pierre et Jean. Einer selig, einer glücklos. Nur das Menschliche spricht hier; nirgends das Gift willigen Verdummens; öder Widerstandslosigkeit. Maupassant läßt ungeprüft, wer zur Entaffung der Welt mehr beitragen kann: jemand mit den größten Kartoffeln – oder jemand mit dem gestuftesten Sinn.

Ein Schatten wird heut auf die Minderzahl gestülpt, ... und sie sagen: auf den Minderwert. Das ist es. Beim Anzengruber (weiß nicht, in welchem Schauspiel) wird einer gefragt: »Warum haben sie dich gestern verprügelt?« Er gibt ganz richtig die Antwort: »Weil's mehr woar'n.« Ja, das ist es. Alle Knechte der Gegenwart jedoch antworten: »Weil's bewundernswert sind, die mich prügeln! weil's die echte, herrliche Unbefangenheit ham! die ersehnenswerte Treuherzigkeit! weil's genial arglos – g'schamster Diener! – sind.« Der Schlag soll euch treffen.

7

Goerings Handschrift war mir (und seine Stimme durchs Telephon) bekannt, seit etwa sechs Jahren. In allen Versuchen steckte Wesentliches. Dies neue Werk von der Seeschlacht ist sicher das gedrängteste.

Nur auf Schrei gestellt. Die Sprache vom Artikel fast gelöst; (»Der Traum von Schlacht«); August Stramm ist allerdings noch entschlossener. Häufig wirkt Goering, als käm er von der Antike. In dem Empörergespräch ist Sokratisches. Antik sind Wendungen solcher Art:

»Kein Wunsch, keine Begierde macht uns zu Ungehorsamen,
Sondern ein unnennbares Geschick der Seele.«

Manche Banalheiten des griechischen Chors scheut er nicht. Ein Matrose ruft:

»Mir bangt, was werde ich hören.
Gefährlich sprichst du.«

Von den Matrosen sagt einer: »Die Dinge sind Lehrer ihrer selbst« – (in höchster Erregung vor Schlachtbeginn).

Dazwischen tönt ein Ruf wie Skagerrak! Skagerrak! Oder ein Wort vom Dattelnpflanzen auf Samoa. Von Elfchen, denen man »es« tut. Dann: Vaterland! Vaterland! Gasmaskierte bilden einen Klagechor. Einen Anklagechor. Schönes findet sich auch sonst in dieser Mischung von Trotzki, Tirpitz und Sophokles.

Und wenn einer die Gegenwart schildert – warum soll er den Stier nicht an den Hörnern packen? (Fragt sich, ob die Gegenwart stark ist oder die Schilderung. Antwort nach Goerings kommenden Werken.)

Ein seelisch ergreifender Augenblick: der Samoaschwelger wollte, daß die Kameraden »Samoa!« im letzten Augenblick noch einmal rufen. Zu spät. Es wird verpaßt. Hier ist ein menschliches Erzittern. Das liegt jenseits vom Blutbraus dieser Tage; jenseits von der Schreckenskammer eines beschossenen Turms – worin auch ein Stümperich (sogar geräuschlos, im Kino) Herr wilder Wirkungen wäre. Dazu, für mein Gefühl ergreifend, jener kniende Chor armselig todgeweihter Masken.

8

Warum kann dies Werk jeder Partei gefallen? Beiden im selben Augenblick? Darum: weil für die einen die Verstandesworte des Meuterers, für die andren ein Vorrat an »heldischem« Geist verfügbar ist. Weil Abneigung wider die Schlacht neben Lust an der Schlacht gesetzt wird. Weil Worte fallen wie: »Gebt frei die See«... oder: »Die Schlacht geht weiter!« oder: »Blut, Blut! Darin allein liegt Wahres!« ... (Das gefällt der Gegenpartei.)

Hat also dies Werk einen Knax? Ja. Es ließe sich denken, daß Goering ein Gefangener der Zeit ist; sich deshalb mit mehreren Richtungen verhält; daß er als Poet sagt: »Ich habe beides in mir; ich bin, wie Dehmel es nennt, unter andrem auch konservativ.«

Es ließe sich nämlich der umgekehrte Bau des Dramas gleichfalls denken: daß der maßgebende Matrose den umgekehrten Knax im Schlachtbeginn bekommt: nach der andren Seite. Daß er bis dahin der soldatischste Soldat war; der schärfste Pflichttuer; der altpreußischste der Altpreußen; der versessenste Militarist... und daß er nun den anderen Knax bekäme. Kurz: daß der Altpreuße zum Meuterer würde – statt der Meuterer zum

Altpreußen. Das Drama hieße da nicht: »Ich war gegen den Krieg – aber jetzt bin ich für die Schlacht!« Sondern: »Ich war für den Krieg – aber jetzt bin ich gegen die Schlacht!«

Schlußbetonungen sind maßgebend.

... Nun, auch bei Goering findet sich noch eine Schlußbetonung (weshalb das Gedicht eben zwei Parteien gefällt). Vor dem Ende spricht der Meuterer: »Ich hätte auch gut gemeutert« (nachdem er eine Zeile zuvor gesagt: »Ich habe gut geschossen«) ... Und so ist der Weisheit allerletzter Schluß: auf Tatkraft kommt es an! (mit dem unhörbaren Zusatz: wo immer sie sich zeigt ... Was beide Gruppen abermals befriedigt.)

Goering ist somit, wie Freud sagen wird, ambivalent. Dichter sind es oft. Aber nicht alle.

9

Einen Augenblick. Eine Vision: das Stück spielte nicht jetzt, 1916, sondern positus, gesetzt den Fall, sagen wir: anno Trafalgar: was wäre dann sein Dichtungswert? (Wenn also fortgemerzt ist, was uns heute, nur heute zittern macht; was nicht von Goerings Gnaden, sondern von Gegenwarts Gnaden stammt.)

Anno Trafalgar? Dann ist über die Sache des Meuternwollens Einiges ausgedrückt; nichts Näheres. Wenn alles britische Matrosen unter Nelson sind: was an Seelenausbeute bleibt? Nun ja; aber wenn man allen Dichtungen diese, mit der Heimat zusammenhängenden Vergünstigungen kappen will: was bliebe dann von allen Dichtungen?

(Hier bleibt: Wurf. Rhythmus. Und Samoa.)

10

Fritz von Unruh ist in der Gesellschaft nicht gespielt worden. Er gehört hinein.

Wenn Goering den losgelösten Chorruf statt fünffüßiger Jamben setzt: so hat Unruh den alten Jambus der fünf Füße hochgepeischt; verdichtet; durchdrängt; härter geklopft; auf Druckfülle bearbeitet; mit Gedrungenheiten bepackt. Ja überbürdet. Was herauskommt ist sozusagen eine Penthesilethargie.

Im Gehämmerten ein steter Schwung. Blutschande vollzieht sich per Kothurn in gedämpfter Regelherbheit; aber glühend; zusammengebissen; zum Platzen voll. (Was tut es, daß mein Gleichnis wechselt? nichts tut es.) Eine gelle Wucht wie bei

Hans Kyser in der ›Medusa‹. Groteskes: der Held stemmt seine Schwester in die Luft, hernach »wirft er sie fort« und so. Die Mutter bei Unruh billigt um ein Haar den Beischlaf des Sohns mit der Tochter. Damit in der Welt eben ein bißl Freude sei. Voll Giftschmerz im Gekrös. Ugolino war ein Anfänger.

11

Ja, diese Familie gellt vor eintöniger Wirkung. Alles bleibt statuarisch. Ist es ein Drama . . . oder eine Muskelgruppe? Jedenfalls nichts für beide Parteien.

Goering bleibt stark als Kurvenmaler. Unruh ist einer, welcher die Dinge (wohl infolge des Dabeigewesenseins) im Innersten fühlt. Um aber dies Gefühl für andre zu gestalten, peitscht er auf sich ein. Ach, Unruhs Verbissenheit gilt oftmals nicht so sehr dem Kriegserlebnis wie dem eignen Gepeitsch. Er kann sich mitunter kaum übergipfeln. (Dann wird alles wie das Reden zweier Leute, die einander begegnet sind, im Gespräch aber den Abbruchspunkt nicht finden. Es geht weiter, wenn die Höhe längst überschritten ist, sie kommen nicht los: weil keiner den Mut zum Einschnitt hat. Qualvoll.)

Schöne Verse. Mit nicht unbekanntem Klangfall. Besessenster Ernst. Eine Rednerfamilie. Alle sind Sprachkünstler. Und alle gleich. Das Ganze dennoch ein starkes Abbild (ein unertragbares; doch unvergeßliches) der Verstörtheit unsrer Läufte. Timon, wider den ältesten Sohn gehalten, ist nationalliberal, ein Schönfärberich. Der neue Timon brüllt seiner Mutter den Abscheu vor ihrer Schwangerschaft ins Maul. Er wirft sie hin (das ist noch mehr als die Tachtel, so bei Strindberg die Frau dem sterbenden Kapitän pflanzt). Jemand sagt von der unschuldigen Mutter: »Auf, Bruder, wenn wir dieses Weib erwürgten!« – und was mehr so glückliche Einfälle sind. Nur weil die Frau Menschen zur Welt gebracht.

Bewußte Elephantiasis im Bizarren. Wesensvolle Ungenießbarkeit. Alles mehr gemeißelt als gedramt. Abschwächend im gleichen Gegell. Immerhin. Immerhin. Danken muß man ihm.

12

Auch Hasenclever gellt. Er gelle! Hier ist ein für das Bessern der Erde Glühender. Fragt nicht viel. Eine Flamme. Will kein Künsteler sein. Scheut nicht begangene Pfade – wenn sein Ersehntes nur Wirklichkeit wird. Rechtet nicht um jedes I-tüpfel... er will Menschen hinreißen zum Widerstand. Freiheit! Aufsprung! Ein Vater wird hier tätlich angegriffen – wie bei Unruh die Mutter ihre Senge bekommt.

Hasenclever hat auch liebliche Gesichte: wenn sein Held, der Karl Moor des Abiturs, mit einer Gouvernante den Abend ans Herz drückt; – mag schon vor so mangelnder Gewähltheit Hofmannsthal die Platze kriegen.

Hasenclever (der ja einen Familiennamen aus der neuen Heiligengeschichte führt) sei nicht bezupft. Es ist ein Verlaß auf ihn. Etwas Gütiges, Hebendes, Fahnenhaltendes. Jede Bewegung braucht solche Dichterherzen. Grüßen sollt ihr sie.

Schutz eines bedrängten, prachtvollen Landes tut heute not. Aber nach dem Krieg...

Nach dem Krieg, wenn Versprechungen unerfüllt bleiben; wenn Hemmlinge rings mit finsterer Tugend lähmender wirtschaften; wenn aus dem Nachhall des Erdbebens eine beschränkte Männlichkeit erzwungenes Vorbild wird; wenn die Verdächtigung alles Losgebundenen unter dem Vorwande der Zucht herrschen wird; wenn ein tausendfältiges Verbot spottender, spielender, lässiger Wallungen aus harten Ecken äugt; wenn geistüberlegene Verachtung der Viecherei doppelt umkerkert sein wird; wenn eine neue Frömmigkeit mit Hyänenaugen das Heft führt: – dann tun Geblüte wie Hasenclevers not. Dann können die Hundsfuchtel des Vaters und die Schußwaffe des Sohns Gleichnisse werden.

13

Gleichnisse. Das Drama scheint heut auf das Gleichnis gestellt, nicht auf Seelenergründung. Die Kenntnis vom Menschen wird nicht vergrößert: sondern für sein Empfinden ein Widerschein entfacht. Das ist es. Man erfährt also nicht, wie es im Innern eines Matrosen-Meuterers aussieht, – Goering bringt zusammenfassende Tatvorgänge. Bei Unruh gewahrt man mitnichten das getreuere Verhalten eines Menschen zum Krieg: er bringt ein übertreibendes Symbol dieses Verhaltens. Hasenclever bringt nicht zerlegte Beziehungen eines Sohns zum Vater: sondern bloß die Feindseligkeit von Beziehungen. Das ist es.

Statt Binnengliederung also verstärkter Umriß. Das Durchforschen der Brust wird nicht gefördert – vielleicht aber das Poetisieren der Brust. Die Moritaten steigen im Wert, auch bei wirklichen Dichtern. Der Becher fehlt wohl für den Wein. Der Mann der Zukunft ist noch nicht kennbar. Jeder entscheide sich indes zwischen rechts und links.

RUDOLF KAYSER
Literatur in Berlin. 1918.

Diese Stadt schien bis vor kurzem kaum geeignet, die Heimat neuer Kunstgesinnungen zu werden. Es fehlte ihr Atmosphäre und öffentliche Leidenschaft, ein Leben, das mehr ist als Lärm. Sie verfügte nicht über die schillernde Atelier-Luft Münchens, die reife Anmut von Paris, die tiefe Südlichkeit italienischer Städte. Als europäische Stadt erstand sie auf der Grenze zweier Welten, die beide keine Beziehung zum Geist haben: der korrekten Nüchternheit des alten Preußens und der schrankenlosen Gewinngier der Gründerjahre. Darum mangelte dem neuen Berlin: Eindeutigkeit, Gesinnung, Stil. Der Bewohner ward eine groteske Mischung eckigen Beamtentums und waghalsiger Unternehmerlust. Die Stadt, die sich um ihn emportürmte, schien ihm ein Produkt von Polizeiverordnungen, Geschäften und Operetten zu sein. In ihr blieben die Menschen liebeleer, ihren privaten Zwecken hingegeben, auch keinem Gewitter politischer Leidenschaft unterstellt.

In diesem unsicheren Berlin, seiner verbissenen Geldgier und zweifelhaften Lustigkeit, mußten rebellische Literaten verfahren wie die Urchristen im alten Rom: man war gezwungen, krypterisch Gott zu opfern. Die Öffentlichkeit lachte und spottete über sie, meist aber schwieg man. Diese Lage, verbunden mit einem leicht genialischen Aristokratismus, bewirkte es, daß man sich in die verrauchten Hinterzimmer westlicher Cafés oder in mondäne Buchhandlungen zurückzog, um dort einem kleinen Publikum vorzulesen. Und doch lag keinem die tolpatschige Weltstadt mehr im Blut als uns Zwanzigjährigen. In unserem Innern erbauten wir sie mit steilen Rhythmen, tosenden Straßenecken, Abenteuern und Barrikaden. Während an ihren nüchternen Alltagshäusern kein Blick sich entzündete, belebten wir sie phantastisch durch abseitige Gefühle. Darin offenbart sich ja die neue Kunst: daß sie die empirische Wirklichkeit der geistigen unterwirft, allen Lärm und Schein der Erde den Ideen unterstellt, die nur unserem Willen entstammen.

Die entscheidenden Vorstöße befehligte Kurt Hiller. Er schuf, französisch in der Farbe, deutsch in der Sachlichkeit, literarische Cabarets: 1909 das »neopathetische«, 1911 das ›Gnu‹. Dort las man, unter den Lachsalven einiger verirrter Bürger und dem schnellen Erwärmen vieler Junger: Aufrufe, Polemiken, Philosophien und Dichtungen. Hiller eröffnete mit Worten heiterer Feierlichkeit und – trotz stürmischer Musik – stahlharter Logik. Manche Hinrichtung ward vollzogen; ein neues Pathos verkündet: »nicht als gemessener Gebärdengang leidender Prophetensöhne, sondern als universale Heiterkeit, als panisches Lachen«.

Die Dichter hatten durch George und Rilke die Wunderhaftigkeit der Sprache erfahren. Doch anders als diese stürzten sie sich auf die Welt. Mit züngelnden Nerven und Leidenschaften. Man ver-dichtete die Erde bis zum konzentrierten Ich-Erlebnis; der Atem der Stadt kehrte zurück in die Seelen. So Jakob van Hoddis, ein lyrischer Futurist und rasender Beweger. Ihm verwandt: die tragischen Grotesken des (gefallenen) Alfred Lichtenstein. Georg Heym, der 24jährig im Wannsee ertrank, läßt das Dasein in neuen Mythen des Grauens und Schreckens vorüberziehen. Paul Boldts Sinnlichkeit schafft statuarische Bilder. Ernst Blass, der unlängst zur George-Gemeinde übertrat, gibt in unendlich beschwingten Versen die weicheren Manifestationen des neuen Städtertums. Alfred Wolfensteins Gedichte sind die überaus redlichen Projektionen einer tiefst empfundenen Hirnlichkeit.

Bald gewann man Anschluß an Prag. Dort, in dieser Welt des Mittelalters und Nationalitätenhaders, erblühte ein neuer, sehr innerlicher Realismus. Max Brod schrieb in seinem Roman ›Schloß Nornepygge‹ die Bibel unserer nihilistischen Jahre; hier fanden wir in symbolischer Deutlichkeit unsere Revolutionen und Zweifel, Bewegungen und Zerrüttungen wieder; wir spürten den Atem unserer wilden, doch skeptischen Jugend, die vor entscheidende Entschlüsse sich gestellt sah. Franz Werfels erste Verse sangen ein neues Weltgefühl, das jenes starke Prophetentum erahnen ließ, um dessentwillen wir den heutigen Werfel so herzlich lieben.

Im Jahre 1912 wagte es Kurt Hiller, die neue Lyriker-Generation in einer Anthologie zu sammeln. ›Der Kondor‹ hieß dieses (schon heute fast verschollene) Buch und wollte ein Manifest, »eine rigorose Sammlung radikaler Strophen« sein. Hier fand man Gedichte auch von Ferdinand Hardekopf und Ludwig Rubiner, deren gallisch-hirnliche bezw. ethisch-furorhafte Prosa dem Essay neue Wege öffnete. Zwei junge Zeitschriften, ›Sturm‹ und ›Aktion‹, taten sich auf und druckten unsere Verse, Glossen, Essays. Neue Freunde schlossen sich an. Hasenclevers jungschillersche Leidenschaft, E. W. Lotz, der als erster den ›Aufbruch der Jugend‹ sang und den als ersten der Krieg uns entriß, Leo Matthias' Suchen zum Drama . . .

Inzwischen folgte Berlin unseren Träumen. Aus dem Chaos der Geschmacksverirrungen und Gegen-Strömungen formte sich langsam ein Gesicht, das, wenn auch der Schönheit bar, europäische Rasse, Intensität und Sehnsucht zeigt. Jetzt, wo alles auf Erwartungen und Entscheidungen sich spannte, mußte es uns leichter fallen, Raum zu gewinnen, unseren Weg in hellerer Öffentlichkeit zu gehen. In weiten Kreisen regte sich der Wunsch, die vergangene Passivität wieder gut zu machen, der Jugend aufmerksamer zuzusehen. So wurden die »Jüngsten«, ihre älteren Meister nach sich ziehend, Konjunktur; Redaktionen und Verleger änderten ihre Taktik und verwandelten sich in freundlich-willige Mäcene. Berlin, der Kultiviertheit entschieden näher gerückt, strahlt sein Bogenlicht auch über den Geist.

Da kam der Krieg und verdunkelte unsere jungen Himmel. Doch niemandes Richtung konnte er umbiegen. Stärker als je fühlen wir die Verantwortung unserer Entscheidungen, das Gebot des Wesentlichen. Die Welt, einer früheren Generation der Gegenstand sorgsamer Beschreibung, bedeutet uns das letzte Leid und Glück, der glühende Boden unserer Gemeinschaft, der runde Herd unserer Brände. Ihre letzte Realität aber ist der Mensch. »Die Welt fängt im Menschen an« (Werfel). Zwei der prinzipiellsten Bücher des letzten Jahres machen ihn zum Kern der Erde: Rubiners Essays ›Der Mensch in der Mitte‹, Leonhard Franks Novellen ›Der Mensch ist gut‹.

So weisen alle unsere Instinkte ins Politische, zum tätigen Geist. Aus ihnen heraus suchen viele von uns Anschluß an Bewegungen zur Erneuerung und Besserung des öffentlichen Lebens. Es kommt nicht mehr auf das »Erlebnis« an; nicht Komplikationen und psychische Abläufe gilt es wiederzugeben. Uns treibt ein starkes Ethos zum großen Bund des Menschengeistes, zur Verwirklichung des Messias in dieser Welt. Nach den Forderungen dieses Ziels wird die Zukunft uns richten.

FRIEDRICH MARKUS HUEBNER

Der Expressionismus in Deutschland. 1920.

1. Allgemeines.

Es ist üblich geworden, die neue Kunst des Expressionismus durch seinen Vorgänger und sein Gegenteil, den Impressionismus, gedanklich zu bestimmen und geschichtlich abzuleiten. Das Verfahren ist ein Spiel mit zwei Schlagworten; es erlaubt Parallelen und Vergleiche zu ziehen und gescheite Einfälle aus dem Zusammenstoß der vorgeblichen Gegensätze aufsprühen zu lassen, aber die Erkenntnis, die am Ende übrigbleibt, ist wie für den Impressionismus so für den Expressionismus nicht nur lückenhaft, sondern von Grund aus schief und fehlgreifend, denn die beiden Größen, die man gegeneinander abspiegelt, lassen sich zuletzt in eine eigentliche Vergleichsbeziehung nicht setzen: der Impressionismus ist eine Stillehre, der Expressionismus eine Norm des Erlebens, des Handelns, umfassend also der Weltanschauung.

Sonach darf man den Impressionismus als eine der mit den Generationen vorüberziehenden Kunstrichtungen betrachten, die nacheinander im 19. Jahrhundert (Klassizismus, Romantismus, Realismus, Impressionismus, Symbolismus) sich abgelöst haben; der Expressionismus ist mehr; er bedeutet eine Zeitwende; seine eigentliche wertgleiche Gegengewalt ist der Naturalismus.

Der Naturalismus bildet das Lebensgefühl der Menschen des 19. Jahrhunderts; er bestimmte das Denken und Wollen auch dort, wo die Kunstbetätigung sich auf lebens- und naturfremden Wegen zu ergehen schien. Die Natur als Wirklichkeit, die Natur als Übermacht, die Natur als regulierendes Gesetz, dies gilt um 1820 ebenso unverrückbar wie um 1850 oder um 1880, und nur darin mögen sich die drei Zeitstufen unterscheiden, wie und mit welcher Vollendung sie an die positive Welt, die den allgemeinen Namen »Natur« trug, sich anzupassen suchen. Diese Anpassung geschah allerwege passiv. Da die Natur, hinter deren ganze schreckliche Gewalt man vermöge der mannigfachen Entdeckungen auf dem Gebiete der Technik, der Chemie, der Heilkunde, der Physik sehen gelernt hatte, es schlechthin verbot, sich aufzulehnen, mußte der Mensch, um von ihr nicht überhaupt erdrückt zu werden, von ihr, der Natur selbst die Gesetze ablesen, die sein Dasein sichern konnten. So verlor er Schritt um Schritt das Gefühl der persönlichen Freiheit, welches die Aufklärung des 18. Jahrhunderts dem Menschen für immer erkämpft zu haben vermeinte. Die Darwinsche Entdeckung von der Entwicklung der Arten, die Marxistische Zergliederung des Produktionsvorganges, die von einem Dichter wie Henrik Ibsen auf die Bühne gestellte Erkenntnis des biologischen und sittlichen Vererbungsgesetzes, all diese, der Natur abgelesenen »Wahrheiten« legten sich als ebensoviele Schlingen um das Individualgefühl des Menschen, zogen sich enger und erstickten es. Hippolyte Taine wies in glänzender Schilderung nach, wie Charakter, Genie und Sonderart zustandekommt, nämlich nicht aus sich selber, sondern als vorausberechenbares Ergebnis der sinnfälligen Realmächte: Rasse, Umwelt, Zeitpunkt.

Daß der Mensch sich seiner Freiheit begeben und als Wollender abgedankt hatte, hierüber war er an und für sich nicht unglücklich. Ein unendlich umfangreiches seelisches Konfliktsgebiet war jetzt gewissermaßen ausgeschaltet und zur Ruhe gebracht, das Gebiet der unmittelbaren Entscheidung zwischen dem Menschen und dem Leben: hier regierte hart und unumstößlich die Natur, die Wirklichkeit, und man ließ sie regieren. Die Unterwerfung geschah willig. Wie die Natur es machte, so war es gut, und wenn nicht gut, so immerhin logisch. Es ward hierdurch das Dasein derart übersichtlich und aus den Einzelheiten derart leicht zusammensetzbar, wie eine Maschine; die mechanistische Deutung des Daseins überhob den Menschen aufs bequemste von ehemaligen, metaphysischen Sorgen. Konflikte, die dennoch entstanden, verlegten sich von allein in das Sonderbereich des Verstandes: hier rang das Bewußtsein mit den Gegebenheiten der Religion, des sozialen Zusammenhausens, des Geschlechterproblems, aber nicht eigentlich um sich aufzulehnen und um der erdrückenden Macht der Tatsachen einen eigenen, die Macht der Tatsachen überwindenden Glauben entgegenzusetzen, sondern um von Fall zu Fall mit der Natur Frieden zu machen und um die Einzelpunkte der Kapitulation in Formeln zu bringen. Die Nivellierung des Menschen, die Friedrich Nietzsche als den Schrecken der Schrecken empfand und die er, sie möglichst fern von sich fortrückend, erst für spätere Jahrhunderte warnend vorausgesagt hatte, war gerade um die Zeit, da er den Zarathustra schrieb, in einem Maße wie niemals früher zur Wirklichkeit geworden: Hatten doch sogar die Künstler aufgehört, als Schöpfer von Mythologien und lebensbestärkenden Illusionen zu wirken und hatten diese doch stattdessen ihre Kraft des Nachlebens vollkommen in den Dienst der haargenauen Beobachtung und der getreuen Nachahmung der Natur gestellt.

Im Maße, wie der Mensch das Feld preisgegeben hatte und die Natur machen ließ wie sie wollte, wuchs diese Natur zu immer stolzerer Selbstherrlichkeit. Was der Mensch schuf, das schuf er ja nur in Anlehnung an die Natur und so hörten die Dinge auf, sein eigen und ihm gehorsam zu sein: sie rissen sich aus der Fessel und unterwarfen ihrerseits den Menschen. Das Gleichgewicht, welches im Jahrhundert der Aufklärung zwischen dem menschlichen Ich und zwischen der Außenwelt geherrscht hatte, ein klares, fruchtbares, aus gegenseitigem Nehmen und Geben bestehendes Gleichgewicht, hatte sich zu des Menschen Ungunsten vollständig verschoben. Der Mensch war zum bloßen Anhängsel der Natur geworden, und die Natur, gestachelt von ihrem trunkenen Freiheitsgefühle, stürmte hohnlachend davon und schleifte den geschundenen Menschen am Boden hinter sich her. Die Katastrophe trat in volle Sichtbarkeit mit dem Jahre 1914; vier kleine Jahre genügten, um den Zusammenbruch endgültig zu machen und den Nachweis zu erbringen, daß das Europa des 19. Jahrhunderts für immer verurteilt war.

Die aufbauenden Kräfte waren 1914 noch nicht stark genug, um den Übergang in eine neue Zeit durch friedliche Mittel herbeiführen zu können; vielmehr waren sie noch derart schwach, daß es eine Weile schien, als sollten auch sie in den Untergang mit hineingerissen werden. Wer ein feineres Gehör hatte, der merkte freilich schon 1914 heraus, daß der Krieg diesen Kräften den Entfaltungsweg unendlich verkürzen würde, daß der Krieg, wie immer er ausfallen mochte, ihren Sieg erzwingen mußte.

Der Expressionismus ist das Lebensgefühl, welches nunmehr, wo die Erde zu einer schauerlichen Trümmerstätte wurde, den Menschen sich darreicht, damit diese eine neue Ära, eine neue Kultur und eine neue Glückseligkeit aufbauen können. Stand hinter dem Naturalismus als regulierende Norm die Natur in ihrer ganzen Tatsächlichkeit, so steht hinter dem Expressionismus als regelnde Norm die Idee in ihrer ganzen Tatsächlichkeit.

Der Expressionismus verhält sich gegenüber der Natur feindselig. Er aber kennt ihre Übermacht; er zweifelt an ihrer »Wahrheit«. Er stellt fest, daß auch die Wissenschaft nur ein Versuch der Ausdeutung ist, daß sie nicht unumstößliche Erkenntnisse, sondern äußerst einwandzugängliche Hypothesen liefert. Die Instrumente, die sich der Mensch erfindet, und mit denen er das Leben zu greifen, die Wahrheit zu sieben hofft, sind ebenso viele Werkzeuge, mit denen er sich hinter das Licht führt. Die Natur ist nicht ein objektiv Unveränderliches und nichts Größeres als der Mensch. Sie bietet sich dar für jede Art von Vorstellung; sie ist das Nichts und wird erst zu Form und Gestalt durch den Menschen, der sie mit Sinn beseelt. Sie ist der unendlich biegsame und knetbare Urstoff, in welchem alle Möglichkeiten schlummern.

Der Expressionismus glaubt an das All-mögliche. Er ist die Weltanschauung der Utopie. Er setzt den Menschen wieder in die Mitte der Schöpfung, damit er nach seinem Wunsch und Willen die Leere mit Linie, Farbe, Geräusch, mit Pflanze, Tier, Gott, mit dem Raume, mit der Zeit und mit dem eigenen Ich bevölkere. Der Mensch beginnt wieder, wo er vor Jahrmillionen begann. Er darf so frei und so unbefangen sein, wie das Kind, welches eben geboren wird und das sich sein Glück, zu leben, nicht trüben läßt durch Fragen nach den Bedingungen seiner Vererbung und seines irdischen Hierseins. Das Problem der individuellen Freiheit, dieses Kernproblem des Denkens und des Wollens, sucht er nicht zu durchgrübeln, nicht zu beantworten, nicht zu systematisieren, sondern er sucht es kurzweg aufzuheben durch ein schöpferisches Handeln.

Diese Lebensgesinnung ist, wie gesagt, nicht ein Ergebnis des Krieges, sondern sie war bereits 1914 mit aller Umrißdeutlichkeit vorhanden. Sie wuchs aus dem Pessimismus eines Schopenhauer, dessen transzendente Einsicht: »Die Welt ist unsere Vorstellung« sie übernahm, ohne sich freilich an die asiatisch-buddhistische Schlußfolgerung: »Der Wille zum Leben ist bös und muß überwunden werden«, zu halten; vielmehr vermählte sie sich an diesem Punkte mit dem tragischen Optimismus Nietzsches, der dem Leben, gerade weil es unablässig die Buntheit der Illusionen schafft, ein hymnisches Lied singt. War unter dem Einflusse Nietzsches diese Lebensgesinnung eine Weile in Gefahr, sich völlig diesseitig einzukleiden und die Sendung des schöpferischen, des starken Individuums brutal-imperialistisch auszulegen, so ward ihr durch Rußland, durch Erscheinungen wie Dostojewski und Tolstoi jene dritte Kraft zugetragen, die ihr noch fehlte: die mystische des intellekt-befreiten Glaubens.

2. Die Entwicklung bis zum Kriege.

Wenn man sich gewöhnt hat, das Wort »Expressionismus« fast ausschließlich als einen Stilbegriff der Kunst und nicht als einen allgemeinen Lebensbegriff anzuwenden, so kommt das daher, daß in der Kunst das neue Wollen seine ersten sichtbaren Zeichen gab und daß es gegenüber diesen so neuartigen Werken vornehmlich der Malerei nötig wurde, ein Kennwort zu prägen. Seitdem die Malerei den Anfang machte, sind die Schriftsteller mit expressionistischen Gedichten, Romanen, Dramen, sind die Musiker mit expressionistischen Opern, die Denker mit expressionistischen Philosophien, die Politiker mit expressionistischen Staatsreformvorschlägen hervorgetreten. In allen diesen Werken handelt es sich nicht um Willkür und Modespielerei, sondern so gezwungen und gesetzhaft wie selten vereinigen sich hier die Anstrengungen aller Geister in einer einzigen Richtung und diese Richtung ist die einer neuen Sittlichkeit.

Stilversuche und nichts als solche liegen vor in den Erscheinungen des Kubismus und des Futurismus. In ihnen sucht die Malerei das analytisch arbeitende Verfahren des Impressionismus zu verdrängen durch ein synthetisches. Der Raum beim Kubismus, die Bewegung beim Futurismus wird nicht mehr nach der Erscheinung sondern nach dem Wesen begriffen; an die Stelle des mit Farbenvaleurs arbeitenden Sensualismus tritt die Abstraktion. Das sittliche Element, das sich immerhin auch im Kubismus und im Futurismus vorfindet, verbirgt sich hinter einem rein formalen Problem. Es betrifft die Stellung des Beschauers zum Bilde, eine Stellung, die bei der impressionistischen Malerei sich im gegenüberliegenden Abstand zum Bilde befunden hatte; Bild und Beschauer formten eine Zweiheit; das eine hatte den anderen nötig; der entscheidende Eindruck kam als Augenblicksbegegnung zustande. Im Kubismus und im Futurismus wird der Beschauer optisch – noch nicht seelisch und sittlich – in die Tiefe des Bildes vom Maler mit hineingezogen; das Bild und der Aufnehmende formen eine Einheit; der Aufnehmende ist unmittelbar am Entstehungsprozesse des Werks beteiligt. Damit kündigt sich, wie gesagt erst formal, die Linie an, in der sich die Entwicklung fortbewegt, jene Entwicklung, die allmählich den Menschen wieder in die Mitte setzt von allem: von Werk, von Welt, von Denken, von Handeln.

Die ersten deutschen Zeugnisse der neuen Kunst entstanden in Dresden, wo zu Beginn des 20. Jahrhunderts sich junge Maler in der Vereinigung ›Die Brücke‹ zusammengefunden hatten. Kurz darauf flackerte das Feuer in München auf, und schon hier wird das nahe Verhältnis des Expressionismus zu Rußland anschaulich. In München wirkten die Russen Kandinsky, Bechtejeff und Frau Werefkin, die Polen Jawlensky und Stückgold; zu ihrem unmittelbaren Freundschaftskreise gehörte Franz Marc. Kandinsky fand in Reinhard Piper den verständnisvollen Verleger für seine theoretischen Schriften: ›Das Geistige in der Kunst‹ und den ›Blauen Reiter‹; in diesen Schriften formulierte er hellseherisch die ganze grundsätzliche Umwälzung, erklärte er den Feldzug gegen die »wirkliche Natur«. Was seiner Schreibart an verstandesmäßiger Umrissenheit abging, das war ersetzt durch das Glühende und Reine der Überzeugung. Viel verspottet, wirkten Kandinskys Anschauungen doch mit ungeahnter Schnelligkeit in die Breite. Die einzige ernsthafte Künstlergruppe in München, die ›Sezession‹, ein Gebilde aus der Zeit des anstürmenden Impressionismus, teilte sich in zwei gegnerische Lager; es entstand die ›Neue Sezession‹, die ihre gesonderten Ausstellungen veranstaltete und wo die expressionistische Malweise sich immer ausschließlicher zur Führerin machte.

Inzwischen war es auch in der Dichtkunst lebendig geworden. Auch hier sind die slawischen Einflüsse sofort spürbar. Hatte sich zwar zuerst eine Gruppe in Berlin, geführt von dem Lyriker Georg Heym und vertreten von den Wochenblättern ›Der Sturm‹ und ›Die Aktion‹, in den Dienst des neuen Ausdrucks gestellt, so empfing dieser, durch Berlin allzu verstandesmäßig begriffen, seine höhere Weihe erst durch das Auftreten gewisser Dichter aus Böhmen, die, wie Franz Werfel und Max Brod, aus der sprachlichen Schule des großen deutschen Prager Lyrikers Rainer Maria Rilke hervorgegangen, den poetischen Expressionismus unmittelbar auch mit sittlichen Gefühlselementen anfüllten. Werfel verkündete von Anfang an die für den Expressionismus kennzeichnende Haltung der christlich gefärbten Nächstenliebe zu allem was lebt und webt und die Freiheit des Menschen gegenüber den Objekten durch die Gnade des schöpferischen Aktes.

Im Roman hatte den Expressionismus technisch aufs vollkommenste Heinrich Mann vorweggenommen, der nach impressionistischen Anfängen mit dem Buche ›Die Göttinnen‹ das Musterbeispiel einer nicht naturalistischen, sondern geistig geborenen epischen Form schuf; seine Ethik hält freilich noch im vorhergehenden Zeitalter; auch wo er Gesellschaftskritiker ist wie in seinen letzten Büchern, zeigt er nicht jene Lösungen der Liebe und des Erbarmens, die z.B. aus dem Ethiker Dostojewski schon einen echten Expressionisten machen.

Das Drama hatte sich der naturalistischen Wissenschaftlichkeit des 19. Jahrhunderts am innigsten ergeben; Ibsen war der anerkannte Meister und den Gerhart Hauptmann, Arno Holz, Hermann Sudermann schien vieles geglückt, wenn sie mit möglichster Genauigkeit auf der Bühne einen psychologischen Fall zergliedert, irgendein soziales Milieu naturgetreu dargestellt hatten. Von 1910 ab erschien auf dem Spielplane der deutschen Bühnen mehr und mehr Ibsens Gegenfüßler August Strindberg, für den nicht nur eine andere Gebärden- und Sprechkunst als bei Ibsen und Björnson, sondern auch eine veränderte, aus der Phantasie sich nährende malerische Szenendekoration nötig wurde. Zugleich mit Strindberg kam der Deutsche Frank Wedekind zu Worte, dessen Dramen ›Lulu‹, ›Erdgeist‹, ›Büchse der Pandora‹, noch in der Zeitspanne des Naturalismus geschrieben, jetzt bei dem veränderten Publikumsgeschmacke außerordentliche Erfolge erzielten und zum Vorbilde für eine ganze Schar schreibender Dramatiker wurden. Just vor Kriegsanfang wurde in München die Aufrichtung der ersten, rein expressionistischen Bühne ins Auge gefaßt.

In der Philosophie bereitete für die neue Denkweise Georg Simmel den Boden vor, der zwar kein selbständiges System schuf, vielmehr zu jeder Art Sitten- und Erkenntnislehre der Vergangenheit sich gleichmäßig skeptisch verhielt, der aber mit seiner Herausarbeitung der Begriffe »Form«, »Ich«, »Leben« sich unendlich instinktreich erwies und der, sei es als Vortragender auf dem Katheder, sei es als Schreibender in seinen Büchern, die Materie des Denkens wieder aufs heftigste verlebendigte; er ließ die philosophische Materie sich gewissermaßen selber verkünden; er verschwand mit seiner Person hinter dem Prozesse der schaffenden Intuition; auch er setzte, zwar nicht ethisch, aber doch dynamisch den Menschen wieder in die Mitte seiner Gehirnfunktionen.

Realpolitisch suchte die neue Gesinnung sich in gewissen Protesten gegen den landesüblichen Schulunterricht durchzusetzen; freie Schulgemeinden und Landerziehungsheime gewannen, von den Kultusministerien mißgünstig genug betrachtet, mehr und mehr Zulauf. Wenn in den staatlichen Mittel- und Hochschulen der junge Mensch zum Untertan des Wissens gedrillt wurde, so predigten diese Neupädagogen gerade die Bedingtheit des Lehrstoffes und die Unbedingtheit der jungen Menschenseele. Statt des Lernens forderten sie das Erleben; der Mensch sollte nicht Kenntnisse, nicht Fähigkeiten, sondern sollte sich, seine verborgene und unsterbliche Seele entwickeln.

Im allgemeinen Gedankenleben der Nation ging diese Entwicklung gepaart mit einem Neuerwachen des Interesses für die religiösen Probleme und für das religiöse Erlebnis in seiner Ursprungsgestalt, für die Mystik. Die östlichen Mystiker Chinas und Indiens wurden namentlich durch die Fürsorge des Verlags Eugen Diederichs, Jena, um billiges Geld zugänglich gemacht; die europäischen Mystiker des Mittelalters: Ekkehard, Angelus Silesius, Suso erschienen in Auswahl- und Gesamtausgaben; die Naturmystik des finnischen Kalewala-Lieds, die namentlich von Martin Buber in Obhut genommene jüdische Mystik, die großartige Weltversunkenheit des noch lebenden Alfred Mombert, dies alles zog bildend und bereichernd in die geistige Beschäftigung des Volkes ein.

3. Die Jahre 1914 bis 1918.

Die Jahre 1914 bis 1918 bedeuteten für den Expressionismus ein verborgenes Sammeln der Kräfte. Zeitschriften wie die ›Aktion‹ verneinten den Krieg und die Politik dieser Jahre vollständig; wo die neue Kunst sich der vom Kriege aufgeworfenen Menschheitsprobleme bemächtigen wollte, griff die Zensur ein und erzwang auf diese Weise Schweigen; nur dem und jenem Schriftsteller, z.B. Leonhard Frank, gelang es, sein Manuskript ins neutrale Ausland, in diesem Falle nach der Schweiz zu bringen, wo die ›Weißen Blätter‹ (Zürich) unter René Schickeles Leitung eine Gaststätte aller Verfolgten waren und wo der Verlag Rascher & Co. die Reihe seiner ›Europäischen Bücher‹ herausbrachte.

Es gibt kein expressionistisches Werk, das während dieser vier Jahre an die Öffentlichkeit gebracht wäre und das sich zum Kriege bekannt hätte: so gegensätzlich ist in ihrem tiefsten Wesen die national-individualistische Ideologie des 19. Jahrhunderts und die humanitär-sozialistische der neuen Zeit. Formal bestanden keine Unstimmigkeiten – die Werke, welche allenthalben nach 1918 herauskamen und Kriegsvorgänge, sei es als Schilderung, sei es als Reflexion behandelten, sie zeigen, daß gerade der Krieg ein außerordentlich ergiebiges Thema für den Expressionismus ist, denn welches Massenerlebnis führt so nahe an den Tod und an das Leben heran wie er? Der Expressionismus wächst und nährt sich aus der Chaotisierung der menschlichen Beziehungen; die ungeheure Auflockerung, welche der Krieg auch in den alltäglichen Seelen erzeugte, schuf alle organischen Vorbedingungen für das Entstehen der neuen Kunst; diese Kunst aber stellte sich ja gerade schützend vor den Menschen, der, im 19. Jahrhundert von der Natur erdrückt, aufgehört hatte, dem Dämon in sich zu lauschen; sie will die Erhaltung des Lebens und der Freiheit und des Rechts; sie ist notwendig international, dieses jedoch nicht im Sinne einer künstlerischen durch die Länder ziehenden Mode, derart, daß in einem bestimmten Augenblicke die Malerateliers von Paris, Rom, Berlin und Stockholm alle den gleichen Stilüberzeugungen huldigen und daß allenthalben der Markt für die gleichen Werke die höchsten Verkaufspreise erzielt; vielmehr packt der Expressionismus den europäischen Menschen tiefer und entscheidender; er führt die Geister unendlich brüderlich zusammen und macht aus Europa zum ersten Male eine einzige, fast religiös wie im Mittelalter geschlossene Gefühlszone.

Die Verbindungen des deutschen Expressionismus mit dem Auslande begannen eben vor dem Kriegsausbruche sich fest und handgreiflich auszubauen. Hierbei half freilich keines jener bestallten Institute, die aus der Pflege internationaler Geistesbeziehungen bisher ihre Aufgabe gemacht hatten, keine Universität, kein Museumsvorstand, keine Theaterdirektion, sondern diese nahen und freundschaftlichen Beziehungen verzweigten sich fast so geheim wie in vergangenen Zeiten die Anhängerausbreitung einer Glaubenssekte. Die Fäden zu Rußland wurden bereits erwähnt; zu Italien liefen sie durch die Hände von deutschen Schriftstellern, die wie Jacques Hegner und Theodor Däubler zu Florenz ansässig waren; mit Frankreich war man durch René Schickele, den Elsässer, verbunden und durch die große Anzahl deutscher Maler, die nach Paris gingen, um dort mit Matisse, Picasso, Leger, Dérain Freundschaften zu schließen. So traf man denn in den deutschen expressionistischen Zeitschriften ebenso viele Ausländer wie Deutsche, in den deutschen Kunsthandlungen sogar beinahe mehr Fremde (van Gogh, Gauguin, Cézanne, Boccioni, Munch) denn Einheimische.

Während des Krieges sind diese Fäden fast überall zerrissen. Notdürftig unterhielten ein paar Deutsche in der Schweiz, in Belgien, in Holland die Berührung mit den Schaffenden des Auslandes, da aber diese, aus den gleichen Gründen wie die

Deutschen, ihrer Arbeit entweder durch den Krieg entzogen waren oder dieselbe infolge der Zensuraufsicht dem Publikum nicht zeigen konnten, so war die beibehaltene Verbindung wie ein leerer, ausgetrockneter Wasserlauf; kein Element strömte mehr befruchtend herüber und hinüber.

Der Abschluß des Krieges brachte in Deutschland einen fast tumultarischen Ausbruch der zu lange zwanghaft zurückgehaltenen Kräfte. Es tauchten nicht eigentlich neue Persönlichkeiten auf, denn alle, die seit 1910 in der gleichen Richtung arbeiteten, kannten einander und wußten von ihrem Tun. Aber dem Publikum schien es plötzlich wie Schuppen von den Augen zu fallen; auch das Publikum prägte seinem Gedächtnisse nun die seit langem bedeutsamen Namen ein; das Publikum schien von einem plötzlichen Heißhunger befallen nach gerade dieser neuen Kunst. Praktisch drückte sich das aus in den hohen Preisen, die für Gemälde von Kokoschka, Kirchner, Heckel trotz der militärischen Niederlage bezahlt wurden, in den mehrfachen Buchauflagen, welche sogar Lyriker wie Johannes R. Becher und Theodor Däubler erzielten, ganz zu schweigen der Bücher von den Romanschriftstellern Heinrich Mann und Kasimir Edschmid, in dem Zulauf, der an den Theatern von München, Frankfurt, Berlin herrschte, wenn Stücke von Walter Hasenclever, von Carl Sternheim, von Georg Kaiser, von Paul Kornfeld gespielt wurden, und schließlich in den Straßenplakaten, mit denen die staatlichen Machthaber, sei es für die Wahlen zur Nationalversammlung, sei es gegen den russischen Bolschewismus in den deutschen Städten zur Revolutionszeit arbeiteten: bis zu dieser Plakatkunst herab triumphierte das neue Formgefühl. Jetzt begriff das Publikum plötzlich ganz unmittelbar philosophische Schriften wie Vaihingers ›Philosophie des Als-Ob‹, wie Ernst Blochs ›Geist der Utopie‹, wie Oswald Spenglers ›Der Untergang des Abendlandes‹ und die Ereignisse, die auf den einzelnen Menschen einstürzten und ihm zuschrien: Entscheide dich! ließen viele zu den Schriften der philosophischen Mystiker wie zu der zeitgemäßesten Literatur greifen. Das Gefühl wurde deutlicher, daß nicht nur eine Kultur, nicht nur eine Weltanschauung in Gefahr waren – denn inmitten der Schrecken des vierjährigen Weltkrieges waren alle diese Werte in ihrer trostlosen Abhängigkeit und Bedingtheit erkannt worden – sondern die Gefahr war vor allem, so fühlte man, das Ich selber, nämlich das enge, zaghafte, an die Natur angeklammerte Intellektualich des Menschen von gestern.

Was verlangte die Zeit? Sie verlangte den Tod des gewesenen, abgenützten, an sein Ende gelangten Menschenichs; hierüber entsetzten sich die Menschen. Sie sollten hergeben, was ihr Alles war, was ihnen als die einzige feste Gewißheit gegolten hatte. Ein Taumel der Verzweiflung setzte ein. Schreckliche Egoismen türmten sich auf, Wehrlose zerdrückend, über dem Abgrunde in grotesken Nerventänzen wackelnd. In dieser Zeit leuchtete die expressionistische Kunst vor fiebernden Augen als die einzige Bürgschaft dafür, daß der Tod nur das Pfand war, welches das Leben verlangte, um von ganz vorn anfangen zu können, nämlich eben beim Ich des Menschen, bei einer neuen Unschuld, einer neuen Bewußtlosigkeit.

Erneut wurde der Zusammenhang fühlbar, der um den ganzen europäischen Erdteil lag und den der Krieg unbemerkt so fest geschmiedet hatte, daß es für die Bewohner Europas künftighin kein getrenntes, nur ein gemeinsames menschliches Schicksal gibt. Die Figur der neuen Welt, die aus der Asche auftauchen muß, ist nicht eine slawische, nicht eine deutsche, nicht eine lateinische, sondern der gesamte Erdteil fängt jetzt an, aus Blutnebeln das Ich desjenigen Menschen zu gebären, der in den nächsten Jahrtausenden wachsen, sich entfalten, Kultur erzeugen, genießen, leiden und wieder untergehen soll. Er bereitet sich nicht jenes technische Zeitalter vor, welches das von seinen Erfindungen berauschte 19. Jahrhundert prophezeit hatte und welches doch nur der Abschluß einer absteigenden Lebenskurve war, sondern das geistige Zeitalter, wo der Mensch aus der Erde und aus seinen Werken einen Garten der Frömmigkeit machen wird.

4. Urkunden der neuen Kunst.

Damit die Bildungsfreunde in den verschiedenen Ländern denjenigen Zusammenhang wieder aufnehmen und pflegen können, der gerade vor dem Kriege sich zu verdichten begann, ist es notwendig, daß sie gegenseitig von den praktischen Verständigungsmitteln wissen, welche der Gedanke braucht, um zu den Menschen zu gelangen und auf sie Einfluß auszuüben. Und auch das nur aufnehmende Publikum hat das größte Interesse daran zu erfahren, wo es die Bücher, Zeitschriften, graphischen Drucke der neuen Kunst suchen muß, um sie erwerben zu können.

Das wichtigste Material zum Werden des neuen Weltgefühls bieten noch immer die etwa 1910 gegründeten zwei Berliner

Zeitschriften ›Der Sturm‹ (Herausgeber Herwarth Walden) und ›Die Aktion‹ (Herausgeber Franz Pfemfert). In diesen zwei Zeitschriften ist ein jeder einmal Mitarbeiter gewesen, der heute in der neuen Kunst sich schaffend hervortut. Der ›Sturm‹ neigt hauptsächlich dem Kubismus und Futurismus zu; er führte in Original-Holz- und Linoleumdrucken dem deutschen Publikum Werke der italienischen und französischen fortschrittlichen Maler vors Auge. In den ständigen Ausstellungs- und Verkaufsräumen des ›Sturm‹ (Berlin, Potsdamerstraße) findet man die meist kennzeichnenden Originalwerke von Boccioni, Severini, Archipenko, Chagall und der Deutschen Klee, Grosz, Feininger. Die ›Aktion‹ betrachtet ihre Sendung als eine weit politischere; vor dem Kriege radikal sozialistisch orientiert, entwickelte sie sich während der Revolution vollkommen zum kommunistischen Ideal und gab in dankenswerter Weise die Manifeste der russischen Sowjets, die Kampfschriften der Lenin, Trotzki, Lunatscharski heraus.

Das Gefühl, daß es sich beim Expressionismus um mehr als um eine bloße Stilveränderung der Malerei handle, kam programmatisch zum ersten Male in der Zeitschrift ›Die neue Kunst‹ (Herausgeber H. Fr. S. Bachmair, München) zum Ausdrucke; doch vermochte sich dieses Organ, an dem Johannes R. Becher der Hauptmitarbeiter war, nicht zu halten; es stellte nach Jahresfrist sein Erscheinen ein. Die ›Weißen Blätter‹, von Franz Blei begründet, haben erst unter René Schickele aus neukatholisierendem Geliebäugel sich zu einer radikaleren Haltung durchgeschlagen; das Organ bevorzugt politische Aufsätze über Zeitfragen. In verwandtem Geist arbeitet das ›Forum‹ von Wilhelm Herzog. Der rein sachlichen Vermittlung der neuen Kunst dient das mit viel Umsicht von Paul Westheim geleitete ›Kunstblatt‹ (Verlag Kiepenheuer, Potsdam); es ist ebensowenig ein Kampforgan wie ein schwerfällig wissenschaftliches Archiv; es ist durchweht von einer feinen, duldsamen Genießerempfindlichkeit und hat dem Verständnisse für die neue Malerei vorzüglich durch gute Reproduktionsblätter nachgeholfen. Es wurde vor dem Kriege gegründet. Ein ähnliches Unternehmen sind die ›Neuen Blätter für Kunst und Dichtung‹, welche Hugo Zehder in Dresden während des Krieges herauszugeben begonnen hat, derselbe, welcher auch die geistig ungestüme Monatsschrift ›Die neue Schaubühne‹ ins Leben rief. In den Dienst vorwiegend Münchener Expressionisten stellen sich die ›Münchener Blätter für Kunst und Graphik‹. Wichtig für Fremde ist schließlich das ›Literarische Echo‹, eine seit 22 Jahren bestehende Halbmonatsschrift, die, auf keine einzige Richtung besonders festgelegt, archivalisch alles bucht, was an Einzelaufsätzen, Büchern und Zeitschriften auf jedwedem Wissensgebiete erscheint; in den Jahresregistern findet der Suchende unter dem Schlagworte »Expressionismus« nahezu alle Fingerzeige, deren er bedarf.

Nach dem Waffenstillstande und in der Revolutionszeit nahm mit dem geistigen Durchbruche des Expressionismus auch das deutsche Bücherverlagswesen einen allgemeinen Ruck nach links: fast in jeder größeren deutschen Stadt fand sich beides, Begeisterung und Geld, um die Herausgabe neuer Zeitschriften und Bücher zu wagen. So kam in Breslau die von Rilla geleitete ›Erde‹ heraus, in Hannover ›Das hohe Ufer‹, in Darmstadt ›Das Tribunal‹, in Zürich ›Der Zeltweg‹, in Düsseldorf ›Das Feuer‹, in München der ›Ararat‹ und als Organ des Reichsbundes geistiger Arbeiter ›Der Wagenlenker‹. Neben die bewährten Verlage von Kurt Wolff, Die Insel, Erich Reiß, Paul Cassirer, Ernst Rowohlt, Albert Mundt stellten sich neue und schütteten die expressionistischen Bekenntnisse in ganzen Serien auf den Markt.

Kritisch wurde die Erscheinung des Expressionismus nachgegangen in den wertvollen Jahrbüchern: ›Das Ziel‹, dessen Herausgabe Kurt Hiller, in den Einzelheften der ›Tribüne der Kunst und Zeit‹, deren Herausgabe Kasimir Edschmid, und in dem Jahrbuche ›Die Erhebung‹ (S. Fischer Verlag), deren Herausgabe Alfred Wolfenstein in Händen hat. Es darf behauptet werden, daß der heutige Stand der Bewegung in diesen drei dokumentarischen Veröffentlichungen erschöpfend verzeichnet steht.

Es war bereits erwähnt, daß auch die Theater den Anschluß an die neue Bewegung suchten; gab es anfänglich noch keine Originaldramen der neuen Richtung, so kam der Geist des Expressionismus doch an gewissen antiken Stücken zur Veranschaulichung, die von jungen Dichtern (die ›Troerinnen‹, z. B. von Werfel, ›Antigone‹, z. B. von Hasenclever) neu verdeutscht worden waren. Am ersten und entschlossensten betraten den neuen Weg die ›Münchener Kammerspiele‹; im ›Frankfurter Stadttheater‹ fand der neue Geist ebenfalls frühzeitig eine verständnisvolle Pflege; in Berlin experimentierten eine ganze Menge Theater mit mehr oder minder Glück. Um das Zuschauerpublikum über die so plötzlich hereinbrechende Wandlung zu unterrichten, ward es mehr und mehr zur Gewohnheit, daß die führenden Theater eigene Zeitschriften herausgaben; die inhaltreichste dieser Zeitschriften veröffentlichen die Max Reinhardt-Bühnen in Berlin unter dem Titel ›Das junge Deutschland‹, worin sowohl dichterische wie schauspielerische, philosophische wie politische Gegenstände behandelt werden.

Die Tagespresse steht dem Expressionismus verhältnismäßig mit gutem Willen gegenüber; gegen ihn anzukämpfen und Versuche, ihn lächerlich zu machen, sind nur noch in der Provinz an der Mode.

Die Tagespresse vervollständigt damit das Bild, welches man sich vom Stande der expressionistischen Bewegung im heutigen Deutschland machen muß. Sie ist allenthalben der Name für das Keimende und das Neue; sie bildet die Wasserscheide zwischen der Vergangenheit und der Zukunft; sie schiebt sich durch das öffentliche Geistesleben als jene mittlere Ebene von Wollen und Empfindung, die der Ausdehnung nach vielleicht in keinem anderen Lande sich derart breit und überzeugend hinstreckt.

3. BETRACHTUNGEN UND MEINUNGEN 1918–1920

In den Jahren, da der Expressionismus seinen Höhepunkt erreichte und die weiteste Resonanz fand, wurde die Auseinandersetzung mit ihm auch außerhalb des Kreises der Beteiligten immer stärker. Die bürgerlichen konservativen Kräfte empörten sich in Formulierungen, die später im Dritten Reich wiederkehren sollten, über den Expressionismus. Die moralischen Bedenken von konfessioneller Seite nahmen zu: einige solcher Beiträge wurden schon vorgeführt (Franz Herwig und Gerhard Heine). Hier sollen Autoren mit ihren Ansichten über den Expressionismus zu Worte kommen, die ihn in der späten Phase miterlebten. Kritisch und distanziert, meist auch objektiv, suchen sie Ansätze und Durchblicke zu geben. In dem Panorama der Äußerungen über den Expressionismus sind es die Meinungen und Betrachtungen einiger bedeutender Zeitgenossen, die für sich oder für eine Gruppe (Charon-Kreis, George-Kreis) sprechen, es sind persönliche Zeugnisse in der Folge der hier gebotenen Texte. In ihnen spiegelt sich der Expressionismus in einer subjektiven, durch das eigene Werk und Wesen festgelegten Sicht.

RUDOLF PAULSEN

Das Tempo unserer Zeit und der Expressionismus. 1918.

Wir lebten schon vor dem Kriege in einer Beschleunigung, die ihren Ursprung in den technischen Erfindungen hatte oder zu haben schien. Natürlich mußte, ohne daß es zum Bewußtsein kam, allen Bestrebungen, die Zeit zu überwinden, das heißt zu sparen, irgendein Metaphysisches zugrunde liegen oder parallel gehen. Scheinbar diente das Flugzeug dazu, den Raum zu überwinden und Ethisches zu bringen, seine praktische Ausnutzung aber zeigte sofort, daß es vorläufig nur Beschleunigung unseres Lebenstempos beabsichtigte. Der Krieg schien wie eine Katastrophe zu kommen, auf die alles in rasender Eile hingearbeitet hatte, in einem ungeheuer raschen Leerlauf aller Maschinen, die nicht ethischen Raum einfingen, sondern Zeit in Streifen schnitten und hinter sich warfen.

Der Krieg mit seinem schnellen Verbrauch von Mensch und Material, mit seiner militärischen Wertung der Fixigkeit, der manchen verschlingt, ehe er es noch ahnt, mag in einzelnen eine Besinnung, eine geistige Verlangsamung auslösen; im allgemeinen reißt er trotz seiner langen Dauer schon durch die Ungewißheit aller Verhältnisse zu nervöser Geschwindigkeit hin. Der Krieg als Außenweltserlebnis scheint zunächst nichts zu sein als eine Beschleunigung zum Tode, ähnlich unserem ganzen Kulturdasein vor seinem Ausbruch. Da ist es neben der Religion vor allem die Kunst, die nach einem Ausgleich sucht, die sich sträubt, sich restlos in dem Feuerofen des Geschehens verbrennen zu lassen, und sei es nur, daß sie dem Chaos irgendeine künstlerische Frucht als Kosmos entreiße. Hierin liegt schon eine Art Verlangsamung unseres metaphysischen Lebens, wiewohl das Tempo der Kunst selbst hochgradig nervös bleibt. Einstweilen! Unser Glaube bleibt ja doch unverrückbar fest, daß der später erkennbare positive Sinn des neuen Kosmos uns auch den Sinn des ihm vorangegangenen Chaos der beschleunigten Zeit offenbaren werde. Der status quo ante wird so wenig in der Kunst wie sonst irgendwo wieder möglich sein. Man mache sich doch klar: Der Krieg lag auf der Entwicklungslinie der »Frieden« genannten Voraugustzeit, er widersprach ihr nicht, sondern war ihre Ausmündung. Wer also unter Frieden mehr als Unterbrechung des Krieges versteht, mehr als den ewigen status nascendi des Krieges, der muß dem status quo widersprechen.

Nun sagt man wohl, die Kunst sei überall und jederzeit dieselbe; ganz recht, wenn es nämlich »die Kunst« ist. Aber es gibt Kulturperioden, die der Reinigung bedürfen. Inwiefern sollte denn nun die Nachkriegskunst anders aussehen als die vom Voraugust? Was sollte sie etwa lernen? Eben dies; eine Besinnung, eine Verlangsamung ihres Tempos. »Kunst überhaupt und religiöse Kunst sind eins«, sagt Rodin. Religion und Eile aber sind die größten Widersprüche. Eilender Fortschritt mag ans Ende führen . . . ans Ziel führt nur wandernde Religion.

Es soll keineswegs mit dem Schlagwort »religiöse Kunst« eine Themensperre verhängt werden, auch soll der Künstler nicht auf Dogmen schwören. . . . nichts dergleichen! Nur die Verlangsamung soll und wird kommen. Es wird nicht immer die Romanpeitsche des »rasenden Lebens« über uns knallen. Es wird enorm viel gekonnt im literarischen Expressionismus, die Nerven aller Sinne werden mit Farben, Tönen, Gefühlen gejagt, aber unser Herz bleibt leer. Es fehlt der Logos und die letzte Liebe. Statt der Liebe, die Geist ist, hetzt uns feinästhetisierte Erotik aller Arten und Unarten durch die Salons der Millionäre und durch die Gossen der Großstadt. »Handlung« ist nur noch das Leben selbst, das rasende Leben, wie es im Kino ohne jede Psychologie an uns vorüberflimmert. Das jedenfalls ist der Expressionismus zum großen Teil geworden. Man hat statt des optischen den seelischen Impressionismus in Literatur und Malerei genommen und nennt seelisches Ungefähr, Gefühlschaos: Expressionismus. Wie klar, wie scharf umrissen ist ein echter Expressionist wie Grünewald! Und wie vollgesogen von Leid, Liebe, Lösung!

Nicht, daß der heutige Expressionist mit offener Seele und offenem Blick im weiten kosmischen Zusammenhang stünde! Vielmehr scheint er als Materienatom in einem rein materiellen Umschwung herumgerissen zu werden. Materie mag dabei das heutige Dasein für sich oder in seinen Spiegelungen in Antike und Renaissance sein; es ist überall das spezifisch Un- und Antichristliche, das da angeblich »dionysisch« taumelt. In »literarisch« oft blendenden Leistungen. Aber eben »blendend«! Hinter Kostüm und Maske ist vielleicht Fleisch, aber Knochengerüst und Seele bestimmt nicht. Das physische Geschlechtswesen ist da, aber nicht Persönlichkeit und Charakter. All diese Gestalten vermehren sich unheimlich schnell wie die niedersten Organismen in einem Sumpf. Kein Wunder, da nur schillernder Schaum zu schaffen ist.

Bezüglich der Stoffe scheint eine Art Auswahl stattzufinden, in der Richtung der raschverflammenden Meteore, die ja zweifellos sensationell sind. Große und kleine Verbrecher, Hochstapler aller Nuancen tauchen überall auf und ihr Widerspiel, die Detektivs. Wohlverstanden, nicht die Schuld, nicht die Sünde, nicht das Böse, denen Sühne, Gnade und Religion gegenüber stünden, sind das Thema, sondern das Verbrecherische, das Blutige, die Jagd, die Verführung. So versteht die Kunst ihr Recht auf die Behandlung der »Geheimnisse des Blutes«. Nicht »Verbrecher aus verlorener Ehre« werden gezeigt, sondern solche, die nie eine Ehre zu verlieren hatten, weil sie nie das Leben verehrt haben, dessen Abfallsprodukte sie sind. So hat sich der Expressionismus vom Kino befruchten lassen, als sei das ganze Menschen-Sein ein blasiges Aufsteigen aus einem Sumpf, und eine mörderische Jagd ums Dasein, das selbst wiederum nichts ist als diese Jagd. Und die Kunst sei auch nichts weiter.

Ganz recht! Die Kunst soll sich nicht vom Leben absondern. Wenn ich das richtig verstehe, heißt es: die Kunst soll heiliges Lebenszentrum sein; dann ist sie alles durchdringende Religion. Und Religion darf sich, wie jeder zugibt, nicht vom Leben trennen, sonst ist sie natürlich wertlos. Das Leben darf wohl Kunst werden, nicht aber die Kunst Leben. Im Expressionismus scheint der Stoff selbst zu leben, wie farbige Bazillen sich vermehrend. Materielle Menschen geben Materielles als »Kunst« von sich in sich stets überbietendem Arbeitstempo eines Sechstagerennens. Sie arbeiteten nicht? Seht, wie sie schwitzen!

Es ist wie ein Fieber, in dem spannender Sport und unpoetische Träume abwechseln. Das Menschenherz fehlt ebenso als innerer Raum wie der Kosmos als äußerer. All diese Dinge spielen sich auf planer Ebene ab. Man darf nicht, weil diese Kunst so unermeßliche Mengen hochbringt, vermuten, sie sei tief. Wer viel verschlungen hat, kann viel ausbrechen, ohne daß dies nun ein organischer Schaffensprozeß wäre. Wissen und »Kultur« aller Zeiten werden oft mit an die Oberfläche gedreht. Über allem aber liegt die Zeit als Tempo, nie die Ewigkeit. Woran Namen wie Futurismus und Äternismus nichts mehr ändern. Spannend schreiben kann jeder »Gelehrte«, der im Schulsinne »richtig deutsch« gelernt hat, wenn er nur Begierden und Laster hat. Aber haben diese Künstler kein Selbst? Oder was veranlaßt sie zu der grausamen Selbstverstümmelung, daß sie nur ein Ich behalten, dem der Pinsel oder die Feder die

Hand führt? Ein vollkommenerer Selbstmord ist ja doch nicht denkbar als gelebt zu werden statt zu leben! Gefühl ist ja doch in der Hauptsache etwas Objektives, etwas Vergewaltigendes. Erst der Geist macht den Menschen, macht die Persönlichkeit, macht das Selbst. Sich ausleben, sein Ich ausleben: das ist ein rein passives Verbrauchtwerden, in dem der einzelne wahllos dem Tempo der Umwelt ausgeliefert ist, dem »rasenden Leben«. Wie arm ist man hier bei scheinbarem Reichtum! Man hat die ganze Welt gewonnen, aber auch nicht mehr. Und also zu wenig.

Wer auf das Selbst verzichtet, der ist und bleibt schließlich nichts als der Schauplatz der Kämpfe seiner Ahnen, ein auftriebloses Objekt, ohne Frucht, als sei die Welt zu Ende. Der Expressionist, der beim Ich stehenbleibt, begibt sich des Rechts auf den Weg über die Kunst zum Selbst, er bleibt steril, mag er auch noch so spannend schreiben. Welche gute Kunst wäre spannend? Kann religiöse Kunst, kann eine gotische Kathedrale jemals spannend sein? Spannend ist nur etwas, was die Zeit unterbricht, um das Tempo zu markieren, mit anderen Worten, was flimmern kann. Ein Kunstwerk aber ist ohne Unterbrechungen und Lücken und daher dem gemeinen Geschmack langweilig. Wenn wir nur aufhören wollten, die Zeit- und Tempokrankheit Nervosität für eine Tugend zu halten! Vielleicht aber ist der metaphysische Sinn der ungeheueren Beschleunigung des Lebensrhythmus, daß wir schneller an den Punkt kommen, wo das Mal zur Umkehr steht!

Man muß zugeben, daß manche Expressionisten gut schreiben. Aber es ist kein Zufall, daß uns überall eine feinparfümierte Erotik entgegenspringt, die ohne Frucht bleibt, während zugleich Ehebett und Kinderstube gehöhnt werden. »Spotten ihrer selbst ...« Ästhetik ist noch nicht Geist, Erotik nicht Liebe, denn Liebe ist aufbauend, fruchtbar und schöpferisch. Es ist auch kein Zufall, daß Exotisches und Primitives spukt; denn das ist antideutsch, und »antideutsch« ist ja die Parole nicht nur der »halben«, sondern heute der ganzen Welt. Was aber soll uns Deutschen in unserer Not der ewige Prinz Kuckuck, der Millionär, der nach reizenden Lastern aller Art auf dem Kulturschutthaufen endet? All diese Menschen leben wahrhaft »primitiv«, weil sie leere Höhlen bleiben, in denen nur eine fortschrittliche Glühbirne, aber keine Flamme brennt, und weil sie fortwährend Kultur und Zivilisation verwechseln. Zivilisation ist aber für den einzelnen nur die Art des Ichverbrennungsprozesses, Kultur das Bauen am Altar des Volkes, auf dem es seinem ewigen Gotte opfert. –

Man mißverstehe nicht: der echte, alte Expressionismus, der schon in der Gotik deutsch war, bleibt unangetastet. Der Expressionismus aber der reinen Geschwindigkeit, des Gefühls-Ungefährs beweist schon durch sein Tempo, daß er nur eine Mode ist, die, vom Krieg begünstigt, wie alle Moden einst im Kessel der Zeit, die sie aufwirbelt, versinken wird. Wer genau hinsieht, der findet in den Expressionistenbüchern keine neue Welt, wohl aber hinter allen Bürgerlichkeiten und Antibürgerlichkeiten die gute alte »Gegenwart«, die schon mehrfach totgesagt wurde, in anderer Aufmachung. Tempo bringt eine Mode hervor, Kunst aber wird vom Ewigen gemacht. Und der echte alte Expressionismus, der alle Kunst immer war, das Suchen nach und auf Gottes Wegen, das Parallellegen des Menschen der ewigen Geist-Natur, wird den Sieg behalten. Eilig und prunkend reich verzehrt sich in leuchtenden Farben das Ich: ein buntes Gewimmel von ewig zu ewig, ohne Weg oder Treppe zu Berg; langsam und äußerlich karg reift das Christliche: Werden zum Selbst, auf steilen Wegen zu Gott.

MARGARETE SUSMAN

Expressionismus. 1918.

Was ist Expressionismus? Viel ist darüber gedacht, geredet und geschrieben worden, und es ist denen, die die Richtung im Zusammenhang verfolgt haben, längst klar geworden, daß alle die untereinander sehr verschiedenen Arten von Kunst, die unter diesem Begriff zusammengefaßt werden, ein Gemeinsames besitzen, das keineswegs erst eine Erfindung der heutigen Zeit ist. Aus der Kunst längst vergangener Tage zieht es sich als eine in bestimmtem Rhythmus sich erhebende und wieder verebbende Welle bis in die Kunst unserer Zeit herüber. Wie aber kam es, daß diese schon in der uralten Negerplastik, im frühen Ägypten, in der Gotik, im Barock, bei Michelangelo, bei Rembrandt und Greco (um nur die äußersten Gipfel bildender Kunst zu nennen) so deutlich faßbare Richtung erst heute bei Namen genannt, zu einer Richtung verselbständigt wird? Warum wird gerade heute der Ausdruck zum Programm gemacht? Warum wird er heute mit solcher Wucht als das eigentlich ethische Prinzip verkündet? Oft genug mag selbst nach der starken und leidenschaftlichen Führung Hodlers und Strindbergs, die so kräftig von aller alten, überkommenen Schönheit losrissen, die Frage aufgetaucht sein, warum gerade so manchen dieser übersteigerten, verzerrten neuen Gebilde in Kunst und Dichtung eine besondere ethische Kraft innewohnen solle, und mancher von denen, die ihre Zeit nicht bis in ihr letztes Dunkel mitlebten, sucht nach einem Schlüssel für diese oft schauerlichen, krampfhaften und fast bösartigen Gestaltungen.

Denn auch diese schwer verständliche Kunst kann wie jede andere nur aus dem Geist der gesamten Zeit, der sie entsprang, erschlossen werden. Wir müssen unsere Zeit betrachten, wenn wir den Schlüssel zum Expressionismus finden wollen. Was aber heißt das: unsere Zeit betrachten? Können wir sie betrachten, sie anschauen, diese Spottgeburt von Dreck und Feuer, die uns alle in ihren furchtbaren Fängen hält? Hier ist keine Kontemplation, kein freies Sich-Darüberstellen und auch kein ruhiges Sich-Hingeben an den Eindruck, wie es die Seele des verflossenen Zeitalters war, möglich: wir sind in ihr von ihr umklammert, von ihr vergewaltigt – ganz anders noch, als alle bloße Gegenwart vergewaltigt; versklavt sind wir, freiheitberaubt, wie wir Menschen, wir, deren Wesen die Freiheit ist, es nie für möglich gehalten hätten. So versklavt nur Schuld. Wo ist sie, die Freiheit, sich zu erheben, anschauen und aus dem Anschauen tun zu können, unser eigentliches menschliches Teil? Fortgeschwemmt, fortgerissen sind wir alle in diesen trüben Strom von Schlamm und Blut. Keiner kann es wenden. Wo ist die Freiheit, auf deren Entdeckung wir so stolz waren, deren vollere Entfaltung wir für die Errungenschaft unseres Zeitalters gegenüber dem dunkleren, gebundeneren Mittelalter hielten – während doch in jener engen mittelalterlichen Bindung durch Gott unendlich viel mehr Freiheit war als in der ganzen weit ausgebreiteten, sinnfernen Welt unserer Zeit? Wo ist sie, unsere Menschenwürde, die Kant mit den unsterblichen Worten verkündigt hat, die unsere ganze Zeit richtend in den Abgrund stürzen: daß der Mensch nie und nimmer zum Mittel gemacht werden dürfe? Wo ist, wo lebt, was unsere großen Geister für uns gedacht, für uns gewollt haben? »Leben die Bücher bald?« fragte Hölderlin. Aber wenn sie je nahe daran waren, zum Leben zu erwachen, wenn je die Kraft des Geistes nahe daran war, die trägen Wirklichkeiten zu sprengen – einen tieferen, grauenhafteren Todesschlaf als heute haben die heiligen Bücher, in denen die Gewalt des Geistes lebt, nie geschlafen. In eine Nacht sind wir verschlagen wie Erben jener leuchtenden Träume, die unendlich viel tiefer und düsterer ist als jene gottdurchglühte des Mittelalters, die noch nicht von dem Freiheitssehnen der besten Geister gelichtet war, und was über uns gebietet, sind die gottfernen, gottfeindlichen Gewalten, die das Mittelalter in den tiefsten Schlund der Hölle verbannt hatte. Es ist todernst damit. Keine Fratze jener alten Spukbilder wäre grauenvoll genug, die beherrschenden Kräfte unserer gottverlassenen Zeit zu malen. In einer Welt leben wir, in der die Reinheit und Kraft der Heiligen, wo sie noch lebt, in den Dienst des Niederen gezwungen wird, wo nicht nur das Opfer des Leibes, sondern auch das der Seele gefordert wird, wo Satan selbst vermummt in Gott und unter Gottes Namen die Edelsten und Reinsten der Jugend edelster Länder zu seinem blutigen Altar gerufen hat, um so im Namen des Heiligsten für die Sache der niedersten irdischen Macht die Blüte der Länder zu knicken, während auf ihrer verwesenden Schönheit die Aasgeier der Gier und Habsucht sich mästen. Und nicht erst der Krieg hat diese niederen Gewalten zum Leben erweckt – er hat sie nur offenbar, nur sichtbar werden lassen. Wie in dem alten chinesischen Märchen der Bauer in dem Nachbarn, den er zum Schutz gegen ein grauenvolles Ungeheuer hinter sich aufs Pferd genommen hat, plötzlich sich umschauend eben jenes entsetzliche Ungeheuer selbst gewahrt und ohnmächtig vom Pferd sinkt – so sind vielen von uns, die wir nahsichtig und vertrauend in unserer Zeit lebten, jäh die Augen aufgegangen, und der Nachbar selbst, der Nächste, uns Vertrauteste, der für uns lebenslang das Antlitz des Selbstverständlichen trug, in dessen Schutz wir uns glaubten, hat sich vor unseren rückwärts gerichteten erstarrenden Augen als das nackte verworfene Grausen selbst enthüllt. Rückwärts mußten wir schauen; denn nicht erst jetzt, im Krieg ist dies geworden; es war längst zuvor; aber das Entsetzliche war nur den Wenigsten unter uns, den Warnern und Wächtern, schon in der vertrauten Hülle offenbar. Nun fließen unaufhaltsam die Blutströme aus den zerstörten, sterbenden Kulturen hervor, und nirgends ist der Retter in Sicht.

Was ist zu tun? Wir wollen es anders mit jeder Faser unseres Herzens, mit aller Macht unseres zur Ohnmacht verdammten Willens. Unser Gewissen empört sich unter der Last dieser nie erhörten Schuld der Gesamtheit; die Schuld, die wir mittragen müssen, bringt uns dem Wahnsinn nahe. Was ist zu tun? Nur Tun kann gegen den Strom des Geschehens sich stemmen, kann uns von dem ungeheuren Druck des Geschehenlassens entlasten. Und doch: Was können wir tun? Es ist auch dem reinsten Willen unmöglich, sich aus der sittlichen Welt herauszulösen, in der er lebt, aus der er sich empfing. Kein noch so verzweifeltes Ringen gibt uns die Freiheit gegen die Welt, die nicht die unsere und der wir doch verkettet sind durch die Schuld, die wir mittragen müssen, da wir sie nicht hinderten. Und wie gewaltsam wir uns dieser Welt widersetzen: wir können und wir wollen als einzelne nicht frei von ihr sein, wofern wir sie nicht ändern können; und nichts bejahen wir an diesem ganzen furchtbaren Geschehen als unsere Schuld. Solange wir nicht imstande sind, die Welt aus ihren Angeln zu heben, den alten verrotteten Lebensformen neue, reinere entgegenzusetzen, sind wir ihr verfallen. Und doch ertragen wir es nicht, sie hinzunehmen; das Rasen gegen sie erfüllt uns bis zum Zerspringen; wir wollen handeln, wirken, ändern. Was ist zu tun? Nur eines! nur schreien können wir – schreien mit aller Kraft unserer armen, erstickten Menschenstimme – schreien, daß wir den grauenhaften Lärm des Geschehens übertönen – schreien, daß wir gehört werden von den Menschen, von Gott.

Dieser Schrei, der zum Himmel gellende Schrei, der nicht mehr wie noch der einsame Sehnsuchtsschrei Stefan Georges »durch güldne Harfe sausen« will, den keine an den Mund gesetzte Flöte mehr zum Klang verschönt, der nur gehört werden will, gehört werden soll um jeden Preis als lebendige menschliche Entscheidung – er allein ist die Antwort der wachen Seele auf die furchtbare Umklammerung unserer Zeit. Wo das Entsetzliche uns überwältigt, so daß wir es nicht anschauen, nicht gestaltend beherrschen, uns ihm weder hingeben noch auch entreißen können, da bleibt uns allein, uns ihm entgegenzustemmen mit aller Kraft; es bleibt uns als Tat allein die Entscheidung. Wollen wir Befreiung? Wollen wir Erneuerung? Wollen wir, daß es anders werde? Wollen wir heraus aus diesem Strudel, aus diesem grauenvollen grauen Mischmasch von niederstem Machtwillen und verworrenem, verratenem Idealismus? Wollen wir heraus aus dieser schwersten, wehesten Verfinsterung des Geistes, die je auf Erden war? Dies ist die einzige Frage an unser Leben. Heraus, gleichviel ob in Schönheit oder Häßlichkeit, in Ehre oder Schmach, ja selbst ob in Liebe oder Haß. Nur heraus: den großen, gellenden Schrei ausstoßen, der uns auf ewig trenne von dem Wollen der dumpf hinnehmenden Menge, der jede Gemeinschaft mit den dumpf treibenden Mächten unserer Zeit verwirft. Entscheidung für oder wider – dies ist heute die einzige Frage an unser Menschentum.

Und diese Entscheidung, dieser Aufschrei der sich entscheidenden Seele ist Expressionismus. Er ist die Antwort auf eine Wirklichkeit, die anzuschauen, der sich hinzugeben unmöglich geworden ist. Entscheidung lebendiger Persönlichkeit gegen das blinde Rasen sinnfremder Gewalten, das ist die Seele des Expressionismus. Auch im scheinbar verrenktesten, verzerrtesten Bild der Welt, sofern es unsere geistige Welt nicht annimmt, sie anders will, sofern es sich mit innerster Kraft zur Wehr setzt gegen das nur Überkommene, sofern es ein Aufschrei wider die zur Unmöglichkeit gewordene Welt ist, lebt etwas von der Freiheit, die unsere Zeit uns heutigen Menschen gestohlen hat für Zeit und Ewigkeit.

Denn anders als in Krämpfen kann unserer Welt die Erneuerung nicht kommen, anders können wir sie nicht herbeirufen. Die Zeiten der Stille, der Anmut, der Verschlossenheit und Scham sind vorüber. Uns Unseligen kommt Gott nicht im sanften Säuseln. Der Expressionismus hat eine Sendung, die nichts mehr von Schönheit weiß. Wo der Ausdruck alleiniger Wille einer Zeit geworden ist, wo die nackte Seele kniet und zu Gott schreit, da ist auch die Schönheit noch in Flammen aufgegangenes Gewand geworden, und die Verzweiflung zeichnet Formen, die nichts mehr sichtbar, hörbar werden lassen als Schrei und Gebet.

WALTER VON MOLO

Bekenntnis zum Expressionismus. 1920.

Es gibt auch in der Literatur, wie auf allen anderen Gebieten der Kunstbetätigung, die »neue Richtung«, die sich als Expressionismus bezeichnet. Aus den »Programmen« der unbedingt darauf Verschworenen ist so ziemlich alles und nichts zu entnehmen, die Werke, die jetzt als expressionistisch bezeichnet werden, sind, wenn sie gut sind, wahrer Dichtung gegenüber nicht neu, sie sind, soweit sie als bewußt »expressionistisch« geschaffen wurden, fast noch durchaus minderwertig; doch das hat für die Sache an sich nichts zu sagen, es können das vorübergehende Zufälligkeiten sein, etwas Neues ist zweifellos im Werden, es hat schon Wertvolles voll Seelenschönheit gezeitigt. Was ist Expressionismus? Die naturnotwendige Fortentwicklung des Weges unserer Literatur, Rückkehr im Spiralengang, gigantische Selbstbesinnung, gleich der Art, wie wir sie schon einmal in unserem persönlichen Dasein erlebten, als der Naturalismus mit Arno Holz und Hauptmann die himmelblaue Epigonerei steriler Samtjoppen- und Makartbukettdichter zeitbefohlen ablösen mußte. Der Expressionismus war immer da, zuletzt in der Erotik und Romantik, er bedeutet, wenn man von den Mitläufern und Schreiern aus Geschäftsgründen oder aus Eitelkeit absieht, segensreiches Rückerinnern daran, daß Kunst, also auch die Literatur, universal sein soll, daß die Dichtung Verdichtung, Konzentration, seelische Stoßkraft ist, unverschiebbar im Boden ihrer Heimat gegründet, um der Gesamtheit willen da, daß Politik, Philosophie, Religion und Kunst, Zeit und Ewigkeit, Körper und Geist, sichtbare und unsichtbare Natur, Mensch und Gott, daß alle Erinnerungen Einheit sind, die die aufnehmenden Seelen ahnen zu lassen, durch Freimachung des uns allen innewohnenden großen Gefühls, zur Besinnung und inneren Erhebung, die edle Aufgabe wahrer Kunst stets war, ist, und sein wird, daß nur ein großes Temperament, ein Kerl, der fest auf seinem Boden steht und den Himmel der Ewigkeit sieht, daß nur eine wahrhafte Persönlichkeit, in der das All, als vermählte Irdischkeit und Himmlischkeit, braust und schimmert, sich zum Nutzen der Gesamtheit ausdrücken kann, daß allein eine solche Konfession, nicht äußerlich Erlebtes, hohe und bleibende Werte voll Kraft gibt. Als der steife Stelzenklassizismus der französischen Hofdichterei seinerzeit die ringenden Menschenseelen anekelte, da führte Shakespeares Riesenkraft nachwirkend in unserer deutschen Literatur den massiven Sturm und Drang zur Gesundung herbei, als dieser ausartete, griff der deutsche Klassizismus andere Wurzelkraft aus Shakespearischer germanischer universaler Genialität, die den großen griechischen Dichtern Unendliches verdankt: Lessing, Goethe, Schiller, Kleist und Hölderlin woben ihre Werke in das Stirnband des unzerstörbaren Menschenbesitzes: als der Klassizismus von Dilettanten verwässert wurde, entstand über Goethe, der Shakespeares romantisches Weltgefühl erschürft und in sich wiedergeboren fühlte, die deutsche Romantik, Novalis, Arnim, Brentano, Eichendorff; auch sie entartete. Hebbel konnte es nicht verhindern, er führte als Vorläufer bereits den psychologischen Realismus herbei, der dann im Naturalismus, der die letzten Kellertriebe des Nachklassizismus (»Neu-Klassizismus«) und der Romantik (»Neu-Romantiker«) endgültig knickte, zur »rein psychologischen Dichtung«, er spitzte sich zum »Impressionismus« zu, bis dieser abbrach, weil seine innere Treibkraft erschöpft war. Allzuweit war wieder der Ast unserer Literatur vom Stamme des Wesentlichen ins Ziellose gewachsen. Die Spirale des Weitermüssens machte wieder ihre ewig gleiche und doch ewig andere Wendung: der »Expressionismus« wurde geboren, die »Ausdruckskunst«, sie nahm ihren Namen im bewußten, durchsichtigen Gegensatze zu ihrem nächsten Gegner, dem »Impressionismus« oder der »Eindruckskunst«. Dem tiefer Sehenden, dem kühlen Verantwortungsvollen sind »Ausdruckskunst« und »Eindruckskunst« innigst verwandt, daran ändern die expressionistischen Propheten, die das mit großem Stimmaufwand bestreiten, nichts: jeder Dichter, der echt ist, sieht in sich und aus sich, was wir außen erleben, ist ja auch stets Innerlichkeit, denn wir sehen die Welt nur durch unser Ich, die Welt besteht als Wille und als Vorstellung vor unseren äußeren Augen durch unsere inneren Augen, das Äußerliche ist im Ganzen ja nur die Form für den inneren Kern des Seins: das expressionistische Losungswort, daß die Natur nicht mehr Gegenstand und Maßstab der Dichtung, wie z. B. zur Zeit der Klassik, sein dürfe, eine Behauptung, die übrigens auf den »Klassiker« Schiller zurückgeht, der einmal äußerte, daß wir das Beste doch erst in die Natur hineintragen müßten, ist ja auch lediglich ein Streit um ein Wort, denn der nicht Gedankenlose oder der, der nicht engherzig mit dem Worte »Natur« nur den äußerlich sichtbaren Teil der Natur bezeichnet versteht unter »Natur« die Gesamtheit der Schöpfung, sowie ja auch das »expressionistische« Schillerwort aufzufassen ist. Die Sachlage vor dem Offenbarwerden der dichterischen, zeitgeschichtlichen Selbstbestimmung, die schon lange vorher in unseren neuesten Werken eingesetzt hatte, ehe das Schlagwort Expressionismus geboren wurde (Strindberg, Wedekind), war die: Hirnmenschen und Dilettanten, Epigonen, die sich als Neuerer gebärdeten, hatten episch und lyrisch Goethes Altersstil, Kellers Einzigartigkeit, Balzacs, Flauberts und Maupassants Kunst, Stendhals romantische Psychologie, naturwissenschaftlich anmaßend und schulmäßig nachstümpernd, mißbraucht, im Dramatischen war das Äußerliche der Mittel Ibsens, Strindbergs und Wedekinds, der außer in den Genannten in Büchner und Grabbe wurzelt, zum schädigenden Selbstzweck geworden, Stefan Georges Mahnruf vom Adel des Wortes war falsch verstanden, Edgar Allan Poes Phantastik ohne seelische Versenkung nachgeahmt und ausgeschrottet worden, die großen Kopf- und Hirnmenschen der russischen Literatur, die romantischen Realisten und realistischen Romantiker Dostojewski und Tolstoi in ihrer einzigartigen volksbestimmten Bindung waren plump in die fremden Literaturen eingetropft worden, ohne jedes Verständnis für ihren neuzeitlichen Idealismus, was sich schon lange dem Einsichtigen gezeigt hatte, im großen Völkerunglück des Weltkrieges wurde es der Gesamtheit endgültig offenbar, daß diese Art der Literaturzubereitung dem Gefühle, der letzten, qualvoll Licht suchenden Menschensehnsucht, im Grunde viel zu wenig gab, die Aufreißung unseres äußersten Schmerzes, die daraus himmelanringende Sehnsucht um die Rückkehr Gottes, das innere Erkennen, daß einigende Kunst allein aus der Zersplitterung erlösen kann, führte das Wollen der Besten endgültig ans Licht, daß wir wieder neu um die letzten Höhen zu ringen haben, in denen die großen Dichter vor uns ihre Ewigkeitswerke schufen. Not greift in die Seelen, von der Not blankgescheuerte Seelen geben tiefere Kunst als fettige Selbstzufriedenheit, wir dürfen durch den Expressionismus, der auch Besinnung auf die ewige Verantwortlichkeit heißen könnte, wieder auf große Kunst hoffen – wenn die expressionistischen Tribünenredner nicht durch ihr egoistisches und eitles Partei-Geschrei das neue Werden aus den Wurzeln der Ewigkeit vorzeitig abstechen und besiegen. Schaffende und Aufnehmende seid bereit!

ROBERT MUSIL

Expressionismus. 1919.

Bevor ich [in den Krieg] einrückte, gab es eine explosive, intellektuelle Vorstellungslyrik, eine Lyrik intellektueller Intuition, herausgesprengte philosophische Gedankenpartien mit mitgerissenen Fleischfetzen von Gefühl behangen.

Als ich zurückkehrte gab es den Expressionismus.

Von langer Abwesenheit geblendet, suche ich mich zunächst am Wort zu orientieren. Expressionismus das wäre der Gegensatz zu Impressionismus. (Sie alle – die Expressionisten – folgen Augenblickseindrücken, sind also Impressionisten.) Aber was ist mit Impressionismus gemeint? Die Skizzen [Peter] Altenbergs? Man könnte sie Impressionen nennen, aber ebensogut kleine Reflexionen und je älter er wird, desto mehr tritt das rezeptive Element hinter das reflexive zurück.

Hermann Bahr? Er hat einmal etwas geschrieben, das (?) er Impressionismus benannte. Aber das waren lebendige Interviews und auf den Gegensatz zu einer journalistischen Arbeit gründet man doch keine Literaturrichtung. Der frühe Schnitzler? Das war ein Moralist; gleichgültig von welcher Tiefe. Ibsen ein Moralist und Kritiker. Hauptmann ein Optiker für deutsch-bürgerliche Bewegungen mit einem deutschen Frühling als Hintergrund. Hauptmann: monströses Phänomen brillanter Oberflächenbewegung bei geringer Innenbewegung (ideologischer Bewegung). Andrerseits fließt die Grenze gegen den Impressionismus. *Die tanzende Törin* [von Albert Paris Gütersloh, 1913] voll von Impressionen. Noch mehr die Skizzen von [Theodor] Däubler; die hätten auch vor 25 Jahren erschienen sein können. Thomas Mann? Er hat sich als einen Schüler von C. F. Meyer und Storm bezeichnet also auch kein Impressionist. Niemals gab es in den höheren Regionen der Dichtung einen Impressionisten. Es gab Geschmäckler, aber das waren Mitläufer.

Ich konstatiere einschaltend, daß ich für diese älteren Generationen von Dichtern nicht die geringsten Zugehörigkeitsgefühle habe, ja daß ich ihr Gegner bin, wenngleich ich sie in manchem schätze.

Später: Gruppenbildung wie Naturalismus. Von Ehrgeizigen mit der Marke versehn.

Anmerkung: Manche nennen das auch Ausdruckskunst. Aber welche Kunst wäre nicht Ausdruck. – Ein Stück Natur gesehen durch ein Temperament. Ein Stück Temperament auf die Natur blickend, – eine bloße Verschiebung des Gewichts. Aber wahrscheinlich das Rechte treffend. Aber wahrscheinlich deckt sich dies mit dem bereits vorhandenen Begriff Romantik. (Eine sehr subjektive Kunst.)

Wie haben die Romantiker sich definiert?
Wie werden sie definiert?

Das weitere Wesen des Expressionismus ist das einer synthetischen Methode im Gegensatz zur analytischen. Der Expressionist verzichtet auf Analyse. Deshalb ist er den von ihm anerkannten Komplexen gegenüber schlechthin gläubig. Deshalb neigt er zur Dogmatik. Er sucht deshalb das neue Weltgefühl so wie ein Chemiker den synthetischen Kautschuk sucht. Seine Grenze: daß es ein rein synthetisches Verfahren nicht gibt.

Etwas Gemeinsames ist vorhanden. Nur manchen Gemeinsames. Es drängt sich nur (Artist) als Formales auf. Eine Diktion, eine Manie. [Carl] Sternheim hat als erster so die Sprache verrenkt. Das ist eigentlich gehackter Vers, denn es stellt nach dem Begriffsakzent, stellt ohne syntaktische Rücksicht ins Licht. Immer hat man das schon gemacht und jeder. Aber bei Döblin ist es schon ein beständiges: Seht, wie bin ich kurz, wodurch er sehr lang wird. Ich nenne das seit langem privat für mich die Forderung der kürzesten Linie. Nachsehn, ob der Gesamtweg bei diesen Dichtern kürzer wird.

Bemerkenswert bei diesen Dichtern der Verzicht auf die Suggestion durch Einschaltung von Schilderungen des Faktischen. Ich würde dort, wo ich eine bestimmte Nuance eines Gedankens herausarbeiten will, im Roman dies bedenkenlos durch die Schilderung der Situation des Denkenden zu erzielen suchen. Ich würde eine kleine, die minimale Reihe von Beschreibungen eines Gehabens, einer Umgebung geben, ganz hinter das Pseudo-Objektive zurücktretend. Cendrillon sagte . . . Und ein kleiner Hof strahlt um die Sinnlichkeit dieses Satzes, wie um eine Kerzenflamme. Ich sehe nicht ein, warum man in Begriffen sich verständigen soll, statt in Vorstellungen. Ich würde mich – vielleicht – lieber – in Vorstellungen verständigen, wenn es ginge. Man soll mir widersprechen.

Aber andere Dichter sind ganz anders, z. B. Gütersloh in dem Fragment aus dem Rausch der Abstrakta. Eine lange, gewogene, feierliche Prosa. Wolfenstein – Hölderlin.

Edschmid. Auch nach der Art der Kürze untersuchen.

Werfel – – –

FRIEDRICH GUNDOLF
[Über das neue Pathos und den Expressionismus.] 1920.

Den längsten Widerstand hat Georges Kunst – als »Wortkunst«, »Mystizismus«, »leerer Formalismus« – gefunden bei den redlich Nutzsüchtigen: den fanatischen Dienern des Zeitgeistes, mochten sie den »Fortschritt der Menschheit« oder die »Entwicklung der Persönlichkeit« erstreben. Diese konnten sich mit dem eigentlichen Ästhetentum noch eher abfinden insofern es »ins Leben ging« wie der technische Ausdruck dafür lautete, d. h. sich der üblichen Fortschritts- und Entwicklungsgeräte, des Theaters und der Presse, bediente, insofern es Geschäfte machte und rasche Erfolge suchte, insofern es den Massen entgegenkam und entsprach. Als alle Ästheten außer George »ins Leben gingen«, erschien seine unnachgiebige Abseitigkeit als das »Ästhetentum« schlechthin: denn auch hier sah man im Abseitigen nicht das Drüber und Jenseits das ihn füllte, nur das Anders wodurch er sich abhob.

Dies änderte sich zuerst, als George etwas zu wollen und mit den Zeitgedichten sich an der Gegenwart, gleichviel ob freundlich oder feindlich, zu beteiligen schien. Gleichzeitig trafen die Reize ohne Geheimnis und Gehalt auf immer stumpfere und gierigere Gaumen, die das arrivierte Ästhetentum zu immer schnellerem Wechsel der Modeschüsseln nötigten. Ein neues Mißverständnis begann und erweiterte Georges Wirkungszone in der Zeit: man begann ihn als »ethischen Willen« oder als »religiöses Erlebnis« zu nehmen, d. h. als eine Bereicherung der Zeitinhalte um ein neues Streben oder um eine neue Innerlichkeit. Das Schlagwort vom »neuen Pathos« kam auf, der Vorläufer des »Expressionismus«. Auch jetzt wollte niemand die gewohnte Zeit-ebene, die einzig vorstellbare, verlassen, niemand den ganzen Menschen wandeln, auch jetzt begnügte man sich mit einer Umlagerung der vorhandenen Seelengewichte oder mit einer heftigeren Gebärde des Genießens und des Forderns. Das neue Pathos nahm in sich auf die mißdeutete Gesinnung Georges und das Ästhetentum wie dieses den Naturalismus und die mißdeutete Sprachzucht Georges aufgenommen hatte: all diese Elemente mischten sich jetzt darin und kamen in verschiedenen Dosen bei seinen einzelnen Trägern zum Vorschein. Die einen ballten in Georgischen Tonfällen (hauptsächlich aus seinem Baudelaire) qualvolle und widrige

Bilder um der Bilder willen, andere benutzten die Bilder und die Tonfälle zu sozialen oder politischen Manifesten, andere lockerten die neue Gespanntheit zu süß schwelgender Seelenvergötzung oder Dingverinnigung oder blähten die neue Schwebe zu slawischer, menschheits-wütiger Mitleidsemphase. Innerhalb des »neuen Pathos« können wir mehr zielstrebige und mehr beschauliche Tendenzen unterscheiden, »aktivistische« oder »mystische«. Gemeinsam ist ihnen, zum Unterschied vom Naturalismus, die gepflegte Form und die Heftigkeit des Sagens (sei es Innigkeit oder Ausbruch), zum Unterschied vom Ästhetentum die grimmige Lust am Gegenwärtigen und am Wilden Lauten Jähen. Gemeinsam mit Naturalismus und Ästhetentum ist ihnen die Entstaltung nach außen durch Ziele oder nach innen durch Triebe . . die Zerlösung der Formen in Seele- oder Stoffbrei, der Mangel an Grenze, Maß und Mitte, an umwölbender Welt und festem Herzen, die zügellose Hingabe an jedes äußere oder innere Anders, die bald als Weltfreundschaft, bald als Gottsuche, bald als Menschheitsdienst verbrämte Zeitfron und Selbstflucht (oft bei schmatzendem Ich-genuß). Ein überzeitlicher Kosmos, ein »Gott« wird nun und nimmer erstrebt oder erlebt, sondern geschaut und gelebt – und dazu gelangt kein Seelenschwelger, kein Zielsüchtiger, kein Dingesammler und kein Geschmäckler.

Sie alle sind verbunden durch die Wahllosigkeit gegenüber den Reizen, den Wirrwarr der Werte und die absichtliche oder unwillkürliche Mischung der menschlichen Ränge und Stufen. Nicht zufällig verherrlichen einige das Aas, denken sich andere ins Ungeziefer, alle in Sachen hinein – und mit Wollust wühlen die meisten bald in untermenschlichen bald in außermenschlichen Zuständen, mit animalischem Stofftaumel, amerikanischer Maschinen-romantik, abstrakter Menschheitsumarmung: lauter Erregungen die nicht verpflichten, Hingebungen die nichts heischen, bloße Wallungen im Dumpfen und Rufe ins Leere. Alle meiden sie geflissentlich die besondere menschliche *Gestalt* im bedingten Raum und mit dem unabdingbaren Gesetz. Den Willen kennen sie nur als Trieb oder als Programm, die Liebe als weiches Mitleid mit der beliebigen Kreatur, als Geilheit oder als Utopie, die Leidenschaft verwechseln sie mit der Aufregung oder mit dem Fanatismus, die Ehrfurcht mit dem Begeistertsein und die Frömmigkeit mit der Wallung, dem Untertauchen und Hinfließen. Durchgehends trachten sie nach dem Glück, d. h. nach Aufhebung des Schicksals durch Einzelgenuß oder

Allwohlfahrt, nicht nach dem Werk, der Erfüllung des Schicksals durch Sein, Tun oder Bilden. Von allen Existenzen ist nur eine ihnen durchaus zuwider: der heroische Mensch: sie können ihn nur als Kranken oder als Unternehmer erklären. Dagegen wird ein besonderer Kult getrieben mit dem Weib, dem dumpfen Fleisch, und mit dem Heiligen, der puren Seele: beides die menschlichen Pforten ins Außermenschliche, sei es hinunter ins vormenschliche Chaos, sei es hinaus ins nachmenschliche Nirwana.

Fragen wir nach dem einen Grundwillen dieser Zeichen, so heißt er: weg vom leibhaften, gottgestaltigen welthaltigen Menschen! »Weil die dünne Lymphe Gottes Kraft nicht mehr erträgt«, weil dem geschwächten Blut das menschliche Leibgesetz zu streng wird, strebt es vom europäischen Menschen der ewigen Gestalt hinweg entweder zum tropischen Pflanzentum der unbedingten Ruhe, zum exotischen Tiertum der heißen Einfalt, zum russischen Seelentum der ausschweifenden Wallung, zum amerikanischen Maschinentum der sensationellen Wohlfahrt, zum Christentum der alt-klugen Wohlfahrt, zur Allerweltsmenschheit worin alles gilt und nichts mehr west. Diese Welten – in ihrer Stätte und Stunde richtig und sinnvoll – sind für wurzellose Europäer nicht »Welten« sondern Reize, Wähne, bestenfalls Gleichnisse ihrer unruhigen Selbstflucht inmitten der rollenden Zeit. Ihr *eigener* Boden ist ihnen verloren und darum wird auch die beste Fremdwelt sie nicht wurzeln lassen, und kein Gott wird aus dem Tanz um gewesene Götter entstehen: es bleibt beim naschhaften Erlebnis, meist beim bloßen Erlebenwollen. Eine Unmenge Anregungen, Aufregungen, Betäubungen, Entzückungen einerseits, eine Unmenge Forderungen, Bestrebungen, Verheißungen und Utopien anderseits: »Fülle fehlt«, weil gerade die eine Stufe übersprungen oder ausgefallen ist die all das halte und binde: der leibhaftige Mensch. Darum zwar Rudel von Talenten, von Könnern, Wissern, Fühlern, Träumern, Leidern, aber keine Ächtheit und Größe, und meist bei bunten Virtuositäten der Seele und des Hirns eine gewisse Öde des Wesens .. Niemals hat es so gewimmelt von aufgeblasnen Schulmeistern, verrückten Pfaffen, phrasentrunknen Hochstaplern, von Poeten und Profeten wie Nietzsche sie zeichnet: Leuten »die von allen Möglichkeiten der Größe, auch der sittlichen Größe, zu strotzen scheinen und es dabei im Leben nicht einmal bis zur gewöhnlichen Rechtschaffenheit bringen«. Maß-lose, im eigentlichen

Sinn maßstab-lose Eitelkeit und Verlogenheit ist nicht mehr ein Charakterfehler Einzelner, sondern naturnotwendige Eigenschaft eines Geschlechts das nicht den Menschen will, sondern das Chaos, das Atom, das Nirwana. Denn nur vom *Menschen* aus gibt es ein Maß der Größe und der Wahrheit, gibt es Götter und Werte hinauf und hinab.

Mag jedes Zeitalter sich anders nach den ewigen Sternen richten: das pure »Zeit«alter, unseres, ist das erste das die Aufhebung *aller* Maßstäbe theoretisch wünscht und praktisch betätigt. Nicht die Umwertung der bisherigen Werte, sondern die Entwertung aller Werte: der »absolute Relativismus«. Nicht kühne Neuerer und folgerechte Verbrecher wollen das, sondern Quallen und Wellen, und die sind diesmal nicht wie ehedem die Nachzügler und Mitläufer, sondern die Vorläufer des Zeitgeistes, sein vorgeschrittenstes Stadium. Das ist etwas neues in der Geschichte, wie zum erstenmal in der Geschichte ein Zeitgeist, das Fließen, das Abrollen, die Beziehung, der Fortschritt sich als Welt und Gott genommen hat. Zum erstenmal ist Beziehung das einzige Wesen. Für jeden der dies bejaht ist das Quallentum, das bloße Schwabbeln und Wohinfließen auch die Erfüllung. Der Fortschritt zu immer überholbaren Zielen, der Genuß immer wechselnder Reize, das »Pathos« als Sensation, das »Erlebnis« als Lebensgehalt, das sind nur notwendige Vorstufen der Entwertung, wie es notwendige Folgen der Verzeitlichung und notwendige Formen der Entmenschlichung sind.

Der »pfeilgerade Willen« führt notwendig in das »Nichts«. Der Mensch der die wandelnden, werdenden, weder starren noch vergänglichen d. h. überholbaren Gesetze *lebt*, der allein schafft Kosmos, der allein kann ihn *er*leben: und dieser Mensch ist nicht wie Münchhausens Bohnenranke, auch nicht Münchhausens Zopf, sondern er ist eine Kugel mit wachsendem, mit strahlig weitergreifendem Umfang bei immer gleicher Mitte, immer gleicher Form, d. h. immer gleichem Gesetz, wiesehr auch immer neues Chaos ihr einbezogen werde. Wer aber statt dieser ewigen Kugel die zeitliche Flugbahn, die Fortschrittsbahn will, statt des Menschen irgend ein *Ziel* des Menschen oder den *Weg* zu diesem Ziel, der verliert notwendig mit dem Menschen sowohl Ziel als Weg. Das ist die Entwicklung die der europäische Geist mit immer wachsender Geschwindigkeit im 19. Jahrhundert genommen hat. Es begann mit dem Glauben an ein in der Zeit zu verwirklichendes Ziel, dann wurden die Mittel dazu selbständig, dann der Weg selbst.

Wir haben das deutsche Schrifttum bis zum Krieg nur als das uns zunächst angehende Zeichen dieses Hergangs betrachtet, um nachher Georges Sinn deutlicher zu begreifen: der ist einfach genug, aber schwer vorstellbar denen die in den Gedanken und Gefühlen des puren Zeitalters verstrickt sind, die pfeilhaft denken statt kugelhaft – gleichgültig ob sie Vergangenheit, Gegenwart, Zukunft oder bloße »durée« wollen . . sie wollen Zeit und er will den *Menschen:* das Maß, nicht das Geschöpf der Zeit. Es mußte einmal der Zeitpunkt kommen da die Menschflucht nach außen zu immer leereren Zielen, die Menschflucht nach innen zu immer feineren, wilderen, dunkleren Reizen sich selber vernichtete, in ihren eigenen boden-losen Ab-grund starrte . . da alle Teleskope zur Menschheit oder zum Chaos oder zum Nirwana hinaus, alle Mikroskope in die Seele, in die Nerven, ins Geziefer hinein nicht mehr das schauderhafte Ungenügen stillten. Der Stolz auf Errungenschaften war schon länger erschüttert, aber man mußte zwangsläufig weiter erringen. Noch betäubte man sich an primitiven exotischen, möglichst entlegenen, möglichst unverpflichtenden Fernzaubern, solange noch irgendein unangetatschtes Abseits zu entdecken schien – Altägypten, Frühchina, Gilgamesch, Neger, Maya . . all das nicht mehr als Wissenschaft, Historismus, sondern als Verkindung, als Narkotikum. Nur möglichst weg vom eigenen Sein, denn man ahnte das Loch das da gähnte.

Der Krieg hat dies Loch endlich vielen gezeigt, und nun erscholl bei vielen der Schrei: los von den Mitteln! los von den Stoffen! los von den Zielen! ein ganz neuer Beginn muß geschehen, ein innerstes Werde, ein Ur, ein Ansich, ein utopisch unbedingter Grund der nichts mehr mit den Gründen und Dingen des Zusammenbruches zu tun hat . . wir müssen mit dem anfangen was wir jetzt ganz sicher haben! Und nur zwei Dinge hatten sie ganz sicher: das Loch und den Schrei. Dies ist (zurückgeführt auf seinen ehrlichen Ursprung und entlaust von modisch gesindelhaftem Mitläufertum) der *Expressionismus.* Er gehört ganz wesentlich zum Krieg und ist nicht seine Folge, sondern das geistige Symptom derselben Krise deren weltliches Symptom der Krieg ist – wie dieser durch mancherlei Vorboten angekündigt und wie dieser umlagert, gemengt und beschmutzt mit vielen Resten und Trümmern seiner Vorschichten und Vorgeschichte. Er ist ein gewaltsames Aufbäumen des beraubten nackten und zerschlagenen Zeitgeistes gegen seine bisherigen Täuschungen, zunächst ein rasendes »Nicht mehr das!«, ein entlastendes Geheul, Schluchzen, Stöhnen, Hilfe- oder Ermunterungsrufe Ertrinkender und verrücktes Gelächter. Kein Zufall, daß der *Schrei* schlechthin als Erlösung gelten soll!

Auch diese Opfer des Zeitwahnsinns haben keinen archimedischen Punkt, auch der Schrei, der Ausbruch, der Ausdruck schlechthin gehört durchaus zur Zeit und die Zerschlagung der Sprach- und Formgefüge schafft noch keinen einzigen neuen Laut. Darin nun gehören die Expressionisten mit all ihrer Anfangswut, mit allem programmatisch tobenden Utopismus durchaus zu der zertrümmerten Zeit, daß auch sie nicht »den Menschen« wollen – alles, nur nicht den Menschen! sondern abermals entweder die »Menschheit« (diesmal nicht als Gesellschaftszustand sondern als Seelenlage) oder den »guten Menschen« d. h. die Qualle, oder den Schrei in Permanenz, die Revolution um der Revolution willen, das Chaos: kurz, die meisten Ideale des Fortschritts, ihres Fortschritts-charakters entledigt als bedingungslosen »Ausbruch«. Aktivismus, Mystizismus, Ästhetentum fallen hier zusammen, Reizsucht und Nutzsucht sind aufgehoben in einem einzigen ziellosen Ausdruckstaumel, der zugleich die Notdurft befriedigen, das Herz entlasten und das Heil bringen, vielmehr vorwegnehmen, bedeuten soll. Der *Schrei* ist zugleich tierische Regung, politisch soziales Programm und geistige Spannung. Man schreit nach dem Unerfüllbaren, nach der Utopie, weil das Schreien selbst schon Entladung, Erlösung ist, ganz gleichgültig wonach man schreit. Man zerschlägt die Sprache in ihre alogischen, augenlosen Kleinteile, in ihr vorgeistiges Kinderlallen, weil dies Zerschlagen selbst schon etwas »ausdrückt«.

Was auf bloßem Zweck oder Trieb beruht wird mit irgendeinem Selbstzweck oder Selbsttrieb enden, d. h. in der Atomisierung . . das Atom ist das Unzerlegbare: drum nimmt es sich leicht für den Anfang, doch es ist das Ende. Jeder Fortschritt an sich läuft endlich ins bloße Fort und ins bloße Geschreite aus . . jede Zielerei endet im Tanz der Atome durcheinander oder im Kreisen der Atome um sich selbst. Der Expressionismus schafft keine Keimzellen des neuen Lebens, sondern zeigt die Atome des alten. Und wenn einige Ältere kopfschüttelnd wohlwollend sagen, man müsse abwarten was daraus werde, so ist auch das fortschrittlich gedacht: der Mensch ist immer am Ziel, die Zeit und der Fortschritt nimmer und »was ihr heut nicht leben könnt wird nie«.

Der Expressionismus leugnet das was ihm hier nachgesagt

wird gar nicht sondern bejaht es ... auch ist es eine Feststellung, keine Anklage. Es ist kein Vorwurf Atom, Dauer-säugling, Qualle zu sein: es sei denn, man beanspruche was anderes und das Einzige zu sein. Berechtigt ist durchaus der Anspruch des Expressionismus die vorgeschrittenste heutige Menschheit auszudrücken, den Endschrei des »Zeit-Alters«, und mit Fug blickt er auf Naturalismus und Ästhetentum als auf altmodische Vorstufen und Hemmnisse herab. Wer den Fortschritt und das Zeitalter will der muß ehrlicherweise auch seine Letztlinge wollen: das programmatische Säuglingslallen ist das »*letzte Wort*« (le dernier cri) des bloßen *Zeitalters*, und die vorletzten Worte haben keinen Grund zu mildem Lächeln oder zur entrüsteten Abwehr. (Ich rede von dem Willen der diese Geisterwelle treibt, nicht von den privaten Meinungen und Motiven einzelner Personen. Es gibt hier wie überall bloße Dummköpfe und schlaue Literaturschieber, Prinzipienreiter und Schmöcke, Interessenten und Opfer. Ich wäge hier nicht persönliche Verdienste und Leistungen ab, sondern die Bewegungen der *Zeit*, gewissermaßen eines einzigen Wesens. In jedem heutigen Schriftsteller ist vielerlei Erbschaft und keiner ist mit seinem ganzen Werk der chemisch reine Ausdruck seiner eigenen *Richtung*, diese wallt über die Privatpersonen hinweg, in ihnen, mit ihnen, durch sie, wie der Sturm durch Wellen. Man klage also nicht über Unbilligkeit gegen einzelne vortreffliche Köpfe, wackere Herzen, gute Leistungen – darum handelt es sich hier nicht ... nicht um die hundert Iche, sondern um das eine Es. So rede ich auch nicht von den Handwerkszeugen und Bedürfnisanstalten des Zeitgeistes: Theater, Presse und Lichtspiel, von den Mitteln Lyrik, Roman, Drama, nicht von den Kunstfertigkeiten Einzelner in der Benutzung dieser Mittel – so wenig ich beim Blick auf die Mechanisierung der Welt jedem genialen Erfinder und Mechaniker gerecht werden kann: Verdienste *innerhalb* der *Zeitmittel* bleiben ungeschmälert und unberücksichtigt, wo der große Kampf des ewigen *Menschen* gegen die fortschreitende *Zeit* in Frage steht. Virtuositäten sind freilich fast der einzige Ruhm den die verschiedenen Vertreter der wechselnden Stadien beanspruchen und den man irrigerweise George selbst zugebilligt hat. Angesichts jenes Kampfes ist es müßig, heute noch von geschickten Dramatikern, Lyrikern usw., von einer neuen Psychologie oder Verstechnik Aufhebens zu machen. Fortschritte des Bühnenwesens sind so gleichgültig, so wünschenswert oder beklagenswert wie Verfeinerungen des Hotelbetriebs. Es handelt sich nicht mehr darum was auf der alten Ebene *Neues*, Gutes oder Schlechtes geschieht, sondern darum auf welcher Ebene sich fortan das Leben abspielt.)

Hierin ruht zunächst, von dem Ausmaß und Umfang seines Wesens abgesehen, Stefan Georges geschichtlicher Sinn: er allein beherrscht heute die neue Ebene die Nietzsche zuerst wieder sah, die Ebene des ewigen Menschen, nicht die der modernen »Menschheit«. Er allein hat den archimedischen Punkt außerhalb des *Zeitalters*, und sowohl sein Anders-erscheinen als sein Wirklichsein, sein Lockendes und sein Drohendes kommt heute daher. Er wird heute erst allgemeiner sichtbar, ja verständlich, da die bloße Zeit nicht mehr weiter weiß. Wenn jetzt wieder vom »Kosmischen« d.h. von einer übergesellschaftlichen, außerzeitlichen Lage die Rede geht, wenn der Expressionismus nach einem Ansich, nach urtümlichem Ich verlangt, so entnimmt er dabei (wohl unwissentlich) die Zeichensprache für seinen eigenen Endschaftswirbel abermals dem mißdeuteten Bereich Georges. Nicht durch seinen höheren Grad innerhalb der modernen Welt, durch sein höheres Können ist George wichtig, sondern durch ein Sein das ohne ihn verschollen und sagenhaft bliebe. Er allein hält heute den lebendigen Zusammenhang mit der wesenhaften Vorwelt aufrecht, in seinem Blut, seiner Gestalt und seiner Schau ... nicht durch Gedächtnis, Romantik und Pietät, nicht durch rückgewandte Bewahrertreue, starre Orthodoxie, Träumersehnen und Trümmerwehmut, Gelehrtenaltgier und Ausgrabungszärtlichkeit. All das gibt es genug und es soll nicht gescholten werden: doch nur George hat heute den lebendigen Willen und die menschliche Wesenheit die zuletzt in Goethe und Napoleon noch einmal Fleisch geworden, die in Hölderlin und Nietzsche zuletzt als körperlose Flamme gen Himmel schlug und verglühte. Er hat nicht ein klassizistisches Streben, sondern er ist eine antike Natur, er ist Katholik nicht durch Glauben oder gar aus Geschmack, sondern durch Geblüt: er bewahrt die ewigen Kräfte die geschichtlich bisher in klassischen und katholischen Gebilden erschienen sind, in der heutigen noch unbenamten Form ...

4. NEKROLOGE

1920–1921

In der Frage der zeitlichen Begrenzung des literarischen Expressionismus herrscht weithin Unklarheit. Hat man sich nach und nach darauf geeinigt, die Meinung der Zeitgenossen zu akzeptieren, daß mit dem Jahre 1910 die neue Literatur ihren Anfang nahm, so liegt die Bestimmung des Endes meist im Dunkeln. Gewiß: die Übergänge von einer Epoche zur anderen sind fließend, eine literarische Bewegung ist nicht schlagartig zu Ende. Doch liest man die Dokumente und Zeitschriften aus den Jahren 1920/21, so sieht man, wie allgemein die Ratlosigkeit war, die unter denen herrschte, die den Expressionismus am stärksten repräsentiert hatten. Für sie kam nach dem Scheitern der Revolution eine große Ernüchterung. Nach den Träumen, in die man sich immer mehr hineinlebte, gab es ein böses Erwachen. So sind die Aufsätze zu verstehen, in denen vom Expressionismus Abschied genommen wird. Sie sind zwischen 1920 und 1921 geschrieben, wir nennen sie Nekrologe. Zur gleichen Zeit betrachteten auch die Kunsthistoriker, etwa Wilhelm Worringer, Wilhelm Hausenstein und Carl Georg Heise, das Ende und den Ausklang der expressionistischen bildenden Kunst. Eine Epoche hatte sich – darüber waren sich die Beteiligten einig – erschöpft. Man mußte neue Wege zu neuen Ufern suchen. Daran änderte auch nicht, daß manche Dichter den gewohnten Tönen treu blieben und daß die Wirkung auf dem Theater erst zu Beginn der zwanziger Jahre zum vollen Durchbruch kam. In der Entwicklung der Dichter aber trat unverkennbar eine Wende ein. Sie ist hier zu demonstrieren. Zur Veranschaulichung mag auch noch darauf hingewiesen werden, daß für diesen Ausklang das Erscheinen zusammenfassender Sammlungen und Anthologien bezeichnend ist. Die ›Menschheitsdämmerung‹ von Kurt Pinthus, Ende 1919 zuerst erschienen, ist ein solcher Markstein, nicht Fanfare zum Aufbruch, sondern Schlußsymphonie für eine Literatur.

KASIMIR EDSCHMID

Stand des Expressionismus. 1920.
Rede, gehalten zur Eröffnung der 1. Deutschen Expressionisten-Ausstellung in Darmstadt am 10. Juni 1920.

Was vor zehn Jahren anfing, den Bürger heftig zu verwirren, hat in der weniger gottgesegneten Gegenwart des Jahres Neunzehnhundertzwanzig nicht einmal das Rührende mehr der Sensation. Es haben sich in der Zwischenzeit seit dem Untergang des Rekordschiffes ›Titanic‹, dem U-Boot-Krieg und den Bürgerschlachten zu viele Sensationen in der Peripherie des deutschen heimatlichen Bodens ereignet. Was damals als Gebärde kühn schien, ist heute Gewohnheit. Der Vorstoß von vorgestern ist die Allüre von gestern und das Gähnen von heute geworden. Wer die Bewegung der Geister nur äußerlich kapierte, hat jedes Recht dieser Einstellung, aber er ist ein törichter Fälscher und ein armseliger Spekulant nur gewesen und rasch in den Stand der nervösen Schwätzer hineingeglitten, die, was sie messianisch lobten, sehr bald zum Plunder jeweils warfen, weil sie vom Kern der Dinge ewig unberührt nur das modisch Gebaute und die überraschende Wendung sahen.

Die um Achtzehnhundertneunzig Geborenen machten ohne Absicht eine neue Kunst, nicht weil sie Ehrgeiz dazu verführte, sondern weil irgend ein wohlmeinender Gott sie zwischen die Jahrhunderte und die Ideen gestellt hatte. Schickele ist romantisch, Lehmbruck gotisch, Sternheim barock in der Äußerung. Dazu kam, was sie früher Sturm und Drang nannten, man kann es auch den Aufbruch der Jugend nennen. Geist und Angriff waren die Spannungen. Man schuf später dreihundert Rezepte und den Namen Expressionismus, was nichts weiter besagt, als daß so innerliche Tendenzen und so ins Äußere weit und sichtbar greifende neue Formgefühle sich einer Linie genähert haben, auf der die einfachen Ausdrucksmittel vieler vergangener Epochen von Grünewald bis zu den Chinesen, von Ramses bis zu den Pompejanern lagen. Das Ganze war durchaus nichts Neues, immerhin war es der Ausgangspunkt des Schöpferischen in der Epoche.

Immerhin genügte es, eine enorme Anzahl von Kunstgelehrten, die in den Zeugen bedeutender Vergangenheit nur Kuriosität und nicht den Sinn sahen, sehr zu bewegen und das Meer der nur Abziehbilder und Familienerbauung gewohnten Bürger in ungewöhnlichen Aufruhr zu versetzen. Dieselben, die Goethe ein Schwein nannten, Marées nicht kapierten, Shakespeare jahrhundertlang für einen Rowdy hielten, Büchner für einen Fortissimo-Schreier, Böcklin verklatschten, Manet beschrien, hatten in der unendlichen Zeugungsfähigkeit ihrer Gesinnung eine legionäre Meute sehr rasch dagegen gestellt. Es gab eine groteske Fuchsjagd, wo man die Jugend hetzte und alte Greise sie in peinlicher Verkennung des Geistes, der auch die deutschen Dome baute, aber in guter Anlehnung an die Kriegsfanfaren undeutsch und irr geworden schalten.

Doch bald sammelte sich die Meute um die Gejagten, und hier ward der Ort der Sammlung, je mehr die Weltgeschichte sich eigenwillig nach einer Seite drehte, deren Unwahrscheinlichkeit den Inszeneuren bis in die letzte Sekunde ihr strammes Herz zu versichern gestattete. Ein Kulminationspunkt der Kurve war durchschwungen, sogar die öffentliche Anerkennung war erreicht, im Grunde belanglos und in der Konsequenz gefährlich. Das Mißverständnis und die Diskreditierung begann.

O Ihr Jungfrauen von Kötzschenbroda, Ulm und Gnesen, die Ihr statt Schlummerrollen und Holzschnitzereien Eure unverstandene deutsche Schwermut nun in abstrakten Landschaften und gedreieckten Visionen dem erschreckten und ahnungslosen Publikum Eurer Heimat vorweist, wie sehr habt Ihr (wie die meisten alle) mißverstanden, daß die Wölfe allein im Stande sind, die schlanke Geistesbeute zu fassen und zu zerreißen, und daß die Tauben und die idyllischen Hühner, selbst wenn sie die tragischen Masken tragen, unerbittlich an Girren und Scharren gebunden sind. Wer wähnte, die neue Kunst sei modern und es sei nötig und guten Tones gewiß, sich mit zeitgemäßem Badekostüm, Teekleid und Fingergestus auch dem Geistigen bestimmt nun modisch anzuschließen, hat schlechte Börsentips des Geschmacks getan. Modern ist bei Gott hier nicht die Spur, was hier erstrebt ward, war uralt. Modern ist allein und undeutsch auch nebenbei der Kitsch, den die guten Schulen unseres Mittelalters und aller anständigen Vergangenheit nicht kannten.

Eins jedenfalls ist sicher: die Generation ist ausgekernt. Überraschung wird nur noch aus der Leistung kommen, nicht aus dem Affront. Die Redner, Maler, Dichter, Regisseure, Plastiker dieser Jugend stehen in der Arbeit, es ist wohl abgeschlossen, was hinter ihnen kommt. In zehn Jahren vielleicht wird eine andere Generation kommen, vielleicht mit Tomahawks gegen die unsere, vielleicht mit sehr betrüblichem Nazarenertum. Man wird sich um beides nicht kümmern, seinen Weg gehen, seine Tat tun. So wurde jeweils eine »Bewegung« ausgewirkt. Narren nur hätten in Frankreich zehn Jahre seit den Anfängen Monets und Pissarros gerufen, der Impressionismus sei tot. Vorgestern erst starb Renoir und heute lebt noch Monet und es wird keinen Ernsthaften geben, der die große Leistung ihrer Zeit nicht auch heute noch in ihrem Werk mit Bewunderung grüßt. Der Snob und der Beschränkte, der Tumultuöse und der Unbegabte sind ohne Duldung, weil Respekt ihrer kleinen Seele nicht gemäß ist. Die Berufenen werden auch so das Ziel ihres Lebens und die in der Kunst der Zeit ihnen gesteckten Ziele erreichen und ihre Terrains ausbauen. Alles Maulen drumherum ist ohne Bedeutung.

Das Formale ist als Frage und Problem wohl erledigt. Nun kommt die stille Arbeit. Ich bin für die Leistung. Aber ich bin gegen Expressionismus, der heute Pfarrerstöchter und Fabrikantenfrauen zu Erbauung umkitzelt. Es hat mich nie gereizt, eine Schar zu führen, die in geometrischen Orgien und stilistischen Wettrennen auch nur erstrebenswerte Stationen der Kunst erblickte. Ich erschauere über die nachgeplapperte Gebärde, deren Sinnlosigkeit Brechreiz erregt. Ich bin dagegen, daß die siebenklassigen Leute sich verdrehen, schöne Mädchen und zu anderen Hoffnungen durchaus berechtigende Knaben sich ereifern, die Welt mit kosmischen Tapeten und hysterischen Gedichten zu erfüllen, statt ein bescheideneres und menschlicheres Dasein sich zu erwählen. Ich bin dagegen, daß die Programme der Theater und der Kunstgewerbeschulen und der öffentlichen Vergnügungshäuser schon allgemach beginnen, sich »steil ins Visionäre aufzurecken«, und daß die alternden Damen bereits nicht weit davon entfernt scheinen, ägyptische Coiffuren den schlichten und sicher in ihrer Unreizbarlichkeit gelasseneren aufgeklebten Teetassen vorzuziehen. Ich bin voll Gram und Übelkeit über diese Dürre, diese Trockenheit, dieses Mißverständnis eines Nachwuchses, der keiner ist, sondern ein Ameisenhaufen von Ehrgeizigen, Affen und Modischen und Harlekins. Wahrlich, so setzt ein Stil sich nicht durch, nie geschieht durch die kritiklose Aufnahme der Idioten die Wandlung in schöpferische Breite. Glaubte ich nicht, daß, nachdem (Lob, wenn es bald sich ereignet) die Allzuraschen das Geraffte wieder treulos verworfen haben, glaubte ich nicht, daß gegen die Programme, gegen die sie hilflos sind, die Sicheren und Aufrechten, dennoch, sich wandelnd mit der Zeit und dem aufsteigenden Saft ihrer eigenen Reife, diese Mischung von Glauben, Einfachheit und Stärke des Ausdrucks zum guten Ziel breiten werden ..., müßte ich wirklich denken, dies Gewimmel von Nichtsen und Nachbetern sei die »moderne Schule«, ich wüßte keinen anderen Wunsch, als daß ich sekündlich bei aller meiner antimilitaristischen Überzeugung bäte, irgend ein deutscher oder gallischer oder tonkinesischer Kriegsgott mit aufgeteiltem Schnurrbart möge dies alles sporenklirrend in die Welt-Latrinen tragen.

Es ist im Augenblick nichts nötiger als Selbstbesinnung, Arbeit und Geduld. Im europäischen Chaos ist hier sicher ein Punkt und Ort der Haltung und Gesinnung bei aller Anarchie an der Peripherie. Die Franzosen haben im rein Malerischen unbedingt eine überragendere Kultur. Immerhin wird, was heute geleistet, vielleicht kühn, vielleicht sogar bedeutend, jedenfalls als ein überzeugter Übergang, eine vielleicht rohe aber überzeugungshafte Auffahrt der deutschen Seele geheißen werden. Es wird auch Ruhe einkehren. Bald werden die Mauern und noch störenden Hemmungen des Stils noch mehr fallen, die Führer heraustreten und sich vielleicht anschließen an die Reihe von Mäleßkircher zu Marées und Liebermann. In hundert Jahren gilt nicht mehr die Welle der Bewegung, das dauert nur bestenfalls dreißig Jahre. Da gilt schon die Leistung. Man wird sagen Slevogt und Picasso, Monet und Beckmann, Renoir und Munch. Es trennt sie kaum ein Menschenalter, die Geschichte der Menschheit ist aber von unausdenkbarer Zeit, so treten sie dicht nebeneinander.

RENÉ SCHICKELE

Wie verhält es sich mit dem Expressionismus? 1920.

Von unsern Altersgenossen in der Literatur setzen einige, die nicht »mitgekommen« waren, auf ihn zum konzentrischen Angriff an.

Wir könnten das Feld räumen, ohne uns mit ihrem Ressentiment auseinanderzusetzen. Denn was geht uns dieser Handel an? Das Wort ist weder von uns, noch haben wir die Sache, die wir vertreten, damit gedeckt. Habe ich, wenn ich unter Bildnerischem und Literarischem für eine Zeitschrift auswählte, je eine Kleckserei reproduziert, eine unleserliche Seite gedruckt? Hat Edschmid, in dem sie den ganzen Expressionismus demolieren wollen, weil er des Programms Roß und Reiter sei, in seinen Kritiken je ein Buch empfohlen, dessen Lektüre eine mehrwöchige geistige Gymnastik vorausgesetzt hätte?

Der Handel ginge vielleicht Marinetti, Picasso und Sternheim an? Sie bestiehlt man, aber man greift sie nicht an. Um abzulenken, zeigt man daneben. Und doch begann das Unheil, als der begeistert suchende Herwarth Walden über den smarten Marinetti stolperte, der gerade mit dem futuristischen Musterkoffer Europa bereiste. Begann für die Maler. Für die Schriftsteller, als Sternheim mit der Konstruktion seiner Sprachmaschine soweit fertig war, daß er in eine große Produktion eintreten konnte.

Bereits sechs Monate später konnte man unsre Maler nicht mehr verhindern, daß sie sich ihre Schnurrbärte abschnitten und auf ihr Selbstporträt aufklebten, war es zu spät, Wustmann gegen Sternheim zu halten. Weit und breit hatte über das Deutsch das Kirchenlatein gesiegt.

In der bildenden Kunst trat eine zweite, diesmal sehr ernsthafte Verschiebung aufs tote Gleis ein dadurch, daß ein Elementargedanke Cézannes bei zarten, grüblerisch zweifelnden, halb verzweifelten und daher fanatischen Nachfahren in einen geometrischen Fimmel ausartete.

Wie verhielten wir uns dazu? Wir nannten Picasso einen liebenswerten Künstler und sagten aus, daß Sternheim Genie habe, und den Marinetti müsse man gesehn haben, um zu ermessen, zu welchen Triumphen er Maggis Suppenwürfel und Odol geführt hätte. Und hielten uns den Mückenschwarm vom Leib, der diese schönsten aller Leichen verfinsterte.

Wie aber verhält es sich nun mit dem Expressionismus?

Es ist, vor etwa zehn Jahren, zu einer doppelten Revolte gegen den Naturalismus und den Ästhetizismus gekommen, die damals unbestritten herrschten, das hat man den deutschen Expressionismus genannt. Daran haben, im Gefolge unseres großen Heinrich Mann, mitgewirkt Kurt Hiller wie Wilhelm Herzog, Edschmid wie Leonhard Frank, Sternheim wie Benn, Döblin wie Georg Kaiser, Becher wie Werfel, Wolfenstein wie Rubiner, Kafka wie Brod, und was mich anlangt, so war, als mein erster Roman ›Der Fremde‹ erschien, der Expressionismus noch gar nicht erfunden. Als er ein paar Jahre später ans Tageslicht kam, holte Franz Pfemfert das unter den Fußtritten der Kritik unter den Tisch gesunkene Buch hervor und druckte es noch einmal in der ›Aktion‹. Es war die gute alte Zeit.

Noch war die Grammatik keine Scherbenküche, man stieß nur ganz vereinzelt auf ein Bild oder ein Gedicht, die sich ohne Schaden für ihre Eigenart auf den Kopf stellen ließen. Dann aber dienten sie dazu, die frommen Helenen zu verulken, die entzückt die Kröte schluckten, gleichviel, wie sie ihnen eingegeben wurde. Lehmbruck und Kirchner arbeiteten hart vor sich hin, ohne daß jemand Aufhebens von ihnen gemacht hätte, Meidner verkaufte in Jahren kein Bild. Von Däubler hörte man, er könne Florenz nicht verlassen, weil er dem braven alten Signor Reininghaus über hundert Lire schuldig sei. Es war die gute alte Zeit.

Als die oben mit einigen (nicht allen wichtigen) Namen bezeichnete Gruppe – ihnen zum Tort, nicht zum Gefallen! – auf den Namen Expressionismus getauft wurde, war klar, was sie verband, und was mit dem Wort gemeint war. Hier geschah, nach der reinen Beschreibung des Naturalismus, nach der formalen Gepflegtheit der deutschen Parnassiens: der Schrei. Nichts könnte einen bessern Begriff davon geben, wie das so benannte Bild von Munch. Man war unglücklich im Zwielicht der Zeit, man wollte heraus aus der mit Herz und Hand jobbernden Umgebung. Heraus aus den Militärmusiken und der häuslichen Pflege des Gemüts, in der sich die Bestie so gut konservierte. Man war getreten, arm, ehrgeizig, schachmatt nach dem dritten Zug, sowie man mit den regierenden Zeitgenossen die kleinste Partie wagte: man schrie! Heinrich Mann hatte seinen Essay ›Geist und Tat‹ veröffentlicht, Rubiner schrieb: »Der Dichter greift in die Politik«, Hiller setzte Kerrs geistpolitische Mission praktisch fort, der Aktivismus entstand, das Wort und die Sache. Ein großer Ruck vorwärts ward festgestellt, nachdem Herzog die Leitung des ›März‹ übernommen hatte. Zentral wirkte Pfemferts ›Aktion‹. Wir waren, außerhalb unseres Kreises, das Gesindel aus dem Café Größenwahn, und kein Redakteur einer anständigen Druckschrift konnte sich soweit vergessen, als daß er die Stilübungen von irren Analphabeten gedruckt hätte oder auch nur für sie eingestanden wäre. Der Stilunterschied zwischen den Werken spielte keine Rolle. Man bemerkte ihn nicht. Es dauerte eine Weile, bis die Kritik soweit war, daß sie den einen hervorhob, um die andern damit totzuschlagen. Auch ließ keiner es sich einfallen, zu übertrumpfen. Die Ware galt nichts, also fanden auch keine Versteigerungen statt. Was an ehrgeizigen Nachläufern dabeisaß, bremste. Sie brauchten zehn Jahre und den Nachweis von der Marktgängigkeit des Neuen, bis sie, mit dem Mut der Verzweiflung – überboten.

Da aber waren die »Expressionisten«, die den Wind gesät hatten, längst in der Abwehr vor dem Latrinensturm, den man ihnen zur Ernte anbot. Sogar ihre letzte und schönste Tat, ihre internationalistische Kampagne im Krieg, drohte in der riesigen Nachfrage, der die tollsten schönschreibenden Imperialisten von 1918 spätestens im November des gleichen Jahres insgesamt erlagen, und im entsprechenden Überangebot zu Brei gequetscht zu werden. Unabsehbare Scharen rückten heulend und psalmodierend über sie vor, Philosophen wechselten ihre Weltanschauung, um ihnen auf den Bauch zu treten. Sie starben nicht ganz, und also könnten sie sich gegen die nachtrampelnden Literaten zur Wehr setzen, – wenn diese nicht justament am gleichen Strang zögen und damit den Karren unters Publikum brächten. Dem aber muß geholfen werden.

Welchen Karren? Nennt es Pazifismus, Solidarität aller Völker, Bekenntnis zur geordneten Menschenerde, Kampf gegen die Bestie in allen Lebenslagen: es ist der alte Gott aus dem Osten auf seinem neuen Umzug. Diesmal muß der Traum Wirklichkeit werden, soll nicht alles, was wir »Welt« nennen, zugrunde gehn, greifbare Wirklichkeit, gebend und nehmend: alles muß die Wirklichkeit eines jeden Tages werden, und wäre der Anfang noch so bitter.

Politische Angelegenheiten, auch kulturpolitische, sind eine Bäckerangelegenheit. Die Menge macht's.

Die letzten mögen die ersten sein, wenn sie die Dutzend nur recht voll machen.

Also lauft, soviel ihr seid, soviel ihr könnt, lauft, lauft!

Was kümmert uns – der Ismus, die Schule, der Stil! Laufen sollt ihr am gleichen Strang!

Soviel – nicht mehr, nicht weniger liegt uns am Expressionismus.

IWAN GOLL
Der Expressionismus stirbt. 1921.

Was aller Orten gemunkelt, belächelt, geahnt wird, bestätigt sich: wieder stirbt eine Kunst an der Zeit, die sie verrät. Ob die Schuld an der Kunst liegt oder an der Zeit, ist ohne Belang. Wollte man kritisch sein, so wäre allerdings nachweisbar, daß der Expressionismus an jenem Revolutionsaas krepiert, dessen mütterliche Pythia er sein wollte.

Und dies erklärt das, nämlich: daß der ganze Expressionismus (1910–1920) nicht einer künstlerischeren Form, sondern einer *Gesinnung* Name war. Viel mehr Sinn einer Weltanschauung als Objekt eines Kunstbedürfnisses.

Ludwig Rubiner: »Der Dichter greift in die Politik« (Die Aktion 1912). Derselbe: »Unser Ruf für die kommende Zeit über alle Länder hinweg ist die Forderung: L'homme pour l'homme, statt der früheren L'art pour l'art. (Zeit-Echo. Mai 1917).

Kasimir Edschmid: »... Kein Programm des Stils. Eine Frage der Seele. Ein Ding der Menschheit«. (Neue Rundschau. März 1918).

Hasenclever: »Die Bühne werde Ausdruck, nicht Spiel!« »Bühne für Kunst, Politik, Philosophie«. (Schaubühne, Mai 1916).

Also:

Forderung. Manifest. Appell. Anklage. Beschwörung. Ekstase. Kampf. Der Mensch schreit. Wir sind. Einander. Pathos.

Wer war nicht dabei? Alle waren dabei. Ich war dabei: »Neuer Orpheus«. Kein einziger Expressionist war Reaktionär. Kein einziger war nicht Anti-Krieg. Kein einziger, der nicht an Brüderschaft und Gemeinschaft glaubte. Auch bei den Malern. Beweis: »Gesinnung«.

Und: Expressionismus war eine schöne, gute, große Sache. Solidarität der Geistigen. Aufmarsch der Wahrhaftigen.

Aber das Resultat ist leider, und ohne Schuld der Expressionisten, die deutsche Republik 1920. Ladenschild, Pause. Bitte rechts hinausgehn. Der Expressionist sperrt den Mund auf ... und klappt ihn einfach wieder zu. Die Waffe, die Tuba nämlich, fällt den Meidnerschen Europa-Propheten aus der Hand. Derselbe, der so ernst-bedeutend die Arme in die Luft warf, tut dasselbe nun aus anderem Grund. Der Browning knallt lauter.

Jawohl, mein guter Bruder Expressionist: das Leben zu *ernst* zu nehmen, ist heute die Gefahr. Kampf ist zur Groteske geworden. Geist in dieser Schieberepoche Ulk. Der »Intellektuelle«, der seine Gesinnung bis zum Bolschewismus erhöht, muß sich vor den Massen klein, ganz klein machen, wohl auch eine Maske der Dummheit über die jüdische Stirne ziehen, damit ihm Steine nicht die Zähne ausschlagen. Bitter, bitter wird der ekstatische Mund.

Der »gute Mensch« mit einer verzweifelten Verbeugung begibt sich in die Kulisse. Das Leben, die *Maschine*, die Natur behalten recht: jenseits von Gut und Böse. Die schöne Kraft, der als erster von den Modernen Alexander Blok die ›Skythen‹ widmete. Der Urmensch, mit dem dunklen Jahrhundertblut und den unheimlichen Augen tritt aus Urwäldern des Äquators heraus und aus den Steppen des Pols: mit Mond- und Sonnengeheimnissen. Er tanzt über die Meridiane des Globus.

Aufruf des Bruders, o Expressionist, was für eine Sentimentalität! Was für ein Pathos in deiner Menschlichkeit.

Das nackte Leben ist besser, will sagen: wahrer als du. Beweis: deine Weltanschauung hat nirgends gesiegt. Du hast nicht einem von sechzig Millionen das Leben gerettet. »Der Mensch ist gut«: Eine Phrase. »Aber in tausend Jahren vielleicht.«

Eine neue Kraft scheint über uns zu kommen: die gehirnmaschinelle. Der Kran der Zeit packt uns am Kragen und schifft uns über. Man faßt sich ins Haar: Herrgott, was für ein Rhythmus tönt aus der Erde. Wozu in den Himmel schweifen. *Auch Himmel ist Erde*, weiß der Aviatiker. Himmel ist die Erde längst für den Neger und den Primitiven. Vielleicht hat er doch recht. Jeder Amerikaner sagt »Yes«. Weg mit der Sentimentalität, ihr Deutschen, was gleichbedeutend ist mit: ihr Expressionisten. Denn wetten: auch Ludendorff ist schließlich ein Expressionist?

In Frankreich, wo ich lebe, ist man während des ganzen Kriegs *nicht sentimental* geworden. (Drei Schwächlinge abgerechnet, die kaum gelten.) Neue Länder rufen hinterm Ural, hinterm Balkan, hinter allen Ozeanen ihren Willen zum Leben, zur Kraft. Junge Länder. Junge Menschen. Ihr erstes Wort an uns ist elektrisch.

PAUL HATVANI

1. Der Expressionismus ist tot... 1921.

... Der Expressionismus war, immerhin, eine Entscheidung zur Form. Er *war* es, denn Auseinandersetzungen und akademische Essays beweisen, daß seine Zeit vorüber sei, daß die Aufgabe einer Epoche ihre Bedeutung verloren hätte, daß eine neue Jugend, neuen Zielen verschrieben, neue Wege zu betreten eben im Begriffe sei... Man macht Bilanz; sieht plötzlich, daß man einem Phantom aufgesessen war und fühlt sich genötigt, Anschauungen indigniert einer Revision zu unterwerfen. Das Bleibende der Epoche dürfte das Wort »Ballung« sein; Werke, die sie schuf, müssen sich eine neue Rubrizierung gefallen lassen.

Die Apologeten des Expressionismus, in der Suggestion des eigenen Stils befangen, beschwichtigen uns. Sie bringen neue Interpretationen; haben für den Zweifler den Vorwurf des Akademismus; spielen, wie jede Generation der Abtretenden, die Argumente des hart erkämpften Selbstbewußtseins gegen die nächste aus. Dazu kommt noch die Vehemenz des expressionistischen Zeitalters. Dazu kommt noch die Rapidität des Erlebens während der Kriegsjahre; die nationale Spaltung; die soziale Idee in den Untertönen der aktivistischen Bewegung; die Welle der Humanität, die den künstlerischen Ausdrucksmöglichkeiten in zäher Entschlossenheit sich angelehnt hat. Ist Henri Barbusse etwa Expressionist? Bei Leonhard Frank, der ja immerhin die ›Räuberbande‹ und die ›Ursache‹ geschrieben hat, schwanken wir. Die Lage ist verwickelt. Das Zeitgefühl hat uns berauscht; es ist an der Zeit, wieder einmal genau zu werden. Was ist Expressionismus?!

... Immerhin ...: ein Problem für den ›Kunstwart‹. Der Deutsche ist gründlich, doch ungenau; er kann nicht denken, steht ihm nicht eine mit allem Komfort der Neuzeit ausgestattete Polarität zur Verfügung. Er freut sich seiner handfesten Dialektik; nicht viel Scharfsinn war zur Erkenntnis nötig, der Expressionismus sei etwa das Gegenteil des Impressionismus. Und man sagte: »Impressionismus? Aha, das ist Liebermann, Slevogt; und Peter Altenberg; und dann die Franzosen...« Man war nämlich überzeugt davon, die Franzosen seien eine impressionistische Nation. Was eigentlich nicht einmal ganz falsch ist. Falsch ist nur die Abstraktion vom Nationalen; die lineare Definition, die Komplikationen einfach nicht zur Kenntnis nimmt und abstrakte Begriffe mit lebenden Tatsachen konfrontiert. Denn (trotz aller Banalität muß es gesagt werden): die Kunst lebt und was man jetzt »Geist« nennt, ist identisch mit dem »élan vitale« romanisch-romantischer Naturphilosophie. Dem Deutschen ist Kunstentwicklung eine Art Lotteriespiels; vordem hatte man »Eindrücke« »verarbeitet« – das war der Impressionismus. Dann besann man sich auf den Formwillen der Seele, wollte etwas ausdrücken – und wurde Expressionist.

... Deutsche Definitionen haben den Vorteil philosophischer Unsachlichkeit. Sie kleben am Wort und das Wort muß sich den Parasitismus falscher Deutung gefallen lassen. Es bleibt eindeutig; und das ist gewiß viel. Aber der philologischen Ortsbestimmung muß die Auflösung ins stete Werden folgen; der Abstraktion die Einfühlung, die Intuition, die Beseelung des starren Begriffs. Historizistische Ableitungen haben Wert, wo sie psychologischen Erwägungen zugänglich sind; was dem Ganzen verbunden bleibt, hat Anspruch auf Teilnahme und Verständnis.

... Der Expressionismus kam aus Frankreich nach Deutschland. Paris, immer noch der europäische Brennpunkt jeder geistigen Evolution, hatte das letzte Klischee überwunden; eine große Epoche, die fast beim Realismus Flauberts begonnen hatte, hatte ihre suggestive Kraft verloren: der Mensch stellte sich in den Mittelpunkt des Erlebens. Es war eine Revolte gegen den Inhalt; da mußte die Form siegen. Den Deutschen bedeutete dies »neue Gotik«, nichts weniger. Und es entstand der Expressionismus, eine eminent deutsche Tatsache.

Es gab eigentlich nur geringen Widerstand. Vorhanden war das Wort »Ausdruckskultur«; der Wille zum Monumentalen; die Leichtigkeit, mit der man Schlagworten zu verfallen geneigt war. Vorhanden war der dem expansiven Pseudogeist stets entgegenkommende »Betrieb«. Vorhanden war, – Expression an sich! –, die neudeutsche Mentalität. Hinter keiner Errungenschaft zurückbleiben; der Zeit brutal ins Antlitz schauen um ihr die Maske abzugucken; Alles verstehen, um Nichts zu verzeihen; die von Anderen erlebten Dinge mit den Tatsachen der eigenen, instinktlos verlaufenden Lebensführung in Einklang bringen ...: das war die deutsche Mentalität der furchtbar entscheidenden Jahre. Der Expressionismus war besetztes Gebiet; er mußte dem deutschen Geist Nahrungsstoffe liefern.

Er tat es, nicht ohne sich zu rächen. Heute ist Berlin, die Hauptstadt des deutschen Betriebes, eine Angelegenheit expressionistischer Formexzesse. »Expressionistisch« ist ein Berliner Adjektiv, das der Reihe nach die Ausrufe »Gott, wie doll!« und »Sieh mal, wie niedlich!« verdrängt hat. Was doll war, wird mit der Zeit niedlich und ist heute expressionistisch geworden. Der Inhalt hat die Form diskreditiert und der Betrieb die Kunst.

Die Abkehr vom deutschen Expressionismus ist ein Symptom der Kunstbesinnung. Nicht um die Fronde gegen einen neuen Akademismus handelt es sich, sondern um eine neue Ablehnung des bürgerlichen Intelligenzbetriebs. Schokoladepackungen mit Weltanschauung dürfen fürderhin die Formen lyrischer Bekenntnisse nicht mehr beeinflussen. Wo das Leben stärker wird als es die Idee war, endet die Sendung des Geistes. Der Bildungsphilister aber rubriziert eine neue Stilepoche. Das Leben geht weiter ...

2. ... es lebe der Expressionismus!

... Die Idee lebt von der Zeit unabhängig; sie ist echt und stark, wo sie den Sinn der Zeit revoltiert. (Große Ideen haben ganz das Format der Revolution; ihre Träger sind Gläubige der kaum erahnten Verkündigung.)

Allzu rasch hatte die Zeit sich mit dem Expressionismus identifiziert. Da mußte etwas nicht in Ordnung sein.

Wir haben die Zeit erkannt, die Welt, in der die Idee der neuen Kunst zu leben verdammt war. Wir haben gerichtet, das Urteil gesprochen, und wissen nicht mehr, wohin die Idee uns geführt hat. Wir lieben sie, sind ihr verschworen und erkennen an den Werken, die sie in uns geschaffen hat, ihren Wert.

Die Idee des Expressionismus war Revolte gegen das konventionelle Gleichgewicht zwischen Form und Inhalt. Nicht mehr ästhetische Erwägungen bestimmten das Verhältnis; die Form zerbrach und eine schöne Leidenschaft war da, die, das Horizontale sprengend, sich hoch auftürmte und meinetwegen auch geballt war.

Man lese doch einmal die Schriften der Apologeten des Expressionismus in der bildenden Kunst, Hausenstein, Grautoff, Westheim; ein menschlicher Unterton verklärt die Doktrin, es rauscht Leben durch die Abstraktion und es beseligt uns ein neues, junges Gefühl der Freude. Wir vermissen es schon einen Schritt rückwärts; Meier-Gräfe, soignierter als jene, bleibt innen und außen Ästhet: das Erlebnis bleibt konserviert. Freilich, sein Dreigestirn Greco, Marées, Cézanne leuchtet auch uns; aber wir haben Leidenschaft. Wir kennen Guillaume Apollinaire und wissen, daß das ästhetische Problem in die Seele dringen muß, um schöpferisch zu werden. Wir bewundern die Entfesseltheit des Gefühls; wir denken mit dem Blute, sind Abenteuern auf der Spur, die zwischen Großstadt und Urwald sehnsüchtig pendeln.

... Die Errungenschaft des Expressionismus heißt Simultaneität!

... Der Expressionismus hat die Großstadt entdeckt. Die Großstadt: das ist die eminent neue Lebensform. Die Zeit hat den Dichter endgültig aus Arkadien vertrieben ...; Arthur Rimbaud versuchte, Kind seiner Zeit, letzte Flucht: es trieb ihn das Schicksal zurück, er starb im Hafen der Kultur, in Marseille, wo irrsinnig-verschlungene Rassen um das europäische Wesen tanzen. Zwei Jahrzehnte später erst, es konnte Dichter Ländlich Francis Jammes daran nichts ändern, geschah demütig in Ekstase das Unabwendbare: die Großstadt wurde in Besitz genommen. Da war nicht nur die neue Schönheit, der Triumph des Zweckmäßigen, das Tempo, das neues Leben beherrscht; da war auch das neue Abenteuer, die Nervosität, die Kulturhöhe, die Errungenschaft der Zivilisation, der ein Ringen vorausgegangen sein mußte. Da war, in der Maske einer vitalen Kunstform, das soziale Problem dynamisch gelöst. Lyrik ist, was im Straßenlärm des Alltags noch Herzenstöne hören läßt. Episch breitet sich der Sinn der Demokratie durch die bewegte Stadt. Dramatisch beherrschen Zwischenfälle, schicksalhaft, dein Leben, das dem Rausch der Stadt verfallen ist. Du gehst durch die Straßen: was kann da nicht alles geschehen! Abenteuer lauern, Autos bedrohen deinen Leib, Dirnen deine Seele. Es schwankt dein Gleichgewicht; du sitzest im Café, die Geliebte erwartend; links drüben zeigt ein Mädchen graue Seidenstrumpfbeine, während hinter dir zwei Gauner ein Geschäft abschließen. Es heult dir ein Kinoplakat seine Wunder entgegen; mit unfehlbarer Eleganz will dir ein idealer Einbrecher die Souveränität der weltmännischen Gebärden beweisen. In die Bar, in die Wunder-Bar, trittst du mit bangem Herzklopfen: So traten früher fromme Pilger in den Glasfensterraum ihres Heiligtums. Man zelebriert dir einen Cocktail; der Klavierspieler trampelt anmutig die Sentiments seiner Musik dir in die Seele. Nun ist wieder stählern Alltag; das Rad dreht sich; dem Dasein blickst du ins Antlitz; du bist ein Atom des Rekords, den die Zeit aufgestellt hat, um über die Welt hinwegzukommen.

Und dann die Mystik! Die Skurrilität bürgerlicher Vertracktheiten spukt durch den Tag; Ideologie wird irreal, gefällt sich in Kapriolen und hebt die Kausalität des gesunden Menschenverstandes fallweise auf. Die Wirklichkeit wird zum Gespenstertanz einer Logik, der man höchstens psycho-analytisch beizukommen vermag. Die Dimensionen des Lebens recken sich hoch über die Kleinwelt E.T.A. Hoffmanns hinaus; auf Maskenredouten siehst du Manifestationen deiner Träume, die von einem unsentimentalen Toulouse-Lautrec Gestalt bekommen haben.

Aber wir sind noch naiv, noch sentimental. Wir kehren zu einer Natur zurück, die uns ein andrer Rousseau staunend aufstellt. Er hat nicht mehr die große Geste Jean-Jacques'; er war Zolleinnehmer und hieß Henri.

... Wir haben noch die Tugend des gerechten Lebens; aber unser Mut rechnet mit der Brutalität des vehementen Lebens; unsere Ehre kennt keine Verlogenheit mehr; sie hat mit dem Mittelalter endgültig gebrochen.

... Der neue Künstler, unblasiert, doch stets auf seiner Hut, sieht in diese Welt. Großstadt wird Heimat; sein Heimweh ist Sehnsucht nach den neuen Sensationen. Im Lunapark der Gefühle ist er heimisch; die Tradition ist ein Panoptikum, darin verstaubte Figuren ein verträumtes Dasein führen. Sie sind Klischee; das Leben aber ist Kampf gegen das Klischee.

Der Expressionismus hat sich mit dem Leben solidarisch erklärt. Er war groß, wo er die neue Dynamik gegen das statische Moment erstarrter Kunstformen ausspielen wollte. Ewig wird er groß bleiben. Und noch im Tode muß der Wissende neuen Schicksals ihn erwecken; es lebe der Expressionismus: denn er ist Fronde gegen den Tod.

... Dann, freilich, kamen die Theoretiker. Neue Gotik, hieß es, sei diese große Evolution der Formen. Die Vergangenheit wollte ihr Recht. Neue Ideologie erstand; aus Form wurde Formel und was Kampf gegen Erstarrtheit sein wollte, war neuer Kristall geworden. Doktrin; Dogma.

Man muß gegen das expressionistische Dogma sein. Gegen den deutschen Versuch, der Welt eine neue Weltanschauung aufzuschwatzen. Gegen das Kunstwartthema; gegen das Problem der Oberlehrer, die über »Goethe und Alles« hinaus sind.

Und überhaupt: gegen den jederzeit Auf-der-Höhe-seienden Bildungsphilister.

Expressionismus aber kümmert sich nicht um Deutungsmöglichkeiten. Er gehört der Welt, die ohne Lüge zu sich selbst finden will.

5. RÜCKBLICKE

1923–1930

Man sollte erwarten, daß nach dem Abklingen des Expressionismus eine Würdigung der Leistung einsetzte. Das Gegenteil war der Fall. Schlagartig kam eine Erschöpfung auf: man war des Schlagworts vom Expressionismus und seines Inhalts allzu überdrüssig, als daß man Neigung verspürte, das Erbe einzuholen. Daran war die Lautstärke des Expressionismus in seiner letzten Phase schuld. In dem Stimmengewirr gingen das Gute und das Bleibende unter, und vieles blieb bis heute verschüttet. Nur wenige Literaten verteidigten post festum leidenschaftlich und bedingungslos den Expressionismus, ohne sich mit ihm zu identifizieren: wir nennen hier Heinrich Eduard Jacob und Hermann Kesser. Andere, z. B. Paul Zech und Frank Thiess, waren kritisch eingestellt. Die übrigen aber schwiegen oder waren unterwegs zu neuen Formen. Dagegen setzte in diesen Jahren zwischen 1923 und 1930 die wissenschaftliche Rezeption ein mit der zwar anfechtbaren, aber dank ihres Quellenreichtums nicht wegzudenkenden Literaturgeschichte von Albert Soergel ›Im Banne des Expressionismus‹, erschienen 1925. Daneben kamen zwei grundlegende Arbeiten über die expressionistische Lyrik heraus. Die eine schrieb Arno Schirokauer (Expressionismus der Lyrik. In: Weltliteratur der Gegenwart. Hrsg. von Ludwig Marcuse. Bd. 2. 1924. S. 63–133), die andere Ferdinand Josef Schneider (Der expressive Mensch und die deutsche Lyrik der Gegenwart. 1927). Hier war man auf gutem Wege, die Leistung des Expressionismus für die literarische Tradition zu bewahren. Doch die Nazizeit unterbrach die fruchtbaren Ansätze, und erst nach diesem Kriege hob die eigentliche Expressionismus-Forschung an.

PAUL ZECH

Expressionistisch – ein neuer Kunstirrtum. 1923.

»Expressionistisch«, auf Kunst angewendet, ist ein Schlagwort, das wenig aussagt, aber sich ungeheuer wichtig tut. Tausend Irrtümer, Lügen und Hochstapeleien verbergen sich frech dahinter. Schamvoll aber auch viel junges Wachstum, Brausewind, Entflammung und Gottesgnadentum. Fest steht, wenn wir den (unlogischen) Begriff »expressionistisch« für etwas Richtunggebendes, außerhalb des Alltäglichen Stehendes nehmen, daß er in der Malerei uns am geläufigsten ist; in der Dichtung schon schwerer bestimmbar, in der Musik aber nur mit Aufbietung aller Gehirnkraft zu fassen. Das ist auch einer von den Gründen, weshalb sich jeder etwas anderes bei dieser Richtungsmarke denkt, insbesondere die Kunstdeuter, die aus jedem Kunstwerk ein anatomisches Demonstrationsobjekt machen. Darin sind wir uns aber schließlich alle einig, daß uns an einer neuen Kunstrichtung *das Fortschrittliche* über alle Maßen interessiert. Alle Spannungen, die uns irgendwie reizen, haben das Tempo des noch nicht völlig Durchgelebten. Wobei es unwichtig ist, ob diese Nervenbelastungen einen Aufschwung zur Freude, oder Ärgernisse auslösen. Man wird doch beileibe nicht sagen wollen, daß Kunstbetrachtung unbedingt das Gefühl angenehm streicheln soll wie eine leise Mädchenhand oder ein Maiwind in hellwarmen Mondnächten im Wald der Nachtigall. Es gibt Kunstwerke aller Zeitepochen, die frieren Schauer über des Menschen Herz dahin und legen sich drohend zwischen zwei Pulsschlägen. Und andere Kunstwerke sind, bei denen läßt es sich wohnen –: geborgen wie in Laubhütten Gottes. Auch das, was die kunstrichterliche Etikettiermaschine mit dem Rotstift des Richtungsregisters als »expressionistisch« bezeichnet, pendelt zwischen Galle und Honigseim, Fratze und Blumengesicht, Kubus und Kreis, Metapher und Nacktheit. Der Künstler freilich hat sich nie Richtungen untergeordnet; auch nie der Zeit, die sich um sein Dasein als Schattenwand ballt. Setzt er sich mit Gegenwart auseinander, ist es immer eine ins Außerräumliche gesteigerte Gegenwart, die Menschen in ihr sowohl, wie auch der Menschen Erlebniszone. Sinnvollstes Beispiel dafür ist, wie schon bemerkt, von allen Kunstarten die Malerei, weil Bilder begrifflich wahrnehmbarer sind als Dialoge zweier Seelen oder Klänge des Seelenhaften im Menschen. In der Malerei hob Expressionismus die Brust zum ersten Atemzug; in der Malerei liegt auch sein schreckliches Ende beschlossen: indem wir wahrnehmen, daß europäisches Primitiv-sein-wollen nichts mit Negerplastik zu tun hat.

Entlarvt als eine windige Vogelscheuche jedoch hat ihn das Drama; wie auch das Drama den Popanz »Naturalismus« (womit nichts gegen den fortschrittlichen Arno Holz gesagt sein soll) heimbefördert hat auf die Rieselfelder der professoralen Dramaturgie.

Das »expressionistische« Drama spukt seit 1913 auf den deutschen Bühnen. Den Irrtums-Wurm hat Alfred Kerr jungen Leuten, die *auch* über Theater schreiben, ins Ohr gesetzt. Die Hetzjagd begann mit Reinhard Sorges ›Der Bettler‹. Walter Hasenclever ließ durch die Posaune von Kurt Pinthus das schon viel schwächere Stück ›Der Sohn‹ hinzufügen.

Was ist nun an diesen beiden viel gespielten »expressionistischen« Bühnenwerken so groß »expressionistisch« d.h. ausdrücklicher geformt als in den Stücken der »abgetanen« Kunstrichtung?

Die äußere Form? Gewiß! Denn sie ist gelockerter, beweglicher, nuancierter als etwa im Drama der vielgerühmten ›Ratten‹ von Gerhart Hauptmann das Formale.

Das Weltbild? Ja. Denn es ist weiter gespannt, bilderreicher, tönender und ein Stück Seele.

Das Ethos (will sagen: die Gesinnung)? Auch dies. Eine inbrünstige Erregung peitscht auf zum besseren Menschentum. Es hat Christuswerte, es straft, stäubt und tötet Ungläubige mit erbitterter Konsequenz. Es ist gegen Eng-Väterliches (weil Stehengebliebenes und darum Schädliches), gegen Tradition und dumpfe Lauheit.

Das Einmalige? Nein. Und tausendmal nein! Oder man müßte Kleist, man müßte Büchner, Grabbe und Lenz aus der Literatur lügen. Diese waren Expressionisten (naher Vergangenheit), ehe Hasenclever, ehe Reinhold Sorge als unbescholtene Keimzellen in Großväter-Blutquellen noch schlummerten.

Ungewöhnlich schienen die Dramen dieser beiden Jungen doch nur deshalb, weil sie in den drei schon genannten Dingen: Form, Weltbild und Ethos, fortschrittlich gemünzt waren. Dazu kamen noch der jugendliche Eifer des Sprachtempos, die Bevorzugung der Trompete, die pathetische Entfaltung sexueller Kraft und die heilige Unbekümmertheit um das Theater-»Geschäft« mit all den widerlichen Leib- und Magenrollen.

Die Spannungen der Seele entluden sich allerorten in einem sozialen Pathos. Brüder des Freiheit-Glaubens suchten und fanden sich. Auch ohne Parteibücher mit strammen Beitragsmarken.

Das Zeit-Drama, als befeuerndes Kunstwerk, lag (das ist das eigentliche Sprungbrett) *vor diesen beiden Talenten* tot. Die Höhe Gerhart Hauptmann war nur ein mäßiger Hügel mit den drei Kreuzen ›Rose Bernd‹, ›Fuhrmann Henschel‹ und ›Florian Geyer‹. Was sich herumbaute, von Sudermann bis Fulda, war nichts mehr als eine amüsante Kulisse, ein gut assortiertes Warenlager für das geldhungrige Theatergeschäft.

Der Einspänner Frank Wedekind, der Nachklassiker Schmidtbonn und der halbe Held Eulenberg haben trotzig Erschütterndes nicht geschaffen. Sie pendelten mit abgestufter Glut (der eine mehr, der andere weniger) zwischen dem Willen zur neuen Form und den Erfordernissen der Geschäftsbühne. Sie haben der Zeit keinerlei erhebliche Brandzeichen eingedrückt und werden mit diesem Jahrhundert zerscherben.

Georg Kaiser, der Größere, fand mit dem genialen Wurf ›Die Bürger von Calais‹ damals noch keinen Entdecker. Und Alfred Mombert, mit seiner Aeon-Trilogie, steht sogar heute noch als der unentdeckte größte Dramatiker seit Kleist, tief im Schatten des unbekanntesten deutschen Dichters; wiewohl er, nimmt man die Ortsbezeichnung »expressionistisch« ernst –: leuchtendes Beispiel expressionistischen Dichtens wäre. Da er aber ein schöpferischer Kopf ist, einer der wenigen im genieverarmten Europa, so dichtet er überhaupt nicht in Richtungsformen, sondern: die *ungeheure Welt!*

Auch August Stramm (von seinem Verleger als einziges Leuchtbild des expressionistischen Dichters hingestellt) ist bei aller Konsequenz zu einer Neuen Form, jedennoch ein formloser Bastler. Seinen meisten Bühnenstücken ermangelt es an Musikalität, an der gesetzmäßigen Antithese, an der ironischen Bereitwilligkeit zum banalen Als-Ob. Er ist (wie Sternheim) mehr Mathematiker des Satzbaues, als ein reiner Tor der unbefleckten Phantasie. Sein Verdienst ist: einflußreicher Anreger gewesen zu sein.

Trennen wir uns daher von diesem uns nur nasführenden Schlagwort »expressionistisch« und setzen dafür das gesündere Wort »jung«!

Wenn wir von dem *Drama der Jugend* sprechen, kommen wir unbedingt dem Problem, das uns bewegt, näher. Denn das meinen wir doch alle: junge Kraft ist aufrüttelnder, feuriger; aber auch schwerer zu fassen. Das junge Drama, das Drama der schöpferischen Jugend darf uns daher nicht entgleiten.

Die Dichter Reinhard Sorge und Walter Hasenclever haben den ersten äußeren Anstoß gegeben: Los von dem Drama des Geschäftstheaters! Aber weder Sorge, noch Hasenclever hielten durch! Dem einen lähmte das schillernde Gift des Katholizismus den Aufschwung, der andere ließ sich von zu früh verliehenem Ruhm die Augen verbinden und tobt jetzt sein Blindekuh-Spiel in Experimenten zwischen mathematischer und kinodramatischer Besessenheit aus. Die Mitläufer zählen wir besser nicht auf. Wiewohl solche Hoffnungen (wir leben seit drei Jahrzehnten von Hoffnungen!) darunter sind wie Reinhold Goering (der mit der ›Seeschlacht‹ eine starke Talentprobe gab), Ernst Toller (der über die ›Wandlung‹ leider nicht hinausgekommen ist) und Hanns Johst. Alle drei sind Jünglinge mit heißglühenden Köpfen, mit einer Hingegebenheit an die hinauf zu stufende Menschheit, mit einem halben Jesais-Gesicht und halbem Jeremias-Mund. Dennoch sind sie zuchtlos, literatenhaft und besessen von dem alten Bühnengedanken: daß ein Drama allemal »Figuren« stellen muß. Welch ein fundamentaler Irrtum der Jugend, die doch über Menschen noch fliegen muß ins Grenzenlose! Als ob Shakespeare jemals, oder Kleist, mit Blut aufgepumpte Puppen hat tanzen lassen.

Dem Naturalismus (als geschäftliche Neuform des Theaters) kam es aber gerade auf die vollkommenste Ausstaffierung dieser Blutpuppen an. Wo ihm wirklich Menschen daraus wuchsen, geschah es über die ursprüngliche Absicht des Dichters hinaus; da war die regulierende Seele stärker als das bastelnde Handgelenk. Da übersprang, man denke an den Naturalismus-Herold, den Handwerker der Dichter.

Die Jugend nach diesen Babelturmbauern mußte schon aus Widerspruch weniger Handgelenk haben. Sie sagte sich auch von dem wissenschaftlichen Zeitalter los, von dem vollbartmännlichen Jahrhundert, und litt nicht mehr mit der Not der anderen, sondern litt die Not Aller als ein unverrückbares Erlebnis.

Auf dieser Linie sehen wir den späteren Georg Kaiser; den besessenen Schöpfermenschen von ›Gas‹, ›Hölle, Weg, Erde‹, ›Koralle‹ und ›Von Morgens bis Mitternacht‹.

Alle diese Bühnen-Spiele haben die einmalige Form des Erlebnisses wider die Bühne. Sie haben mit den Griechen nichts, mit Shakespeare nichts und auch mit Lessing nichts zu tun. Sie sind schon deshalb im Zentrum einer neuen Dramaturgie gelagert, weil sie von der Beckmessergilde der Nachtkritiker ausgepfiffen werden als »gefühlskalt«, »rollenfremd« und »rechnerisch«.

Ein späteres Jahrhundert wird aber lehren, daß Expressionismus identisch ist mit der Dramaturgie Kaiser'scher Bühnen-Denkbilder. Kein Dichter dieser (im Materiellen so bodenlos rechnerischen) Zeit ist so besessen von der ununterbrochenen skeptischen Gerechtigkeit der Schicksalerfüllung in allen Menschen wie Kaiser. Bei ihm ist keine Situation, kein Geschehnis geistreich; sondern radikal. Darum muß auch dem Radikalismus der Erlebnisformen, die radikale Form der Werk-Gestaltung organisch wachsen. Weil so, und nicht anders ein Drama von Georg Kaiser in allen Stufungen geballt ist, muß er auf die ach so gern bequemen Papas zünftigen Kunstrichtertums abschrekkend wirken.

Erst in einem weiten Abstand von Kaiser marschieren Fritz Unruh und Franz Werfel.

Unruh hat häufig Anwandlungen schöpferischen Mutes zu einer neuen Form. Ich sehe sie am dichtesten in ›Platz‹ und ›Ein Geschlecht‹. Beides Stücke, die das Theater von heute beträchtlich bereichern, aber viel zu lau behandelt werden.

Von Franz Werfel ist der ›Spiegelmensch‹ ein ganz unerhörter Wurf. Hier ist das Lossagen von dem Feuerzauber der Rollenmaschinerie so ungeheuerlich, daß Schauspieler aus diesem Bühnenwerk erst herauswachsen müssen, um die Masken zu empfangen, die das Menschliche über der Alltagswelt plastisch machen für die Sinne des gegenwärtigen Publikums.

Auch Johannes R. Becher (der stärkste Lyriker unter den jungen deutschen Dichtern) hat in seinem Revolutionsfestspiel ›Arbeiter, Bauern, Soldaten‹ einen Leuchtturm hochgebaut, der die weiße Nacht der Mittelmäßigkeit mit roten Blitzen grell durchstößt. Keine Bühne noch hat sich an dieses Fossil von Drama herangewagt. Es ist vom Schicksal als Ordnungsstörer in jeder Fläche und mit seinem tiefsten Kern eingesetzt. Es hat nicht die charakterologische Proportion des Abgezirkelten und mit Dämmeraugen Wahrnehmbaren. Man kann bei seinen Posaunenstößen nicht gleichzeitig an die letzte Börsennotiz, an einen neuen Pelzmantel für das Verhältnis denken. Es ist unbürgerlich seinem Inhalt nach und in seiner Sprach-, Denk- und Bildform. Ein antithetisches Moment hat es vom Zentrum des absolut Neuen her in Bewegung gesetzt. Es ist die Passion eines von allen guten Geistern wahrhaft besessenen Menschen. Man messe nur einmal die formelle Intensität der anarchistischen Weltanschauung der Handlung und übertrage das Resultat auf die Rollengefüge –: und alles, was uns in der Vorstellung geistert von der Form expressionistischer Kunstform, findet hier sein Exempel.

Trotzdem nennen wir die Kunstübung des Dramatikers Becher nicht expressionistisch. Becher ist so wenig Expressionist wie Georg Kaiser, Alfred Mombert und Franz Werfel.

Von diesem Vierquell aber treibt auf vier verschiedenen Strömen die Bewegung zum Neuen Drama in die Breite. Wann sie so sichtbar sein wird, daß sie als Kunstform dieser Zeitepoche widerspruchslos eingegliedert werden kann in das Repertoire-Theater –: das zu entscheiden dürfte wahrhafte Volksbühnenarbeit sein.

HEINRICH EDUARD JACOB

Zur Geschichte der deutschen Lyrik seit 1910. 1924.

Den Blick auf die deutsche Lyrik seit 1910 richten, heißt seinen Blick auf das Chaos richten. Man kann – wie diese Auswahl es tut – aus ihm zwar wählen: aber man kann dieses Chaos nicht eigentlich ordnen, nicht zu früh, nicht zu eindeutig ordnen, nicht einen lügnerischen Kosmos herstellen wollen, wo wirklich ein Chaos ist. Denn hier ist eines – und nicht in dem Sinne, wie eine andere Anthologie von 1920 es meint, nicht im thematischen Sinne einer *Menschheitsdämmerung* (des Untergangs früherer und des Aufkommens neuer Lebenswerte), nicht im ab- oder neubauenden Sinne. Viel tiefer und tragischer liegt die Ursache dieses Chaos: es entstand daraus, daß – ganz entgegen der Pinthusschen These – unter den seit 1910 Dichtenden gar keine innere Gleichzeitigkeit herrscht. Die vier Epochen *Vor-Krieg* (1910–13) mit ihrem individualistischen Weltschmerz, *Krieg* (1914–15) mit ihrem fast naiven Erlebnis eines kollektiven Abenteuers, *Vor-Revolution* (1916–18) mit der gläubigen Hymnik des pazifistischen Erwachens, *Deutscher Bürgerkrieg* (1919–23) mit ihrer heiser monotonen Dynamik haben sich nicht etwa reinlich abgelöst, sondern mit ihren Empfindungsfeldern rettungslos ineinander verhaspelt. Dem dichterischen Erlebniskeim mangelte in diesen vier Epochen jegliche genügende Inkubationszeit. Der eine entwirft noch immer baudelairische Bilder der Großstadt, der andere dichtet immer noch die pazifistischen Hoffnungen von 1916. Hier ist Verwirrung und keine klare Gemeinsamkeit; man muß den Mut haben, sie zu sehen und auszusagen.

Was ist denn aber »Lyrik der Lebenden«, wenn diese Lebenden untereinander keine seelische Erlebnisgemeinschaft und keine stilistische kennen? (Letztere ist doch nur *scheinbar* vorhanden. Um einmal wieder das törichte Wort »Expressionismus« zu gebrauchen: was hat der Bechersche mit dem Werfelschen Expressionismus zu tun?) Was ist diese »Lyrik der Lebenden«, wenn sie nicht einmal sich selber gleicht? Nun, sie ist immerhin etwas, was in all seinen Gliedern, räumlich und seelisch, gleichweit von der Lyrik der früheren Epoche entfernt ist. Ganz unhomogen im Innern, ist sie doch homogen im Äußern – in ihrem scharfen Gegensatz zu der Epoche, die 1910 abschloß.

Und welch eine Epoche war dies? Sicherlich eine solche des Kosmos, der regelreichsten Ordnung. Denn nur, wo ein Kosmos zerschlagen wird, kann ein Chaos entstehen.

Es ist gefährlich, Literatur in Epochen und nicht in Persönlichkeiten einzuteilen. Dabei kommen Überschneidungen vor, die im Auge und nicht im Raum liegen – und die Wertungen stimmen niemals ganz. Manches aber kann man mit einer immerhin annähernden Richtigkeit sagen. Darunter auch das: in der Geschichte der deutschen Lyrik lösen sich schon seit Jahrhunderten die *klassizistischen* und *naturalistischen* Perioden ab. Und zwar nicht etwa in dem oberflächlichen Sinne von Reaktion und Revolution, so daß Klassizismus stets Reaktion und Naturalismus immer Revolution bedeutet: vielmehr geschieht mindestens ebensooft das Umgekehrte. Auf einen stockig gewordenen Naturalismus kann auch eine Revolution frischer, jung-klassizistischer Kräfte erfolgen.

Beispiele für den Gang des Geschehens: auf Goethe-Schillers »Balladenjahr«, auf die Zeit des Tauchers und der Braut von Korinth mit ihrer gelehrten Verwendung antiker Stilformen, folgt schon 1806 ›Des Knaben Wunderhorn‹ als Vorstoß naturalistischer Kräfte. Denn als Brentano und Arnim die Schluchten des Odenwalds und Windungen des Mains abschreiten und den Mägden am Brunnen ihre Lieder fortnehmen, tun sie etwas ungemein Regelwidriges und Derbes. Aber sie erfüllen das Gesetz der Zeit – und Goethe selbst muß in seiner bekannten Rezension ihnen sauersüß den Segen geben.

Die Heidelberger Romantik hat also als eine Art naturalistischer Revolution begonnen. Aber sehr bald nach ihrem Siege wird sie stockfleckig, kanonisch, klassisch. Anstatt des Elysiums der Genien und Heroen stellt sie, wie Eichendorff einmal böse bemerkt,

»Kluge Rosse, prächt'ge Decken,
Händel, Kruzifixe, Recken«

zur Verehrung aus. Die Zeit nach 1830 aber kennt bereits die Pariser Februarrevolte, kennt Eisenbahnen, Arbeiterfragen. Die politische Lyrik beginnt. Heine beginnt. Mit *seinem* Naturalismus – dem kritischen wie dem dichterischen – ist der romantische Kanon von 1808 erledigt.

Aber das Mißlingen der deutschen Revolution von 1848 macht nun wieder die Bahn für einen klassizistischen Gegenstoß frei. Er kommt in den fünfziger und sechziger Jahren – als man die saloppe Form Heines und der politischen Lyrik als unerträglich zu empfinden beginnt. Seine formenstrengen Führer sind Paul Heyse und Emanuel Geibel. Diese Münchener Hofleute (die man irrtümlich Spätromantiker nennt, während sie in Wahrheit die Absichten und das Können von Spätklassikern haben) ahmen bis ins letzte die Geste der Weimar-Zeit nach. Adolf Friedrich von Schack übersetzt Firdusi und pflanzt so die Tradition des ›West-östlichen Diwans‹ fort, Geibel selbst erneuert Schillers antike Kulturballade (›Tod des Tiberius‹) mit unleugbarem Geschick.

Die Revolution, die sich hiergegen wendet, ist diejenige von 1885, diejenige Arno Holzens und vor allem die der Hamburger Dichter. Dem Sieg des Dramatikers Hauptmann über Wildenbruch und Wilbrandt entspricht in der Lyrik die Überwindung Heyses und Geibels durch *Liliencron* und *Dehmel*. Sie waren kraftvolle, liebenswerte Naturen, die hier auftraten, mit großem optischen Vermögen begabt. So scharfäugig wie Liliencron hatte seit der Droste niemand zu skizzieren verstanden. Sie waren keine Empfindeler, er nicht und der tiefere Dehmel nicht – nein, wirkliche Norddeutsche, zuschlagende Naturen des Bismarckischen Zeitalters, durch drei gewonnene Kriege viel fester mit dem (als lyrische Form von ihnen bekämpften) Kommersbuch verknüpft, als sie es wußten. Ihr Lebensgefühl überwog oft genug ihren Kunstverstand so völlig, daß gerade dort, wo sie gegen die Philister zu dichten glauben, die unbegreiflichste Philistrosität zum Vorschein kommt. Diese, und leider nur diese, wurde von ihren Bewunderern und Schülern übernommen. Wenn wir das Buch ›Erlebte Gedichte‹ aus dem Jahre 1891 aufschlagen, lesen wir folgendes »Gedicht«:

Von roten Backen las ich diesen Spruch:

Bauernmädel rundes,
Bauernmädel gesundes,
Bauernmädel schenkelstramm
Haut die ganze Welt zusamm'.

Es ist schon möglich, daß die Bauernmagd, die Otto Julius Bierbaum uns hier vorstellt, eine Urenkelin jener anderen war, von der Achim von Arnim, der auch Naturalist war, am Brunnen sich Volkslieder abschrieb – aber Arnim war eben ein Dichter und Bierbaum war keiner. Im Ernst: das Niveau *dieser* naturalistischen Lyrik – nicht von den Gipfeln wird gesprochen – ist vielleicht das Tiefste, was seit langem in Deutschland erlebt wurde. Selten mag es soviel absolutes oder mißleitetes Nicht-Talent gegeben haben wie in der Wolzogen-Zeit. Wenn die Führer der Bewegung ernstlich glaubten, im deutschen Geist sei jedes Bedürfnis nach lateinischer Klarheit und hellenischer Tiefe gestorben, so haben sie sehr geirrt. Im Gegenteil: gegen solche Art zu dichten – die in ihrem Wechsel epikuräischer Saloppheit und ruckartiger Forsche allgemein als etwas Preußisches empfunden wird – erhebt sich sehr bald, im Innersten gereizt, der ganze deutsche *Süden*. Erheben sich die Alpenländer mit ihrer uralten italischen Kultur, erhebt sich die österreichisch-bayerische Sprachgemeinschaft der Barockzeit *(Hofmannsthal)*. Erhebt sich der deutsche *Südwesten* mit seinem Blick über den Rhein in das gotische Frankreich, erhebt sich die Reihe der fränkischen Dome von Bamberg bis Paris *(Stefan George)*. Erhebt sich der deutsche *Südosten* mit seiner Anlehnung an die mütterliche und zugleich prunkvolle Weichheit des Slawentums (*Rainer Maria Rilke* in Prag).

Seit 1895 ungefähr beginnt es in Deutschland einen *neuen Klassizismus* zu geben.

Die Jahre 1900 bis 1910 sehen Deutschland auf der Höhe einer dichterischen Kultur, die man kaum vergleichen kann, ohne ein Jahrhundert zurückzugehen. Heißt dies, daß eine

Iphigenie, ein Tasso – daß ein Goethe da ist? Aber ich sprach von einem Niveau. Es ist kein Goethe da – und doch: Woher stammen diese Iphigenien und diese Tassos? Eine Akademie von Dichtern ist da, die sich ergänzt. Der Qualität wird die Quantität hilfreich. Ein unvergeßliches Gesamtbild von Ruhe, Stärke, Anmut und Würde ist da, wie es um 1800 da war. Eine Mischung von Ideal und Sinnlichkeit, von Dithyrambik und Schwere, von Charakter und Leichtmut, eine Flugkraft – und welch ein Können!

Wie schön ist aber auch das Leben! Wie glückhaft das Atmen! Die Technik, das dunkle Los noch hinterm Rücken verborgen haltend, scheint einzig geschaffen, die Wünsche einer vergeistigteren Sinnlichkeit zu befriedigen. Hunderttausend Jahre nach Daidalos lehrt die Maschine der Brüder Wright die Menschen das Fliegen. Mit Freunden, die in Paris oder Rom Vorlesungen hören, verknüpft uns das Telephon: ein halbstündiges Warten, und sie sind da. Im Münchener Hauptbahnhof harrt der Blitzzug, der auf den Brenner rauscht, aus Warnemünde stampft das Trajekt nach Gjedser. Leichte Welt, reibungslose – welche Illusion von Kraft gibst du aus deinen so spielend gebrochenen Widerständen! Und welche Dichter stehen in dir auf, holde Illusionäre der Kraft!

Aber wer sind diese Dichter? Wer leitet die ästhetische Erziehung der Jünglinge, der Mädchen? Wer beschattet die Süße mit der Erhabenheit, die Erhabenheit mit der Lust? Wer zeugt, daß die Akropolis jemals war und deshalb auch ist? Wer spricht uns an in Venedig? Wer mischt in der Phiole den Staub Hölderlins mit der Asche Shakespeares, von wessen Lippen spricht der auferstandene Keats, in wessen Herzen begegnen sich Goethe und Baudelaire? Das ist George, das ist Hofmannsthal, das ist Rilke. Das ist die Triade der Erben. Und welcher Erben! »Söhne sind die Erben, denn Väter sterben. Söhne stehn und blühn« heißt es im ›Stundenbuch‹. Welche Geschmeidigkeit des Empfangens, welche Ehrfurcht vor dem Kostbaren, welche Selbstzucht der Schau, welche Goldschmiedearbeit Tag und Nacht in Verantwortung über dem Erbteil. Hier ist Erbesein nicht mehr Verdächtigung, sondern eine stolze Tat. Wie im Weltbild des Anaximandros der glänzende Kristallhimmel den ganzen Kosmos, so umschließt das Lebenswerk dieser Drei das Fühlen, Erleben, die Sprech- und Denkweise einer ganzen Jugend: Dieses Lebenswerk, das im Jahre 1910 schon abgeschlossen vorliegt, in etwa dreißig Versbüchern.

Erstaunlicher aber die weitere Peripherie dieses Werkes, die allgemeine Kunsthöhe dieser klassischen Zeit. In ihr erwachsen die Versdramen Schmidtbonns und Richard Beer-Hofmanns, die ›Deutschen Oden‹ des Rudolf Alexander Schröder, die Assy-Romane Heinrich Manns, die Novellistik des frühen Wassermann, die gelassene Tiefe der Kassnerschen Betrachtung, die aus der Philologie gestiegene Wortkraft Rudolf Borchardts, die hieratische Ästhetik Gundolfs, die noble Essayistik Franz Bleis und Stefan Zweigs, die zahllos wohlgelungenen Verse der poetae minores: der Schaukal, Schaeffer, Vollmöller, Felix Braun, Max Mell. Woher solche Fruchtbarkeit auf der sonst kargen deutschen Erde? Eine neue kraftvolle Lebenssonne ist ihr angenähert: *Friedrich Nietzsche*. Die Jahre 1900 bis 1907 bedeuten für Deutschland endgültig den geistigen Sieg Nietzsches und in nicht geringerem Maße den thematischen Sieg Jacob Burckhardts. Ein Philosoph und ein Historiker, eine Kraft und ein Stoff, beginnen – fünfundzwanzig Jahre nach ihrem eigenen Blühen! – auf einmal unumschränkt zu herrschen. *Ihr* Glaube ist es, der, nach einer so langen Inkubationszeit, in zauberhaften Orgien des Wortes jetzt immer wieder ausgedrückt wird: der Glaube an die Superiorität des Tat- und Kraftmenschen über das Leben – der Glaube an eine rechtmäßige Spaltung der Welt in Übermensch und Untermensch. Die Idee und der Leib der Renaissance – dieser gesteigerten Antike – sind da, gegenwärtig und verpflichtend – und sie sind jung geworden in vielen Schöpfern, die sonst wenig verbindet. Renaissance ist Erlaubnis zum Ich und Erlaubnis zur Kraft, Erlaubnis zum Spiel mit den Mitteln. Renaissance ist das neptunisch quellende Formenwerk Theodor Däublers ebensosehr wie die hebräische Helden- und Liebesballade der Else Lasker-Schüler.

Man hat die von 1900 bis 1910 Dichtenden die *Neuromantiker* genannt. Wie falsch! Romantik setzt Keuschheit, Scheu, Beklommenheit, Versenkung voraus (Novalis!). Romantik ist irgendwo Sprachlosigkeit und Schwester der Musik. Alles aber, was hier und diesmal geschaffen wird, ist, wie jede *Redekunst*, un-, ja antimusikalisch, ist augenhaft begrenzt, ist Plastik, lehnt sich an Malerei und getriebene Juwelierkünste an. (Daß der Maler in der Musik, Richard Strauss, Hofmannsthals Texte illustriert, ist wahrlich kein Gegenbeweis.) Diese Kunst ist trotz aller Glissandi, vagen Halbschimmers und gebrochenen Konturs – natürlich ist sie modern genug, auch romantisch-seelische und naturalistische Bestandteile in sich aufzunehmen – durchaus Klassizismus und nicht Romantik. Und wenn man sie von dem Weimarer Klassizismus, den sie durch Nietzsche auch geistig überflügelt hat, scheiden will, so soll man sie mit dem Namen nennen, der ihr, jenseits aller Schlagworte, wirklich gebührt: *Renaissancismus.*

Die Chaotiker, die 1910 auftreten, und die untereinander wenig Gemeinsamkeit aufweisen, haben nach außen die eine: daß sie (aus verschiedenen Gründen) geschworene Gegner dieses Renaissance-Klassizismus sind. Sie sind *Naturalisten.* – Im übrigen ist jede Welle im Ozean das Kraftprodukt *zweier* vorhergehender. Auch der Ansturm von 1910 ist nicht denkbar ohne die naturalistische Woge von 1885, ohne die klassizistische von 1895 und das nunmehr erfolgende Rückfluten der beiden.

Das stolze Gebäude der parnassischen Lyrik wurde zum erstenmal (um 1907) zwar nicht erschüttert, aber mit kleinen Schleudersteinchen beworfen von einem jungen Menschen aus Prag: *Max Brod.* Dieser Schüler subtiler Franzosen hatte entdeckt, daß für gewisse Seelen- und Anschauungserlebnisse (hauptsächlich solche erotischer Art) die Ausdruckswelt der Renaissancisten durchaus nicht hinreichte. Im Grunde basiert jeder Klassizismus auf Anmut und Würde. Brod fand nun, daß auch das Nicht-Anmutige und Nicht-Würdige im Seelenleben eines Menschen ein Recht auf Ausdruck besäße! Um diesen naturalistischen Vorstoß zu fundieren, nahm er Wortbilder, die in ihrer verstaubten Altklassik geradezu komisch wirkten (»Selig wie guter Geister einer schweb' ich durchs Tal«) und prostituierte sie durch die Nachbarschaft der Erwähnung von Eisenbahnviadukten, Kaffeehausmusik, böhmischen Dienstmädchen und Billardpartien. Einer seiner bezeichnenden Buchtitel heißt: ›Über die Schönheit häßlicher Bilder‹. So errichtete er Gebilde einer bedeutsamen Lebensironie. (Man möge zum Beispiel fühlen, was es heißt, nachdem in den Gedichten der Renaissancisten immer wieder das Glück des Einanderverstehens, die Trauer des Nichtverstehens besungen worden war, daß Brod trocken hinschrieb: »Geliebte! Kind! Wie ist es *schön*, daß wir einander *nicht* verstehn.«) Der Adlatus Brods wurde der frühe Franz Werfel. Sein Ausruf: »Ach, mein Gesicht kann *niemals Würde* halten und Ernst und Gleichmut will ihm nicht genügen ...« geht auf jenen als Lehrer zurück. Der Brodschen

Auflockerungsarbeit verdankt Werfel das Sprachmaterial zum ›Weltfreund‹.

Polemisierte Brod gegen die Würde der neuen Parnassiens, so erstand ihrer gleitenden Anmut ein schlimmerer Feind in *Georg Heym.* Als dieser zwanzigjährige Mensch zum erstenmal jungen Freunden das Sonett ›Berlin‹ vorliest, das mit den Versen beginnt:

> Beteerte Fässer rollten von den Schwellen
> Der dunklen Speicher auf die hohen Kähne.
> Die Schlepper zogen an. Des Rauches Mähne
> Hing rußig nieder auf die öligen Wellen.
>
> Zwei Dampfer kamen mit Musikkapellen.
> Den Schornstein kappten sie am Brückenbogen.
> Rauch, Ruß, Gestank lag auf den schmutzigen Wogen
> Der Gerbereien mit den braunen Fellen,

da glauben die Freunde einen Augenblick, einen »Schüler aus des großen George Seminar« zu hören. Aber im nächsten schon fühlen sie das Verpönte, das Hartkehlig-Wüste, den schwarzen Lebenslärm in diesen Bildern. Ein neuer Dichter ist hier aus George herausgetreten.

George, den er zugleich haßte und liebte, war eine Art Schicksal für Heym. Es war der Zwang zur Latinität. Aber unter den langen, strengen Glaskästen der klassischen Strophe tobt und flutet bei Heym ein neuer Naturalismus, eine neue und unerhörte Kunst des *Profanen.* Die rauchenden, bläulich glühenden Großstädte, die faulenden Häfen, die von Dämonen überschwenkten Straßenzüge, die Dirnen, die Gehenkten versammelt diese Kunst um sich. In ihrer Mitte hält der Dichter, nicht wissend, wohin er fliehen solle, kraftvoll, doch insgeheim toll vor Lebensangst, wie ein verwundeter Zentaur. Mit einer ganz anderen Kraft als der Renaissancist, mit einer visionären Gabe, überall den *Tod* zu sehen (vor dem das heroische Leben so gleichgültig ist wie das unheroische, das schöngelebte so unnütz wie das häßlichgelebte), nimmt Heym das eigene Ende, das grausige – er ertrank, dreiundzwanzigjährig, im Wannsee – in seiner Gedichtschöpfung voraus. Die ganze Welt ist, immer und überall, eine einzige Morgue – das macht für den durchs Fenster Blickenden ihre Schwermut aus. Es ist nicht die klassisch-romantische Schwermut, nicht Schwermut der Jahreszeiten oder der menschlichen Beziehungen, sondern die zyklopische Schwermut des Ur-Tages, die aus Heym ruft, jene, da Tod nicht mehr Tod und Leben noch nicht Leben ist. *Schwermut des Chaos.*

Jene Freunde, denen Heym seine Gedichte vorliest, sind junge Menschen, die sich allwöchentlich in einer westlichen Gaststätte Berlins treffen, um einander mit Versen und Glossen bekanntzumachen – der »Neue Club« *(Kurt Hiller, Jakob van Hoddis)*. Treffender als mit ihrer eigenen Bezeichnung »Neopathetiker« mag man diesen Kreis die »*Berliner Gehirnlyrik*« nennen. Wenn – in einer Abneigung gegen Städtisches überhaupt, die jetzt heraufzieht – eine künftige Anthologie an ihren Versen achtlos vorübergehen sollte, so wird sie ebenso ungerecht wie ungenau handeln. Denn mochte es eine französische Gehirnlyrik schon seit fünfzig Jahren geben, die Konsequenz, mit der hier in Deutschland zum ersten Male für die Bewegungen des Gemüts Bewegungen des Nervenapparats eingesetzt werden, ist neu. Liliencron, Dehmel, die *gesunden* Revolutionäre von 1885 sind von Verlaine, Rimbaud und ihrer »Tristesse« überhaupt nicht beeinflußt worden. Jetzt aber ist diese falbe und höhnische Melancholie – soziologisch, trotz ihrer individualistischen Färbung, als Vorahnung des Krieges zu betrachten – in vielen Köpfen gleichzeitig da. Schöpferisch ausgedrückt scheint sie weniger in den zerfransten und flatterigen Experimenten Ferdinand Hardekopfs und in den überschätzten, recht äußerlichen Arrangements des Alfred Lichtenstein (der schon zu Anfang des Krieges fiel), als in dem frühen lyrischen Werke von *Ernst Blass:* ›Die Straßen komme ich entlang geweht‹ (1912). Hier ist ein neuer ironischer Gefühlstypus von *dichterischem* Rang geschaffen – wenn man von Brod absieht, wohl der erste geglückte seit Heinrich Heine. (Die ironischen Gedichte der Liliencron-Zeit waren durchweg zu philiströs.) Wenn aber bei Heine die Gedichte noch erst beginnen, um in irgendeiner Affektstelle plötzlich umzuschlagen, so ist der Blass'sche Zynismus meist unmerklicher. Die Ironie beginnt schon vor der ersten Zeile und geht, umarmt mit der Trauer, bis zur letzten Zeile dahin: man weiß nicht, wer führte. Das gibt den Gedichten von Blass ihre gläserne Bitterkeit. Ihr Hohn reimt auf Mohn. Noch ihre schärfsten Realia wirken sanft, unwirklich, wie im Schlafe gelächelt. Sie haben etwas von der mondgepinselten Schönheit eines häßlichen Menschen.

Berlin als Nerven-Erlebnis macht Schule. Auf Blass folgt der kräftige *Paul Boldt*, der in seiner erotischen Strophe Berlin an die Ostsee zu tragen scheint. Seine Verse stürmen wie Möwen über den Potsdamer Platz; die Blass'sche Traurigkeit kennen sie nicht. Sie kehrt wieder, unterstrichen nunmehr von Boldts Robustheit, in *Gottfried Benn*, dem weitaus stärksten Gestalter dieser Gefühlsgruppe. Als Dichter durch und durch bestimmt von seinem medizinischen Beruf (schon in Blass'schen Versen meint man manchmal die Handreichungen des Arztes zu sehen und ein Klirren von Flaschen zu hören), weiß er um das Nichts der Seele. Es gibt nur Hirn und Hoden – und beide beflecken einander. Benns Trauer hierüber, bei anderen allenfalls Begleitmusik, ist von einer so wilden und einzigartigen Dynamik, daß ich ihr aus Perioden der früheren deutschen Dichtung nichts an die Seite zu setzen wüßte. Die Paradoxie der Seziersäle ist die tiefste. L'homme machine: – der erkennende Nihilismus der Enzyklopädisten kehrt hier wieder, aber geadelt um das Ringen eines Menschen, der sich aus den Armen der Nur-Bewußtheit und des Nur-Sehens befreien möchte. Die Seele dessen, der die Seele leugnet, macht diese Gedichte schicksalhaft, ja schön.

In der Mitte zwischen Blass und Benn bog ab *Alfred Wolfenstein*. Unter den Gehirnlyrikern, deren gemeinsame skeptische Nervenbasis er nicht verleugnet, ist er vor allem: *der Mann*. Der nicht rüdige, der geistige Mann. Die wunderbare Wahrhaftigkeit, die in seiner Gedichtform wohnt, ihr »Immer-Protestieren« (Goethe) macht sie zu einem bleibenden Besitz. Nicht bloß ist Wolfenstein ehrlich, weil es ihn reizt, in einer verlogenen Welt ehrlich zu sein, oder weil es blutig und paradox (Benn), weil es spaßhaft-traurig ist (Blass), die Wahrheit zu sagen. Wenn er wahr ist, wenn seine Aussage die glatten Bilder verächtlich meidet und seinen Vers nur spät und zögernd gereimt sein läßt, so geschieht das um eines unbestochenen und unhysterischen Mannestums willen: Wolfenstein weiß, daß Lüge und Freiheit einander ausschließen. Auf Freiheit aber, und nur auf Freiheit, kommt es diesem »*Freiheitsdichter*« an. So ist Wolfenstein nicht erst 1917, wie die anderen, sondern schon 1912 *Aktivist* gewesen. Hinzu kommt als Werterhöhung seiner Gedichte, daß er eine Kenntnis von der Symbolik und den Ausdruckskräften des menschlichen Körpers besitzt, die diejenige Rilkes fast übersteigt.

Von einigen individualistischen Vorfühlern abgesehen, überrumpelte der 1. August 1914 die junge Literatur so vollständig, wie noch nie eine Epoche überrumpelt wurde. Es ist eine beliebte Unwahrheit, nur die schlechten Lyriker seien dem Krieg als einer Täuschung erlegen, die guten hätten sogleich die wahre Fratze erkannt. Diese Behauptung – ich selber bin Pazifist – wird dadurch nicht wahrer, daß sie einem pazifistischen Wunschbild entspringt. In Wahrheit ist gerade das Gegenteil der Fall: der Krieg wurde von beinahe allen als Herausführer aus der Verfalls-Schwüle, als *kollektives Abenteuer* begrüßt. Neunundneunzig Prozent der Verse, die aus diesem Gefühl gedichtet wurden, waren allerdings schlecht, – aber der Rest brachte immerhin etwas von einer seelischen Aufweitung (die charakteristischerweise mit dem befohlenen Lärmpatriotismus nichts zu tun hatte). Ein weltüberfließender, Whitmanhafter Glanz liegt auf manchen dieser so tragisch verirrten Gedichte – und eine Anthologie, die vollständiger sein will als diese, könnte ganz wohl die Verse des früh gefallenen Ehrenbaum-Degele abdrucken: »Du kleines Frankreich, oder Englands Täler . . .«

Die ersten Proteste der führenden Lyriker gegen den Krieg beginnen 1916 gedruckt zu werden. Aber diese pazifistischen Verse sind im Durchschnitt nicht besser als die bellizistischen. Bei dem meisten, was geschaffen wird, zeigt sich die gewöhnliche Tragik: eine zu geringe Inkubationszeit des Erlebten. (Lyrik ist ja die unplötzlichste aller Künste. Ihre Keime müssen jahrelang seelisch entwickelt werden.)

Walter Hasenclever beispielsweise, dem in seinem ›Jüngling‹ (1913) Strophen und im ›Sohn‹ Szenen von unvergeßlicher Zartheit und wissender, erotisch potenzierter Energie gelungen waren, ging bei Bekämpfung des Krieges, aus seiner rechtmäßigen Erlebnis-Sphäre verscheucht, teilweise in die Pathetik Schillers zurück (Tod und Auferstehung, 1917) – mit der nun *dieser* Krieg schlechterdings nicht zu bekämpfen war. Anders schon *Albert Ehrenstein*. Dieser radikalste Pessimist, lange vor dem Krieg bereits eingesponnen in das brunnentiefe Weh seiner Ichsucht, empfand den Krieg folgerichtig als stärkste Beleidigung seiner Individualität: und kräftig war sein Gegenschlag. Ehrensteins Gedichte – zwischen seiner Friedens- und Kriegslyrik gibt es mithin keinen Weltanschauungsbruch! – leisten an böser und ätzender Bitterkeit gegen die Infamie der Blutjahre das Äußerste. Vieles von ihnen wird bleiben. Sehr seltsam und ein Beweis für das Maß der Kontraste, das in einer Seele Platz hat, ist der Umstand, daß das entscheidende Stil-Erlebnis dieses ganz unheroischen Menschen der Homer seiner

Schuljahre wurde. Homer und Hölderlin kehren, als Gefühl und als Grammatik, in sehr vielen Gedichten Ehrensteins wieder.

Die wirkliche Grammatik dieses Krieges aber fand *Johannes R. Becher*. Er begann als Schüler Heyms mit monotonen Langstrophen (Verfall und Triumph, 1913). Drei Jahre später erscheint er mit der ersten Darstellung des Krieges (›An Europa‹) und mit der ersten Explosion des pazifistischen Gedankens. Die neue Syntax, die Becher sich schafft, ist durchaus die Katastrophen-Syntax dieses Krieges. Sie hat nichts zu tun mit den früheren Kriegen, mit den gedeckten Belagerungen der Barockzeit, denen im Dichterischen noch die Grammatik Goethes entspricht, oder den taktischen Märschen Napoleons, die im geschmeidigen Roman der Psychologen des neunzehnten Jahrhunderts wiederkehren (auf allen Plätzen, wo Franzosen gefochten haben, bis nach Spanien, Italien und Rußland, läßt sich dieser Einfluß verfolgen). Nein, Bechers Syntax ist Ahnung und Gegenwart *dieses* Krieges und seines dämonisch Neuen: der Artillerie. Die ungeheuerliche Brisanz der neuen Geschosse, der neuen Mittel (in Frankreich haben die Engländer einmal eine Erdlinie von vierzig Kilometer Länge in acht Minuten aufspringen lassen!) ist in der Kunst auf Bechers Gedicht niedergeschlagen. Eine Zeitlang wollte es scheinen, als hätten diese Strophen keine Syntax. Das ist ganz falsch: ihr grammatisches Bild ist, fast realistisch treu, das Bild einer Sprengung. Am weitesten vorn oder hinten liegen kleine, einwortige Brocken, zwischen Punkte eingeklemmt: Klötze, die geschleudert wurden, kantig, kurz, fähig, den Luftwiderstand schnell zu brechen. Dann, näher an das Zentrum heran, liegt die verbogene Wortmasse, Widersprechendes nebeneinander. Gestänge, Tragpfeiler sind da, man erkennt das früher Verbundene, das nun neue Berührungen einging, neue Bedeutungen, neue Organik. Alles ist schartig und klein geschlagen, die zusammengesetzten Worte sind durch die Gewalt des Schlags zwar noch nicht endgültig zerrissen – aber sie sind im Scharnier gelockert, klappern, sitzen an Fadenstrichen: Abend-Angst, Wasser-Schlucht, Auf-Gesang. Die nächste Granate wird sie sprengen.

Die Logik dieser Anordnung ist die Logik der Explosion. An Stelle des organischen Safttriebs ist zwar die Gewalt getreten – aber auch sie ist nicht eigentlich Willkür. Wie die Essenzen in die Granate des Gefühls gekapselt waren, und wo der erste Auftreffer saß: so ist die Satzmaterie gesprungen. Man sieht und bewundert die Kraftlinien.

Längst ist übrigens Becher aus der explosiv-dynamischen Form wieder herausgetreten. Als einziger hat er soziologisch die deutsche Welt seit 1919, die des Bürgerkrieges, ergriffen. Seine neuesten Gedichte entsprechen nicht nur inhaltlich, sondern wiederum auch formal der bolschewistischen Vision. Sie sind lange Maschinenhallen, in denen die Worte mechanisch wie geölte Kolben auf- und niedersteigen, in denen der Ruß flackert, die Säure grammatikalisch ätzt. Sie gleichen sowjetistischen Tabellen. Sie atmen in einer so infernalischen Weise die Gestänke der Industrie, daß die sozialistischen Gedichte Dehmels um hundert Jahre zurückzuliegen scheinen.

Wenn Becher unter allen Lyrikern der Chaosjahre stets der tobendste und vorderste war, so ist Werfel der umfassendste und tiefste zu nennen. Er reicht gleich weit in die Vergangenheit wie in die Zukunft. Die Geste des Experiments – des mißlungenen oder gelungenen – ist ihm fern. Keine Entwicklung unter den Chaotikern hat sich so unchaotisch, so wahrhaft kosmisch vollzogen wie diese des »Weltfreundes« zum schließlichen »Weltfeind«. Ohne Stoß, ohne Bruch, ohne Kitt steht Werfels Werk in seinen Gedichtbänden da. (Doch nur in diesen. Nicht in seinen sein Selbst kaum enthaltenden, von Jahr zu Jahr theatralischer werdenden Dramen.)

Der Grund dieses Gelingens ist das Geheimnis des Genies. Es ist aber auch vor allem die Gnade, daß Werfel diese Zeit in ihren vier Bruchstücken gar nicht als Zeit, nicht als soziologisch-politischen Tatsachenhaufen erleben durfte, sondern als *metaphysischen Kern*. Eine schon aus der Kinderzeit stammende philosophische und religiöse Gefühlskraft ließ ihn aus jeder Tatsache den geistigen Seim abdestillieren. Werfel war im Vorhinein auf Auspressung der *Werte* erpicht: und in der Unbedingtheit, mit der er es tat, ist er einer der ernsthaftesten Kämpfer seit Nietzsche geworden – dem er im Ziel natürlich so unähnlich wie möglich ist. Nicht Hellas, sondern Nazareth ist sein Glaube.

Sein erstes Buch ›Der Weltfreund‹ (1911) beginnt als Brodsche Schülerarbeit mit komischen Situationen: »Der dicke Mann im Spiegel«, »Erzherzogin und Bürgermeister«; aber schon nach wenigen Seiten übertrifft es den Lehrer an wortgewaltigem Ernst. Hier ist zum ersten und schon zum überzeugendsten Male der Welt des Georgeschen Helden die Welt des Herzens, des unbedingten Gefühls, der Rührung, der großen Kindschaft gegenübergestellt. Deutschland horcht überrascht auf: man hat die Empfindung, daß mit den Versen des nächsten Buches ›Wir sind‹ (1913) der Renaissancismus gestürzt sei. In diesem Buche weissagen die schwächsten, hilflosesten, von der Poesie verpöntesten Wesen des Alltags – eine Schultasche, ein Kanarienvogel, ein weißer Hund, die alle sich der *Liebe* geopfert haben – Dinge von herzbewegender Bedeutung. In diesem Buche, darin in mystischer Demokratie Christus sich dem Leid und der Freude *aller* Wesen einverleibt hat, und mehr noch in dem dritten ›Einander‹ (1916), das schon die ersten Proteste gegen den Krieg enthält, erscheint zum ersten Male der Komet *Dostojewski* der deutschen Seele sieghaft genähert. Nietzsche schmilzt vor ihm. Nicht mehr die Achse Stark-oder-Schwach, sondern die Achse Gut-oder-Böse (Opferung oder Starrnis) läuft durch die menschlichen Ordnungen. Man ist wieder *diesseits* von Gut und Böse. Die Deutschen hierin zurückgerissen zu haben, ist Werfels ethisches Verdienst.

In seinem vierten Buche ›Der Gerichtstag‹ (1919) erweist sich Werfel möglicherweise als zu den größten christlichen Gestaltern des letzten Jahrhunderts gehörig und wahrscheinlich als stärkster religiöser Lyriker der Deutschen überhaupt seit Klopstock und Novalis. Ausgerüstet mit der Zerknirschung der Russen, mit dem Dostojewski-Wissen um die *Panaitia* (»jeder ist jedem gegenüber und für alles schuldig«), tritt jetzt der Weltfeind an das Phänomen Welt und seine Unterabteilungen heran, zerschlägt es, schüttelt es, wiegt es, bildet es um, verwirft es oder macht es hoffen. Niemand hat im Deutschen das Gespenst der Eitelkeit so durchschaut wie er, nie einer die Formen der Herzensleere an sich selbst gegeißelt gleich ihm. Dabei ist er nicht etwa bloß Mystiker – er ist in hohem Maße Rationalist. Gott ist ihm um des Menschen willen da. Gott ist das Sittengesetz. Im Kampfe um diesen Gott bedienen sich seine Gedichte einer Dialektik, die eines Kirchenvaters würdig wäre. Ein feuriger Rabulismus – jüdischen Erbteils – verläßt seine Hymnen nie. Er ist ein Kämpfer: selbst dort, wo er in Gott ausruht, kennt er kein süßliches Dämmern. Sein Fühlen ist Beten, sein Beten ist Denken.

›Der Gerichtstag‹, dieses Buch metaphysischen Seins, ist das »aktuellste« aller neuen Gedichtwerke. Man findet in ihm sowohl die Lehren apokryphen Christentums (Swedenborgs Ansicht beispielsweise, daß sich Himmel und Hölle schon im Diesseits befinden) wie die Lebensängste der kleinen Täglichkeit und Erlösungen aus ihr gestaltet. Es ist unerschöpflich. (Selbst den

Plagiatoren.) Ein Steinbruch der Werte. Mit und aus dem man leben kann wie nur aus den großen Menschheitsbüchern der frühen Jahrhunderte.

Werfel klagte einmal gesprächsweise, er besäße kein Naturgefühl. Diese Selbstbezichtigung scheint unrichtig, wenn man der häufigen und innigen Gleichnisse denkt, mit denen die Natur allenthalben sein Gedicht durchstrahlt. Sie ist aber dennoch höchst richtig, wenn man bedenkt, daß die Natur in seinem Gedicht tatsächlich immer nur als Mittel, als Objekt, eben als *Gleichnis* und nie als Subjekt erscheint.

Für Werfel war die Natur nie etwas anderes als eine *moralische Kategorie*. Nach der Lehre der Neuplatoniker ist die ganze Welt schuldhaft aus Gott entflossen: wie weit oder wie nahe jegliche Materie von Gott entfernt ist, das ist für Werfel die alles entscheidende Frage. Wer in dem Gedicht ›Phänomen‹ die Verse schreiben konnte:

> Die Antilope ziert sich auf dem Grat,
> Wie Mädchen tritt durch das Gewölk ihr Wert.
> Und wüst verkündigt sich als Sumpf-Verrat
> Der Rüssel-Eber, der durch Forste fährt,

der besitzt in der Tat kein Naturgefühl. Denn die Natur selbst will im Grunde noch anderes sein als ein metaphysisches Schuldbekenntnis ihres mehr oder minder tiefen Abfalls von Gott. Gewiß werden die größten Naturgedichte auch immer symbolische Gedichte sein (und nicht etwa bloß feststellende Mitteilungen, was gerade auf der braunen oder grünen Erde vor sich geht), – aber wo steht geschrieben, daß ihre Symbolik immer eine teleologische sein müsse, und dann gerade die der Propheten des Alten oder Neuen Bundes? – Werfel hat dies gefühlt und hat wirklich versucht, in seinem letzten Bande ›Beschwörungen‹ (1923) die Natur zuweilen *entzweckt* darzustellen. Diese Gedichte haben nicht ganz die Glut, nicht ganz den vollen Atem seiner früheren.

Mit der deutschen Lyrik aber ist es seit tausend Jahren sonderbar bestellt. Wir mögen ein Gedicht Walthers von der Vogelweide aufschlagen oder Verse von Lenau, wir finden darin eben doch »die feststellende Mitteilung, was in der Atmosphäre gerade vorgeht«. Fliegende Blätter aus dem Dreißigjährigen Krieg enthalten trotz holzharter Knappheit dennoch die Mitteilung, ob Schnee gefallen sei oder Lerchen gesungen hätten. –

Was bedeutet das? Daß in der deutschen Seele die Liebe zur Natur als zu einem gleich-, ja *über*berechtigten Subjekt niemals schweigen kann. Es wäre sonderbar, wenn sie in den vierzehn Jahren, die diese Anthologie umspannt, geschwiegen hätte.

Sie tat es nicht. Die alte, neue Bindung an die vom Zweck befreite Atmosphäre vollzog sich in der lyrischen Schöpfung *Oskar Loerkes*. Dieser Dichter scheint heute so sehr der Statthalter, Bewahrer, Fortsetzer alter Gefühlsströme zu sein, daß man meinen könnte, Claudius, Goethe, Mörike oder Eichendorff – kämen sie *heute* – würden dichten wie er. Es würde reizen – und könnte Thema späterer Dissertationen sein –, an Werfel und Loerke, den beiden größten Lyrikern der Epoche, abermals dem Unterschied zwischen sentimentalischer und naiver Dichtung nachzuspüren ... wenn diese Begriffe nicht doch verbraucht wären, da jeder naive Dichter längst sentimentalisch und jeder sentimentalische naiv zu fühlen gelernt hat. Nicht einmal Eichendorff – der in der Katholizität und ihren Kausalgesetzen wurzelnde – dichtete immer naiv. Wieviel weniger Loerke, auf den nicht minder als auf Werfel die Trauer der vergeblichen Jahrhunderte drückt. Was ferner die von Wandervereinen geforderte Naivität – die der Unmittelbarkeit und Sangbarkeit – betrifft, so kann er mit ihr erst recht nicht aufwarten.

Und doch: jenes alte Spannungsverhältnis sentimental – naiv fühlt man als bestehend, wenn man die polarsten Gedichte der beiden nebeneinanderstellt: Werfels ›Lächeln, Atmen, Schreiten‹ und Loerkes ›Pansmusik‹. Mythische Schöpfungen höchsten Ranges beide. Die Natur wird zu beiden Malen ergriffen und zum Logos umgebaut. Doch welch ein Unterschied! In dem Gedicht Werfels beweist die Natur den Menschen, in dem Gedicht Loerkes beweist die Natur sich selbst. Werfel handelt vom Licht und stabiliert es als eine Relation des menschlichen Lächelns; er singt den Wind und grenzt ihn ab als untere Kategorie des menschlichen Atems; er spricht das Schreiten der Sterne aus und findet es unfrei gegenüber dem Gange des Menschen. Nun aber Loerke: ihm fährt der Gott der Welt auf einem Floße, er bläst auf einem Rohr und spielt die sanfte, abendliche, große und spielt die Welt sich vor.

Doch alles wie zu stillendem Genusse
Den Augen bloß, dem Ohr.
So fährt er selig auf dem großen Flusse
Und spielt die Welt sich vor.

Das Weltall also spielt sich selbst, es spielt den Fluß, auf dem es fließt, es spielt sein Leben, es spielt seinen Tod. Es ist sich selber Causa und Finis. Gerade darum also kann der Mensch ihm nichts nehmen und ihm nichts geben:

> Das Spielen wankt, *im Spielen unverloren*,
> Das Licht wankt durch das Licht.

Je nach dem eigenen Erlebnis wird jeder sich mehr für die anthropozentrische Weltanschauung Werfels oder die kosmozentrische Loerkes zu entscheiden haben. Dem einen mag die Welt »im Menschen« anfangen, dem andern die Welt »in der Welt«. Ich selber bekenne frei, daß mir als geistiges Erlebnis Werfel näher steht als Loerke. Immerhin: Wir haben uns, ein altes Wort variierend, zu freuen, daß wir zwei solche Schöpfer haben.

Im Spielen unverloren. – Das freie Spiel, das in vierzehn langen Jahren verloren ging, ist durch Loerke zurückgewonnen. Aber keineswegs hat er sich damit nun wieder den Idealen der Renaissance verschrieben. Man vergleiche ihn nur einmal mit Theodor Däubler, der freilich ebenfalls nach diesem freien Spiel gestrebt und Wortbilder geschaffen hat, die denen Loerkes zuweilen ähneln. Aber der Unterschied zwischen Loerke und ihm ist letzten Endes der Unterschied zwischen einem spielenden und einem spielerischen Dichter. Die barocken Wolkenhimmel der Däublerschen Poesie kommen und gehen, ohne daß man die atmosphärische (geschweige denn die seelische) Notwendigkeit begreift. Däubler hat die ganze Hybris des Renaissancekünstlers, dem alles außer seinem Talent und seiner Ausdruckskraft gleichgültig ist. Davon kann – wie doch wohl bei den meisten der ringenden, chaotischen Dichter seit 1910 – so auch bei Loerke keine Rede sein. Die Grundstimmung, in der er jedes Gedicht beginnt, ist (ganz wie bei Werfel) eine deutliche Furcht, ein religiöses Verzagtsein um das Maß seines Talents: Werde ich auch sagen *können*, was zu sagen ist? Das hütet ihn denn auch (wie Werfel – aber leider nicht wie alle übrigen) vor jeglicher Konfektionierung, jeglicher »Herstellung neuer Gedichte nach vorhandenen Typen«. Bei manchen Dichtern kann man sich auch heute der häßlichen Empfindung nicht entschlagen, als ob sie statt Gedichte Versbände produzierten, als ob, in Abwesenheit des Schöpfers, zwei ihrer Gedichte aus sich selbst ein drittes erzeugen könnten. Von diesem Selbstzeugungslaster – das übrigens zu allen Zeiten in unserer Literatur gleich ekelhaft gewesen ist – sind die Bücher Werfels und Loerkes vollkommen frei.

Die Dichtung der Jahre 1910–20 betrachten, hieß, sagte ich, ein Chaos betrachten; ich habe versprochen, keine zu frühen und lügnerischen Ordnungen hineinzeichnen zu wollen und habe, denke ich, mein Versprechen gehalten. Die Gründe des Chaos, wir sahen's, sind mannigfaltiger Art. Ein ganz wesentlicher Grund des Unbefriedigenden in dieser Dichtung ist der Umstand, daß weitaus die meisten Dichter sich nicht eindeutig entscheiden konnten, ob sie auf die Seite der ethischen Forderung (Werfel) oder des freien Spiels (Loerke) gehörten. Das bricht ihre Persönlichkeit. Vor allem aber wurde ihre Persönlichkeit durch einen geistigen Kampf gebrochen, den die Dichter keiner anderen Zeit zu bestehen hatten: das ist der Kampf um die *Inkubationszeit des Erlebniskeims.* Der Kampf gegen die Störung des heiligen Erdreichs, in das er gebettet ist, der Kampf um die Austrage-Zeit. Was an seelischen Stürmen und geistig-ungeistigen Tagesbefehlen ist denn über alle, die in diesem Buche sprechen, in einem Jahrzehnt dahin gebraust: vorgestern Ludendorff, gestern Wilson, heute Poincaré und morgen Trotzki. Ist es da nicht ein Wunder, daß überhaupt gedichtet wurde und wird?!

Dank euch, daß ihr nicht schwiegt, euch: Schickele, Trakl, Wolfenstein, Stadler, Zech, Dank euch Ungerühmteren: Zoff, Fuchs, Lola Landau, Wegner, Brüder Schnack – Dank euch anderen allen, ihr Hymniker oder Analytiker, Religiöse oder Spötter! Dank allen jenen, die nicht »gefällig« dichteten, wie es das Publikum liebt an seinen süßen Romantikern, sondern wahr.

FRANK THIESS

Das Ende des Expressionismus. 1926.

Es gibt Bewegungen, die sterben und es gibt Bewegungen, die sich verwandeln. Nutzlos für die ihnen folgende Zeit brauchen darum weder die einen noch die anderen gewesen zu sein; nichts ist ganz ohne Sinn, und wenn ein Ding entsteht und abstirbt, so ist es darum doch *gewesen* und hat durch dieses Sein den leeren Raum erfüllt, hat Wirkung gehabt und Bewegung verursacht.

Der Impressionismus in Kunst und Dichtung ist eine Erscheinung gewesen, die sich verwandelte (und ihrem ganzen Wesen nach sich verwandeln mußte). Der Expressionismus in

Kunst und Dichtung konnte sich nicht verwandeln, weil sein Wesen dem widersprach. Es gab für ihn nur eines oder das andere: leben oder sterben. Er hat gelebt, geherrscht und ist nunmehr gestorben.

Das wird zu beweisen sein.

Eine rein äußere Tatsache ist leicht feststellbar: die Zeit des Expressionismus, jener Kunstform seelenentblößender Ekstase, formfeindlicher Bekenntnisse, ging vorüber. In der Malerei haben sich die wirklich gestaltungsstarken Expressionisten Kokoschka, Pechstein, Picasso, zu neuen Ausdrucksformen, ja zu ganz neuer Wahl der Motive hingewandt. Der Picasso, welcher nicht außerhalb des Impressionismus, sondern bewußt *gegen* den Impressionismus kubistische und futuristische Bilder malte, ist heute zu einem subtilen Realismus heimgekehrt. Er fand als großer Maler den Umweg zu sich selbst, auf dem die Kleinen sich verliefen. Kokoschka würde heute ein Bild wie ›Die Freunde‹ nicht malen. Seine Landschaften der letzten Jahre sind Bildnisse, die das expressionistische Programm kaum noch deckt. Die gesuchten Maler unserer Zeit sind keine Expressionisten mehr oder sind es nie gewesen: André Derain, Matisse, Utrillo, Corinth, Slevogt, Conti. Dagegen sind Künstler wie Marc Chagall, Moholy-Nagy, Schmidt-Rottluff eigensinnig dort stecken geblieben, wo der eigentliche Weg zum Gipfel ihrer Künstlerschaft erst hätte anheben sollen. Sie finden darum nur noch das Interesse richtungsschroff festgelegter Kreise, ihre »Zeit« ist vorüber.

Da es sich mit dem Absterben des Expressionismus nicht um eine Bewegung handelt, die sich auf einen Kunst*zweig* beschränkte, sondern um einen kulturellen Vorgang, der sich im Kunst*stamme* bildete, haben wir, noch schroffer fast, sein Ende in der Dichtung erlebt. Wer kann heute ohne Qual Kasimir Edschmids ›Achatne Kugeln‹ lesen? Obwohl gerade dieser Roman entschiedene Qualitäten enthält? Wer berauscht sich noch an Johannes R. Bechers lyrischen Ejakulationen? Die künstlich herausgetriebene Ekstase wirkt nicht einmal mehr »interessant«, sie ist ganz einfach widerlich. Das haben die Konjunkturklügsten unter den ehemaligen Expressionisten von Fach auch erkannt und deshalb, so gut es ging, umgelernt. Von kleinen Geistern abgesehen, ist diese Linie der Abkehr vom Expressionismus sogar bei einem so bewußten, und Zeitströmungen eigentlich nicht ohne weiteres zugänglichen Kopfe wie Otto Flake deutlich feststellbar. Ja, sie ist, weniger deutlich eigentlich bei allen feststellbar, die mit ihren Werken den Expressionismus überlebten.

Die Dramatiker dieser Kunstform sind stärker mit expressionistischen Extravaganzen beladen gewesen. Sie konnten es sich leisten, völlig unverständlich zu sein, da ja der Schauspieler ihr Wortfeuerwerk mit seinem Eigenleben zu geisterhaftem Leben galvanisierte. Hier hat man denn auch am hemmungslosesten gestammelt und zungengeredet, und es ist einem Manne wie Georg Kaiser nur über den Seiltanz der »Kolportage« hin möglich gewesen, bei gesitteteren Sprach- und Ausdrucksformen wieder anzuknüpfen. Die meisten von ihnen, Hasenclever, Brust, Bronnen sind festgefahren, dabei stets auf dem Sprunge, einem »ethischen Supranaturalismus« in die Arme zu fallen, wie ihn beispielsweise in der Malerei der begabte Otto Dix pflegt. Bronnens letzte Arbeit, der ›Ostpolzug‹, zeigt seine Unfähigkeit des Sich-Wandeln-Könnens zu aussichtsvoller Gestaltungsform. In dieser Zeit der großen Klärungen und entschiedenen Klarstellungen (im Politischen wie im Künstlerischen) wirkt die unklare Gefühlseruption eines Gehirnekstatikers nicht aufrüttelnd, sondern peinlich. Wir wollen auf allen Gebieten des Lebens keine »Ballungen« mehr, sondern Ordnung, Sinngebung und Vertiefung. Wirtschaftliche und geistige Tendenzen gehen nicht selten parallel: Der Expressionismus ist in seinen letzten Jahren nichts anderes als eine Inflation des Gefühls gewesen. Man hat erkannt, daß niemand für diese Papiergefühle auch nur einen Silbergroschen gibt.

Doch was war der Expressionismus, als er entstand?

Eine Opposition. Der unbestreitbare Wert des Expressionismus liegt im Oppositionellen, und er konnte auch nur solange Kunstwert haben, als er in der Opposition stand. Von dem Augenblick an, wo er an die Regierung kam, wo er beherrschend wurde, geriet er in die gefährliche Situation einer Oppositionspartei, die nun mit ihrem Programm den Staat lenken soll. Es zeigte sich – was einsichtige Künstler längst wußten –, daß sich mit dem expressionistischen Programm die Kunst nicht regieren ließ. Man mußte sich entweder »neuorientieren« oder zurücktreten.

Ein Teil der Expressionisten orientierte sich neu. Ein anderer Teil trat zurück. Zu den letzten, also den ehrlichen Expressionisten, gehören die ›Sturm‹-Leute. Sie haben stets opponiert und in dieser Opposition ihr Glück gefunden. Es ist ihr Wert, daß sie opponieren und ich glaube, daß der deutschen Kunst sogar etwas fehlte, wenn diese Opposition nicht bestünde. Sie verhindert das sogenannte gebildete Publikum daran, Kino und Kunst völlig gleichzusetzen. In diesem Sinne hat überhaupt der Expressionismus außergewöhnlich segenspendend gewirkt: der Deutsche, welcher in Kunst und Dichtung ständig auf grelle Unverständlichkeiten stieß, begann, sein Vergnügen an den grellen Verständlichkeiten zu kontrollieren. Und die Kunstwilligsten im Volke erkannten, daß es immer noch anständiger war, Seewald und Eberz bedeutend zu finden, als Schott und Brütt. Und diese Wertung dürfte bestehen bleiben, auch wenn niemand mehr weiß, was Expressionismus gewesen ist.

Der Expressionismus trat als die genialische Opposition gegen eine Kunst der Objektmalerei auf den Plan. Die nicht wertenden Impressionisten Thomas Mann, Keyserling, Cézanne, Manet, Slevogt mußten die junge Generation einer Zeit in Harnisch bringen, welche sich nicht mit dem bloßen So-sein begnügen, sondern werten wollte. In der Epoche der großen europäischen Spannungen, des Weltkrieges und der Revolution, war es einfach Zeichen des Anstands, sich zu bekennen. Nicht mehr auf die kunstvoll gemalte Welt der Objekte kam es an, sondern auf die Gesinnung des malenden Ich, der diese Objekte so oder anders erlebte und aus seinem Erlebnis neu erschuf. Nicht mehr die Objekte waren daher Gegenstand der Kunst, sondern die Subjekte. Nicht mehr Eindruck der Welt auf der Netzhaut war wiederzugeben, sondern Ausdruck der Welt durch ein Gewissen. Die geistvollste Theorie dieser Opposition – zur Zeit, da der Expressionismus noch Opposition war! – erschuf Max Picard mit seinen unübertroffenen Analysen ›Das Ende des Impressionismus‹ und ›Expressionistische Bauernmalerei‹. Ihm gelang mit dem letzten Werk der Nachweis, daß es stets den echten Expressionismus gegeben habe und stets solange geben werde, als es heiligste Pflicht der Kunst sei, etwas zu *wollen*.

Als der Impressionismus verdrängt war und die Männer des Expressionismus an die Regierung kamen, hub die zweite Periode dieser Bewegung an. Es galt nunmehr, mit dem verkündeten Programm die große Kunst der Gegenwart und Zukunft zu erschaffen, welche man versprochen hatte. Man regierte diktatorisch und mit faschistischer Unterdrückung der gegnerischen Meinung. Der ethische Sinn des Expressionismus: statt Netzhauteindrücken Erlebnis zu geben, erstarrte in dem Ruf nach Abkehr vom Gegenstand. Man vergaß, daß zwischen der Nachmalung des Gegenstands und seiner Ignorierung die eigentliche künstlerische Mitte lag: seine Neugestaltung aus schöpferischem Vermögen. Mensch und Gegenstand sind in der Welt der Erscheinungen unlösbar verknüpft. Es kommt nicht darauf an, sie auf immer zu trennen (was die konsequentesten unter den Expressionisten auch taten, indem sie alles Gegenständliche am Menschen selbst fortradierten), es kommt darauf an, sie richtig zueinander zu stellen.

Somit setzte, während noch der Expressionismus regierte, eine neue Opposition ein, die nicht Impressionismus war, die man aber als »verwandelten Impressionismus« bezeichnen kann. Diese Opposition, welche in ihren hervorragendsten Vertretern auf das »Opponieren« klüglich verzichtete und den notwendigen Zusammenbruch des nicht tragfähigen expressionistischen Regimes abwartete, bekannte sich zu einer Kunst der wesentlichen Wirklichkeit. Sie griff erneut den Gegenstand auf, aber sie formte ihn nur dort in ihr Kunstwerk hinein, wo er wesentlich war, das heißt, wo er in sich einen bestimmten Sinn auf ein Etwas hin enthielt. In der Malerei wie in der Dichtung wurde die Welt der Erscheinung neu gesichtet. Man übernahm nicht mehr Netzhauteindrücke, Farben, Linien, Schatten, Licht, Gespräche, Landschaften, – man übernahm nur das, was durch sich in dem gewünschten Zusammenhange eine unverwechselbare und für den Einsichtigen klare Bedeutung hatte. Picasso malt das Bildnis eines Mannes mit subtilem Pinselstrich, doch er läßt alle Partien aus, die dem gewollten Eindruck nicht dienen. Er gibt die Essenz des Menschen ohne Fortlassung des Gegenstandes, der ja vom Menschen nicht zu trennen ist.

Derselbe Vorgang in der Dichtung: Anker Larsen und Otto Wirz, zwei Epiker dieser Kunstform aus weit getrennten Ländern, haben sich am Expressionismus geschult, ohne je »Expressionisten« gewesen zu sein. Die gegenständliche Welt flutet voll hinein in ihre Werke, doch sie wird nur soweit eingelassen, als ihre Mannigfaltigkeit Trägerin eines *Sinnes* ist. Jedes Objekt muß auf ein Subjekt hin Beziehung haben. Subjekt und Objekt müssen einander visieren. Ich nenne den unbestrittenen Meister dieses verwandelten Impressionismus: Knut Hamsun.

Kein Wunder, daß neben dem Aufzüngeln solcher Erkenntnisse das immer starrer werdende Gebilde der expressionistischen Kunstform seine Überzeugungskraft, ja, seine Fortzeugungskraft verlor. Hinter der neuen Entwicklungsphase steht eine Menschheit, die auf allen Gebieten den Ausgleich polarer

Überspannungen sucht. Zwischen Objektivismus und Subjektivismus, zwischen Radikal-rechts und Radikal-links setzt man den tragenden Faktor ein: in Kunst wie Philosophie wie Wirtschaft wie Politik, einen schöpferischen Relativismus, bei dem es sich darum handelt, Distanz zu halten; nicht Fassade, sondern Wesen zu suchen, aber absolute Wertungen zu vermeiden.

Nicht mehr aus Liebe zum bequemen Kitsch oder aus doktrinärer Kunstverbissenheit lehnt man das expressionistische Programm ab, sondern aus gesundem Bewegungstrieb zu neuen Formen. Man ist darum noch nicht zum Impressionismus und der Kunst naturalistischer Wirklichkeitsaufnahme zurückgekehrt; man verhält sich ihr gegenüber vielleicht um einige Grade wärmer (zumal, wenn es sich um Persönlichkeiten wie Liebermann, Richard Strauss, Thomas Mann handelt), doch man bekennt sich deshalb noch nicht zum Rückschlag. Freilich hat der Impressionismus, wie schon bemerkt, eines dem Expressionismus voraus: die Wandlungsmöglichkeit. Und tatsächlich steht ein Dichter wie Thomas Mann dauernd auf der Grenze von impressionistischer zu neurealistischer Ausdruckskunst, während Hermann Hesse diese Grenze bereits überschritten hat, obwohl er seinem ganzen künstlerischen Temperament nach unbedingt dem alten Impressionismus zugehört.

Ein einziges Ressort der Kunst wird noch vom Expressionismus gehalten: die junge Musik. Doch wer Ohren hat, hört auch hier das Anrucken zu neuen, nichtexpressionistischen Formen. Ein unreifes, von schlechtmeinenden Gönnern früh verwöhntes Talent wie Křenek steht neben dem klugen, den Rückzug geschickt einfädelnden Strawinsky. Alban Bergs ›Wozzek‹ ist der Übergang vom Expressionismus zu neurealistischem Stil. Vom Expressionismus hat er noch die ungebärdige Heftigkeit, von der neuen Kunstform schon den Sinn für Plastik und Wesentlichkeit angenommen. Wo sein Lehrer, der rein expressionistische Schönberg, nicht mehr weiter konnte, da hat Berg die deutsche Musik dicht an die Grenze einer ganz neuen Zone herangebracht.

Um der Wandlungsfähigkeit eines nur auf subjektiven Erlebnisausdruck gestellten Kunstprogramms willen mußte der Expressionismus das Feld räumen. Der Sturz dieser Regierung erfolgte ohne Laut. Eines Tages war sie hinüber und endete ruhmlos mit dem Auseinanderlaufen ihrer Führer. Eine kleine Kerntruppe blieb. Sie ist polemisch aus tiefster Wesensart, denn da sie nur die Geltung des Ich anerkennt, muß sie das Du bekämpfen. Aber die große Zeit ihrer Opposition, die Zeit, da der Expressionismus schöpferisch war und wir alle von ihm lernten, ist dahin. Fehlt ihm doch die gegnerische Weltanschauungsphalanx. Der Impressionismus, die Gesinnung der Gesinnungslosigkeit, wie ihn ähnlich Picard charakterisierte, hat sich gewandelt, eine »herrschende Kunstrichtung« besteht zur Zeit nicht, sondern eine Epoche strömender Übergänge zu neuen Formen, eine Art Demokratie aller Kunstrichtungen, in der die besten Köpfe des geistigen Deutschland es ablehnen, aus ihrem Kunstwillen ein System der Diktatur zu machen.

Hier zeigt es sich, daß Kunst wie Religion Privatsache ist und bleiben wird, daß nicht Programm und Dogma große Werke schaffen, sondern lediglich Erlebnis und Erkenntnis des schöpferischen Individuums. Nicht eine »Richtung« macht die Kunst, sondern der einzelne, welcher aus seinem Erleben etwas zu gestalten vermag.

HERMANN KESSER
Überblick über den Expressionismus. 1930.

Hörer und Hörerinnen,
aus Miterleben und Beteiligung möchte ich etwas über den Zeitabschnitt sagen, der in Deutschland auf das Schlagwort Expressionismus getauft worden ist. Ich sage absichtlich Schlagwort: Für mich – und ich spreche hier ja völlig aus meiner eigenen und unbedingt einseitigen Anschauung! – sind alle derartigen Bezeichnungen, die von der ästhetischen Umgangssprache in den Verkehr gebracht worden sind, problematisch. Ich liebe diese Begriffe nicht. Ich liebe sie deshalb nicht, weil dadurch beispielsweise das, was Sinn und Inhalt einer Dichtung ist, in eine literarische oder künstlerische Spezialisten-Sphäre gerückt wird. Sogar das Wort »literarisch« ist mir unsympathisch. Es riecht nach Bildungsphilistern und nach akademischen Hörsaal-Katalogen. Ich stelle mir unter Dichtungen keineswegs Produkte vor, die nur für Klassen von einem ausgesprochen »literarischen« Spezialwissen bestimmt sind. Ich habe deshalb von jeher literarische Jargonausdrücke ungern in den Mund genommen. Ich bin außerdem der Meinung, daß es eine wirklich eindeutige Umschreibung von Erscheinungen wie »Expressio-

nismus« und »Impressionismus« überhaupt *nicht gibt*. Mit einiger Geschicklichkeit läßt sich die ganze Geschichte des Schrifttums und der Künste von Anbeginn bis heute ebensogut in »Impressionismus« wie in »Expressionismus« oder in »neue Sachlichkeit« auflösen. Die junge Generation von heute hat für diesen Sachverhalt ein sehr klares Gefühl. Für sie gibt es keine »rein literarischen« Bewegungen mehr. Sie hat es nicht mehr nötig, sich der Redensarten einer umständlichen Kunstbildungssprache zu bedienen. Sie hat Boden unter den Füßen und sie unterscheidet sich deshalb allergründlichst von der Vorkriegszeit.

Sie fragen, was das mit dem Expressionismus zu tun hat? Ich sage: Sehr viel! Denn der Expressionismus ist das Ereignis, die Erscheinungsform, die Bewegung gewesen, die bei uns – in den deutschen Sprachbezirken – Schrifttum und Kunst erstmals und endgültig mit der Wirklichkeit verbunden hat!

Ich will und kann es durchaus nicht vermeiden, in diesem Zusammenhang die Worte »politisch« und »Politik« zu gebrauchen. Ich sehe mich hier genötigt – es ist durchaus nicht überflüssig – an der Spitze meiner Behauptungen den *Begriff Politik* zu definieren. Nach meiner Auffassung ist Politik: Hauptzwecke und Hauptziele des allgemeinen Denkens und Handelns erkennen, erzeugen, unterstützen und verwirklichen – unter Umständen bekämpfen und verunmöglichen. Politik ist für mich Menschenlenkung und Menschenerziehung. Nach dieser Klarstellung fürchte ich mich nicht mehr, vor Ihnen das Wort Politik hin und wieder in meinen Ausführungen zu gebrauchen.

Es erscheint mir nach dieser meiner Auffassung völlig unmöglich, Dichter oder Künstler zu sein und sich dennoch als einen politisch völlig unbeteiligten Mann zu erklären.

Wer dies tut – und 95 Prozent aller Dichter haben das im Deutschland der Vorkriegszeit getan –, der degradiert Kunst und Dichtung zu einer belanglosen und unverbindlichen Stil-Spielerei. Wer dies tut, der entwirft als dichterischer und künstlerischer Gestalter heute mehr als jemals ein unvollständiges Bild der Menschen und Zustände.

Aber ich will mich bei diesen abstrakten Formulierungen nicht aufhalten. Ich will Ihnen lieber erzählen, wie ich diese Fragen von jeher empfunden habe.

Ich sah ungeheuer viele Bilder, Theatervorstellungen, Statuen, Gemäldegalerien. Ich las zahllose deutsche Bücher. Ich hielt mich in vielen Hörsälen auf. Ich hörte sehr viele Vorträge. Ich nahm an allem teil, was man geistiges oder künstlerisches

Leben nennt. Aber auf die brennenden Fragen, die das wirkliche Leben stellte, gab der geistige, wissenschaftliche und künstlerische Betrieb so gut wie niemals irgendeine Antwort.

Von der Wahrheit war nie die Rede. Deutschland, wie es wirklich gewesen war, und Deutschland, wie es jeweils augenblicklich war – das kam in dem wissenschaftlichen und künstlerischen Betrieb nicht vor. Aus Hintergründen drangen mitunter echte und wesentliche Töne durch. Man mußte schon genau hinhören, um etwas zu verstehen. Im Vordergrund war nämlich immer nur pausenloses und lautes Geräusch. Die Mehrzahl aller Künstler und Schriftsteller oblag der Aufgabe, das erfolgreiche, herrlichen Zeiten entgegengehende Deutschland poetisch und musikalisch zu instrumentieren. Wohin der Weg ging, darüber nachzudenken, war, wenn nicht gerade verboten, so doch zumindest ungern gesehen. Die Dichter ließen – einige ganz wenige Ausnahmen bestätigen nur die Regel – ungefähr alle sozialen und politischen, alle lebenswichtigen Probleme aus ihren Darstellungen weg. Hier Literatur, Schreibtisch, Schriftsteller, Dichter, Professoren und Bibliotheken! Gegenüber der Machtstaat mit Politik, Militär, Krieg, Klassenunterdrückung und Herrscherkaste, der Machtstaat, der auf alles, was Literatur hieß, wenn er schon vom Hörensagen etwas von Literatur wußte, einfach pfiff! Im kulturpolitischen Weltprofil der deutschen Völker waren deshalb auch die zeitgenössischen Dichter und Schriftsteller so gut wie unsichtbar. Anderseits bejahten zufriedene problemlose Volksgenossen, für die die Frage der eigenen und der allgemeinen Rettung amtlich erledigt war, das Leben, wie es eben dahin ging, in seiner ganzen Vortrefflichkeit.

Mit dieser politischen Indolenz und politischen Mutlosigkeit brach dann, als die europäische Luft glühend wurde, die Literatur selbst. Die formalen Stilspieler mußten erleben, daß sie rechtmäßig verdächtigt wurden. Schon in den letzten Jahren vor dem Krieg erhob sich das Politische, zeigte sich im Schrifttum und in der Kritik, besonders in der empfindsamen Berliner Theaterkritik an. Unter den Erzählern und Essayisten begann Heinrich Mann mit der konsequenten kulturkritischen und kulturpolitischen Darstellung deutscher Verhältnisse. Alfred *Kerr*, Vorkämpfer für das Standesgefühl der Schriftsteller, trommelte aus dem politischen Schlaf; begann die Dinge beim Namen zu nennen. Siegfried Jacobsohn verwandelte sein Blatt ›Die Schaubühne‹ in eine politische Zeitschrift und nannte sie ›Weltbühne‹. Die Literatur-Zeitschriften begannen breit und erregt zu politisieren. Man erinnerte sich wieder an die Naturalisten und abgedrosselten Freiheitskämpfer von ehedem, die sich vorübergehend zum Sozialismus bekannt hatten und innerhalb mehrerer Dezennien in Deutschland das einzige größere Beispiel für einen politisch-literarischen Vorgang gaben. Der Unterschied zwischen dem *Privatdichter* – das Wort ist von mir! – und dem Gemeinschaftsdichter wurde klar.

Die obenauf Drängenden fanden, daß die deutsche Literatur *stumm* geworden sei. Schweigen ist – für Dichter – nicht Gold. Reden und den Mund aufzumachen gegen Schweiger und Lügner ist für Dichter und Schriftsteller Pflicht. Ich erinnere an Tolstois Schrift ›Ich kann nicht schweigen‹, an Emil Zolas ›J'accuse‹ und an Friedrich Nietzsche, an Nietzsche, den einzigen großen unabhängigen Geist, der aus dem deutschen Schrifttum in den letzten Dezennien des 19. Jahrhunderts in die Weltliteratur eingegangen ist. –

Nicht mehr zu genügen schien, obgleich das Gebiet und die Mittel der Kunst erweitert und verfeinert worden waren: Weder das Entdecken neuer Individual-Zustände noch der impressionistische Kommentar zum Leben; weder lyrische noch psychographische Bekenntnisse über persönliche Angelegenheiten. Weder Liebesgeschichten noch Entwicklungsromane, weder die verschwommene Abmalerei, noch das Verherrlichen der Zustände.

In dieser Zeit – wir sind ungefähr beim Jahre 1914 angekommen – taucht das Wort »Expressionismus« auf. Taucht auf und wird zum Sammelbegriff für freie Bekenntnis-Dichtung und – *politisierte* Literatur.

Was revoltierte, was rebellierte, was sich dem Massenmord und der Vergewaltigung entgegenstellte, was die Partei der mißbrauchten Menschen ergriff: Das alles war – auch aus Gründen des Zensurzustandes zunächst mit dem Wort Expressionismus gedeckt. (Der abstrakte, die Sache ins Lyrische und Ästhetische rückende Ausdruck »Expressionismus« war immerhin schon damals eine Gefahr und ließ die soziale und sittliche Substanz unberührt!!)

Ich sehe heute auf diese Tage zurück und sehe in dem sogenannten Expressionismus dieser Tage eine große und aus unserer Entwicklung nicht wegzudenkende Begebenheit. Für mich ist, historisch gesehen, der Expressionismus der flammende Kurzschluß zwischen Kunst, Schrifttum und Leben in Deutschland gewesen, der flammende Kurzschluß hergestellt von den

Ereignissen. Und für mich ist die nachmalige Wut auf den Expressionismus nichts anderes als die Wut auf die explodierende Wahrheit. Man sagt, diese Epoche hat zahllose Werke produziert, in denen von Formvollendung nicht viel zu spüren ist. Ich finde, daß sie sich darin von keinem anderen Zeitabschnitt der Produktion auch nur irgendwie wesentlich unterscheidet.

Es ist aber anzumerken, daß so ziemlich alle vorwärtsführenden Künstler und Dichter, die heute im Besitz einer ausstrahlenden Lebensschwungkraft sind, aus eben diesen Tagen große motorische Kräfte gezogen haben. Und es ist festzustellen, daß es niemals in Deutschland, weder in der bildenden Kunst noch im Schrifttum einen Zeitabschnitt gegeben hat, in dem sich das allgemeine Lebensgefühl derer, die überhaupt zu fühlen und ihre Gefühle auszudrücken imstande sind – in stärkerer Übereinstimmung dokumentiert hat als in der Epoche des soviel geschmähten Expressionismus. Auch das, was man geistige Kameradschaft und Solidarität unter Gleichgesinnten nennt – in diesen Tagen ist es in Deutschland neuerdings geboren worden.

Kulturpolitisch gesehen, zeigt sich der Expressionismus als die allerechteste Form, deren die Volksgemeinschaft damals fähig war. Trotz allen Fehlern, allen Dilettantismen, aller Systemlosigkeit, allem Ungegorenen und Hinausgepfefferten.

Man sollte sich hüten, diesen Expressionismus zu entwerten!

Eben weil er echt war, bewies er sich durch alle Eigenschaften, die in der bewegten Volksgemeinschaft enthalten gewesen sind. Es war sehr selbstverständlich, daß sich das Volk gegen Ende des Krieges und gar von November 1918 an gefühlsmäßig überschrie. Das Volk ging einer Katastrophe entgegen, sah die Katastrophe kommen, erlitt sie und wußte sich zunächst nicht anders zu wehren als durch den bedingungslosen Ausdruck seiner Gefühle.

Es hatte in wenigen Monaten einen Weg durchmachen müssen, für den ungefähr einige Jahrzehnte notwendig gewesen wären. Es benahm sich so, wie sich Menschen benehmen, denen die Ereignisse über den Kopf wachsen.

Daß Menschen im Katastrophen-Fieber, daß verhetzte, betrogene, mißbrauchte Menschen im ersten Blitzlicht fürchterlicher Erkenntnis sich allerklarster Methoden bedienen, daß sie ausgefeilt und programmatisch denken, daß sie auf der Stelle sachlichen Bescheid wissen: Das habe ich noch niemals erlebt. Man sollte sich hüten, diesen Expressionismus zu entwerten!

Er ist – ich wiederhole es – aus dem Weg, den wir gegangen sind, nicht wegzudenken.

Es hieße die Zeitgeschichte umfälschen, es hieße vergessen, daß wir alle einmal *Anfänger* sein müssen.

Es hieße vergessen, daß die Befreiungskriege der Menschen nicht an einem einzigen Tage zu Ende geführt werden können, wenn heute dieser Zeitabschnitt des Denkens und Gestaltens als belanglos ausgelöscht werden soll!

Wir sind inzwischen weitergegangen. Das ist wahr. Ein Teil der ehemaligen Expressionisten ist abgeschwenkt. Nicht bei der Stange geblieben. Ein Teil hat die Flucht ergriffen. Begab sich wieder in die Privatdichtung zurück. Floh in Romantik, Gemütlichkeit. In die Gegenden, wo vergnügte, wenn auch ganz unbegründete Lebensfeste gefeiert, oder beruhigende schöngeistige schönseelische und meist unsoziale Lebensformeln verkündet werden.

Ein anderer Teil der ehemaligen Expressionisten und expressionistischen Epigonen hat längst erkannt, daß der Mitleidsschrei nicht genügt.

Was im Expressionismus in Form von primitiven Forderungen zum Ausdruck kam, ist inzwischen als Tatsachendarstellung wieder auferstanden. Aus den expressionistischen Pazifisten sind unterdessen wahrhafte Militaristen der Menschheitsrechte geworden.

Aus den Expressionisten, die seinerzeit in Gefühlen schwelgten, sind Schriftsteller geworden, die aus ihren Gefühlen die Konsequenzen gezogen haben. Aus denen, die sich seinerzeit gegen Krieg und Massenmord erklärten, sind Denker und Darsteller geworden, die es nicht beim menschlichen Protest gegen den Krieg belassen, sondern sich die Frage gestellt haben, auf welche gesellschaftlichen Ursachen Raub- und Eroberungskriege zurückzuführen sind. Sie kamen bei der Erkenntnis an, daß die Veränderung der Gesellschaftsform das einzige wirkliche Mittel ist, um Krieg und Ausbeutung förderhin zu beschränken, wenn nicht ganz zu verhindern.

Das ist die Linie, die ich sehe! Sie führt klar und ohne Bruch auf die lebendige Dichtung der Gegenwart, die ohne die sogenannte expressionistische Epoche niemals hätte entstehen können.

Höchst müßige literarische Frage, was dieser Expressionismus, wenn man ihn nach den Grundsätzen der psychologischen Ästhetik definieren wollte, eigentlich gewesen ist. Für uns, denen die Wahrheit am Herzen liegt, ist er eine Brücke zur Wahrheit gewesen und das genügt uns.

Dankbar erinnert man sich an Personen und Werke der Entstehungsjahre. Erinnert man sich an einen Mann, wie den Schriftsteller Ludwig Rubiner, und seine Aufrufe, denen er den Titel ›Der Mensch in der Mitte‹ gegeben hat, an Ludwig Rubiner, der mit den politischen Zügen der expressionistischen Bewegung entstehungsgeschichtlich verwachsen ist. Man erinnert sich an Fritz von Unruhs Dichtung ›Ein Geschlecht‹, an das eröffnende Bekenntnis eines deutschen Kriegsteilnehmers gegen die Schrecken des Krieges, und an Unruhs Drama ›Platz‹, ein Werk von eröffnender Bedeutung für das Zeittheater. Man erinnert sich an Andreas Latzko, der ›Menschen im Kriege‹ geschrieben hat, an Leonhard Frank und Albert Ehrenstein, an die bezeichnenden manifestierenden Titel ›Der Mensch ist gut‹ und ›Der Mensch schreit‹. Man erinnert sich, daß man erst in diesen Tagen begonnen hat, Emil Zola, den großen sozialen Schriftsteller, zu verstehen. Man erinnert sich, daß man damals angefangen hat, die russischen Dichter, Tolstoi an der Spitze, in ihren sittlichen Forderungen zu begreifen. Man erinnert sich, wie damals Henri Barbusse mit seinem Kriegsbuch ›Feuer‹ auf die deutsche Literatur gewirkt hat – und man zieht, wenn man sehen kann, aus diesen internationalen Verbindungen den gerechten Schluß, daß sich die Länder deutscher Zunge in der Neuzeit erstmals in der Epoche des Expressionismus mit der Weltliteratur verbunden haben. Seit diesen Tagen gibt es eine unzerstörbare und einige Front der fortschrittlichen Dichter und Schriftsteller aller Länder, eine Front, die weder durch Kriegskatastrophen noch durch Zensurzustände zerstört werden kann. Auch diese große internationale Menschheitspartei ist also, wenn Sie wollen, eine Frucht der expressionistischen Epoche.

Eine Frucht derselben Epoche sind in Deutschland die Maler Otto Dix und George Grosz, die Zeichner und Gestalter der Kriegswirklichkeit und gesellschaftskritischen Wahrheit. Ein großes künstlerisches Ergebnis bleibt, wenn wir den Blick auf die Malerei richten, in diesem Zusammenhang, Oskar Kokoschka – Plastik: Der tote Kamerad Lehmbruck – Film: Charlie Chaplin.

Für breite Massen bei uns ist der Begriff Expressionismus untrennbar mit den vielen und zum Teil sicherlich sehr schlechten Bildern verbunden, auf denen gegen Ende der Kriegszeit und in den Nachkriegsjahren Quadrate und geometrische Konstruktionen auftauchten. Ich habe keine Möglichkeit, mich hier näher mit den expressionistischen Erscheinungsformen, die man Kubismus und Konstruktivismus genannt hat, zu beschäftigen. Ich habe auch nirgends eine für mich faßbare Erklärung für diese Kunstformen gefunden, die von der historischen Kunstbildungssprache sehr verschieden benannt und gedeutet worden sind.

Eines Tages – es ist jetzt ungefähr zehn Jahre her – kam mir zur Erklärung dieser Bilder folgender Gedanke, den ich Ihnen in diesem Zusammenhang nicht unterschlagen möchte. Mir schien es, als läge bei jenen Bildern des ehemaligen Kubisten Picasso und eines Kandinsky (der bis heute derselbe geblieben ist) das Innere des Zeitmenschen bloß, den es zur individuellen, wahrhaft expressionistischen – das heißt ausdrucksmäßigen Manifestation drängt. Auf diesen Bildern, so schien es mir, drückte sich gleichzeitig sinnbildmäßig aus: Die zusammenstürzende Materie – und daneben neuer konstruktiver, aufbauender Wille. Den neuen konstruktiven Willen erblickte ich in den mathematischen trigonometrischen Linien jener wahrscheinlich instinktiv gewählten Erinnerungen an eine ursprüngliche Ordnung. Meine Deutung dieser expressionistischen Kunst mag manchen vielleicht etwas schwierig erscheinen. Ich sehe diese Bilder so und nicht anders – als Ausdruck des Chaos, der Verzweiflung über das Grauen in der Welt auf der einen Seite und als Gestaltung, als einen Versuch zu neuer Kristallisierung auf der anderen Seite. Der kommende Mensch, so war es mir, kündigte sich in diesen Bildern an. In einer primitiven Klarheit, mitten aus seinen Gefühlskatastrophen heraus und entgegen den dauernden Katastrophen; kündigte sich an als ein werdendes Kristall.

Ich schließe. Ich bin mir bewußt, daß ich zu dem Thema, das mir die Berliner Funkstunde gestellt hat, nur einige persönliche Anmerkungen gebe. Ich weiß wohl, daß im Gegensatz zu mir die meisten persönlich Beteiligten sich hüten, von der Sache überhaupt zu reden. Sie stellt sich auch, wenn man nicht den Entschluß aufbringt, sie in erster Linie als eine zeitgeschichtliche und kulturpolitische Äußerung zu betrachten, als höchst verwickeltes Tatsachengebilde dar. Aber der Fall liegt heute nicht mehr so schwierig wie vor einigen Jahren. Vor einem halben Jahrzehnt hatte es fast den Anschein, als hätten sich die alten Maßstäbe und Größen wieder in den Vordergrund geschoben.

Die Restauration erledigter Bestände in Schrift und Wort setzte ein. Man glaubte, daß es mit den kämpferischen Inhalten in Dichtung und Kunst zu Ende sei. Das Wort Krieg zum Beispiel wurde rigoros aus allen Programmen gestrichen.

Aber inzwischen hat sich mehr als jemals die Dichtung auf den Boden der Tatsachen gestellt. Mit den abstrakten literarischen Richtungen ist es vorläufig aus. Man kehrt nicht mehr nach dem Muster des 19. Jahrhunderts zu einer gewesenen Epoche zurück, um sich in irgendeiner schnörkelhaften Neublüte einer ehemaligen literarischen Spielart zu gefallen. Die Forderungen des Expressionismus von anno dazumal werden unter Beweis gestellt. Krieg, Revolution, Inflation, Expressionismus, Sozialismus und Kommunismus: Das alles ist als durchgearbeitete und durchdachte Materie in das Schrifttum eingezogen.

Die man Expressionisten genannt hat, haben Grundsätze verkündet, Ideen und Richtungslinien festgelegt. Die auf diese Expressionisten gefolgt sind, haben gestaltet, was als Bild und Gleichnis, als Feststellungsklage und Urteil zu gestalten ist.

Es war – das lag an Deutschland, an Europa und an der übrigen Welt! – recht schwer vom Expressionismus als einer individualistisch-revoltierenden Kunstäußerung zur Wirklichkeit, das heißt zu großen Stoffen, zur soziologischen Tatsachenschau vorzustoßen. Abschließend wage ich die Behauptung: Nicht die künstlerischen Eigenschaften waren das entscheidende Vermächtnis des Expressionismus. Das entscheidende Vermächtnis des Expressionismus war sein Pathos, welches abgekühlt durch die Ereignisse, die wachsame Sozialkritik unserer Gegenwart ergab.

NACHSPIEL: DAS IDEOLOGISCHE ÄRGERNIS

1933–1938

Expressionismus und kein Ende – man sollte meinen, die Geister hätten sich allmählich über dieses literarische Ereignis beruhigt und verständigt. Aber wiederum kam es anders. Im nationalsozialistischen Deutschland wurde der Expressionismus mit dem Bannstrahl entarteter Kunst belegt und als Kulturbolschewismus verurteilt, im kommunistischen Lager aber als kleinbürgerliche Dekadenz und – welch eine Ironie des Gleichzeitigen! – als Präfaschismus abgelehnt. In Deutschland trieben im Kielwasser des offiziellen Verdikts die Rächer, die 1933 ihre Stunde gekommen sahen. Mit Beschämung liest man heute, was der berühmte Balladendichter Börries von Münchhausen damals schrieb. Die Empörung über diesen Artikel veranlaßte Gottfried Benn zu einem leidenschaftlichen ›Bekenntnis zum Expressionismus‹. Weit davon entfernt, die Machthaber des Dritten Reiches mit diesem Appell zu beeindrucken, beschwor Benn den Zorn der Emigranten herauf. Nicht nur wurde er mit seiner mißverstandenen Expressionismus-Apologie ein für allemal zum Nazi gestempelt, sondern sein Fall zugleich Grundpfeiler für die marxistische These, daß der Expressionismus konsequent zum Faschismus geführt habe. Das ist das Fazit einer langen, von Alfred Kurella entfachten Diskussion in der in Moskau erschienenen deutschen literarischen Monatsschrift ›Das Wort‹ in den Jahren 1937/38. Um den ablehnenden marxistischen Standpunkt kennenzulernen, der mit einem verständlichen Antifaschismus verquickt ist, sollte man sich auch Georg Lukács mit seinem schon 1934 veröffentlichten Aufsatz über den Expressionismus vergegenwärtigen. Er konnte für seine Polemik, daß zwischen dem Expressionismus und dem Faschismus enge Zusammenhänge bestünden, übrigens Joseph Goebbels zitieren. Die pikante Stelle findet sich in dem einzigen Roman des inzwischen zum Reichspropagandaminister avancierten Gundolfschülers, in ›Michael. Ein deutsches Schicksal in Tagebuchblättern‹, geschrieben teilweise schon 1920/21, veröffentlicht zuerst 1929. Das Zitat lautet: »Unser Jahrzehnt ist in seiner inneren Struktur durchaus expressionistisch. Wir Heutigen sind alle Expressionisten, Menschen, die von innen heraus die Welt draußen gestalten wollen. Der Expressionismus baut in sich eine neue Welt. Sein Geheimnis und seine Macht ist die Inbrunst.« Es erübrigt sich, die Buchstabengläubigkeit von Lukács und Kurella im Fall Goebbels und Benn zu widerlegen. Die Apologeten kamen schon damals im eigenen Lager zu Worte. Am souveränsten verteidigte Ernst Bloch den Expressionismus.

Inzwischen ist das ideologische Ärgernis wiederum historisch geworden. In Deutschland hat längst die Neuentdeckung des Expressionismus eingesetzt, und auch im östlichen Lager denkt man heute gerechter über Größe und Verfall des Expressionismus. Doch das ist ein anderes Kapitel.

BÖRRIES VON MÜNCHHAUSEN
Die neue Dichtung. 1933.

Wer aus Beruf oder Berufung die Entwicklung des Schönen Schrifttums verfolgt, der hat die Hand am Puls alles Geschehens im Volke, kann das Herannahen und Ansteigen jedes Fiebers so deutlich spüren wie sein Sinken und Verschwinden.

Wie deutlich kündigte sich der französische Umsturz im Schrifttum der Enzyklopädisten an, wie spiegelt sich staatliches und gesellschaftliches Leben des Mittelalters in den Liedern der Minnesänger, die fast die einzige Quelle vieler Erkenntnisse über den damaligen Menschen bilden, wie genau kann man den Zerfall des Völkischen in dem eben hinter uns liegenden Expressionismus erkennen!

Jede Betrachtung einer Zeitspanne muß damit beginnen, sie von ihrer Vorgängerin abzuheben, – also: Was war und wollte der Expressionismus?

Volk und Vaterland waren abgelebte Dinge, der einzelne allein hatte recht. Das Äußere wurde unwesentlich, nur wie es auf den Dichter wirkte, war wertvoll. Ob dessen Seele ein reiner Spiegel war, oder ob dieser Spiegel durch Rassenhochmut und Rassenhaß, Minderwertigkeitsgefühle, Unbildung getrübt war, ist völlig gleichgültig. Man bekommt Bücher von Deserteuren, Verbrechern, Zuchthäuslern mit derselben Unbefangenheit vorgelegt, mit der die Verfasser sich ihrer Taten rühmen. Der Anteil der Juden ist etwa hundert- bis zweihundertmal so stark wie ihr Anteil an der Bevölkerungszahl. Die Form hat sich in demselben Maße aufgelöst wie die Sittlichkeit der Inhalte. – Ganz merkwürdig am Expressionismus war dies, daß alle seine Dichter eigentlich dauernd schweißtriefend nach dem richtigen Rezept zum Dichten suchten, wobei die Hauptsache schien, daß man alles durchaus anders machen mußte als bisher. Keine Spanne des Schrifttums hat je so unermeßlich viel über sich selber gedacht und geschrieben, hat so wild in verkrampften Worten und verquollenen Sätzen über ihre Bedingungen und Äußerungen geschrieben wie diese. Aber der ganze Expressionismus war eine Angelegenheit der Dichter, die allermeisten seiner Werke sind nicht ein zweites Mal aufgelegt worden, und wieviel Stücke der ersten Auflage den Weg in die Papierfabriken antraten, könnten uns nur ehrliche Verleger aus ihren Geschäftsbüchern verraten! Das *Volk* blieb von diesem ganzen Hexensabbath völlig unberührt, kaufte zu vielen Hunderttausenden die in neuen Ausgaben herauskommenden Bände Dickens und die Bücher Gustav Frenssens und begeisterte sich draußen im Wandern an den Liedern von Hermann Löns. Dieselben Studenten, die George, Rilke, Hofmannsthal (alle drei nicht Expressionisten, aber Dichter jener Zeit) lasen und priesen, sangen nie eines der Lieder dieser Dichter, sondern die alten der so heftig totgeschlagenen Geibel, Scheffel, Baumbach! Früher ging ein Lieblingsbuch durchs Leben neben einem her (wie oft haben nicht unsere Eltern den Ekkehard gelesen!), jetzt wurde das neue Buch nach Kenntnisnahme auf Nimmerwiedersehen in den Schrank verbannt. Die schon in der Moderne – etwa von 1890 bis 1910 – vorbereitete *Lösung des Schrifttums vom seelischen Leben des Volkes* wurde im Expressionismus vollendet, obgleich doch die Grundhaltung der Masse des Volkes und ihrer Führer durchaus diesem Schrifttum entsprach. Man guckte in das Schrifttum und die Malerei hinein, wie ein Besucher der Börse in das wilde Gewühl spektakelnder Zeitgenossen da unten in der Corbeille des Parketts, halb angewidert und halb angezogen durch die seltsam prickelnde Wollust des Menageriegefühls. – Der Expressionismus war eine Angelegenheit der Literaten, und es waren überall nur die Snobs im Bürgertum, die jene Bücher wirklich aufnahmen, jene Bilder kauften und etwas bedrückt an die Wände ihrer ernsthaften Stuben hängten. – Das war die Lage der Kunst zwischen 1910 und 1925, und man sieht schon hier, wie grundsätzlich wir heute jene Bücher ablehnen von Gottfried Benn, Alfred Döblin, Albert Ehrenstein, Georg Kaiser, Oskar Kokoschka, Else Lasker-Schüler, Samuel Lublinski, Heinrich Mann, Ludwig Meidner, Ludwig Rubiner, Paul Scheerbart, Carl Sternheim, August Stramm, Ernst Toller, Jakob Wassermann, Frank Wedekind, Franz Werfel, Alfred Wolfenstein, Paul Zech usw.

Der Spektakel verklang schneller als man bei diesem Stimmaufwand der Warenproduzenten und ihrer Makler gedacht hätte. Vielleicht sind schon heute die Hälfte dieser Namen selbst den Gebildeten völlig fremd geworden, obgleich doch jeder von ihnen damals wahre Orgien der Begeisterung in seiner Presse entfesselte. Einige haben sich ja auch, wie von einer Kinderkrankheit, vom Expressionismus befreit und gehen heute gesundet und kaum noch angegriffen auf dem neuen Weg derDichtung...

Wer geht nun heute auf diesem Wege – um nach den Namen des Expressionismus gleich eine Art Katalog auch des heute wesentlichen Schrifttums zu geben: Paul Alverdes, Werner Bergengruen, Werner Beumelburg, Richard Billinger, Hans Friedr. Blunck, Hans Carossa, Max Dreyer, Ludwig Finckh, Gustav Frenssen, Friedrich Griese, Hans Grimm, Paula Grogger, Geschwister Huch, Werner Jansen, Hanns Johst, Erwin Guido Kolbenheyer, Heinrich Lilienfein, Agnes Miegel, Wilhelm Schäfer, Jakob Schaffner, Franz Schauwecker, Wilhelm v. Scholz, Ina Seidel, Hermann Stehr, Emil Strauß, Josef Magnus Wehner, Ernst Wiechert –, um nur einige zu nennen.

Wie man sieht, eine Menge Namen auch älterer Dichter, die, durch den Expressionismus in ihrem Schaffen verschüttet, jetzt wieder hervortreten. Und hier wollen wir gleich den ersten wesentlichen Unterschied zwischen jener Dichterschaft und der heutigen aufzeigen: Damals galt ein Mann von vierzig Jahren ohne weiteres als Trottel, denn es hatte nur das Allerneueste der Allerjüngsten ein Recht auf Leben – heute knüpft das junge Schrifttum bewußt und ehrfürchtig an die *Leistungen der Alten* an. So kam es, daß auch die Sprache sich von der Gier nach immer tolleren Neubildungen abwendete; Schäfer greift auf den halbvergessenen Hebel, viele auf Goethe, manche in breitestem Umfange auf die Mundart zurück. Man fühlt heute, daß nur das leise Weiterwachsen, wie es alles Lebendige kennzeichnet, Gewähr der Dauer gibt. Man braucht nicht mehr in hosenschlotternder Angst vor dem Altmodischen sich um Originalität zu bemühen, weil man weiß, daß Eigenwüchsigkeit ganz von selber auf leisen Sohlen zu jedem kommt, der sich strebend bemüht.

Das wichtigste Kennzeichen des heutigen Schrifttums ist seine starke *Sittlichkeit*, die gegenüber der völlig zuchtlosen Unanständigkeit der vergangenen Jahre doppelt auffällt. Männer wie Kolbenheyer und Schäfer (in seinen früheren Werken) kann man ebensosehr Erzieher des Volkes wie seine Dichter nennen, auch da, wo sie gar nicht von Zucht und Sitte sprechen, liegen diese wie ein Goldgrund unter allem Geschehen ihrer Werke. Dabei ist die neue Dichtung, bisher wenigstens, noch nicht in den Fehler des Moralisierens, der Prüderie verfallen. Alverdes und Wiechert in ihren Kriegsbüchern nennen tapfer jedes Ding bei seinem deutschen Namen, aber man hat das schöne Gefühl des Ernstes und der Verantwortung bei ihnen, man spürt, daß diesen stillen Männern nichts ferner liegt als das kindische »Epater les bourgeois« von Vorgestern, und daß sie nicht ohne künstlerische Nötigung »die Katze Katze und Rollet einen Schuft« nennen.

Neben der Sittlichkeit steht die *Vaterlandsliebe*, der einzelne tritt zurück hinter dem Volke und ordnet sich bescheiden dessen wichtigeren Forderungen unter. Welch eine Leidenschaft zum Deutschtum bei dem prachtvollen Hans Grimm! Wer 1920 solche Bücher lobte, der sah am Tische der Ewig-Heutigen (die eben deshalb die Ewig-Gestrigen sind!) steinerne Gesichter – er war ein unmöglicher Mann! Wer damals das Wort Deutsch gebrauchte, dem konnte es im Bereich des Berliner Westens geschehen, daß jemand ganz ernsthaft sagte: »Ich höre ›*Deutsch*‹ – Kellner einen Kognak!« Wir wollen hier der Wichtigkeit des Gegenstandes wegen sehr scharf unterscheiden: Es war *nicht* etwa so, daß der Mißbrauch des Wortes Deutsch in den Mäulern der Kriegervereinspatrioten, der Kriegsgewinnler und der entsetzlichen deutschtümelnden Dilettanten den geschmackvollen Deutschen Wort und Begriff verekelt hatten – was durchaus erklärlich war und ist –, nein, es war schlechthin *alles Deutsche*, das niedergetreten wurde durch kaltschnäuzige Ironie, durch eisige Ablehnung, häufig durch eine geradezu teuflische Geschicklichkeit der Zeitungsurteiler. Sobald diese ein deutsches Werk nur witterten, legten sie den strengen Maßstab der Jahrhunderte an, so daß selbst der Verteidiger kaum gegen Maßstab und Anwendung aufzutreten wagte, oder sie spöttelten – mit Spott kann man jede tiefe Verehrung, jedes echte ernste Empfinden lächerlich machen. Wenn aber einer von ihren Leuten ein Buch geschrieben hatte, so verwechselten sie blitzschnell wie Taschenspieler den Maßstab, tobten vor Begeisterung (die nie nachzuprüfen ist), geistreichelten unendlichen Gallimathias mit unendlich vielen Anführungen aus fremdsprachlichem Schrifttum zusammen, und ihr korybantischer Lärm peitschte den Marktwert eines Papiers in die Höhe, wie der Lärm betrügerischer Börsianer eine faule Aktie.

Jeder von uns Sachkundigen kennt Zeitungen und Zeitschriften, die hier zu nennen wären. Viele jener Leute unterschreiben schon jetzt ihre Briefe an mich »mit deutschem Gruß«. Laßt uns schweigend über das Unerfreuliche hingehen, laßt uns hoffen, daß seine Zeit endgültig vorbei ist.

Ein weiterer Unterschied – denn zur Erkennung eines Wertes muß man Unterschiede schmecken lernen – ist die Stellung der Dichtung zur *Großstadt und zur Maschine*. Die Jugend von 1910 bis 1920 kannte nichts Höheres als Auto und Flugzeug, die auch in ihren Büchern geradezu vergottet wurden. Die Jugend von heute benutzt diese sehr netten Dinge ebenso gern und dankbar, wie sie Eisenbahn, Füller, Wasserklosett, Telephon oder sonst eine technische Sache benutzt, aber seit Jahr und Tag fällt es keinem der Lyriker in meiner täglichen Post ein, diese Dinge zu bedichten, das scheint völlig gestrig geworden zu sein. Und ebenso hat die Großstadt als Göttin völlig abgewirtschaftet. Man braucht nur einmal Alfred Döblins berüchtigten »Dichterakademie«-Aufsatz in der Vossischen Zeitung von 1931 zu lesen, um zu sehen, wie hanebüchen ein jüdischer Literat da deutsches Volkstum und das »total platte Land« lächerlich machen durfte. Für diesen Mann gab es (mit Recht übrigens!) nur Berlin-Alexanderplatz. Ich leugne nicht sein rassisches Recht auf Stadt und Asphaltkunst – ich denke nicht daran, etwa Antisemit zu sein! –, aber ich lehne es ab, daß ein Mann wie Alfred Döblin ein Urteil über die Kunst des »total platten Landes« öffentlich in dieser Form fällen darf. Der holsteinische Bauernpastor Gustav Frenssen und die steirische Bauerntochter Paula Grogger, der Arzt aus der finstersten bayrischen »Provinz« Hans Carossa und der Auslanddeutsche Kolbenheyer sind zehnfach mehr Dichter als er! Zu *diesen* allen aber wendet sich die neueste Dichtung, gewiß noch mit zitterndem Hin- und Widerschlage der Magnetnadel, aber doch für den aufmerksamen Beobachter ganz deutlich. Das Schrifttum hat sich wieder zu seinen echten Erbprovinzen zurückgefunden, die Lyrik heim von Maschine und Sport zu Landschaft, Jahreszeit und Empfindung, der Roman aus der Großstadt und dem üblen Luxusbad, Luxushotel, Luxuszug, Luxusjacht zur deutschen Landschaft, sei sie Großstadt oder Provinz, das Drama vom ausländernden Charly mit der Sexappealhure im Tearoom zum deutschen Menschen und seinem Schicksal. (Freilich wird man die Deutschen mit Ruten streichen und mit Skorpionen geißeln müssen fünfzig Jahre lang, bis sie die Ausländerei *abgewachsen* haben!)

Zeitspannen des Schrifttums lassen sich nicht trennen wie Öl und Wasser im Glase, sondern nur aufs Ungefähr wie die Jahreszeiten. Mitten im Expressionismus schuf Rainer Maria Rilke seine sprachlichen Wunderwerke, die, wenn auch nicht durch ihr Deutschtum, so doch durch ihre tiefe Gläubigkeit, ihren Sinn für das Innerliche, ihre Deutschheit, ganz in das Schrifttum von Heute gehören. Fast genau ihm entgegengesetzt steht Erich Kästner, der heute wie ein komisches Gespenst in der Maskerade des vorgestrigen Faschings durch die ernsthaften Straßen läuft. Aber vielleicht wird auch er sich wandeln. Manche haben ja auch ganz ehrlich alle Ismen der Jahrzehnte durchgemacht, so wie ein

Landsknecht ohne große Hemmungen heute dieser und morgen jener Fahne folgte. Man soll nicht immer auf Wankelmütigkeit oder gar auf bewußte und erfolggierige Gesinnungslosigkeit tippen in solchen Fällen, wir haben genug Beispiele von Künstlern, die ganz ehrlich junge Bacchanten und alte Mönche waren.

Der Ton lag im Expressionismus auf dem Künstlerischen schlechthin, dem Nur-Ästhetischen, neben dem alles andere unwichtig schien. Heute liegt er sehr bewußt auf der *sittlichen Grundhaltung des Dichters*. Vaterländische, völkische, gläubige Dichter hat es auch damals gegeben – (um Gottes willen kein Pharisäertum!) –, nur daß diese Eigenschaften nicht im Lichtkegel des schriftstellerischen Tageswertes standen. Und heute sehen die, welche die seltene *Gabe der Augen* haben, daß unter den Dichtern des Deutschtums genug herumlaufen, die nur der Tagesmode folgen, ohne daß ihnen jene erwähnte sittliche Grundhaltung tatsächlich inneres Besitztum ist. Der Wert des heutigen Schrifttums im Urteil der Zukunft wird davon abhängen, ob es uns gelingt, diese *Halbseidenen* zu erkennen und freundlich, aber bestimmt aus unseren Reihen zu schieben.

Vor allem aber muß sich jede völkische und gläubige Kunst vor einer Pest hüten, der sie leider infolge eines unerklärlichen Naturgesetzes weit schutzloser ausgesetzt ist als jede andere: *dem Kitsch!* (»Dilettantismus«) – Jede Zeitspanne hat *ihren Kitsch*, und so gibt es in dem abgelaufenen Raume den *Saueren Kitsch* ebenso wie heute den *Süßen Kitsch*. Es ist sehr merkwürdig, daß ein geschmackvoller Leser den Sauren Kitsch häufig als ganz lustig, als unterhaltsam gelten lassen kann, während der Süße Kitsch völlig unerträglich ist. Vielleicht ist der Grund dies, daß uns Glaube und Volk so heilige Dinge sind, daß wir eine Verkitschung als weit schlimmeres Verbrechen ansehen als eine nicht gekonnte Behandlung entgegengesetzter Inhalte. Nur wenn die neue, die deutsche Schriftkunst sich von *jedem* Kitsch mit eiserner Härte freimacht, wird sie im Laufe der Entwicklung ihr Recht neben anderen Zeitspannen des Schrifttums behalten. Auch der edelste Mensch, der zutiefst gläubige, der menschlich prachtvollste, der für sein Vaterland verblutende Mann muß rücksichtslos abgelehnt werden, wenn er nicht ein echter Dichter ist! Es kommt nicht auf das Lob von Parteizeitungen an, es kommt auf das Urteil jener, im Vergleich mit den Dichtern zu allen Zeiten weit selteneren Männer an, denen das »*Organ für Qualität*«, die Gabe unbestechlichen Urteils eigen ist. Der Wert der neuen Dichtung wird ganz wesentlich von ihnen bestimmt werden.

GOTTFRIED BENN
Bekenntnis zum Expressionismus. 1933.

Das Maß an Interesse, das die Führung des neuen Deutschlands den Fragen der Kunst entgegenbringt, ist außerordentlich. Ihre ersten Geister sind es, die sich darüber unterhalten, ob in der Malerei Barlach und Nolde als deutsche Meister gelten dürfen, ob es in der Dichtung eine heroische Literatur geben kann und muß, die die Spielpläne der Theater überwachen und die Programme der Konzerte bestimmen, die mit einem Wort die Kunst als eine Staatsangelegenheit allerersten Ranges der Öffentlichkeit fast täglich nahebringen. Der enorme biologische Instinkt für das rassenhafte Vervollkommnen, der über der ganzen Bewegung schwebt, läßt sie in all dem Wirbel von außen- und innerpolitischen, sozialen und pädagogischen Problemen, die sie umdrängen, nie diesen einen Gedanken aus den Augen verlieren: hier ist, fühlt dieser Instinkt, der Schwer- und Hebepunkt der ganzen geschichtlichen Bewegung: die Kunst in Deutschland, Kunst nicht als Leistung, sondern sie als fundamentale Tatsache des metaphysischen Seins, das entscheidet die Zukunft, das ist Deutsches Reich, mehr: die weiße Rasse, ihr nordischer Teil; das ist Deutschlands Gabe, seine Stimme, sein Ruf an die abgleitende und gefährdete abendländische Kultur, und für uns ist es ein neues Zeichen für das, was Europa bis heute nicht sehen kann oder nicht sehen will: wie sehr diese Bewegung Pflichten auf sich genommen hat, Verantwortung trägt, mit ungeheuren geistigen Kämpfen sich beladen hat, Kämpfen, die sie für den ganzen Erdteil austrägt, dessen Mitte sie bildet.

Diese großartige Bereitschaft für Dinge der Kunst wird sicher geneigt sein, den geringen Einwand gelten zu lassen, den ich im folgenden über ein bestimmtes Kunstproblem aussprechen möchte. Diese starke Front von Glauben an eine neue große deutsche Kunst ist nämlich zur Zeit nicht weniger eine starke Front von Ablehnung des Stils und Formwillens der letzten deutschen Epoche. Es hat sich dabei die Gewohnheit herausgebildet, diese ganze Epoche als Expressionismus zu bezeichnen, und gegen ihn steht jene Front. In einer großen politischen Versammlung, die kürzlich im Sportpalast zu Berlin stattfand, und über die die Presse ganz besonders eingehend berichtete, nahm zu diesem Thema in Gegenwart von Reichsministern der Kustos der rheinischen Heimatsmuseen das Wort und bezeichnete den malerischen Expressionismus als entartet, anarchisch-snobistisch und den musikalischen als Kulturbolschewismus und das Ganze als eine Verhöhnung des Volks. Es trifft sich, daß im gleichen Augenblick der literarische Expressionismus ebenfalls noch einmal öffentlich verurteilt wird: ein berühmter deutscher Dichter steht nicht an, sich dahin zu äußern, daß Deserteure, Zuchthäusler und Verbrecher das Milieu dieser Generation bildeten, daß sie mit enormem Spektakel ihre Ware heraufgetrieben hätte wie betrügerische Börsianer eine faule Aktie, er nennt sie von einer völlig zuchtlosen Unanständigkeit und er führt Namen an und darunter auch den meinen.

In der Tat, ich werde in einigen Literaturgeschichten, z. B. in der von Soergel: ›Im Banne des Expressionismus‹, mit Heym als Begründer des literarischen deutschen Expressionismus bezeichnet und ich gebe zu, mich psychologisch in seinem Reich zu bewegen und seine Methode, auf die ich zu sprechen kommen werde, als mir eingeboren zu empfinden; und so will ich denn aus diesem Schicksal heraus und zumal ich der einzige von dieser ganzen zersprengten Gemeinschaft bin, der die Ehre hat, in der neuen deutschen Akademie der Dichtung einen Sitz zu haben, noch einmal vor diese Gemeinschaft treten. Vor ihren Namen treten, die Erinnerung an ihre innere Lage wachrufen und auf gewisse Dinge zu ihrer Verteidigung hinweisen, zur Verteidigung einer Generation, deren erste Blüte der Krieg zerstörte, in dem viele von ihnen fielen: *Stramm*, *Stadler*, *Lichtenstein*, *Trakl*, *Marc*, *Macke*, *Rudi Stephan* und auf deren Schultern und in deren Hirnen ungeheure existentielle Lasten lagen, die Lasten der letzten Generation einer in großem Umfang untergangsgeweihten Welt.

I

Zunächst muß man einmal richtigstellen, daß der Expressionismus keine deutsche Frivolität war und auch keine ausländische Machenschaft, sondern ein europäischer Stil. Es gab in Europa von 1910 bis 1925 überhaupt kaum eine naive, d.h. gegenstandsparallele Gestaltung mehr, sondern nur noch die antinaturalistische. *Picasso* ist Spanier; *Léger*, *Braque* Franzosen; *Carra*, *Chirico* Italiener; *Archipenko*, *Kandinsky* Russen; *Masereel* Flame; *Brancusi* Rumäne; *Kokoschka* Österreicher; *Klee*, *Hofer*, *Belling*, *Poelzig*, *Gropius*, *Kirchner*, *Schmidt-Rottluff* Deutsche; das Abendland ist versammelt und keiner von den Genannten ist etwas anderes als ein Arier. In der Musik ist *Strawinsky* Russe; *Bartók* Ungar; *Malipiero* Italiener; Alban *Berg*, *Křenek* Österreicher; *Honegger* Schweizer; *Hindemith* Deutscher, und alle sind von europäischer Rasse. In der Dichtung sind *Heym*, *Stramm*, Georg *Kaiser*, *Edschmid*, *Wedekind*, *Sorge*, *Sack*, *Goering*, Johannes R. *Becher*, *Däubler*, *Stadler*, *Trakl*, *Loerke*, *Brecht* rein Deutsche. Übrigens ist auch Hanns *Johst* aus dieser großen Talentbewegung hervorgegangen. Wir haben also hier eine große geschlossene Front von Künstlern ausschließlich europäischer Erbmasse vor uns. Der Ausbruch eines neuen Stils auf so breiter Front spricht ohne jede Erklärung für das vollkommen Autochthone, Elementare seiner Formen, für eine neue naturhafte Lage des europäischen Geschlechts. Er ist auch keineswegs zu erklären als Auflehnung gegen vorhergehende Stilarten: Naturalismus oder Impressionismus, es ist einfach ein neues geschichtliches Sein. Ein Sein sowohl nach der formalen wie nach der menschlichen Seite hin von erklärt revolutionärem Charakter, der Träger dieses Seins in Italien, *Marinetti*, verkündete in seinem grundlegenden Manifest von 1909 »Die Liebe zur Gefahr«, »Die Gewöhnung an Energie und Verwegenheit«, »Den Angriffspunkt«, »Den Todessprung«, »Die schöne Idee, für die man stirbt«. Der Faschismus hat übrigens diese Bewegung in sich aufgenommen, Marinetti ist heute Exzellenz und Präsident der römischen Akademie der Künste. Aufgenommen ist nicht einmal das richtige Wort, der Futurismus hat den Faschismus mitgeschaffen, das schwarze Hemd, der Kampfruf und das Schlachtenlied, die Giovinezza, stammen aus dem »Arditismus«, der kriegerischen Abteilung des Futurismus.

Der Futurismus als Stil, auch Kubismus genannt, in Deutschland vorwiegend als Expressionismus bezeichnet, vielfältig in seiner empirischen Abwandlung, einheitlich in seiner inneren Grundhaltung als Wirklichkeitszertrümmerung, als rücksichtsloses An-die-Wurzel-der-Dinge-Gehen bis dorthin, wo sie nicht mehr individuell und sensualistisch gefärbt, gefälscht, verweichlicht verwertbar in den psychologischen Prozeß verschoben werden können, sondern im akausalen Dauerschweigen des absoluten Ich der seltenen Berufung durch den schöpferischen Geist entgegensehen –, dieser Stil hatte schon seine Vorankündigung im ganzen 19. Jahrhundert. Wir finden bei *Goethe* zahlreiche Partien, die rein expressionistisch sind, zum Beispiel Verse jener berühmten Art: »entzahnte Kiefer schnattern und das schlotternde Gebein, Trunkener vom letzten Strahl« usw., hier ist eine inhaltliche Beziehung zwischen den einzelnen Versen überhaupt nicht mehr da, sondern nur noch eine ausdruckshafte; nicht ein Thema wird geschlossen vorgeführt, sondern innere Erregungen, magische Verbindungszwänge rein transzendenter Art stellen den Zusammenhang her. Eine Unzahl solcher Stellen gibt es im zweiten Teil des ›Faust‹, allgemein im Werk namentlich des alten Goethe. Dasselbe gilt für *Kleist*, ›Penthesilea‹ ist eine dramatisch geordnete, versgewordene reine Orgie der Erregung. Dann finden wir es bei *Nietzsche*, seine und ebenso *Hölderlins* bruchstückartige Lyrik sind rein expressionistisch: Beladung des Worts, weniger Worte, mit einer ungeheuren Ansammlung schöpferischer Spannung, eigentlich mehr *ein Ergreifen von Worten aus Spannung*, und diese gänzlich mystisch ergriffenen Worte leben dann weiter mit einer real unerklärbaren Macht von Suggestion. In der Moderne kann man bei Carl *Hauptmann* reiche Stücke von Ausdrucksdichtung nachweisen, und wir finden in der Literaturgeschichte von Paul *Fechter*, die keineswegs dem Expressionismus freundlich gesonnen ist, den sehr interessanten Hinweis auf Hermann *Conradi* (1862–90), bei dem Fechter die *Joyce*, *Proust* und *Jahnn* vorgefühlt sieht, ja auch Freud; »bei Conradi ist die Analyse Selbstzweck«, sagt Fechter, er dringe vor zur »inneren Realität«. Diese innere Realität und ihr unmittelbares Aufsteigen in formale Bindungen, das ist ja wohl die in Frage stehende Kunst: wir finden sie in der Komposition schon bei Richard *Wagner* in seinen Partien absoluter Musik, »seine Flucht in Urzustände« nannte es Nietzsche. In der Malerei sind *Cezanne*, Frankreich, *van Gogh*, Holland, *Munch*, Norwegen, Vorboten und gleichzeitig auch schon Vollender dieses Stils. Wir können also wohl sagen, daß ein Bestandteil aller Kunst die expressionistische Realisation ist und daß sie nur zu einer bestimmten Zeit, nämlich der eben vergangenen, repräsentativ und stilbestimmend aus vielen Gehirnen in Erscheinung trat.

II

Ich sagte, es gab in Europa zwischen 1910 und 1925 überhaupt kaum einen anderen als den antinaturalistischen Stil, es gab ja auch keine Wirklichkeit, höchstens noch ihre Fratzen. Wirklichkeit, das war ein kapitalistischer Begriff. Wirklichkeit, das waren Parzellen, Industrieprodukte, Hypothekeneintragung, alles was mit Preisen ausgezeichnet werden konnte bei Zwischenverdienst. Wirklichkeit, das war Darwinismus, die internationalen Steeple-Chasen und alles sonstwie Privilegierte. Wirklichkeit, das war dann der Krieg, der Hunger, die geschichtlichen Demütigungen, die Rechtlosigkeit, die Macht. Der Geist hatte keine Wirklichkeit. Er wandte sich seiner inneren Wirklichkeit zu, seinem Sein, seiner Biologie, seinem Aufbau, seinen Durchkreuzungen physiologischer und psychologischer Art, seiner Schöpfung, seinem Leuchten. Die Methode, dies zu erleben, sich dieses Besitzes zu vergewissern, war Steigerung seines Produktiven, etwas indisch, war Ekstase, eine bestimmte Art von innerem Rausch. Aber Ekstasen sind ethnologisch gesehen nicht anrüchig, Dionysos kam in das nüchterne Volk der Hirten, es taumelten diese unhysterischen Bergstämme in seinem orphischen Zug, und später Meister *Eckhart* und Jakob *Böhme* hatten Gesichte. Uraltes Glücksbegegnen! Natürlich blieben *Schiller*, *Bach*, *Dürer* vorhanden, diese Bodenschätze, diese Nahrung, diese Lebensströme, aber sie trugen eine andere Seinsart, trieben aus einem anderen anthropologischen Stamm, waren anderer Natur, aber auch *hier* war Natur, die Natur von 1910 bis 1925, ja, hier war mehr als Natur, hier war Identität zwischen dem Geist und der Epoche.

Wirklichkeit –, Europas dämonischer Begriff: glücklich nur jene Zeitalter und Generationen, in denen es eine unbezweifelbare gab, welches tiefe erste Zittern des Mittelalters bei der Auflösung der religiösen, welche fundamentale Erschütterung jetzt seit 1900 bei Zertrümmerung der naturwissenschaftlichen, der seit 400 Jahren »wirklich« gemachten. Neue Wirklichkeit –, da die Wissenschaft offenbar nur die alte zerstören konnte, blickte man in sich und blickte zurück. Draußen lösten sich ihre ältesten Restbestände auf, und was übrigblieb waren Beziehungen und Funktionen; irre, wurzellose Utopien; humanitäre, soziale oder pazifistische Makulaturen, durch die lief ein Prozeß an sich, eine Wirtschaft als solche, Sinn und Ziel waren imaginär, gestaltlos, ideologisch, doch im Vordergrund saß überall eine Flora und Fauna von Betriebsmonaden und alle verkrochen hinter Funktionen und Begriff. Auflösung der Natur, Auflösung der Geschichte. Die alten Realitäten Raum und Zeit: Funktionen von Formeln; Gesundheit und Krankheit: Funktionen von Bewußtsein; selbst die konkretesten Mächte wie Staat und Gesellschaft substantiell gar nicht mehr zu fassen, immer nur der Betrieb an sich, immer nur der Prozeß als solcher –: frappante Sentenz von *Ford*, gleich glänzend als Philosophie wie als Geschäftsmaxime: *erst die Autos ins Land, dann entstehen auch Straßen;* das heißt: erst die Bedürfnisse wecken, dann befriedigen sie sich von selber; erst den Prozeß in Gang setzen, dann läuft er von alleine; – ja, er lief von alleine, geniale Psychologie der weißen Rasse: verarmt, aber maniakalisch; unterernährt, aber hochgestimmt; mit 20 Mark in der Hosentasche gewinnen sie Distanz zu Sils Maria und Golgatha und kaufen sich Formeln im Funktionsprozeß –. Das war 1920–25, das war die untergangsgeweihte Welt, der Betrieb, das war der Funktionalismus, reif für den Sturm, der dann kam, aber vorher war nur diese Handvoll von Expressionisten da, diese Gläubigen einer neuen Wirklichkeit und eines alten Absoluten, und hielten mit einer Inbrunst ohnegleichen, mit der Aszese von Heiligen, mit der totsicheren Chance, dem Hunger und der Lächerlichkeit zu verfallen, ihre Existenz dieser Zertrümmerung entgegen.

III

Diese letzte große Kunsterhebung Europas, diese letzte schöpferische Spannung, die so schicksalhaft war, daß sich aus ihr ein Stil entrang, wie merkwürdig diese Ablehnung, die man ihr heute entgegenbringt! Im Grunde war ja doch dieser Expressionismus das Unbedingte, die antiliberale Funktion des Geistes zu einer Zeit, als die Romanschriftsteller, sogenannte Epiker, aus maßlosen Wälzern abgetakeltste Psychologie und die erbärmlichste bürgerliche Weltanschauung, als Schlagerkomponisten und Kabarettkomiker aus ihren Schänken und Kaschemmen ihren fauligsten gereimten Geist Deutschland zum Schnappen vorwarfen. Da war doch jedenfalls Kampf, ja klares, geschichtliches Gesetz. Die Frage, mit der *Kant* 150 Jahre früher eine Epoche der Philosophie beendet und eine neue eingeleitet hatte: wie ist Erfahrung möglich, war hier im Ästhetischen aufgenommen und hieß: *wie ist Gestaltung möglich?* Gestaltung, das war kein artistischer Begriff, sondern hieß: was für ein Rätsel, was für ein Geheimnis, daß der Mensch Kunst macht, daß er der Kunst bedürftig ist, was für ein einziges Erlebnis innerhalb des europäischen Nihilismus! Das war nichts weniger als Intellektualismus und nichts weniger als destruktiv. Als Fragestellung gehörte es zwar in die Zwangswelt des 20. Jahrhunderts, in seinen Zug, das Unbewußte bewußt zu machen, das Erlebnis nur noch als Wissenschaft, den Affekt als Erkenntnis, die Seele als Psychologie und die Liebe nur noch als Neurose zu begreifen. Es hatte auch Reflexe von der allgemeinen analytischen Erweichungssucht, die uralten Schranken stummer Gesetzlichkeit zu lösen, die in anderen Menschheitsepochen mühsam erkämpften Automatismen physiologischer und organhafter Art individualistisch zu lockern, immer eindringlicher jenes »Es« bloßzulegen, das noch bei Goethe, Wagner, Nietzsche gnädig bedeckt war mit Nacht und Grauen. Aber diese Fragestellung war echte Bereitschaft, echtes Erlebnis eines neuen Seins, radikal und tief, und sie führte ja auch im Expressionismus die einzige geistige Leistung herbei, die diesen kläglich gewordenen Kreis liberalistischen Opportunismus verließ, die reine Verwertungswelt der Wissenschaft hinter sich brachte, die analytische Konzernatmosphäre durchbrach und jenen schwierigen Weg nach innen ging zu den Schöpfungsschichten, zu den Urbildern, zu den Mythen, und inmitten dieses grauenvollen Chaos von Realitätszerfall und Wertverkehrung zwanghaft, gesetzlich und mit ernsten Mitteln um ein neues Bild des Menschen rang. Es ist heute leicht, das als abnorm und zersetzend und volksfremd zu bezeichnen, nachdem diese großartige nationale Bewegung an der Arbeit ist, neue Realitäten zu schaffen, neue Verdichtungen, neue Einlagerungen von Substanz in die völlig defekten Schichten vorzunehmen und sie offenbar die moralische Härte hat, einen Grund zu legen, dem eine neue Kunst entsteigen kann. Aber wir reden ja von einer Zeit, wo das noch *nicht* da war, alles leer war, wo nicht der Geist Gottes, sondern der Nihilismus über den Wassern schwebte, wo Nietzsches Wort für eine Generation von Deutschen galt, daß die Kunst die einzige metaphysische Tätigkeit sei, zu der das Leben uns noch verpflichte.

Die Kunst, dies enorme Problem! Seit zahllosen Generationen war die abendländische Menschheit auf Kunst angelegt, maß sich an ihr, überprüfte bewußt oder instinktiv alle kulturellen, rechtlichen, erkenntnismäßigen Grundlagen immer wieder an deren geheimnisvollem Wesen, deren vielfältigem undurchdringlichen Sein, und nun sollte sie plötzlich in allen ihren Leistungen ausschließlich volkstümlich sein, ohne Rücksicht auf die Lage dieses Volkes, ob Blüte, ob Untergang, ob stillste Ruhe oder fortstürmende Zeiten? Man verschloß sich der Tatsache, daß ein volkhafter und anthropologischer Substanzschwund eingetreten war, der eine Versenkung ins Stoffliche der früheren Epochen gar nicht mehr zuließ, sondern griff die Kunst, die sich ihren Stoff nun in ihrem eigenen Innern suchte, einfach als abnorm und volksfremd aufs äußerste an. Man sah nicht das Elementare, erstaunlich Rigorose dieses eklatanten Stilwillens, sondern entledigte sich der zweifellos vorliegenden Schwierigkeiten, indem man immer wieder sagte: das ist rein subjektiv, unverständlich, unverbindlich und vor allem immer wieder: »rein formalistisch«. Diese Vorwürfe sind äußerst paradox im Munde von Zeitgenossen, die ein solches Wesen mit der modernen Physik trieben, diese zu einem so aufgedunsenen Balg aus angeblich weltanschaulicher Bedeutung und ruhmvoller Erkenntnis öffentlich aufbliesen, daß der Zeitungsleser in der Morgen- wie in der Abendausgabe seine Atomzertrümmerung verlangte. Diese monströse Wissenschaft, in der es nichts gibt als unanschauliche Begriffe, künstliche abstrahierte Formeln, das Ganze eine im Goetheschen Sinne völlig sinnlose konstruierte Welt. Hier werden Theorien, die auf der ganzen Erde nur von acht Spezialisten verstanden werden, von denen sie fünf bestreiten, Landhäuser, Sternwarten und Indianertempel geweiht; aber wenn sich ein Dichter über sein besonderes Worterlebnis beugt, ein Maler über seine persönlichen Farbenglücke, so muß das anarchisch, formalistisch, gar eine Verhöhnung des Volkes sein. Offenbar treibt die Kunst völlig frei durch die Luft, schwebt wie eine Flocke herab, taut nieder, taumelt zu Boden völlig außerhalb der Zeit, ihrer Zwänge, ihrer kulturellen und intellektuellen Struktur; volksfremde Snobs betreiben arroganten Unfug. Offenbar darf die Kunst, die niemandem etwas kostet, nur bringen, was vor 20 Jahren bereits in den Volksschulen geläufig war, aber die Wissenschaft, die dem Staat, den Ländern, der Öffentlichkeit, den Steuerzahlern Unsummen kostet, darf ihren spezialistischen Humbug bei festen Gehältern, Witwen- und Waisenpensionen bis zur Altersgrenze vor sich hinpusseln. Einen solchen Widersinn wird das neue Deutschland bestimmt nicht mitmachen, die Leute, die es führen, selber ja artistisch produktive Typen, wissen zuviel von der Kunst, von der Zwitterhaftigkeit aller synthetischen Bemühungen, um nicht auch zu wissen, daß die Kunst eine spezialistische Seite hat, daß diese spezialistische Seite in gewissen kritischen Zeiten ganz besonders in Erscheinung treten muß und daß der Weg der Kunst zum Volk nicht immer der direkte einer unmittelbaren Aufnahme der Vision von der Allgemeinheit sein kann. Eigentlich dürfte doch wohl keiner, auch der nicht, der im Expressionismus gar nichts ästhetisch Positives sehen will, ihm die Identität mit seiner Zeit bestreiten, auch mit deren unangefochtenen Leistungen, ihrem nicht als volksfremd empfundenen Stil: er war die komplette Entsprechung im Ästhetischen der modernen Physik und ihrer abstrakten Interpretation der Welten, die expressive Parallele der nichteuklidischen Mathematik, die die klassische Raumwelt der letzten 2000 Jahre verließ zugunsten irrealer Räume.

IV

Es wäre ja auch gar nicht anders zu erklären, daß alles, was in den letzten 20 Jahren in der europäischen Kunstwelt interessant, man kann schon sagen, sinnvoll war, Entstehungsbeziehungen zu diesem Expressionismus hatte. Man kann heute diese europäische Welt bekämpfen, und ich tue es erbittert aus geschichtlichen wie aus geistigen Gründen, aber man muß der Vergangenheit ins Auge sehen: hier plante das alte Europa aus seinem liberalistisch-individuellen Geist noch einmal einen neuen Stil und alles, was an klassischen, romantischen, naturtalenthaften Schulen und Persönlichkeiten seine Stellung behielt, wandte sich doch tief beeindruckt nach dieser seltsamen Erscheinung um. Was aus ihr geworden wäre, wenn nicht der Krieg und dann die geschichtlichen Wendungen dieses gesamte Europa unterbrochen hätten, das läßt sich nur individuell und utopisch erschließen. Ich bin aber sicher, und ich sehe und höre es von anderen, daß alle die echten Expressionisten, die jetzt also etwa meines Alters sind, dasselbe erlebt haben wie ich: daß gerade sie aus ihrer chaotischen Anlage und Vergangenheit heraus einer nicht jeder Generation erlebbaren Entwicklung von stärkstem inneren Zwang erlegen sind zu einer neuen Bindung und zu einem neuen geschichtlichen Sinn. Form und Zucht steigt als Forderung von ganz besonderer Wucht aus jenem triebhaften, gewalttätigen und rauschhaften Sein, das in uns lag und das wir auslebten, in die Gegenwart auf. Gerade der Expressionist erfuhr die tiefe sachliche Notwendigkeit, die die Handhabung der Kunst erfordert, ihr handwerkliches Ethos, die Moral der Form. Zucht will er, da er der Zersprengteste war; und keiner von ihnen, ob Maler, Musiker, Dichter, wird den Schluß jener Mythe anders wünschen, als daß Dionysos endet und ruht zu Füßen des klaren delphischen Gottes.

Expressionismus also war Kunst, die letzte Kunst Europas, ihr letzter Strahl, während schon ringsumher die lange, großartige, zerfurchte Epoche starb. Die Epoche mit Kunst, für immer vorbei! Die frühen Griechen hatten noch keine Kunst, das waren sakrale und politische Steinbehauungen, Oden im Auftrag, rituelle Arrangements, bei Äschylos beginnt sie, dann sind 2000 Jahre auf Kunst angelegt, nun ist sie wieder zu Ende. Was jetzt beginnt, was jetzt anhebt, wird nicht mehr Kunst sein, es ist mehr, es ist weniger, wir werden gleich bei unseren Vermutungen sein. Wenn ich im folgenden noch von Kunst spreche, meine ich ein vergangenes Phänomen.

V

Ein Vorwurf also trifft dies letzte Geschlecht in seinem Wesen entschieden zu Recht: eine geschichtlich volkhafte Sendung hatte es nicht übernommen, es hatte die letzten Jahre politisch ziemlich instinktlos verbracht, aber das praktisch Apolitische war ja bei uns zu Hause, so war Goethe, Hölderlin, so war Rilke und George. Außerdem, in den Jahren, als wir begannen, in den Jahren, die uns prägten, gab es das große, wunderbare, glück- und freiheitdurchrauschte Deutschland, das verlangte unsere Aufmerksamkeit nicht, wenn wir malten und dichteten. Dann kam der Krieg, und wie die obige Angabe zeigt, haben die Expressionisten von ihm ihren Anteil übernommen. Und die letzten Jahre hieß Politik Marxismus, hieß Rußland, Mord aller bürgerlichen und intellektuellen Schichten, Mord aller Kunst als »Privatidiotismus« (Tretjakow), hieß Antiheroismus, dialektisches Gewäsch und eben jener Funktionalismus, den ich vorhin schilderte. Diesem Destruktionismus trat der Expressionismus mit anderen inneren und äußeren Mitteln entgegen als politischen, nämlich mit seinem jedes Chaos ausschließenden formalen Absolutismus. Einige Romanschriftsteller betrieben ja wohl auch politische Propaganda, die Geschichtsräume beruhigten sie hinsichtlich der Weitschweifigkeit ihrer Prosa, und im Parlamentarismus fanden sie Entsprechungen für die Geschwätzigkeit ihrer Epik, aber die Expressionisten suchten keine gesellschaftlich beschwatzbare, sondern eine abstrakte Welt, sie machten ja Kunst.

Sie waren also politisch ohne Instinkt, es mögen sich auch auffällig viel biologische Minusvarianten unter ihnen befunden haben, auch moralisch Defekte, ja, kriminelle Vorfälle, das ist erwiesen, spielten sich bei einigen ab, ich will das nicht beschönigen. Aber gegenüber so summarischen Behauptungen, wie Deserteure, Zuchthäusler, Verbrecher, entartet, zuchtlos, faule Aktien, betrügerische Börsenmanöver, drängt sich geradezu die Frage auf: sah nicht vielleicht Kunst von nahem immer so aus?

Es gab doch wohl nie eine zivil und gepflegt entstandene Kunst, seit Florenz keine mehr, keine, die unter dem beifälligen Gemurmel der Öffentlichkeit von irgendeiner anerkannten Baumart der Erkenntnis fiel, Kunst war in den letzten Jahrhunderten immer Gegenkunst, Kunst war immer Geburt. Später, wenn die Epochen sich schließen, wenn die Völker tot sind und die Könige ruhen in der Kammer und in der Vorhalle schlummert für immer das Gesinde, wenn die Reiche vollendet liegen und zwischen den ewigen Meeren verfallen die Trümmer, dann sieht alles nach Ordnung aus, als hätten sie alle nur hinaufzulangen gebraucht und hätten herabgeholt die großen, die leuchtenden, die fertig liegenden Kränze, aber es war einst alles ebenso erkämpft, behangen mit Blut, mit Opfern gesühnt, der Unterwelt entrissen und den Schatten bestritten. Vielleicht verweilt man heute doch etwas zu sehr nur bei den Defekten und will nicht sehen, daß doch wohl auch hier einige Werke und einige Männer bleiben werden, die mit dieser expressiven Methode sich, ihren Geist, die aufgelöste, qualvolle, zerrüttete Existenz ihrer Jahrzehnte bis in jene Sphären der Form erhoben, in denen über versunkenen Metropolen und zerfallenen Imperien der Künstler, er allein, seine Epoche und sein Volk der menschlicher Unsterblichkeit weiht. Ich glaube es und ich bin sicher, daß die es glauben werden, die ich kommen sehe.

Es wird nie wieder Kunst geben im Sinne der jüngsten 500 Jahre, dies war die letzte, man kann sich unsere innere Lage gar nicht final und kritisch genug vorstellen, es geht hier um Verwandlung, ein neues Geschlecht steht Europa bevor. Sehr viele Freunde der nationalsozialistischen Bewegung betrachten die Züchtungs- und Rassenfragen skeptisch, das ist zu naturalistisch gesehen, sagen sie, zu materialistisch –, wir wollen uns an den Tisch setzen und träumen, indessen die Raben fliegen und durch den Stein wächst Barbarossas Bart. Man kann diese Dinge gar nicht naturalistisch genug sehen, sage ich, man kann sie nur naturalistisch sehen: Propaganda berührt die Keimzellen, das Wort streift die Geschlechtsdrüsen, es ist gar kein Zweifel, es ist die härteste Tatsache der Natur, daß das Gehirnleben auf die Beschaffenheit des Keimplasmas Einwirkung hat, daß der Geist ein dynamisches und gestaltendes Element ist im entwicklungsgeschichtlichen Werden, hier ist Einheit: was politisch geprägt wird, wird organisch erzeugt.

Was politisch geprägt werden wird, wird nicht die Kunst sein, sondern ein artneues, schon klar erkennbares Geschlecht.

Es ist für mich kein Zweifel, daß es politisch in die Richtung jener ghibellinischen Synthese geht, von der Evola sagt, die Adler Odins fliegen den Adlern der römischen Legion entgegen. Dieser Adler als Wappen, die Krone als Mythos und einige große Gehirne als Beseeler der Welt. Mythologisch heißt das: Heimkehr der Asen, weiße Erde von Thule bis Avalun, imperiale Symbole darauf: Fackeln und Äxte, und die Züchtung der Überrassen, der solaren Eliten, für eine halb magische und halb dorische Welt. Unendliche Fernen, die sich füllen! Nicht Kunst, Ritual wird um die Fackeln, um die Feuer stehen. Ich sehe drei große Genieepochen des deutschen Menschen: um 1500 die unzähligen Maler, darunter die größten nach der Mittelmeerwelt. Das 17. und 18. Jahrhundert erklingt von Musik. Im 18. beginnt die Dichtung, erhebt sich das lange Massiv, das sich bis heute erstreckt, der Expressionismus ist der extreme Ausläufer, mag sein die Maladettagruppe, die Monts Maudis, das nackte Inferno, aber er gehört zum Massiv. Latenz von zwei bis drei Generationen, und die vierte Epoche beginnt, wieder schwärmt – nah ist und schwer zu fassen – der Gott.

Da steht das Geschlecht: Geist und Tat, transzendenter Realismus oder heroischer Nihilismus, die Male der individualistisch tragischen Ära sind nicht ganz zu löschen, doch als Ganzes mehr in Glück gebettet als wir, das Individuum geschlossen, weniger faustisch als allgemein. Zusammengeschmolzen die Architektur des Südens und die Lyrik des Nebellandes; Hochwuchs der Atlantiden; ihre Symbolwerke werden große Gesänge sein, Oratorien in Amphistadien, Strandchöre der Meerfischer, Muschelsymphonien in Kalkhallen und mit den Hörnern der Urjäger. Unendliche Fernen, die sich füllen, ein großer Stil bereitet sich vor.

Da steht das Geschlecht: es sieht rückwärts in die Zeiten: *unser* Jahrhundert, Götterdämmerung, Ragnarökr –, »menschliche« Zeiten, liberale: Aufwartungs- und Halbtagsvorstellungen von allen Dingen, nichts wird rund gesehen, nichts allgemein. Alles ist uferlos, ideologisch und jeder darf entweichen. Aber da hämmert eine Gruppe das Absolute – ihm verfallend, aber es geistig überwindend – in abstrakte harte Formen: Bild, Vers, Flötenlied. Arm und rein, nie an bürgerlichen Erfolgen beteiligt, am Ruhm, am Fett des schlürfenden Gesindes. Lebt von Schatten, macht Kunst. Auch die kleine Gruppe vor der letzten Wende der Welten: lebte der Kunst, das heißt: lebte in Todbereitschaft und lebte aus Deutschlands gläubigem Blut.

GERD RÜHLE

Das Ringen gegen die Bolschewisierung des geistigen Lebens. 1936.

Um sich das barbarische Vokabular und die brutalen Methoden nationalsozialistischer Literaturpropaganda ins Gedächtnis zu rufen, geben wir einige Auszüge aus einem für die Partei damals richtungweisenden Artikel gegen den Expressionismus wieder. Solche Verunglimpfungen kennzeichnen das Niveau nationalsozialistischer Hybris. [P.R.]

[. . .] Die bolschewistischen Mordbanden, die den neuen deutschen Lebenswillen bereits in seinen Anfängen in Blut zu ersticken versuchten, waren [. . .] nur ein äußeres Symptom der viel tiefer gehenden *geistigen* Bolschewisierung des deutschen Volkes, die bereits erschreckende Ausmaße angenommen hatte. Die dem marxistischen Bolschewismus zugrunde liegende Verneinung des Lebens, Auflösung aller Begriffe, Vernichtung aller Bindungen – die Negation von Familie und Volk, Vaterland und Gott –, die Zersetzung aller Lebensenergien der Nation war schon derart weit vorgeschritten, daß Bolschewismus und Judentum bereits den sicheren Sieg in ihren Händen zu halten glaubten. Als der Nationalsozialismus den Kampf mit dieser Verpestung des gesamten öffentlichen und kulturellen Lebens aufnahm, wurde er in weitesten Kreisen *nicht* verstanden, vor allem nicht in den »tonangebenden«. In der »guten Gesellschaft«, den »oberen Zehntausend« jener Tage, in ihren Salons und Zirkeln waren die *Juden* und die Schwarzen tonangebend. [. . .] Als in dem Deutschland nach 1918 der sowjetrussische Film ›*Potemkin*‹ über die Leinwand rollte und demonstrierte, wie die »Bourgeoisie« abgeschlachtet, Offiziere zertreten und ertränkt werden, gerieten im Zuschauerraum die Herren im Frack und die Damen in kostbaren Garderoben in verzückte Begeisterung über dieses filmische Kunstwerk. Als der Kommunist *Piscator* das Stück des Juden *Toller* ›Hoppla, wir leben‹ aufführte, das zur Vernichtung der »Bourgeoisie« aufrief, wußte sich das schwerreiche Kurfürstendammpublikum vor Begeisterung nicht zu lassen. Die dekadente Gesellschaft erwärmte sich am bolschewistischen Blutrausch. Das waren untrügliche Symptome der vor der Tür stehenden Katastrophe.

Die Umkehrung aller Begriffe war proklamiert worden – und auch außerhalb der politischen Ebene fanden Mord und Verbrechen ihre literarische Verherrlichung – angefangen von den blödsinnigen Verbrecheropern des jüdischen »Dichters« *Brecht* und des jüdischen »Komponisten« *Weill* (wie z. B. ›*Mahagonny*‹ und ›*Dreigroschenoper*‹) bis zu dem Bühnenstück ›*Mörder für uns*‹, in dem das Verbrechen des jüdischen Eisenbahnmörders *Schlesinger* glorifiziert wurde. [. . .]

Daß das Judentum in Presse und Parlament alles daransetzte, die Todesstrafe zu beseitigen und jeden zum Tode verurteilten Mörder vor dem Fallbeil zu retten, versteht sich. Daß die nichtjüdischen »Intellektuellen« sich nicht zur Wehr setzten, sondern begeistert in das jüdische Horn stießen, war ein Symptom jener vergifteten und verfaulten Epoche. Daß das Verbrechertum aller Spielarten in seinen *Ringvereinen* unangetastet organisiert sein konnte, war eine Selbstverständlichkeit, und daß sich diese Ringvereine durchaus der gesellschaftlichen Achtung erfreuten – bei dieser »Gesellschaft« nicht weiter verwunderlich. Und die »angesehensten« Rechtsanwälte Berlins, die Juden *Alsberg* und *Frey*, arbeiteten als bezahlte Vertreter dieser Organisationen des Verbrechertums.

Das fiel in den »gesellschaftlichen« Kreisen schon *deshalb* nicht weiter auf, weil in ihnen ja auch jüdische Hochstapler die angesehensten Persönlichkeiten waren – wie die Herren *Kutisker*, *Barmat*, *Sklarek* usw., die das deutsche Volk um Millionen betrogen und mit denen gleichzeitig hohe und höchste Würdenträger des Staates freundschaftlich verkehrten und sich von ihnen bestechen ließen. Dem Gestank der von Zeit zu Zeit ausbrechenden Skandale wurde durch luxuriöse Feste entgegengewirkt. Das war der »Geist« der »oberen Zehntausend«. Ihre Dichter waren danach. Aber auch das störte wenig. Als z. B. der expressionistische Stückeschreiber *Georg Kaiser* Gemälde stahl und daher wegen Diebstahls verurteilt wurde, bezeichnete der Jude *Bruno Frank* in einem Artikel (in den ›Münchener Neuesten Nachrichten‹) dies als die »unwesentliche Ausschreitung einer bedeutenden Seele« und erklärte, ihm hätten diese Straftaten »nicht im mindesten geschadet« – was übrigens in jener verkommenen Zeit leider Tatsache war.

Fragen der Moral waren abgetan, »gut« und »böse« nur noch »Farbunterschiede«. Und die schweinischen Stücke des Halbjuden *Zuckmayer* taten das ihrige, um jedes Schamgefühl abzutöten. Insbesondere aber alle Perversitäten erfreuten sich der besonderen Liebe und Pflege der »Kulturträger« jener Zeit.

Homosexuelle Männer und lesbische Frauen hatten ihre eigenen Organisationen, ihre Presse, ihre Veranstaltungen – und der Rechtsausschuß des Reichstags forderte die Aufhebung des § 175! Der jüdische Professor *Magnus Hirschfeld* schrieb dicke »wissenschaftliche« Bücher über sämtliche Perversitäten zur freien Nachahmung. Der tiefere Sinn dieser jüdischen Volkszerstörung wird klar, wenn man sich z. B. daran erinnert, daß der Jude *Arthur Landsberger* einmal das Volk mit einem Riesenkörper verglich und dann schrieb: »Wer die Unterleibsfunktionen dieses Körpers reguliert, hat Einfluß auf den ganzen Körper, hat Gewalt über ihn.«

Aus zahllosen Kloaken ergoß sich der Schmutz über das deutsche Volk, um die letzten Hemmungen wegzuspülen. Die »Dichtkunst« jener Zeit bewegte sich zwischen Verbrecherkaschemme und Bordell – ihre schwülstige Erotik steigerte sich bei den ganz »Modernen« zu völlig unverständlichem Wortsalat. Als typischer Fall sei hier an die Gedichte der Jüdin *Else Lasker-Schüler* erinnert. Welche Idiotien damals auf das Volk losgelassen wurden, ist heute kaum noch vorstellbar. All diese expressionistischen und dadaistischen Dichtereien mit »urbeseeltem Lichtgeschluchze«, »luftverbrannten Spiegelfetzen« und sonstigem hirnverbrannten Quatsch wurden als »Literatur« angepriesen und achtungsvoll in literarischen Zeitschriften gewürdigt. Gedichte, in denen z. B. behauptet wird, daß »der Sonne Heringstonne schaukelt grau in der Blutlache des Monds«, galten als Sprachschönheiten. Übrigens hat der Herr, der diesen Irrsinn verbrochen hatte, im Jahre 1925 den Hauptmann-Preis für Dichtung erhalten! Er hieß *Haringer* und schrieb auch über Goethe (!), indem er ihn das »größte literarische Diebsreptil« nannte, seinen ›Faust‹ als »blödsinniges Schullehrerversgeschnatter« bezeichnete und ihn schließlich mit dem Satz abtat: »Als ob dies uns heut noch was anging, mit was sich dies Idiotenreptil gelangweilt.«

Das Treiben dieser Tollhäusler war aber vor allem *deshalb* so grauenhaft, weil die große Masse der Deutschen dies alles widerspruchslos hinnahm. Das »Kulturleben« war zum satanischen Narrenhaus geworden. An Stelle der *Malerei* war eine widerliche und völlig unverständliche Farbenkleckserei getreten. *Expressionismus*, *Kubismus*, *Dadaismus* und andere -ismen tobten sich auch hier aus. Die greulichen Porträts eines *Kokoschka*, der gemalte Unfug eines Juden *Klee* und anderer sollten dem geduldigen Publikum das »Seelenleben« des betreffenden Malers demonstrieren – wüster Unrat, den diese Juden in ihrer häßlichen Seele hätten besser versteckt lassen sollen. Der Wahnwitz machte vor keinem Gebiet halt. Der *Architektur* bemächtigte sich eine »neue Sachlichkeit«, die in die deutsche Landschaft orientalische Wohnkisten setzte; denn das Haus sollte ja nicht mehr ein deutsches Heim sein, sondern eine »Maschine zum Wohnen«! Es sei an die grauenhaften flachen Wohnkisten des Frankfurter Stadtbaumeisters *May* erinnert (der dann nach Sowjetrußland verschwand), die im Volksmund nur als »Affenkästen« bekannt wurden, und an die entsetzlichen Bauten des »berühmten« »*Bauhauses*« (das zunächst in Weimar und später in Dessau seinen Sitz hatte). In der *Bildhauerei* traten an die Stelle edler menschlicher Gliedmaßen und Häupter unförmige Würste und Wasserköpfe, jüdisches Untermenschentum und perfide Schamlosigkeit. Man schämte sich nicht einmal, durch Kriegerdenkmäler in diesem Stil das Andenken unserer Gefallenen zu beschmutzen, was z. B. im Falle des *Düsseldorfer Soldatendenkmals* eines Herrn *Rübsam* zu einem erheblichen Skandal führte.

Man zog im Gegenteil den Ruf des deutschen Soldaten in den Dreck, wo man nur konnte, um den Wehrwillen, den Willen zum Leben, im Volke zu vernichten, ihm sein Rückgrat zu brechen. Der dramenschreibende Dieb *Georg Kaiser* nannte die Soldaten »Verbrecher« und schrieb: »Verscheuche sie von den Plätzen – führe wie lichtscheues Gesindel sie durch Nebenstraßen im Morgengrauen, bevor das gute Volk zur Arbeit aufsteht – laß sie in Lumpen laufen – mit schwarzen Pestmarken – ein Abscheu für Kinder schon: rennt weg – ein Krieger!« Der Kommunist *Piscator* führte in Berlin das Stück eines Herrn *Mehring* mit dem Titel ›Der Kaufmann von Berlin‹ auf, in dem ein Straßenkehrer mit den Worten »Dreck! Weg damit!« den Leichnam eines feldgrauen Soldaten wegfegt. [...]

Lange Jahre stand das deutsche Volk unter dem fast ausschließlichen Einfluß dieser hemmungslos gemeinen Propaganda. Die Kriegsdienstverweigerung wurde zum ethischen Postulat erhoben, der schmutzigste Landesverrat, der täglich in allen Spielarten getrieben wurde, als edle Menschlichkeit gefeiert. Das Buch des Schmierfinken *Remarque* ›Im Westen nichts Neues‹, das die Ehre und das Andenken des deutschen Frontkämpfers aufs schmählichste besudelte, brachte es in dem Deutschland jener Jahre zur höchsten Auflage aller Bücher (!!) – ein bezeichnendes Symptom des allgemeinen moralischen Zusammenbruchs. Ähnlich hohe Auflagen erlebten die kitschigen

Bücher des Juden *Emil Ludwig* (sein Vater hieß noch *Cohn*), der über Wilhelm II., Bismarck, Napoleon und Christus unverantwortlichen Unsinn schrieb und damit sehr reich werden konnte.

Man betrachtete es damals als vordringliche Aufgabe, alles Große herabzuziehen, alle Ideale zu zertrümmern. Nur ein feiges Volk wird sich auf die Dauer eine jüdische Diktatur gefallen lassen – und darum erklärte einer der »Führer« der blutigen bolschewistischen Räteherrschaft in München, der jüdische »Dichter« *Toller*: »Es gibt kein dümmeres Ideal als das Ideal des Helden!«

An die Stelle von Gott und Vaterland setzten die bolschewistischen Intellektuellen Freßlust und Feigheit. Gotteslästerungen gehörten zum täglichen Brot jener »Kulturepoche« – als eines der zahllosen Beispiele sei hier nur *Walter Hasenclevers* Komödie ›Ehen werden im Himmel geschlossen‹ genannt. Und man soll es uns nicht verargen, wenn wir jene streitbaren Theologen beider Konfessionen, die sich im Kirchenstreit oder sonstwo bemüßigt fühlen, das Christentum *heute* gegen erfundene Angriffe zu verteidigen, ausschließlich *komisch* finden. Angesichts der täglichen unflätigen Gotteslästerung jener Jahre waren sie nämlich auffallend *still* gewesen. Diejenigen aber, die sich damals der atheistischen Flut entgegenwarfen, waren wir Nationalsozialisten. [. . .]

Die geistige Bolschewisierung des deutschen Volkes mußte zwangsläufig den Tod des Gesunden und die Ausbreitung des Krankhaften zur Folge haben. Das Volk lag im Sterben, seelisch und auch körperlich: Die Geburtenzahl fiel rapide, wie der jüdische Staatssekretär *Hirsch* im Jahre 1928 mit Befriedigung im ›Berliner Tageblatt‹ feststellte, um eventuelle französische Besorgnisse auszuräumen. Dafür sorgte schon die ungehemmte jüdische Propaganda für die *Abtreibung* (auf einem Kongreß jener Jahre wurde festgestellt, daß in Deutschland *jährlich etwa eine Million Abtreibungen* durchgeführt würden!), die sowohl in »wissenschaftlicher« wie in »künstlerischer« Form (z. B. in dem Theaterstück ›*Zyankali*‹ des Juden Dr. *Wolf*) auf die deutschen Frauen losgelassen wurde.

Und alles, was krank, pervers und gemein war, verbreitete sich unheimlich – auf allen Gebieten des Lebens – und demonstrierte sich politisch in der anschwellenden *bolschewistischen Flut*, die mit Lüge und Mord die Bewegung Adolf Hitlers, *den* Gegner des Verfalls, zu vernichten suchte. *Adolf Hitler* und seine kleine Gefolgschaft – das war das Deutschland der Ehre und des Mutes, der Treue und der Sauberkeit – im Kampfe mit den damals übermächtigen Kräften der bolschewistischen Fäulnis – umtobt von einer verhetzten Masse, der die jüdische Lüge die Hirne vernebelt, die jüdische Jazzmusik die Sinne betäubt hatte.

Auf dem Gebiete der Musik herrschten »*atonale*« Mißklänge und negroider Mischmasch. Die Oper ›*Jonny spielt auf*‹ des Juden *Křenek*, die den Sieg der schwarzen Rasse über Europa verherrlichte und der widerlichsten Rassenverpanschung dienen sollte, ging in einem Siegeszug über zahlreiche deutsche Bühnen.

Das *Rasse*bewußtsein als gefährlichstes Hemmnis für den jüdischen Bolschewismus sollte mit Stumpf und Stiel ausgerottet werden. Und wenn man damals auf den *Antisemitismus*, das sichtbare Zeichen der gesunden Kräfte im Volke, zu sprechen kam, dann gerieten die »Gebildeten« jener Epoche, die Börsenmagnaten und Marxistenführer, die Literaturpäpste und »Künstler«, in hysterische Wut. Der Judenknecht *Heinrich Mann* erklärte: »Der Nationalismus ist samt seiner antisemitischen Ergänzung geistig längst erledigt.« Der »Verein zur Abwehr des Antisemitismus« bezeichnete die Judengegnerschaft als Barbarei und Kulturschande. Die »Politiker« stellten fest, daß »die Hetze gegen das Judentum in Wahrheit eine Hetze gegen Reich und Staat« sei. Jüdische und judenhörige »Wissenschaftler« erklärten die Rassenvermischung zur Grundlage des Genies (!), und *ein Rektor der Münchener Universität nannte die Rassenfrage »eine Menagerieangelegenheit«*.

Mit der so geschaffenen »öffentlichen Meinung« hatte man einen Wall errichtet, in dessen Schutz man ungestört die jüdische Bolschewisierung zu Ende führen wollte. Und in der Tat gelang es lange Zeit, die Masse des deutschen Volkes unter dem Einfluß dieser Stichworte zu halten. Die erschütternde Instinktlosigkeit der erdrückenden Mehrzahl der deutschen Volksgenossen gegenüber der hereinbrechenden Katastrophe machte es den Mächten des Untergangs leicht. *Und es mutet schon heute wie ein Wunder an, daß die kleine nationalsozialistische Bewegung, die von Adolf Hitler im Jahre 1925 neu gegründet worden war und sich nun unter seiner Führung der heranbrausenden bolschewistischen Flut an allen Fronten entgegenwarf, letzten Endes der Sieger blieb.* Dieses Wunder ist nur zu verstehen durch die gewaltige menschliche Kraft Adolf Hitlers, die auf seine Mitkämpfer ausstrahlte, und schließlich auch durch die Tatsache, daß das deutsche Volk in seinem Kern gesund war. Die nationalsozialistischen *Redner* der Kampfzeit – aus allen Schichten des schaffenden Volkes – mußten ungeschult antreten gegen die reichen und mit allen Kampfmitteln bestens versorgten politischen Parteien, gegen den kulturellen Verfall, destruktive Weltanschauungen und pseudowissenschaftliche Kanonen. Aus der Kraft ihrer Treue zum Führer und ihres Glaubens an Deutschland mußten sie den Kampf gegen zahlreiche geistige Strömungen des Verfalls aufnehmen, sich in großen und kleinen, blutigen und schweigend ablehnenden Versammlungen täglich erneut mit politischen, kulturellen, wissenschaftlichen und philosophischen »Problemen« herumschlagen und einer völlig verwirrten und gefährlich irregeleiteten aufgehetzten Bevölkerung ein entschlossenes »Halt!« zurufen – immer *ein* Ziel vor Augen: Niederringung der bolschewistischen Pest, die bereits in alle Schichten der Nation eingedrungen war.

Angesichts des geistigen Verfalls auf allen Gebieten wird auch der Sinn des von *Alfred Rosenberg* im Jahre 1927 gegründeten »*Kampfbundes für deutsche Kultur*« klar: Erhaltung der kulturellen Güter des Deutschtums in einer Zeit des grauenhaftesten kulturellen Niedergangs.

Weder der brutale Mordterror noch die gesellschaftliche Ächtung, weder »wissenschaftliche« Tiraden noch der Hohn der »Geistigen« brachten den nationalsozialistischen Kampfredner zum Schweigen. Der Ruf »Deutschland, erwache!« tönte allen in die Ohren – und endlich erwachten sie – erst wenige, dann immer mehr. Der Bolschewisierungsprozeß wurde zum Stillstand gebracht und schließlich zum Rückzug gezwungen. Unter nationalsozialistischer Führung begann das Volk, gegen den schamlosen Remarque-Film ›*Im Westen nichts Neues*‹ ebenso Sturm zu laufen wie gegen die politische Entehrung und Versklavung der Nation. *Adolf Hitler* gewann sein Volk. Die *nationalsozialistische* Sturmflut setzte ein und zerbrach im Jahre 1933 den Bolschewismus aller Schattierungen. Und vielleicht werden erst kommende Jahrhunderte und Jahrtausende die gewaltige welthistorische und gleichzeitig auch geistesgeschichtliche Bedeutung dieses Ereignisses in ihrem *vollen* Ausmaße erkennen können.

GEORG LUKÁCS
»Größe und Verfall« des Expressionismus. 1934. [Gekürzt.]

»... das Unwesentliche, Scheinbare, an der Oberfläche Befindliche verschwindet öfter, hält nicht so ›dicht‹, ›sitzt‹ nicht so ›fest‹ wie das ›Wesen‹. Etwa: die Bewegung eines Flusses, der Schaum oben und die tiefen Strömungen unten. Aber auch der Schaum ist ein Ausdruck des Wesens.«

Lenin: Aus dem philosophischen Nachlaß

Im Oktober 1920 hält Wilhelm Worringer, einer der theoretischen Vorläufer und Begründer, dem Expressionismus eine tief erschütterte Grabrede. Er faßt die Frage breit, wenn auch mit einer komisch anmutenden professoralen Verallgemeinerung, die in allen Angelegenheiten der eigenen Intellektuellenschicht unmittelbar Menschheitsprobleme erblickt: »Nicht der Expressionismus steht letzten Endes in Frage – das wäre eine unbeträchtliche Atelierangelegenheit –, sondern es ist das Organ unserer heutigen Existenz überhaupt, das mit dieser Frage in Frage steht, und viele sind heute bankrotte Expressionisten, die von Kunst gar nichts wissen.« (›Künstlerische Zeitfragen‹. München 1921, S. 7/8.) Der Zusammenbruch des Expressionismus ist also in Worringers Augen viel mehr als eine künstlerische Angelegenheit. Es ist der Zusammenbruch der Bestrebung, die »neue Wirklichkeit« (die Wirklichkeit des Imperialismus, die Epoche der Weltkriege und der Weltrevolution) vom Standpunkt des bürgerlichen Intellektuellen aus gedanklich und künstlerisch zu bewältigen. Von diesem konkreten Klasseninhalt seiner Bestrebungen hat Worringer natürlich keine Ahnung. Er fühlt nur, daß das, was er erstrebt, was zentraler Weltanschauungsinhalt für ihn und seine Schicht war, zusammengebrochen ist. »Aber gerade weil die Legitimation des Expressionismus nicht im Rationalen liegt, sondern im Vitalen, stehen wir heute vor seiner Krise ... Vital hat er ausgespielt, nicht rational. Und darum ist der Fall hoffnungslos.« (Ebenda, S. 9.) Und in der Bekenntnisstimmung dieser Verzweiflung verrät uns Worringer sowohl das, was er vom Expressionismus erwartet hat, wie die dämmernde, nachträgliche, mystisch verhüllte Einsicht darüber, daß die Erwartungen von vornherein zur Nichterfüllung verurteilt waren. »In eine Phiole voll letzter Essenzen will man das ganze Weltmeer, nein, das ganze Weltgefühl einströmen lassen. Glaubt, daß man *des Absoluten habhaft würde, wenn man das Relative ad absurdum führe*. Oder, um das zu nennen, was an tiefster Tragik dahintersteckt: *die hoffnungslos Einsamen wollen Gemeinschaft markieren*. Aber es bleibt auch hier beim bloßen Markieren. Auch hier bei einer verzweifelten Philosophie ›Als ob‹.« (Ebenda, S. 16. Hervorhebungen von mir. G. L.)

Trotz aller Mystik in der Terminologie und in dem, was hinter der Terminologie steht, ist das eine ziemlich klare Sprache. Und der in ihr ausgesprochene Gedanke, daß »Größe und Verfall« des Expressionismus, wenigstens von der bürgerlichen Intelligenz bis hinein in die intellektuellen Kreise, die mit der Arbeiterbewegung in Berührung standen, nicht als bloß literarisches, bloß künstlerisches Geschehen aufgefaßt wurden, findet sich bei vielen Schriftstellern, die sonst mit den Anschauungen Worringers nicht durchweg einverstanden gewesen sind. So schreibt – zur Zeit der blühendsten Hoffnungen – Ludwig Rubiner: »Der Proletarier befreit die Welt von der wirtschaftlichen Vergangenheit des Kapitalismus; der Dichter (d. h. der Expressionist. G. L.) befreit sie von der Gefühlsvergangenheit des Kapitalismus.« (Nachwort zur Anthologie ›Kameraden der Menschheit‹. Potsdam 1919. S. 176.) Zwischen dieser weltumwälzenden Aussicht, die Rubiner dem Expressionismus eröffnet, und der Worringerschen Grabrede liegt eine sehr kurze Zeitspanne. Aber gerade dieser Umschlag innerhalb eines knappen Zeitraumes ist für »Größe und Verfall« des Expressionismus charakteristisch. Der Expressionismus, eine verhältnismäßig enge Zirkelbewegung der »radikalen« Intellektuellenkreise in den letzten Vorkriegsjahren erwuchs während des Krieges, insbesondere während der letzten Kriegsjahre zu einem ideologisch nicht unwesentlichen Bestandteil der deutschen Antikriegsbewegung: er war – um später Auszuführendes jetzt schon schlagwortartig vorwegzunehmen – die literarische Ausdrucksform der USP-Ideologie in der Intelligenz. Die harten Fragestellungen der ersten Revolutionsjahre, die Niederlagen der proletarischen Revolutionsbestrebungen, die Entwicklung des linken, des proletarischen Flügels der USP zum Kommunismus (mit dem Gipfelpunkt in der Spaltung von Halle 1920), die parallele Entwicklung des rechten Flügels der USP zu einem Bestandteil der Stabilisierung des Kapitalismus erzwangen so klare Entscheidungen zwischen Proletariat und Bourgeoisie, zwischen Revolution und Gegenrevolution, daß diese Ideologie daran zerschellen mußte. Einige wenige – vor allem Johannes R. Becher – haben sich für das Proletariat entschieden und haben sich bemüht, mit dem Gepäck der expressionistischen Ideologie auch die schöpferische Methode des Expressionismus allmählich wegzuwerfen. Die meisten landeten – nach dem Zusammenbruch der expressionistischen »Welterlösung« – im Hafen der kapitalistischen Stabilisierung. Die verschiedenen Wege, Übergänge, die epigonenhafte Aufrechterhaltung oder der Mode entsprechende Umwandlung der schöpferischen Methode sind hier nicht von wesentlichem Interesse. Wichtig war nur, die allgemeinsten Umrisse dieser Entwicklung, »Größe und Verfall« des Expressionismus, kurz anzudeuten, denn dies erleichtert es uns, die gesellschaftliche Basis und die aus ihr entspringenden weltanschaulichen Voraussetzungen der Bewegung aufzudecken, um von hier aus ihre schöpferische Methode zu würdigen.

Zur Ideologie der deutschen Intelligenz in der imperialistischen Periode*

Der Eintritt in die imperialistische Periode hat wichtige ideologische Umschichtungen in der deutschen Intelligenz hervorgebracht, freilich so, daß den Trägern der ideologischen Umwälzung der Zusammenhang mit der Entstehung des Imperialismus unbewußt blieb. Deshalb ist von den bürgerlichen Vorkämpfern und Geschichtsschreibern dieser Epoche auch der innere Zusammenhang zwischen der Umschichtung auf den einzelnen ideologischen Gebieten nicht erkannt worden, was um so bemerkenswerter ist, als gerade in dieser Periode die Forderung einer »Geistesgeschichte«, einer Geschichte, die Philosophie, Kunst, Religion, Recht als Erscheinungs- und Äußerungsformen des »Geistes«, des »Lebensstils« zusammenfaßt, immer lauter wurde. Das Programm ist für dieses Entwicklungsstadium der bürgerlichen Ideologie in Deutschland ebenso bezeichnend wie seine Unerfüllbarkeit. Denn der Umschwung, der sich in der deutschen Ideologie mit dem Eintritt in die imperialistische Periode zeigte, war einerseits ein Streben nach

* Wir werden unsere Betrachtungen auf Deutschland beschränken, obwohl wir uns dessen bewußt sind, daß der Expressionismus eine internationale Bewegung war. So sehr wir uns jedoch darüber klar sind, daß seine Wurzeln überall im Imperialismus zu suchen sind, so sehr wissen wir, daß die ungleichmäßige Entwicklung in verschiedenen Ländern verschiedene Erscheinungsformen erzeugen mußte. Erst nach einem konkreten Studium der Entwicklung des Expressionismus in den verschiedenen Ländern ist eine Zusammenfassung möglich, ohne abstrakt zu bleiben. G. L.

Inhaltlichkeit (im Gegensatz zum Formalismus der vorangegangenen Periode), nach »Weltanschauung« (im Gegensatz zum klaren Agnostizismus der »neukantischen« Periode), nach Zusammenfassung, nach »Synthese« (im Gegensatz zu der genauen Arbeitsteilung der einzelnen ideologischen Gebiete in der streng spezialisierten und sich streng auf die Spezialität beschränkenden »Einzelwissenschaftlichkeit«). Anderseits konnten aber die erkenntnistheoretischen Grundlagen der zu überwindenden früheren, vorimperialistischen Ideologien nicht verlassen werden. Die Wendung, der Umschwung mußte sich vielmehr unter Beibehaltung (vielleicht auch unwesentlicher Umbildung in Teilstücken) der subjektiv-idealistischen und agnostizistischen ideologischen Grundlagen vollziehen. Der Übergang zu einem objektiven Idealismus, der hier angestrebt war, war aber eben dadurch zum Scheitern verurteilt. Denn als Hegel ein Jahrhundert früher den Übergang vom subjektiven zum objektiven Idealismus vollzog, bildete der radikale Bruch mit dem Agnostizismus jeder Art die erkenntnistheoretische Basis dieses Übergangs (Kritik der Kantschen Ding-an-sich-Auffassung). Es kommt in diesem Zusammenhang nicht auf die Kritik jener Halbheiten und Inkonsequenzen an, denen Hegel infolge der idealistischen Überwindung des Agnostizismus verfallen mußte – jeder objektive Idealismus fällt auf entscheidenden Punkten der Erkenntnistheorie infolge seines idealistischen Grundcharakters in einen subjektiven Idealismus zurück –, sondern auf die Besonderheit dieser Periode: warum die Notwendigkeit des Übergangs vom subjektiven zum objektiven Idealismus auftaucht und warum dieser Übergang, ohne den Versuch, die agnostizistischen Grundlagen erkenntnistheoretisch zu überwinden, vollzogen werden mußte.

[. .] Wenn die Gegenbewegung gegen die politische Rückständigkeit Deutschlands »demokratisch« anrennt, gegen die Kulturreaktion polemisiert, so bringt sie es bestenfalls zu einem hochtrabenden, ideologisch aufgebauschten Vulgärdemokratismus, zu einer Verteidigung der »Großstadtpoesie« usw. Und auch diese Stellung ist durch die deutschen Verhältnisse eingeengt. Die Großstadtpoesie Deutschlands entbehrt mit ganz wenigen Ausnahmen jener – bürgerlichen – Großzügigkeit und Blickweite, die ihre westlichen Vorbilder besitzen; sie ist – auch bei den Expressionisten – nicht viel mehr als eine etwas übersteigerte, ironisch zugespitzte Zustandsschilderung aus dem Kaffeehausbohèmeleben der Intelligenz (vgl. insbesondere die

Anthologie ›Der Kondor‹, Heidelberg 1912). Und das nicht zufällig, denn die echt deutsche Befangenheit in den engen Kompromißformen der ausgebliebenen bürgerlichen Revolution, der Reichsgründung von 1871 drückt ihren Stempel auch dem Denken der »radikalsten Demokraten« auf. So schreibt z. B. Kurt Hiller – Herausgeber des ›Kondor‹, Führer der ersten expressionistischen Kabaretts – anläßlich des Regierungsjubiläums von Wilhelm II., als Ganghofer und Lauff vom Kaiser ausgezeichnet wurden: »Traurig bleibt, daß der Regierer Deutschlands, wie dieser neue Akt von neuem erschreckend zeigt, zu dem was (vor Gott) Deutschlands Wert ist, nämlich zum deutschen Geist ... nicht den Schatten der Spur einer Beziehung hat ... Der Gedanke, ein Deutscher Kaiser von Kultur würde Stefan George und Heinrich Mann in den erblichen Adelsstand erheben, ist kein so übler ... Ist das utopisch? *Innerhalb einer Monarchie vielleicht weniger als in einer Republik.*« (›Die Weisheit der Langenweile‹. Leipzig 1913, II., S. 54/55. Hervorhebung von mir. G. L.)

Man sieht hier – und wir wiederholen: Hiller ist einer der »politischsten« und »linkesten« Vorkämpfer des beginnenden Expressionismus – eine ähnliche reaktionäre Verbeugung vor der rückständigen Staatsform Deutschlands, eine ähnliche Verherrlichung der Monarchie, also die apologetische Umdeutung der deutschen politischen Rückständigkeit in Vorbildlichkeit, wie bei den »offiziellen« Apologeten. Die Polemik gegen die Person Wilhelms II. bedeutet dabei nicht viel; die findet man bei vielen oppositionellen Schriftstellern bis zu den Konservativen hin.

[...] Diese Umstände bewirken, daß die oppositionelle Spitze des Expressionismus viel stumpfer sein mußte als die des Naturalismus. Im Gegensatz zu dessen Elendsmalerei, hinter der eine, wenn auch noch so verworrene, Gesellschaftskritik und weltanschauliche Opposition gegen den Kapitalismus steckte, vermochte sich der Expressionismus nur zu einer ganz abstrakten Opposition gegen »Bürgerlichkeit« überhaupt aufzuschwingen, zu einer Opposition, die ihre bürgerliche Grundlage und dementsprechend ihre gemeinsame Weltanschauungsbasis mit der »bekämpften« Bürgerlichkeit schon dadurch verriet, daß sie den Begriff der »Bürgerlichkeit« prinzipiell und von vornherein aus jedem Klassenzusammenhang löste. Wir führen nur einige bezeichnende Stellen an, und zwar aus der Kriegs- und der Nachkriegszeit, aus einer Periode also, in der die Politisierung auch der Expressionisten viel schärfer wurde als in der Vorkriegszeit. So schreibt Rudolf Leonhard: »Es gibt (mindestens heute) nur zwei Klassen: die Bürgerlichen, zu denen fast die ganze Aristokratie, die meist wenig aristokratisch ist, und fast das ganze Proletariat gehört, und die Unbürgerlichen, ... die anders nicht zu bestimmen, damit aber sehr bestimmt sind.« (›Tätiger Geist‹, Ziel-Jahrbuch II, München-Berlin 1918, S. 375.) Und an anderer Stelle: »Es gilt, den Bürger, den bourgeoisen wie den proletarischen, überall zu besiegen, vor allem auf den Feldern des Bürgertums.« (Ebenda, S. 115.) Oder – der spätere Faschist – Blüher: »Aber der Bourgeois gehört diesmal allen Ständen an.« (Ebenda, S. 13.) Am extremsten vielleicht Werfel: »Der Dichter ist außerstande, die politische Abstraktion zu verstehen: er lügt, wenn er an Nationen und Stände zu glauben vorgibt.« (›Das Ziel‹ I, 1916, S. 96.) Indem die Gesellschaftskritik sich gegen die »Bürgerlichkeit« überhaupt richtet, indem sie das wirtschaftliche Problem der Ausbeutung (und erst recht die besonderen Probleme des Imperialismus) achtlos beiseite schiebt, kommt sie in eine freundnachbarliche Nähe sowohl zu den philosophischen »Deutungen« und »Kritiken« des Kapitalismus von rein bürgerlicher Seite (Simmels »Philosophie des Geldes«, Rathenau) wie zu den romantischen Bewegungen gegen den Kapitalismus. Die Eigenart der expressionistischen Gesellschaftskritiker ist bloß, daß sie noch mehr auf der ideologischen Oberfläche haftenbleiben: ihre »Antibürgerlichkeit« hat im allgemeinen in der Vorkriegszeit einen Bohèmecharakter.

Als Opposition von einem verworrenen anarchistisch-bohèmehaften Standpunkt aus hat der Expressionismus natürlich eine mehr oder weniger energische Tendenz gegen rechts. Und viele Expressionisten und ihnen nahestehende Schriftsteller (Heinrich Mann ist eine Ausnahmeerscheinung) sind auch politisch mehr oder weniger links eingestellt gewesen. So ehrlich aber diese Einstellung bei manchen von ihnen subjektiv gemeint gewesen sein mag, so ist die abstrakte Verzerrung der Grundfragen, insbesondere die abstrakte »Antibürgerlichkeit« eine Bestrebung, die, eben weil sie die Kritik der Bürgerlichkeit sowohl von der wirtschaftlichen Erkenntnis des kapitalistischen Systems als auch von dem Anschluß an den Befreiungskampf des Proletariats trennt, leicht ins entgegengesetzte Extrem umschlagen kann: in eine Kritik der »Bürgerlichkeit« von rechts, in jene demagogische Kritik am Kapitalismus, der später der

Faschismus seine Massengrundlage wesentlich mitverdankt. Es geht bei diesem Zusammenhang mehr um die objektive Gemeinsamkeit gewisser ideologischer Bestrebungen, als darum, ob und wieweit einzelne Schriftsteller oder Ideologen des späteren Faschismus als Expressionisten ihre Laufbahn begonnen haben (z. B. Hanns Johst); denn der Expressionismus ist zweifellos nur eine von den vielen bürgerlich-ideologischen Strömungen, die später im Faschismus münden, und seine ideologische Vorbereitungsrolle ist nicht größer – aber auch nicht kleiner – als die mancher anderen gleichzeitigen Strömung. Der Faschismus, als Sammelideologie der reaktionärsten Bourgeoisie der Nachkriegszeit, beerbt alle Strömungen der imperialistischen Epoche, soweit in ihnen dekadent-parasitäre Züge zum Ausdruck kommen; auch alles Scheinrevolutionäre oder Scheinoppositionelle gehört dazu. Freilich bedeutet dieses Beerben zugleich ein Umgestalten, ein Umbauen: was an früheren imperialistischen Ideologien noch schwankend oder nur verworren war, verwandelt sich ins offen Reaktionäre. Aber wer dem Teufel des imperialistischen Parasitentums den kleinen Finger gibt – und das tut jeder, der auf die pseudokritische, abstrakt-verzerrende, mythisierende Wesensart der imperialistischen Scheinoppositionen eingeht –, dem nimmt er die ganze Hand.

Dieser Zwiespalt steckt tief im Wesen der expressionistischen Antibürgerlichkeit. Und diese abstrahierende Verarmung an Inhaltlichkeit zeigt nicht bloß die Entwicklungsrichtung und damit das Schicksal des Expressionismus an, sie ist von Anfang an ihr zentrales, unüberwindliches Stilproblem, denn die außerordentliche Dürftigkeit des Inhalts, der auf diese Weise zustande kommt, steht in schreiendem Gegensatz zu der Prätention seines Vortrages, zu dem überspannten und übersteigerten subjektiven Pathos seiner Darstellung. Hier liegt das später zu behandelnde zentrale Stilproblem des Expressionismus.

Vorerst kommt es für uns darauf an, zu zeigen, daß die weltanschauliche Stellung dieselbe, d. h. dieselbe subjektiv-idealistische ist, wie die der »offiziellen« Philosophie des Imperialismus. Dafür bietet ein rechtsphilosophischer Aufsatz Kurt Hillers den schlagenden Beweis. Hiller geht von den extrem-relativistischen Theorien von F. Somlo und G. Radbruch aus und »überwindet« nun seinerseits den Relativismus mit folgendem Salto mortale: »Während also der Relativist ein legislatives Problem unter Zugrundelegung von tausend Moralen tausendfältig

›löst‹, löst es der Voluntarist eindeutig, unter Zugrundelegung seiner eigenen ... Der Voluntarist fragt gar nicht danach, ob die Werte (nämlich seine Werte) ›berechtigt‹ seien oder nicht –: er setzt sie einfach an.« (A. a. O., S. 117/18.)

Es ist kein Wunder, daß Hiller dabei (a. a. O., S. 122) in Nietzsches ›Willen zur Macht‹ das »Motto der kommenden Ethik und politischen Philosophie« findet, so wie ja später, unter der Redaktion des »Sozialisten« Ludwig Rubiner, Wilhelm Herzog über Nietzsche sagt: »Kein Sozialist, aber dennoch einer der kühnsten Weltrevolutionäre« (›Die Gemeinschaft‹, S. 64). Mit dieser – objektivistisch, als Überwindung des Relativismus und des Agnostizismus gemeinten, in Wirklichkeit relativistisch und agnostizistisch bleibenden – Weltanschauung wird auch die Aufgabe der Kunst und Literatur entsprechend bestimmt. Kurt Pinthus, einer der führenden Theoretiker des Expressionismus, sagt darüber: »Aber man fühlte immer deutlicher die Unmöglichkeit einer Menschheit, die sich ganz und gar abhängig gemacht hatte von ihrer eigenen Schöpfung, von ihrer Wissenschaft, von Technik, Statistik, Handel und Industrie, von einer erstarrten Gemeinschaftsordnung, bourgeoisen und konventionellen Bräuchen. Diese Erkenntnis bedeutet zugleich den Beginn des Kampfes gegen die Zeit und gegen ihre Realität. Man begann, die Um-Wirklichkeit zur Un-Wirklichkeit aufzulösen, durch die Erscheinungen zum Wesen vorzudringen, im Ansturm des Geistes den Feind zu umarmen und zu vernichten. Und versuchte zunächst, mit ironischer Überlegenheit sich der Umwelt zu erwehren, ihre Erscheinungen grotesk durcheinanderzuwürfeln, *leicht durch das schwerflüssige Labyrinth hindurchzuschweben* (Lichtenstein, Blass) – *oder mit varietéhaftem Zynismus ins Visionäre zu steigern* (van Hoddis).« (Vorwort zur Anthologie ›Menschheitsdämmerung‹, Berlin 1920. S. X. Hervorhebung von mir. G. L.)

Weltanschaulich ist vor allem wichtig die Art, in der die Expressionisten von der »Erscheinung« zum »Wesen« vordringen. Wir sehen, was Pinthus als Zusammenfassung von zehn Jahren expressionistischer Theorie und Praxis antwortet: »Man begann die Um-Wirklichkeit in Un-Wirklichkeit aufzulösen ...« Das ist jedoch nicht bloß eine subjektiv-idealistische Lösung der Frage, nämlich die Verschiebung der Frage von der Verwandlung der Wirklichkeit selbst (wirkliche Revolution) auf Verwandlung der Vorstellungen über die Wirklichkeit, sondern zugleich eine gedankliche Flucht vor der Wirklichkeit;

mag diese Flucht noch so kraftschreierisch »revolutionär« maskiert sein, mögen einzelne auch subjektiv-ehrlich diese Maskerade für revolutionäre Tat gehalten haben. [. . .]

Schöpferische Methode des Expressionismus

Die schöpferische Methode des Expressionismus ist mit seinen Weltanschauungsfragen noch offensichtlicher und direkter verknüpft, als das bei früheren Richtungen der Fall war. Dies entspringt nicht dem verhältnismäßig größeren Aufwand an Theorie, mit dem der Expressionismus arbeitete – die Theorie ist widerspruchsvoll und verworren –, sondern dem überwiegend programmatischen Charakter der Werke selbst. Gerade in der Periode seiner »Größe« erstrebt der Expressionismus, auch als dichterische Ausdrucksform, ebenso etwas Manifestartiges, wie es seine Theorie stets tat. Es kommt dabei klar derselbe Vorgang der Aufnahme und Bearbeitung der Wirklichkeit zur Geltung.

Die Stellung der Expressionisten zur Wirklichkeit, und zwar sowohl ihre philosophische Stellung zur objektiven Wirklichkeit wie ihre praktische Stellung zur Gesellschaft, haben wir bereits durch ausführliche Zitate und deren Analyse als subjektiven Idealismus gekennzeichnet, der mit dem Anspruch auf Objektivität auftritt. Indem wir erneut auf diese Äußerungen von Worringer, Pinthus, Picard hinweisen, führen wir noch eine Stelle von Max Picard an, an der die Anwendung der erkenntnistheoretischen Methode (Vordringen zum »Wesen«) auf die schöpferische Praxis deutlich sichtbar wird. »Der Expressionist«, sagt Picard, ». . . ist pathetisch, damit es scheint, als ob er niemals mitten unter den Dingen mitreagiert hätte, sondern als ob er erst mit einem großen Schwung von weit her sich habe zu den Dingen schleudern müssen, und weil mit diesem Schwung des Pathos die Dinge aus dem Wirbel des Chaos eingefangen werden können. Das Pathos aber allein genügt nicht, ein Ding aus dem Chaos zu fixieren. *Man muß ein Ding noch verwandeln, als ob es niemals mit den anderen Dingen des Chaos in Beziehung gewesen wäre, damit es von ihnen nicht mehr erkannt wird und nicht mehr auf sie reagieren kann. Man muß abstrakt sein, typisieren, damit das Erreichte nicht wieder ins Chaos zurückgleitet.* Man drückt also so viel Leidenschaftlichkeit in ein Ding hinein, bis es fast auseinanderbricht und das Ding sich nur damit abgeben kann, die Spannung des eigenen Bruches zu bewahren; es kann sich dann gar nicht mehr zu einem anderen hinspannen.« (›Die Erhebung‹, S. 333. Hervorhebungen von mir. G. L.)

Der Zusammenhang mit der Worringerschen »Abstraktion« ist sofort ersichtlich. Im Zusammenhang damit ist aber dreierlei bemerkenswert: erstens, daß die Wirklichkeit von vornherein als »Chaos«, also als etwas Unerkennbares, Unerfaßbares, ohne Gesetze Existierendes aufgefaßt wird; zweitens, daß die Methode zum Erfassen des »Wesens« (hier »Ding« genannt) die Isolierung, das Zerreißen, das Vertilgen aller Zusammenhänge, deren gesetzloses Gewirr eben das »Chaos« ausmacht, sein muß; und drittens, daß das »Organ« dieser »Wesens«-Erfassung, die Leidenschaft, hier etwas von vornherein Irrationales, dem Verstandesmäßigen starr und ausschließend Gegenübergestelltes ist.

Wenn wir nun diese drei Momente der schöpferischen Methode etwas näher betrachten, dann wird es vorerst klar, warum den Expressionisten die Wirklichkeit als »Chaos« erscheinen muß. Sie stehen in einer romantischen Opposition zum Kapitalismus, jedoch von einer rein ideologischen Seite her, die Einsicht in seine ökonomischen Gesetzmäßigkeiten nicht einmal suchend. Die Wirklichkeit erscheint ihnen also derart »sinnlos«, »seelenlos«, daß das Eingehen auf sie sich nicht nur nicht lohnt, sondern sogar entwürdigend ist. Die Dichtung hat gerade die Aufgabe, in diese »Sinnlosigkeit« selbstherrlich einen Sinn hineinzutragen. Die Dichtung ist, nach Pinthus, »nicht wie die Geschichte ethisch gleichgültig und zufällig, sondern Gestalt des sich selbstbewußt werdenden, wollenden, formenden Geistes«. (Ebenda, S. 414.) Wenn jedoch diese fanfarenhafte Überheblichkeit konkret gestaltet werden soll, so kommt – sehr häufig, gerade dort, wo die Schriftsteller ehrlich sind – die kleinbürgerliche Ratlosigkeit und Verlorenheit im Getriebe des Kapitalismus, das ohnmächtige Aufbegehren des Kleinbürgers gegen sein Zermürbt- und Zertretenwerden durch den Kapitalismus zum Vorschein. Georg Kaisers bestes Drama ›Von Morgens bis Mitternachts‹ schildert sehr lebhaft und anschaulich diesen Zustand und besonders eindringlich die Hohlheit und Inhaltlosigkeit einer solchen »Revolte«. Sein armer Kassierer, der für nichts und wieder nichts unterschlägt und durchbrennt, kann mit seiner »Freiheit« (und mit der Geldgrundlage dieser Freiheit) nichts anfangen. Er ist schon längst geschlagen, längst wieder ein – nur etwas anders eingefügtes – »Rädchen« desselben Getriebes, bevor ihn sein Schicksal ereilt hätte. Und die anderen Dramen Kaisers, die Komödien Sternheims zeigen, daß es sich hier weniger um die Schwäche der Helden als um die der Schriftsteller handelt. Nur daß diese Schwäche in den besseren, in den aufrichtigeren Stücken Kaisers offen zutage tritt, während etwa Sternheim versucht, sie durch eine vornehmtuerische, sich mondän-bohèmehaft aufspielende Überlegenheit zu verdecken. Und ebenso in den Gedichten. Werfel spricht mit seinem »Fremde sind wir auf der Erde alle« nur weichlich, sentimental, aber offen aus, was etwa bei Ehrenstein wichtigtuerisch-kraftmeierisch-verkrampft herauskommt:

»Und ob die großen Autohummeln sausen,
Aeroplane im Äther hausen,
Es fehlt dem Menschen die stete, welterschütternde Kraft.
Er ist wie Schleim, gespuckt auf eine Schiene.
... Die brausenden Ströme ertrinken machtlos im Meer.
Nicht fühlten die Siouxindianer in ihren Kriegstänzen Goethe,
Und nicht fühlte die Leiden Christi der erbarmungslos ewige [Sirius.
Nie durchzuckt vom Gefühl,
Unfühlend einander und starr
Steigen und sinken
Sonnen, Atome: die Körper im Raum.«

(Ich bin des Lebens und des Todes müde,
in ›Menschheitsdämmerung‹, S. 37.)

Daß diese Gefühlsinhalte nicht neu sind, sieht jeder. Sie sind ein uralter Bestandteil der kleinbürgerlichen Großstadtpoesie. Das Neue des Expressionismus liegt inhaltlich nur in einer quantitativen Steigerung der Verlorenheit und der Verzweiflung darüber. Und diese Steigerung ist wiederum ein notwendiges Ergebnis der Lage der Kleinbürger im imperialistischen Zeitalter. Diese inhaltliche Steigerung schlägt jedoch formell ins Qualitative um. Die dem Expressionismus vorangehenden Richtungen, vor allem der Naturalismus, haben versucht, die hoffnungslose Verflochtenheit des Kleinbürgers in das kapitalistische Getriebe, seine ohnmächtige Unterordnung unter die Gebilde des Kapitalismus zu gestalten – freilich unzureichend, denn auch die Naturalisten haben die gesellschaftlichen Gründe, die treibenden ökonomischen Kräfte nicht erkannt und haben sie darum auch nicht gestalten können; auch sie klammerten sich an Oberflächenerscheinungen (Ehe und Familie etwa in ihren psychologischen Reflexen), wenn sie diese auch – äußerlich oberflächlich – im gesellschaftlichen Zusammenhang zu gestalten versuchten. Der Naturalismus wurde nun bezeichnenderweise in der Richtung des Steigerns seiner Unzulänglichkeit in der

Gestaltung der gesellschaftlichen Zusammenhänge überwunden. Der Impressionismus hat die Gestaltung der Oberfläche des Lebens und der von ihr ausgelösten psychologischen Reize dem Naturalismus gegenüber außerordentlich verfeinert, aber zugleich beide von ihrer gesellschaftlichen Grundlage noch mehr entfernt, die Gestaltung objektiver Gründe von vornherein noch unmöglicher gemacht. (Wobei – vielleicht überflüssigerweise – betont werden soll, daß dieses technische Verbauen der Objektivität eine Folge und nicht die Ursache ist.) Der Symbolismus trennte resolut die Stimmungssymptome auch von ihrer äußerlich-oberflächlich gefaßten gesellschaftlichen Umwelt vollständig ab; er gestaltete eine Verlorenheit überhaupt, eine Ratlosigkeit überhaupt usw.

Das Neue an der schöpferischen Methode des Expressionismus liegt nun darin, daß der sich bis dahin vollziehende Abstraktionsprozeß jetzt einerseits beschleunigt, auf die Spitze getrieben, andererseits und zugleich in seiner formellen Richtung umgekehrt wird. Die Impressionisten und Symbolisten als offene, aufrichtige Subjektivisten subjektivierten die schöpferische Methode immer mehr, d.h. sie lösten gedanklich das Darzustellende von seinen realen Grundlagen ab. Sie haben jedoch dabei die allgemeine Struktur der unmittelbaren Wirklichkeit beibehalten: die losgelösten Eindruckauslöser sollen noch immer dem beeindruckten Subjekt gegenüber eine – wenigstens äußerlich dynamische – Priorität haben, sie sollen ihm als »Außenwelt« gegenüberstehen. Freilich bloß in der gestalteten Welt. Die Theorie faßt sie bereits als Produkte des schöpferischen Subjekts auf, wenigstens in ihrem Wie; ihr Was und Daß bleibt stellenweise noch als unerkennbares Ding an sich bestehen. (Hier verbinden die mannigfaltigsten Übergangsformen den neueren Naturalismus mit diesen schöpferischen Methoden.) Die Umkehrung, die der Expressionismus vollziehen will, ist, daß er den – in der Einbildung der modernen Schriftsteller vorhandenen – Schaffensprozeß auf die Werkstruktur überträgt, d.h. der Expressionist gestaltet das uns bereits hinlänglich bekannte »Wesen« und – das ist die entscheidende Stilfrage – ausschließlich dieses »Wesen«. Wir haben wiederholt darauf hingewiesen, daß dieses »Wesen« nichts mit dem objektiven Zusammenfassen und Hervorheben der allgemeinen, dauernden, wiederkehrenden, der typischen Züge der objektiven Wirklichkeit gemein hat. Der Expressionist abstrahiert gerade von diesen typischen Charakterzügen weg, indem er – ebenso wie die

Impressionisten und Symbolisten – von dem subjektiven Reflex im Erlebnis ausgeht und gerade das hervorhebt, was darin ausschließlich vom Subjekt aus als wesentlich erscheint, indem er die »kleinen«, »kleinlichen«, »unwesentlichen« Momente (eben die konkreten gesellschaftlichen Bestimmungen) wegläßt und das »Wesen« aus dem raum-zeitlich-kausalen Zusammenhang herausreißt. Dieses »Wesen« stellt der Expressionist nun als die dichterische Wirklichkeit hin, als den Akt der Schöpfung, der gleichzeitig das uns erreichbare »Wesen« der Wirklichkeit enthüllt.

Er tut es in der Lyrik, indem er diesen Schaffensprozeß selbst, dieses Herausdestillieren der subjektiven Momente, dieses Wegabstrahieren von der objektiven Wirklichkeit nackt herausstellt; indem er die eigene Unfähigkeit, die objektive Wirklichkeit gedanklich zu ordnen und zu bewältigen, als Chaos der Welt und zugleich als souveräne Tat des Dichters zur Form »zusammenballt«. Er tut es in den objektiven Formen (z. B. im Drama), indem er allein dieses Erlebniszentrum als wirklich darstellt und um den Erlebnismittelpunkt herum, nur von diesem Standpunkt aus gesehen, alles andere gruppiert. Er steht also im Gegensatz zu den realistischen Schriftstellern, die das Drama als objektiven Kampf von gegensätzlichen gesellschaftlichen Kräften auffaßten. Er befindet sich jedoch in tiefer weltanschaulicher Verwandtschaft mit den Impressionisten und Symbolisten, die ebenfalls nicht mehr die Widersprüche der objektiven Wirklichkeit, sondern immer mehr den Widerspruch von Subjekt und Wirklichkeit gestalteten. Nur daß diese (man denke etwa an Maeterlinck) die objektive Wirklichkeit verschwinden ließen, um nur ihren Eindruck auf das Subjekt, als abstrakte Angst usw., wirksam werden zu lassen, während der expressionistische Dramatiker das dichterische Subjekt als Zentralgestalt auf die Bühne stellt und alle Gegenspieler nun von ihrem Blickpunkt aus gestaltet – ausschließlich als das, was sie für die Zentralgestalt sind. (Das expressionistische »Wesen«.)

[. . .] Gerade die Methode der Isolierung, mit der die Expressionisten das »Wesen« zu erfassen meinen, bedeutet einen entschiedenen Schritt vorwärts in dieser Richtung, denn sie bedeutet das bewußte Weglassen der Bestimmungen, deren Reichtum, Verknüpfung, Verflochtenheit, Wechselwirkung, Über- und Unterordnung in ihrer bewegten Systematik die Grundlage aller Wirklichkeitsgestaltung bilden. Die Abstraktion Worringers, die »Loslösung aus den Beziehungen« Picards, das »Wesen« Pinthus' bedeuten daher ein bewußtes Verarmen des Inhalts der gestalteten Wirklichkeit. Das »Neue« am Expressionismus, das aus dem Kampf gegen die unwesentlichen Oberflächenbestimmungen des Impressionismus hervorging, steigert also die Leere und Inhaltlosigkeit, denn in der Wirklichkeit kann die Oberflächlichkeit der unmittelbar erfaßten Bestimmungen nur durch ein Erforschen der wirklichen, tieferliegenden wesentlichen Bestimmungen überwunden werden. Das von allen Bestimmungen gelöste »reine Wesen« ist notwendig leer. »›Reine‹ Erscheinungen«, sagt Lenin, »gibt es weder in der Natur noch in der Gesellschaft und kann es auch nicht geben – das lehrt gerade die Marxsche Dialektik, und zwar zeigt sie uns, daß der Begriff der Reinheit selber eine gewisse Beschränktheit und Einseitigkeit der menschlichen Erkenntnis ist, der den Gegenstand nicht in seiner ganzen Kompliziertheit bis zu Ende erfaßt.« (Der Zusammenbruch der II. Internationale, Werke XVIII, S. 345.)

Diese Feststellung Lenins ist für unsere Frage auch darum überaus wichtig, weil durch sie der Zusammenhang der Ideologie und der schöpferischen Methode des Expressionismus mit der USP und mit den Ultralinken der Kriegs- und Nachkriegszeit (Pfemfert und die ›Aktion‹) nochmals unterstrichen wird: die ideologische Aushöhlung des Begriffs der Revolution – »reiner« Kapitalismus, »reine« sozialistische Revolution – steht im engsten Zusammenhang mit der rechten und linken opportunistischen Politik. Die vollkommene Entleerung des Begriffes Revolution bei den Expressionisten ist freilich die extremste Steigerung dieser Bestrebungen, bei der verschiedene politische Schattierungen sich eklektisch vermischen können. Und es zeigt sich dabei nochmals, daß diese schöpferische Methode des Expressionismus nur einen Teil der von uns geschilderten ideologischen Bewegung der deutschen bürgerlichen Intelligenz im Imperialismus bildet. Eine Scheinbewegung auf Inhaltlichkeit und Objektivität hin, die gegen die vorangegangenen klar subjektiv-idealistischen und agnostizistischen Richtungen »kämpft«, sie scheinbar, formell gedanklich und künstlerisch überwindet; eine Scheinbewegung, die in Wirklichkeit gerade die subjektivistischen Strömungen verstärkt, gerade die Inhaltlichkeit aushöhlt, die also objektiv eine geradlinige Fortsetzung und Steigerung der vorimperialistisch-bürgerlichen Bestrebungen ist und sein muß, da die Klassengrundlage – unter veränderten Bedingungen – die gleiche geblieben ist.

Die Verkümmerung der Inhaltlichkeit als die notwendige

Folge der bewußten schöpferischen Methode des Expressionismus zeigt sich überall in der Neigung zum bewußten Ausschalten aller konkreten Bestimmungen. Picard folgert etwa aus seiner Bestrebung »der Verkleinerung des Chaos«, daß der Expressionismus nicht wissen wolle, »wie ein Ding entstanden ist, daß er nur schauen will, nicht einmal, was ein Ding ist, sondern nur, daß es ist«. Kausalität soll ausgeschaltet werden, da sie »die Zahl der Dinge« im Chaos vermehrt durch »die Verwandlungsgebilde zwischen Ursache und Wirkung« (›Die Erhebung‹, S. 337). Die Expressionisten stellen sich also auch hier in jene große Reihe der Ideologen des imperialistischen Zeitalters, die im Interesse der Rettung alter theoretischer Vorstellungen oder zum Zweck der Einführung einer neuen Mythologie die Kausalität, die objektive Verknüpfung der Gegenstände und Prozesse der Außenwelt leugnen. Die Reihe reicht von Nietzsche und Mach bis zu Spengler, Spann und Rosenberg. Herwarth Walden zieht aus diesen Voraussetzungen, die, wie wir gesehen haben, allgemein weltanschauliche Voraussetzungen des Expressionismus sind und nicht bloß Meinungen einzelner Theoretiker, auch sprachtechnisch alle Konsequenzen. Er bekämpft den Satz um des Wortes willen. »Warum soll nur der Satz zu begreifen sein und nicht auch das Wort?« fragt er. Wenn weltanschaulich alle Bestimmungen als »störend« weggelassen werden, muß natürlich auch sprachlich nicht der bewegte, auf Allseitigkeit orientierte Zusammenhang, sondern das isolierte und auf Isolierung hin gewählte und verwendete Wort vorherrschen. Wort und Satz werden einander ebenso starr ausschließend gegenübergestellt wie früher philosophisch Ding und Verknüpfung. Der Versuch, den Wirklichkeitszusammenhang allseitig in Worten wiederzugeben, muß von diesem Standpunkt aus als »persönliche« Willkür des Schriftstellers, als Vergewaltigung des Wortes erscheinen. Darum fährt Walden folgerichtig fort: »Und weil die Dichter gern herrschen wollen, machen sie gleich einen Satz über das Wort hinweg. Aber das Wort herrscht. Das Wort zerreißt den Satz, und die Dichtung ist Stückwerk. Nur Wörter binden. Sätze sind stets aufgelesen.« (Einleitung zur Anthologie ›Expressionistische Dichtung‹, Berlin 1932, S. 11/12.)

Hier treten nun die inneren Widersprüche des Expressionismus als Widersprüche der schöpferischen Methode zutage. Erstens enthüllt sich der extreme – an den Solipsismus grenzende – Subjektivismus. Walden sagt von seinen Voraussetzungen aus folgerichtig: »Das expressionistische Bild der Wortkunst bringt das Gleichnis ohne Beziehung auf die Erfahrungswelt. Die Alogik macht den unsinnlichen Begriff sinnlich greifbar.« (Ebenda, S. 12 und 16.) Oder ähnlich Otto Flake: »Daß wir ein ›Thema‹ wählen, ist schon eine Halbheit ... Das, was real heißt, die Umwelt, die Tatsachen außer mir existieren in meinem Hirn nur, soweit ich es anerkenne und will, daß es sei ...« (Souveränität, in ›Erhebung‹, S. 342.) Die Erfassung des Wesens, die angeblich »reinste Form« der Gegenständlichkeit, schlägt in die »ungegenständliche« Kunst der absoluten Willkür um. Die Inhaltsleere des Impressionismus, die in der Häufung wesenloser, nur subjektiv bedeutsamer Oberflächenzüge künstlerisch zum Vorschein kommt, erfährt hier von der formal – aber bloß formal – entgegengesetzten Seite eine Steigerung: der von der objektiven Wirklichkeit gelöste, inhaltlich ausgehöhlte, rein subjektive »Ausdruck« kann in seiner Totalität nur eine leere Häufung von »Ausbrüchen«, ein starres Zusammen von Scheinbewegungen hervorbringen. Denn – zweitens – ist es für den Expressionismus unvermeidlich, die Frage der Totalität aufzuwerfen. Der klassenmäßige und weltanschauliche innere Widerspruch des Expressionismus kommt in der schöpferischen Methode in dem Antagonismus zum Vorschein, daß einerseits der Anspruch auf eine totale Gestaltung erhoben werden muß (schon infolge der gesellschaftlich-politischen Stellungnahme während des Krieges und nach dem Kriege), daß aber anderseits die schöpferische Methode die Gestaltung eines lebendigen und bewegten Zusammenhanges nicht zuläßt. Die Totalität konnte daher nur auf dem Wege der äußerlichen Surrogate rein formal und leer in die Werke der Expressionisten hineinkommen. Der Simultaneismus ist etwa ein solches leeres und formales äußerliches Mittel, den fehlenden inneren allseitigen Zusammenhang durch ein äußerliches Nebeneinander von assoziativ zusammengefaßten Wörtern zu ersetzen. Hier klafft allerdings ein unauflösbarer Antagonismus zwischen Inhalt und Form. Und die Scheinlösung, die der Expressionismus findet, zeigt denselben Antagonismus in schärfster Zuspitzung. Die Nichtigkeit der Inhalte wird nämlich – drittens – in eine fanfarenhafte Pathetik der Sprachbehandlung gekleidet. Konnte noch der frühe Expressionismus vor dem Krieg oder sein epigonenhaftes Vegetieren nach dem Abebben der ersten Revolutionsflut mit zersetzter Selbstironie diesen Zwiespalt offen zeigen und damit – scheinbar – gestalterisch überwinden, so war dies gerade für die Blütezeit des Expressionismus ausgeschlossen. Die Dichter waren durch ihre Stellung zu Krieg und Revolution gezwungen, pathetisch, selbstsicher, manifesthaft, als »Führer« aufzutreten und die leere Subjektivität ihrer inhaltslos-irrationalen »Begriffe« als Verkündigungen, als Aufrufe und Wegweiser von sich zu geben. Die von der Gegenständlichkeit der objektiven Wirklichkeit sich loslösende Sprache erstarrt damit in eine blecherne »Monumentalität«, die fehlende Durchschlagskraft an Inhaltlichkeit muß durch hysterische Übersteigerung der nebeneinandergeworfenen, innerlich zusammenhanglosen Bilder und Gleichnisse ersetzt und verdeckt werden. In dieser Sprache kommt der Klasseninhalt, die als »Führertum« aufgeputzte Ratlosigkeit einer wurzellosen und zersetzten kleinbürgerlichen Intelligenz inmitten weltgeschichtlicher, wenn auch noch unausgereifter Klassenkämpfe zwischen Proletariat und Bourgeoisie klar zum Ausdruck. Und in diesem Zwiespalt, durch diesen Zwiespalt drückt gerade diese Sprache den wirklichen Klasseninhalt des Expressionismus angemessen aus, gerade indem sie die Nichtigkeit der eingebildeten Inhalte ungewollt, aber desto schonungsloser entlarvt. Die leere Bewegtheit als Prinzip – »das Bewegende als Prinzip soll selbst zur Eigenschaft des Menschen werden, über das Zeitliche hinaus soll das Revolutionäre sich in ihm verewigen« (Wolfenstein) –, die »ewige«, also vom Klassenkampf gelöste Revolution findet in dieser Sprache entsprechenden Ausdruck. Diese Bewegtheit ist nicht die des wirklichen Revolutionärs, sie ist kleinbürgerlichen Schriftstellern von außen, von den geschichtlichen Ereignissen aufgezwungen und ist darum hysterisch überspannt. Es ist also nur selbstverständlich, daß mit dem Aufhören des äußeren Ansporns die hysterische Überspannung sich legt: mit der relativen Stabilisierung findet die kleinbürgerliche Intelligenz ihren Weg zu einer ruhigen und abgeklärten Leere, zur »neuen Sachlichkeit«. Die Wenigen, die sich nicht bloß einbildeten, Revolutionäre zu sein, die – wenn auch damals noch unklar – die proletarische und nicht die »ewige Menschheitsrevolution« erstrebten, haben mit der Klärung ihrer Stellung zur Revolution auch das expressionistische Gepäck weggeworfen. Die Entwicklung ist über den Expressionismus hinweggeschritten.

Aus diesem Tode kann den Expressionismus das sehr geteilte, sehr problematische Interesse, mit dem der Faschismus ihn beehrt, sicher nicht erwecken. Ja, die Tatsache, daß die Faschisten – mit einem gewissen Recht – im Expressionismus ein für sie brauchbares Erbe erblicken, macht den Grabstein des Expressionismus nur noch lastender. Goebbels bejaht den Expressionismus, wobei er gleichzeitig – und das ist aufschlußreich – auch die »neue Sachlichkeit« gelten läßt, aber den Naturalismus, der »in Milieuschilderung und marxistische Ideologie entartete«, verwirft, also die stilistische Kontinuität nur mit der Kunst des Nachkriegsimperialismus aufrechterhält. Er tut es mit folgender, ebenfalls interessanter Begründung: »Der Expressionismus hatte gesunde Ansätze, denn die Zeit hatte etwas Expressionistisches an sich.« Was – wenn Worte einen Sinn haben, und dies ist bei Goebbels sicher nicht immer der Fall – so viel bedeutet, daß Goebbels gerade das expressionistische Wegabstrahieren von der Wirklichkeit, das expressionistische »Wesen«, mit einem Wort: die expressionistische Verzerrung als Methode der Gestaltung der Wirklichkeit für ein passendes faschistisches Propagandamittel hält. Die auf den Kopf gestellte Begründung, daß die Wirklichkeit etwas Expressionistisches an sich hatte, zeigt den Weg, den der mythisierende Idealismus seither gegangen ist: die Expressionisten selbst hielten ihre schöpferische Methode nur erst für ein – stilisierendes – Erfassen des »Wesens«; der verlogene Demagoge Goebbels identifiziert sie bereits mit der Wirklichkeit selbst.

Selbstverständlich ist diese »Auferstehung« des Expressionismus nur eine partielle. Der Expressionismus kann seine herrschende Stellung aus den Jahren 1916 bis 1920 nicht wieder zurückgewinnen. Einerseits wird von Goebbels der Expressionismus mit der »neuen Sachlichkeit« zur »stählernen Romantik« zusammengekoppelt. Anderseits erhält er – z.B. durch den faschistischen Professor Schardt – eine äußerst vornehme Ahnenreihe. Jeder »Naturalismus«, d.h. jedes wirkliche Erfassen und Widerspiegeln der Wirklichkeit, wird von Schardt als »undeutsch« abgelehnt. Dagegen beginnt die Ahnenreihe für den »gotisch-faustischen Willen zur Unendlichkeit« mit Walther von der Vogelweide, der Naumburger Plastik und Grünewald und führt zu Stefan George, Nolde und Barlach. Das spezifisch Expressionistische sinkt dabei zu einem bloßen Moment dieses eklektischen Stilsuchens herab, dessen verschiedenartige Elemente nur durch die gemeinsame Absicht der Faschisten, durch die Flucht vor der Gestaltung der Wirklichkeit zusammengehalten werden, aber durch eine Flucht, die sich hochtrabend als »faustisches« Sich-Erheben über die gewöhnliche, »undeutsche« Wirklichkeit maskiert.

Diese Rezeption des Expressionismus als faschistisches Erbteil ist nicht zufällig. Der Faschismus hat – auch auf dem Gebiet der Literatur – nichts wirklich Neues hervorgebracht. Er faßt alle parasitären, alle Verfaulungstendenzen des Monopolkapitalismus zu einer eklektisch-demagogischen »Einheit« zusammen, wobei freilich die Art der Zusammenfassung und insbesondere die Art der Auswertung zur Schaffung einer Massenbasis für den von Krise und Revolution bedrohten Monopolkapitalismus wirklich neu ist. Neu ist auch der Radikalismus, mit dem jede Erkenntnis der objektiven Wirklichkeit abgelehnt wird, mit dem die irrationalistisch-mystischen Bestrebungen der imperialistischen Epoche bis zur Unsinnigkeit auf die Spitze getrieben werden. Es ist klar, daß daraus auf dem Gebiet der Literatur die radikale Ablehnung eines jeden Realismus folgen muß. Der im Vergleich mit der revolutionären Periode der Bourgeoisie so lendenlahme und oberflächliche Naturalismus muß also als »undeutsch« verdammt werden; wo die faschistische Literaturtheorie und -praxis sich dennoch mit einer Art von Realismus einläßt, knüpft sie an pseudorealistische, halb oder ganz apologetische Traditionen der deutschen Spätromantik an. Nur der »Realismus« der »neuen Sachlichkeit« ist so offenkundig apologetisch und führt so deutlich von der dichterischen Reproduktion der Wirklichkeit weg, daß er ins faschistische Erbe einzugehen vermag. Der Expressionismus kommt aber – wie gezeigt wurde – gerade dieser Abwendung von der Wirklichkeit sowohl weltanschaulich als auch in seiner schöpferischen Methode entgegen. Der Expressionismus als schriftstellerische Ausdrucksform des entwickelten Imperialismus beruht auf einer irrationalistisch-mythologischen Grundlage; seine schöpferische Methode geht in die Richtung des pathetisch-leeren, deklamatorischen Manifestes, der Proklamierung eines Scheinaktivismus. Er hat also eine ganze Reihe von wesentlichen Zügen, die die faschistische Literaturtheorie, ohne ihnen oder sich selber einen Zwang anzutun, annehmen konnte. Freilich sind die bewußten Tendenzen des Expressionismus andere, mitunter sogar direkt entgegengesetzte. Darum kann er nur als untergeordnetes Moment der faschistischen »Synthese« einverleibt werden. Aber sein hier aufgezeigtes Wegabstrahieren von der Wirklichkeit, seine Inhaltsleere erleichtern außerordentlich eine solche Einordnung und Gleichschaltung.

Freilich ist auch diese Anerkennung des Expressionismus noch sehr umstritten. Die allgemeinen Richtungskämpfe innerhalb des Nationalsozialismus zeigen sich auch in der Literaturtheorie. Alfred Rosenberg nennt einmal die Anhänger des Expressionismus künstlerische Otto-Strasser-Leute, während die nationalsozialistischen Studenten gegen »die Bilderstürmerei der tollgewordenen Dilettanten und Spießer«, gegen die »Vollbärte und Samtkragen«, gegen den »griechisch-römisch-wilhelminischen Akademismus von den sich nationalsozialistisch gebärdenden Vorortsmalern« wettern.

So heftig diese Diskussionen ab und zu werden, so sollen sie doch nicht überschätzt werden. Rosenberg spricht zwar auch von einem »Zweifrontenkrieg: gegen den Verfall und gegen den Rückschritt«, in Wirklichkeit ist aber Theorie und Praxis des Nationalsozialismus die Einheit von Verfall und Rückschritt. Die Expressionisten wollten zweifellos alles eher als einen Rückschritt. Da sie sich aber weltanschaulich nicht vom Boden des imperialistischen Parasitismus lösen konnten, da sie den ideologischen Verfall der imperialistischen Bourgeoisie kritiklos und widerstandslos mitmachten, ja zeitweilig seine Pioniere waren, braucht ihre schöpferische Methode nicht entstellt werden, wenn sie in den Dienst der faschistischen Demagogie, der Einheit von Verfall und Rückschritt, gepreßt wird. Zu der allgemeinen »November-Erbschaft« des Nationalsozialismus gehört also mit Recht auch der Expressionismus. Denn er weist, trotz aller hochtrabenden Gesten, nicht über den Horizont des »Weimar« von 1918 hinaus. Wie der Faschismus die notwendige Folge des Novemberverrats von SPD und USPD an der deutschen Arbeiterklasse, an der Revolution ist, so kann er auch literarisch das »November-Erbe« antreten.

ALFRED KURELLA
Nun ist dies Erbe zu Ende... 1937.

Zu den Voraussetzungen einer fruchtbaren Weiterentwicklung unserer antifaschistischen Literatur gehört die Auseinandersetzung mit der jüngeren Vergangenheit der Kunst Deutschlands und Europas, deren letzte große Stilbewegung der Expressionismus gewesen ist.

Lohnt es sich, heute noch viel über den Expressionismus zu reden? könnte man fragen. Er ist doch eine längst überholte

Etappe. So scheint es. Aber es scheint nur so. Ich weiß, daß ich nicht nur ein persönliches Gefühl ausdrücke, wenn ich sage: Jedesmal, wenn es mir gelingt, in ihrer Gänze jene Periode wieder heraufzubeschwören, in der die geistige und künstlerische Entwicklung unserer Generation (der Generation der gerade noch im neunzehnten Jahrhundert Geborenen) begann, überfällt mich ein tiefer Schrecken, der mir die alte Geschichte vom Reiter über den Bodensee ins Gedächtnis ruft. Mir ist dann, als müßte ich die Feder sofort und für immer hinlegen. Und das, obwohl ich mir bewußt bin, hinüber zu sein und wirklich festen Boden unter den Füßen zu haben.

Dies Erlebnis wiederholt sich mit einer Regelmäßigkeit, die dafür spricht, daß die Leidenschaftlichkeit der Reaktion auf diese im Bewußtsein längst überwundene Kunstepoche tiefere Gründe haben muß.

Auf kurze Formeln gebracht, scheinen mir diese Gründe folgende zu sein: Erstens läßt sich heute klar erkennen, wes Geistes Kind der Expressionismus war und wohin dieser Geist, ganz befolgt, führt: in den Faschismus. Zweitens müssen wir (ich meine die obengenannte Generation – aber auch ein gut Teil der vorhergehenden Generation, aus der fast jeder so oder so dem Expressionismus und seinen Götzen geopfert hat) ehrlicherweise zugeben, daß jedem von uns aus jener Zeit etwas in den Knochen steckengeblieben ist.

Das sind zwei harte Behauptungen, und ich bin mir bewußt, sie in einem kurzen Aufsatz auch nicht annähernd beweisen zu können. Denn es geht hier um die ganze geistige »Erbschaft« des neunzehnten Jahrhunderts und um ihr Schicksal im ersten Drittel unseres Jahrhunderts – um ein Problem also, das bis jetzt so gut wie überhaupt noch nicht von einem außerhalb liegenden Standpunkt behandelt worden ist; denn die kritischen Arbeiten über den Expressionismus (von den apologetischen ganz zu schweigen) entsprangen der gleichen Denkwelt, von der der Expressionismus eine Erscheinungsform war. Aber von der Abrechnung mit der expressionistischen Geistes- und Gefühlslage, von ihrer wirklichen Überwindung hängt es ab, ob unsere deutsche antifaschistische Literatur mehr als eine Etappe im allgemeinen Zerfall der deutschen Dichtung, ob sie der Beginn einer großen, wieder an die eigentlichen Traditionen der nationalen und internationalen Geisteskultur anknüpfenden Kunst werden kann.

Ich will gleich sagen, was der unmittelbare – zufällige – Anlaß dafür war, daß diese Gedanken sich wieder einmal in mir meldeten: Beim Ordnen einer Bibliothek fiel mir ein Bändchen der ›Aktionsbücher der Aeternisten‹ in die Hand: ›Der Vermessungsdirigent‹ von Gottfried Benn (ihm folgt im gleichen Bändchen Benns rapides Drama ›Karandasch‹). Ich schlug das Buch auf und begann zu lesen. Und plötzlich entdeckte ich, daß ich ganze Absätze auswendig wußte. Aber mehr – mit Zeilen wie: »Pameelen: Karandasch ... das ist die große Eidesformel, die ich gebrauche, wenn ich mitten im sogenannten Dasein stehe, und heißt: als ob Worte Sinn hätten. Wir glauben es doch nicht mehr, Renz ... Alle Vokabeln, in die das Bürgerhirn seine Seele sabberte, jahrtausendelang, sind aufgelöst, wohin, ich weiß es nicht. Wir müssen quasseln, weil wir fressen müssen, wir müssen grinsen, weil wir arme Luders sind, aber: Karandasch, Karandasch – das ist die Schachtel: die Worte sind geordnet: unter jedem steht ein kleiner Mann. Nachts schläft kleiner Mann bei kleiner Frau, fortzupflanzen, anzuschließen ... Renz, der Worte sind so viele: Spreu der Tenne, Schatten der Verlorenen, aber die alten Worte, Renz, die uralten Worte – Karandasch, Karandasch.« – Mit solchen Zeilen, die sich heute lesen wie das Gefasel eines Paranoikers, war auf einmal eine ganze Welt da und nah: Reichenhall 1917, Militärlazarett, ein zerlesenes Heft der ›Weißen Blätter‹, an einem Klavier ließ der Münchner Maler-Dichter Hemmerich in Anstaltskleidung ›Pelleas und Melisande‹ erdröhnen, um die Kurkapelle draußen (Wagner: »Herr Graf, ein Schaf ...«) zu übertönen ... und das ist nicht nur »Jugenderinnerung«, das ist irgendwie unheimlich lebendig! Es ruft sofort Tausende von Assoziationen wach: »Vom Laboratorium ins Museum gehend, sah ich den Göttern in die Gurgel. – Sie sahen ...? – Gips ...!«

Der Apoll von Belvedere – Hohngelächter! Gips für alte Tanten. Aber die Ägineten, schmerzlich lächelnd, weltentrückt – nicht wahr? Totempfähle von den Fidschiinseln ... Cimabue ... und ... und ... Jedes Wort eine ganze Welt, jeder Name bis zum Bersten vollgestopft mit Urteilen und Werten. Damit waren wir aufgewachsen. Das hatten wir uns – so glaubten wir – erkämpft!

Wir wußten nicht, was das für eine Welt war, wo sie herkam, wohin sie mündete. Sie schien uns ganz neu, ganz nur unseren Sinnen, unserem Gehirn entsprungen. Aus diesem Bewußtsein sprudelten die ekstatischen Hymnen und verzückten Zeichnungen jener Zeit, in denen Madonnen mit der Fahne des Aufruhrs umherliefen und Propheten matte Völker in den Staub donnerten.

Wir ahnten nicht, daß das ein Woher und Wohin hatte. Aber heute wissen wir es, können wir es wenigstens wissen.

Und ich will bei dem bleiben, der mir dieser Tage zum Anlaß einer Wiederheraufbeschwörung der expressionistischen Gespenster wurde, bei Gottfried Benn. Warum soll man eines Dichters nicht auch aus Anlaß seines einundfünfzigsten Geburtstages gedenken – den fünfzigsten feiern kann jeder Banause. Unter Menschen von Rang, von Niveau, die um geistige Werte wissen ...

Ja, das waren so Maßstäbe damals: Rang, Niveau, geistige Werte. Wer fragte ernsthaft danach, wo (auf welchem Ring des Höllentrichters) der »Rang« lag, von welchem »Geist« die Rede war? »Geist«: Ein Jahr später gab es einen »Zielbund«, »tätiger Geist« war seine Devise. Ich war ein paar Wochen so was wie ein Sekretär darin. Ehrenvorsitzender war Heinrich Mann. Motor war der geschäftige Philosoph der Langeweile, der Todfeind der Geschäftigkeit, Kurt Hiller. Als Oberpriester zelebrierte Hans Blüher. Heißumworben wurde Franz Werfel. Was war der »Geist«, den man meinte? Gottfried Benn gibt eine Antwort. Denn Gottfried Benn ist kein Einzelfall. Es nützt nichts, ihn isoliert zu untersuchen und sich entrüstet von einem »Renegaten« abzuwenden. Es geht bei Gottfried Benn nicht um Gottfried Benn; *es geht um den Expressionismus*, um dessen Herkunft, um dessen Auslauf.

Ich habe mir nach der Wiederbegegnung mit »Karandasch« das ganze Werk von Benn noch einmal vorgenommen, von ›Morgue‹ über Rönne und Pameelen bis zum ›Lebensweg eines Intellektualisten‹. Es gibt keinen unter den Expressionisten, der die Gedanken- und Gefühlswelt dieses »Stils« (und Benn hat recht, wenn er ihn als »europäischen Stil« bezeichnet) so konsequent gebraucht und so auf den letzten gedanklichen Ausdruck gebracht hat wie Benn; keinen, der dem Expressionismus so bis zuletzt, bis unter Hitlers Dolche, die Treue bewahrt hat.

Der Ausgangspunkt liegt nicht so sehr in ›Morgue‹, in diesen sechs Programmstücken der »Ästhetik des Häßlichen«, die ihn berühmt machten; dies Programm erfüllten damals auch andere und besser. Es beginnt eigentlich in den Dramen und Prosastücken aus Brüssel. Hier wurde Bewußtsein, was 1912 und 1913 bei dem leicht lädiert aus dem Militärdienst in eine Kassenpraxis (Belle-Alliance-Platz!) übergehenden Haut- usw.-Arzt »Gefühlsausdruck« gewesen war. Das lyrische Bewußtsein des Mannes, der in jedem Gegenüber nur eine Variation des zerfressenen Elendspatienten seiner Tagespraxis sah und ihn sich (Gottlob einmal jemand, den man nicht zu betasten brauchte!) zwei Meter vom Leibe hielt – dieses »lyrische« Bewußtsein wurde analytisch.

Und in welcher Umgebung! Brüssel 1916 bis 1917. Man muß dort gewesen sein, um zu verstehen. (Ich war dort, von Beverloo aus, sonntags, auf einer Spritztour aus dem Ausbildungslager.) Man sieht ihn ordentlich vor sich, den Sprößling eines brandenburgischen Pfarrhauses, den eigentlich Feld- und Garnisondienstuntauglichen, als Militärarzt im Kreise der Ober- und Stabsärzte, der an- und abschwiemelnden Etappenhengste, die er tagsüber – man weiß schon wovon – kurieren mußte, um sich abends im Kasino ihr Gewäsch und Geblödel, ihre Graben-, Heimat- und Bordellanekdoten, ihre stets fertigen Redewendungen – »Körchen-Mallörchen«, »Stolz will ich den Spanier«, »machine kaputt« – anzuhören. Tagaus, tagein. Quintessenz des finstersten Deutschlands, zusammenströmend an dem finstersten, verdorbensten Punkt der Etappe. Und er, Gottfried Benn, hatte noch den Duft märkischer Wiesen in der Nase, den Ton junger Weidenzweige im Ohr, die man mit dem Messerrücken auf den Knien klopft, und den Kopf voll Griechenland und Goethe, voll neuer erstaunlicher Entdeckungen und Gedanken aus Physik, Chemie, Biologie, Ethnologie, voll all der Dinge, die ein aufgeschlossener Geist damals in sich hineinfraß.

Das prallte nun aufeinander: diese Innen- und diese Außenwelt! Damit konnte »ein Mann allein« nicht fertig werden. Hier wurden in diesen Jahren die zwei Figuren Rönne und Pameelen geboren: Rönne, der Arzt, der sein Ich nur noch als Summe von um ein Nichts herumgeklebten Konventionen empfindet; Pameelen, auch ein Arzt, der da fortfährt, wo Rönne aufhört, der das konventionelle Ich abstreift und sich aufmacht, die ganze Welt aus dem Nichts seines Ichs heraus (das nur individuell ein Nichts, im Grunde aber alles, der Kern der Welt, ist) als Form neu aufzubauen.

Dunkles aber intensives Gefühl eines Weltuntergangs.

»Nun ist dies Erbe zu Ende ...«, das Erbe von vierhundert Jahren nämlich, meinte Benn. So definierte er sein Weltgefühl in Brüssel 1916. Weltende – aber auch Beginn von etwas ganz Neuem. Alles fängt von vorne an. Und er tut sich auf, er gibt sich hin.

Aber was in ihn, den ausgehöhlten, durchgerüttelten Militärarzt und Kasinostammgast von Brüssel, hineinstürzt, ist alles andere als »Tao«, der Urgrund des Lebens. Es ist der Absud aus den Töpfen, in denen die Bourgeoisie des zwanzigsten Jahrhunderts das schon ein halbes Jahrhundert lang zerkaute Erbe ihrer Väter endgültig zu Brei zerkocht.

»Ein Bouvard und Pécuchet unserer Zeit hat Benn alles in sich hineingefressen, was es Neues und Erstaunliches in den verschiedensten Wissenszweigen gibt. Da wird alles erwähnt, was gut und teuer ist! Da kommt natürlich Freud, aber noch mehr Jung, Planck und Einstein, Schrödinger und Heisenberg, Kammerer und Tower, Driesch und Köhler, Jordan und Johannsen, Dacqué und Klaatsch, Spemann und Mangold, Kretschmer und Klages, und so weiter, und so weiter! Die meisten werden nicht genannt, in Stichworten nur tauchen ihre Entdeckungen, Hypothesen und Schlußfolgerungen auf. Und so entsteht ein wahrer Hexensabbat immer neuer, immerfort einander ablösender und aufhebender Theorien.« So schrieb ich einmal im Jahre 1931, als ich in zwei Artikeln, ›Symptome‹ und ›Eine Akademie faschistischer Mystik‹, Benns Hitlerzukunft voraussagte.

An Hand der seither veröffentlichten Reden und Aufsätze Benns könnte man die Liste dieser Autoren noch fortsetzen: Troeltsch, Frobenius, Worringer, Scheler, Spengler, Curtius, Bertram, Semi Meyer ... schier endlos. Es ist geradezu erstaunlich, wie er es fertiggebracht hat, sich das alles anzulesen und es durchzudenken, eins gegen das andere. Denn das hat er getan. Nur, daß nichts dabei herauskam, nichts herauskommen konnte, als eine ständige Vertiefung des Brüsseler Grundgefühls: »Keine Welten mehr zu leben, keine Wirklichkeiten mehr zu fühlen, keine Erkenntnisse mehr zum Glauben, dabei ewig gereizt, der in diesen Breiten nächst dem Hunger brutalste Trieb, die Einheit des Denkens herzustellen, dieser Trieb nach Definition, qualvoller als Hunger und erschütternder als Liebe, kehrend sich gegen das sogenannte eigene Ich.« – Gefühl eines Weltenendes, Ragnarök. Es blieb ein Fieberzustand. Das Ich – ein Vulkan, der glühende Brocken hinauswirft ... aber es sind immer die gleichen Brocken, zerhacktes, zerschmolzenes Erbe der Väter.

Und noch etwas kam hinzu. Zur gleichen Zeit wie die Termiten der bürgerlichen Ideologie alles zernagten und aus den Schnipseln hohle Riesentürme aufbauten, trug der Räume und Zeiten überwindende Weltverkehr und der Bienenfleiß von Spezialisten uns die Resultate des Denkens und Schaffens aller Völker, aller Zeiten ins Haus. Da lag es um uns, über uns: T'ang-Plastiken, Buddha-Reden, Nippesfiguren aus Kreta, Gilgamesch, Leonardo-Skizzen, indische Felsentempel, Skythengold, Brockes, Beninplastik, skandinavische Felsbilder – endlos –, alles gleichwertig nebeneinander, niemand weiß, wie was zusammengehört; oder vielmehr: Dutzende von »Gelehrten« und »Philosophen« tischen jeden Tag neue Theorien auf; was kann man nicht alles aus einer solchen Fülle heraus-, was nicht in sie hineingeheimnissen!

Und doch eine herrliche, überwältigende Fülle, was für ein Material, um den Weg des Menschen zu begreifen!

Aber entwurzelt, schöpferisch ermattet, weil der letzten Verbindungen mit den lebendigen Kräften des Volkes beraubt, versagte der stolze »westliche Mensch«. Wir entsinnen uns (um nur ein paar grobe Beispiele zu nennen): Poelzig baut auf einmal spätägyptisch, Hermann Hesse dichtet indisch, Pechstein malt Negerplastik, Barlach schnitzt Ikone ...

Als ganz neu, urwüchsig, elementar wurde es ausgegeben, dieses »Denken« wie diese »Kunst«, als ein noch nie dagewesener Durchbruch.

Und war doch so alt, so gar nichts anderes als die ganz konsequente Fortführung einer Entwicklung, die schon seit fünfzig Jahren und mehr im Gange war! Letztes Wort jener Auflösung des klassischen Erbes, die während der letzten Hälfte des neunzehnten Jahrhunderts einzige Beschäftigung der bürgerlichen Ideologen war, letzte Etappe dieser Auflösung mit dem kläglichen Versuch einer Synthese der auseinanderstrebenden Pseudoantinomien.

Das müßte man nun beweisen, müßte Stück für Stück die Theoreme Benns vornehmen (Theoreme des Expressionismus, einer ganzen Generation!) und zeigen, wie sie in diesen trüben, gurgelnden, bodenlosen Strom der Selbstzersetzung des bürgerlichen Denkens eingebettet sind. Das würde ein ganzes Buch ergeben – und dieses Buch muß einmal geschrieben werden. Hier wollen wir nur ein einziges Beispiel betrachten: die Stellung zur Antike. Antike Gestalten wandeln bei Benn neben den Syphilitikern vom Belle-Alliance-Platz und den Stabsärzten aus Brüssel einträchtig durch die ligurischen Gefilde, Bordelle und märkischen Wiesen des ganzen Werkes dahin, Ikarus stürzt in die Friedrichstraße, Venus mit den Tauben kommt in die Sprechstunde, Dionysos der Nächtliche, die Fichte im Haar, schreitet über den Prenzlauer Berg, Pasiphae am Kurfürstendamm. Apollo lehnt geheim an Eduard Krawutsche . . . alles ist da. Und zuletzt, 1934, wird es gedeutet: »Dorische Welt. Die Geburt der Kunst aus der Macht.« Ganz neu! Ganz groß! Und was ist es? Kläglich geleimtes Gerümpel, ein Gebäude, aufgetürmt aus dem Sägemehl, das die nagende Arbeit der Bachofen, Rohde, Burckhardt, Nietzsche, Chamberlain, Bäumler, Rosenberg vom klassischen Bild der Antike der Winckelmann und Goethe übriggelassen hat! Nicht ein einziger eigener Gedanke, auch nicht ein Ansatz zu einer Untersuchung der Materie selbst (das wenigstens hatten die Bachofen, Rohde, Burckhardt noch getan), alles aus zweiter, dritter Hand unbesehen hingenommen, ohne das geringste Gefühl für die Gesetzmäßigkeit des Wandels und Wechsels jener Theorien, Substantive, »große Schachteln« aneinandergepappt – Karandasch! Und wozu das alles? Eine Neuauflage der Wagnerschen Entschuldigung, eine neue Rechtfertigung dessen, was Thomas Mann »machtgeschützte Innerlichkeit« genannt hat. Man, das heißt Gottfried Benn, mußte erklären, warum er sich in den Schatten der Dolche Hitlers geflüchtet hatte. Dazu die Entdeckung der »dorischen Welt« als »Synthese« all der zersetzenden Umdeutungen der Antike, die das neunzehnte Jahrhundert hinterlassen hat.

Was bedeutet diese »Entdeckung der dorischen Welt« grundsätzlich, welches ist ihr historischer Ort? O weh! Sie ist nicht einmal Weiterführung jener fremden Gedanken, sie ist Rückkehr, Rückkehr auf niedrigerer, niedrigster Stufe zu der Position, von der aus die Liquidierung der jakobinischen Etappe der bürgerlichen Auffassung von der Antike vor hundert Jahren begonnen hatte. Der Jakobinismus war mutig und draufgängerisch gewesen. Das System seiner Gedanken war voller Widersprüche, starrte von Kanten und Ecken, die für die Alltagsphase der bürgerlichen Herrschaft unerträglich wurden. Mit der Abfeilung dieser Ecken und Kanten hatte die Auflösung des klassischen Erbes der vorletzten Jahrhundertwende begonnen. »Juste milieu« war die Losung. Aber der Traum von der goldenen Mitte war bald ausgeträumt. Eine neue Klasse meldete sich: das Proletariat. Gegen sie brauchte die Bourgeoisie damals das, was Benn ihr auch jetzt wieder geben will: »Gehirne mit Eckzähnen, Gebiß aus Donnerkeilen. Verbrecherisch, wer den neuen Menschen träumerisch sieht, statt ihn zu hämmern; kämpfen muß er können, das lernt er nicht aus Märchen, Spukgeschichten, Minnesang . . .«

Es fanden sich die Ärzte, die dem weichgewordenen Bürgerhirn das neue Gebiß anmontierten. Nietzsche, Stomatologe und Zahnklempner in einer Person, mit dem Holzhammer in der Hand, leitete das Laboratorium. Aber bei dieser komplizierten Arbeit gab es neue Widersprüche, neue Ecken und Kanten. Auch das bei diesen Operationen im neunzehnten Jahrhundert angehäufte »Erbe« wurde schließlich für die Bourgeoisie der imperialistischen Endphase unerträglich. Eine neue Liquidation, eine neue »Versöhnung« war fällig. Das Resultat war die Zusammenkoppelung von Apoll und Dionysos, von hellem und dunklem Griechenland, von Intellekt und Elan vital. Dabei kam ein Griechenland heraus, das dem Original genauso ähnlich ist, wie die saftlosen Kompositionen eines Chirico der Akropolis von Athen ähneln.

Der Expressionismus, der »titanische, supergescheite, dämonische, kristallklare« (alles zusammen!) – eine trübe Lauge, in der die Brocken der liquidierten Liquidation des klassischen Erbes, die Reste der Bemühungen dreier Generationen bürgerlicher Denker um die Rettung des nicht zu Rettenden herumschwimmen! Ein verdünnter Aufguß des Juste milieu!

Das klingt paradox, und doch: Das Gesamtbild der Werke von Gottfried Benn, dieses konsequenten Vertreters des Expressionismus, führt unausweichlich zu dieser Schlußfolgerung. Auf ihre Herkunft und ihren Inhalt untersucht, führen die Lösungen, die er all den aufgeworfenen Problemen zu geben versucht (Antike, Kunst, Ich, Form, Persönlichkeit und so weiter), zu demselben Resultat: Zersetzung einer Zersetzung; Zersetzung, in der auch noch das Wenige zerfressen wird, was hundert Jahre bürgerliche Geistesentwicklung neben allem Unfug an Wahrheits- und Kunstwerten doch noch zustande gebracht haben – und dann ein letzter lahmer Versuch einer Synthese. Montage geistiger Werte. Genau das, dem Wesen nach, was Goebbels heute braucht. Das war der Nährboden des Expressionismus. Benn weiß das: »So entstanden diese Generationen, die alles tranken, was an Stoffen die Zersetzung bot... Destruktion war auch Erlebnis, Abbau unter Morgenröten. ›Nihilismus ist ein Glücksgefühl‹, und das strömte alles in die Arbeiten unverhohlen ein, daraus entstanden sie, das verwandte man methodisch für ihre Herstellung ...«

Er weiß es, denn er weiß alles. Aber er löst alles Wissen sofort wieder auf, wie der ganze Expressionismus, nicht einmal mehr zur Ironie fähig, alles sofort wieder auflöste, was ihm zufällig einmal gelang.

Es blieb Benn nur eins: der Salto ins Lager Hitlers – Salto vitale, meint er, und ist doch auch nur ein Salto mortale und dazu noch ein häßlicher und kläglicher.

Dieses Ende ist gesetzmäßig. Daß nicht alle Expressionisten diesen Weg gegangen sind, ist kein Gegenbeweis. Den Expressionismus so umfassend und so ganz zu verwirklichen, war nicht jedem gegeben. Es gehörte ein ungewöhnliches Maß von – wie soll man sagen – Stärke oder Schwäche dazu. Die diese Stärke oder Schwäche nicht besessen haben und denen ein Ende wie das Gottfried Benns erspart geblieben ist, sollen daraus noch keine Tugend machen, bevor sie nicht restlos erkannt haben, was der Expressionismus war; bevor sie nicht verstanden haben, daß er nichts enthält, worauf man für den antifaschistischen Kampf fußen kann; bevor sie nicht einsehen, daß jeder Rest aus jener Gedanken- und Gefühlswelt ein Fremdkörper in unserem Lager ist.

Und damit sind wir wieder bei uns. Auch hier wären neue Beispiele, neue Beweise dafür nötig, daß es Reste des Expressionismus in unserem Denken und Schaffen gibt. Ich will nur drei Beispiele anführen und auch sie nur andeuten. Nur als Fragen. Möge jeder selbstprüfend die Antworten untersuchen, die sich ihm sofort auf die Zunge drängen.

Die Antike: »Edle Einfalt und stille Größe« – sehen wir sie so?

Der Formalismus: Hauptfeind einer Literatur, die wirklich zu großen Höhen strebt – sind wir damit einverstanden?

Volksnähe und Volkstümlichkeit: die Grundkriterien jeder wahrhaft großen Kunst – bejahen wir das unbedingt?

Die ersten Gedanken, die sich bei unserer Generation als Antwort auf diese Fragen einstellen, tragen den Stempel der expressionistischen Epoche! Sie und nichts anderes, ihre Argumente, ihre Ideenwelt, die Zersetzung der Zersetzung des klassischen Erbes – das ist es, was auch in dem Wenn und Aber mitschwingt, mit denen wir diese Fragen schließlich bejahen.

Der Expressionismus als *Stil* scheint hinter uns zu liegen, liegt wohl auch hinter uns. Die *Gedanken- und Gefühlswelt*, aus der er geboren wurde und die nichts unerhört Neues, sondern etwas gräßlich Altes war – sie ist noch nicht überwunden. Aber ohne diese Überwindung – die mehr sein muß als Erstaunen oder Entrüstung über den Weg eines Gottfried Benn – ist ein wirklicher Aufstieg unserer antifaschistischen Literatur, der deutschen Literatur überhaupt, nicht möglich.

ERNST BLOCH
Diskussionen über Expressionismus. 1938.

Merkwürdig, daß sie wieder beginnen. Vor kurzem schien dies undenkbar, der »Blaue Reiter« war tot. Jetzt melden sich nicht nur Stimmen, die sich seiner mit Achtung erinnern. Fast wichtiger ist, daß sich andere über eine vergangene Bewegung so akut ärgern, als wäre sie eine heutige und stünde ihnen im Weg. Sie ist gewiß keine heutige, aber hat sie noch nicht ausgelebt?

Ziegler stellte das so dar, als spuke sie nur in einzelnen älteren Herzen fort. Ehemals waren diese jugendbewegt, nun bekennen sie sich zum klassischen Erbe, leiden aber noch an gewissen Resten. Man sieht einen besonders prägnant erscheinenden Expressionisten – Benn – im Faschismus enden und schließt daraus: »Dieses Ende ist gesetzmäßig.« Die übrigen Expressionisten waren nur nicht konsequent genug, es zu finden;
»heute läßt sich klar erkennen, wes Geistes Kind der Expressionismus war, und wohin dieser Geist, ganz befolgt, führt: in den Faschismus.«

Danach wäre also das neuerwachte Interesse nicht nur ein privates, sondern ein kulturpolitisches, antifaschistisches: die »Menschheitsdämmerung« von ehemals war eine Prämisse Hitlers. Hier passierte nur Ziegler das Mißgeschick, daß Hitler einige Wochen bevor Zieglers Ahnenforschung veröffentlicht wurde, in seiner münchner Rede und Ausstellung die Prämisse gar nicht wiedererkannte. Im Gegenteil, wie bekannt: rascher und sinnfälliger wurde eine falsche Herleitung, ein eilig negatives Werturteil selten ad absurdum geführt.

Wurde es auch grundsätzlich, das heißt auf eine uns angemessene Weise ad absurdum geführt? Die Übereinstimmung, in der sich Ziegler, zu seinem Schreck, mit Hitler fand, ist gewiß tödlich, aber der Betrüger in München hätte ja einen Grund dafür haben können (man sieht freilich nicht, welchen) die Spuren des Faschismus zu verwischen. Um die grundsätzliche Frage daher zu klären, ist es angezeigt, den chronologischen Unfall des Ziegler-Artikels, aber auch den Artikel selbst nicht einzeln zu pointieren, sondern jene »Vorarbeit« des Ganzen aufzusuchen, auf die Leschnitzer in seinem lyrischen Diskussionsbeitrag bereits hingewiesen hat: wir meinen den vier Jahre alten Aufsatz von Lukács: ›Größe und Verfall des Expressionismus‹ (Internationale Literatur, 1934, Heft 1); darin ist das Konzept für die neueste Grabrede auf den Expressionismus. Wir beziehen uns in folgendem wesentlich auf diesen Aufsatz; denn er liegt den Beiträgen Zieglers, auch Leschnitzers gedanklich zugrunde. Lukács ist zwar in den Schlußformulierungen bedeutend vorsichtiger, er betont, daß die *bewußten* Tendenzen des Expressionismus keine faschistischen waren, daß er schließlich, »nur als *untergeordnetes Moment* in die faschistische ›Synthese‹ einverleibt werden« konnte (S. 173). Aber das Fazit bemerkt auch, daß »die Faschisten – mit einem gewissen Recht – im Expressionismus ein für sie brauchbares Erbe erblicken«.

Goebbels findet hier für das Seine »gesunde Ansätze«, denn »der Expressionismus als schriftstellerische Ausdrucksform des entwickelten Imperialismus (!) beruht auf einer irrationalistisch-mythologischen Grundlage; seine schöpferische Methode geht in die Richtung des pathetisch-leeren, deklamatorischen Manifestes, der Proklamierung eines Scheinaktivismus ... Die Expressionisten *wollten* zweifellos alles eher als einen Rückschritt. Da sie sich aber weltanschaulich nicht vom Boden des imperialistischen Parasitismus loslösen konnten, da sie den ideologischen Verfall der imperialistischen Bourgeoisie kritiklos und widerstandslos mitmachten, ja zeitweilig seine Pioniere waren, muß ihre schöpferische Methode nicht entstellt werden, wenn sie in den Dienst der faschistischen Demagogie, der Einheit von Verfall und Rückschritt gepreßt wird.«

Man erkennt: die Auffassung, daß Expressionismus und Faschismus Kinder des gleichen Geistes seien, hat hier ihren grundsätzlichen Ausgangspunkt. Die Antithese: Expressionismus und – sage man – klassisches Erbe ist bei Lukács genau so starr wie bei Ziegler, aber sie besteht weniger aus Werturteilen, sie ist begrifflich fundiert.

Freilich nicht ebenso sachlich, dem Stoff nach; hier liegt manches im Argen. Wer Lukács' Aufsatz zur Hand nimmt (was sehr ratsam, das Original lehrt immer am besten), der merkt zunächst, daß in keiner Zeile ein expressionistischer Maler vorkommt. Marc, Klee, Kokoschka, Nolde, Kandinsky, Grosz, Dix, Chagall sind nicht vorhanden (um von musikalischen Parallelen, vom damaligen Schönberg zu schweigen). Das überrascht desto mehr, als nicht nur die Zusammenhänge zwischen Malerei und Literatur damals die engsten waren, sondern die expressionistischen Bilder viel bezeichnender für die Bewegung sind als die Literatur. Zudem hätten sie eine wünschenswerte Erschwerung des vernichtenden Urteils abgegeben; denn einige dieser Bilder bleiben dauernd bedeutsam und groß. Aber auch die literarischen Gebilde sind weder in einer quantitativ noch qualitativ zureichenden Weise beachtet; der Kritiker begnügt sich mit einer sehr geringen, wenig charakteristischen »Auswahl«. Gänzlich fehlen Trakl, Heym, Else Lasker-Schüler; der frühe Werfel wird nur hinsichtlich des pazifistischen Tenors weniger Verszeilen zur Kenntnis genommen, ebenso Ehrenstein und Hasenclever. Während von den frühen, oft bedeutenden Gedichten Johannes R. Bechers nur versichert wird, daß es dem Autor gelungen sei, die expressionistische Methode »allmählich wegzuwerfen«, werden Auchdichter wie Ludwig Rubiner durchaus zitiert, jedoch wiederum nur zu dem Zweck, um an ihnen zu erhärten, was – abstrakter Pazifismus sei. Hier tritt bezeichnenderweise auch ein Zitat aus René Schickele an, obwohl Schickele niemals ein Expressionist war, sondern eben nur ein abstrakter Pazifist (wie damals viele brave Dichter und Männer, Hermann Hesse und hundert andere). Was aber ist nun das Material, an dem Lukács seine Expressionismus-Auffassung kenntlich macht? Es sind Vorworte oder Nachworte zu Anthologien, »Einleitungen« von Pinthus, Zeitschrift-Artikel von Leonhard, Rubiner, Hiller und dergleichen mehr. Es ist derart nicht die Sache selbst, mit ihrem konkreten Eindruck an Ort und Stelle, mit ihrer nachzuerfahrenden Wirklichkeit, sondern das Material ist selber schon ein indirektes, ist Literatur über den Expressionismus, die nochmals literarisiert, theoretisiert und kritisiert wird. Gewiß zum Zweck, »die gesellschaftliche Basis und die aus ihr entspringenden weltanschaulichen Voraussetzungen dieser Bewegung« klarzustellen, aber mit der methodischen Begrenztheit, daß ein Begriff von Begriffen, ein Essay über Essays und Minderes gegeben wird. Von daher auch die fast ausschließliche Kritik bloßer expressionistischer Tendenzen und Programme (meist solcher, die erst die Literatoren der Bewegung formuliert, wo nicht hineingetragen haben). Sehr viele richtige und feine Konstatierungen finden sich in diesem Zusammenhang; Lukács charakterisiert den Abstraktpazifismus, den Bohème-Begriff der »Bürgerlichkeit«, den »Fluchtcharakter«, die »Fluchtideologie«, dann wieder die bloß subjektive Revolte im Expressionismus, auch die abstrakte Mystifizierung des »Wesens« der expressionistisch dargestellten Dinge. Aber bereits die subjektive Revolte dieser Bewegung ist kaum genügend erfaßt, wenn Lukács – an Hand der »Vorworte« – lediglich die »fanfarenhafte Überheblichkeit«, die

»blecherne Monumentalität« ankreidet. Wenn er inhaltlich lediglich »kleinbürgerliche Ratlosigkeit und Verlorenheit im Getriebe des Kapitalismus« vorfindet, »das ohnmächtige Aufbegehren des Kleinbürgers gegen sein Zermürbt- und Zertretenwerden durch den Kapitalismus« (S. 168). Wäre selbst nichts sonst zum Vorschein gekommen, hätten die Expressionisten während des Weltkriegs wirklich nichts anderes zu melden gehabt als Frieden, Ende der Tyrannei, so wäre das noch kein Grund, ihren Kampf, wie Lukács tut, als bloßen Scheinkampf zu bezeichnen, ja ihm zu attestieren, daß er eine bloße »pseudokritische, abstrakt-verzerrende, mythisierende Wesensart der *imperialistischen* (von mir hervorgehoben. E. B.) Scheinoppositionen« darstellte (S. 159).

Es ist wahr, Werfel und andere seiner Art haben ihren Abstraktpazifismus nach Kriegsende zu einer Kindertrompete verwandelt; die Parole »Gewaltlosigkeit« wurde dadurch, der Revolution gegenüber, zu einer objektiv gegenrevolutionären. Aber das hebt den Umstand nicht auf, daß diese Parole während des Krieges selbst und vor seiner möglichen Umwandlung in den Bürgerkrieg eine durchaus revolutionäre, auch objektivrevolutionäre war, daß sie von den Durchhaltepolitikern auch so verstanden worden ist. Übrigens haben viele Expressionisten auch der »bewaffneten Güte« ein Wort gesungen: der Peitsche Christi, die die Wechsler aus dem Tempel trieb; so völlig begriffslos war diese Menschenliebe nicht. Gar die Mitteilung, daß der Expressionismus den »gemeinsamen weltanschaulichen Boden des deutschen Imperialismus« nicht verlassen habe, daß er infolgedessen dem Imperialismus durch bloße »apologetische Kritik« auch noch genützt habe, ist nicht nur einseitig und schief, sondern überdimensioniert schief und ein Schulbeispiel für den abgelaufenen, gerade von Lukács bekämpften Soziologismus und Schematismus. Doch wie gesagt, das alles gehört gar nicht recht zum eigentlich *gestaltenden* Expressionismus, wie er uns als Phänomen doch einzig interessiert. Es gehört wesentlich zum »Ziel-Jahrbuch« und ähnlicher mit Recht verschollener Diatribe; dort ist alles klar. Aber in den nach wie vor rätselhaften Subjektausbrüchen, in den archaisch-utopischen Hypostasen der damaligen Kunst ist, wie nicht erst versichert zu werden braucht, bedeutend mehr als die »USP-Ideologie« anzutreffen, auf die Lukács den Expressionismus reduzieren möchte. Die Subjektausbrüche ins Gegenstandslose sind zweifellos noch bedenklicher, als sie rätselhaft sind; ihr Material aber ist durch bloße »kleinbürgerliche Ratlosigkeit und Verlorenheit« kaum genügend umschrieben. Es ist ein anderes Material, zum Teil aus archaischen Bildern, zum Teil aber auch aus revolutionärer Phantasie, aus kritischer und häufig konkreter. Wer Ohren gehabt hätte zu hören, hätte in diesen Ausbrüchen ein revolutionär Produktives wahrnehmen können, auch wenn es ungeregelt und ohne Obhut war. Auch wenn es noch soviel »klassisches Erbe«, das heißt zur damaligen Zeit: klassischen Schlendrian »zersetzt« hat. Dauernder Neuklassizismus oder der Glaube, daß alles, was nach Homeros und Goethe hervorgebracht wurde, unrespektabel sei, ist allerdings keine Warte, um die Kunst der vorletzten Avantgarde zu beurteilen und in ihr nach dem Rechten zu sehen.

Was überhaupt wird, bei solcher Haltung, an neueren künstlerischen Versuchen nicht abgekanzelt? Sie werden ohne weiteres der kapitalistischen Fäulnis zugeordnet und das nicht nur, wie selbstverständlich, zu einem bestimmten Teil, sondern hundertprozentig, in Bausch und Bogen. Avantgarde innerhalb der spätkapitalistischen Gesellschaft gibt es dann nicht, antizipierende Bewegungen im Überbau sollten nicht wahr sein. So will es eine Schwarz-Weiß-Zeichnung, die den wirklichen Umständen schwerlich gerecht wird, den propagandistischen erst recht nicht. Sie rechnet fast alle Oppositionen gegen die herrschende Klasse, die nicht von vornherein kommunistisch sind, der herrschenden Klasse zu. Sie rechnet sie auch dann zu, wenn die Opposition, wie Lukács im Fall Expressionismus ausdrücklich eingesteht, subjektiv gutwillig war und den Tendenzen des späteren Faschismus entgegengesetzt fühlte, malte, schrieb. Im Zeitalter der Volksfront scheint eine Fortsetzung dieser Schwarz-Weiß-Technik weniger als je angebracht; sie ist mechanisch, nicht dialektisch. Der gesamten Abkanzlung und schlechthin negativistischen Kritik liegt die Theorie zugrunde, daß seit der Beendigung des Weges Hegel – Feuerbach – Marx von der Bourgeoisie überhaupt nichts mehr zu lernen sei, außer Technik und gegebenenfalls Naturwissenschaft; alles andere ist bestenfalls »soziologisch« interessant. Daher werden selbst so eigentümliche und bisher unerhörte Erscheinungen wie der Expressionismus von vornherein als pseudo-revolutionär gerichtet. Daher werden den Nazis die Expressionisten als Vorläufer zugebilligt, ja zugetrieben, Streichers Ahnentafel sieht sich völlig unwahrscheinlich, höchst verwirrend aufgebessert. Ziegler macht eine Klimax aus Namen, die durch Abgründe voneinander getrennt sind, er freilich trennt sie nur durch Kommata und setzt hintereinander, als Brüder des gleichen »nagenden« Geistes:

»Bachofen, Rohde, Burckhardt, Nietzsche, Chamberlain, Bäumler, Rosenberg« (Das Wort, 1937, Heft 9. S. 47).

Lukács bezweifelt aus den angegebenen Gründen jetzt selbst an Cézanne die malerische Substanz, und von den großen Impressionisten insgesamt (also nicht nur von den Expressionisten) spricht Lukács wie vom Untergang des Abendlandes. Er läßt in seinem Aufsatz nichts von ihnen übrig als

»die Inhaltsleere ... die in der Häufung wesenloser nur subjektiv bedeutsamer Oberflächenzüge künstlerisch zum Vorschein kommt« (S. 171).

Riesig steigt dagegen der Klassizismus auf, bei Ziegler sogar die Winckelmann-Antike, die edle Einfalt, stille Größe, die Kultur des unzerfallenen Bürgertums, die Welt vor hundert und noch mehr Jahren; sie allein ist das Erbe. Es braucht nicht erinnert zu werden, daß die Zeit des Klassizismus nicht nur die Zeit des aufsteigenden deutschen Bürgertums war, sondern auch der Heiligen Allianz; daß der Säulenklassizismus, der »strenge« Herrenhaus-Stil dieser Reaktion Rechnung tragen; daß selbst die Winckelmann-Antike keineswegs ohne feudale Gelassenheit ist. Es ist wahr: die laudatores temporis acti halten bei Homeros und Goethe nicht ausschließlich an. Lukács verehrt Balzac aufs höchste, macht Heine als nationalen Dichter kenntlich und ist gegebenenfalls von Klassik so fern, daß er Mörike, der allen Freunden früherer Dichtung als einer der echtesten deutschen Lyriker gilt, im Heine-Aufsatz einen »niedlichen Zwerg« genannt hat. Überall sonst aber ist hier Klassik das Gesunde, Romantik das Kranke, Expressionismus das Allerkrankste, und dieses nicht nur wegen des chronologischen Decrescendo dieser Gebilde, sondern freilich auch wegen des *unzerfallenen, objektiven Realismus*, der der Klassik eignet. Es ist hier nicht der Ort, auf diesen Punkt einzugehen; gerade wegen seiner Wichtigkeit erforderte er die gründlichste Behandlung, doch müßten dazu alle Probleme der dialektisch-materialistischen Abbildlehre zur Sprache kommen. Hier nur soviel: Lukács setzt überall eine geschlossen zusammenhängende Wirklichkeit voraus, dazu eine, in der zwar der subjektive Faktor des Idealismus keinen Platz hat, dafür aber die ununterbrochene »Totalität«, die in idealistischen Systemen, und so auch in denen der klassischen deutschen Philosophie, am besten gediehen ist.

Ob das Realität ist, steht zur Frage; wenn sie es ist, dann sind allerdings die expressionistischen Zerbrechungs- und Interpolationsversuche, ebenso die neueren Intermittierungs- und Montageversuche, leeres Spiel. Aber vielleicht ist Lukács' Realität, die des unendlich vermittelten Totalitätszusammenhangs, gar nicht so – objektiv; vielleicht enthält Lukács' Realitätsbegriff selber noch klassisch-systemhafte Züge; vielleicht ist die echte Wirklichkeit auch Unterbrechung. Weil Lukács einen objektivistisch-geschlossenen Realitätsbegriff hat, darum wendet er sich, bei Gelegenheit des Expressionismus, gegen jeden künstlerischen Versuch, ein Weltbild zu zerfällen (auch wenn das Weltbild das des Kapitalismus ist). Darum sieht er in einer Kunst, die Zersetzungen des Oberflächenzusammenhangs auswertet und Neues in den Hohlräumen zu entdecken versucht, selbst nur subjektivistische Zersetzung; darum setzt er das Experiment des Zerfällens mit dem Zustand des Verfalls gleich.

An dieser Stelle läßt, zuguterletzt, sogar der Scharfsinn nach. Zweifellos haben die Expressionisten den spätbürgerlichen Verfall benutzt und sogar weitergetrieben. Lukács nimmt ihnen übel, daß

»sie den ideologischen Verfall der imperialistischen Bourgeoisie kritiklos und widerstandslos mitmachten, ja zeitweilig seine Pioniere waren«.

Aber erstens stimmt das sehr wenig, was den flachen Sinn des »Mitmachens« angeht; Lukács selbst erkennt den Expressionismus an als einen

»ideologisch nicht unwesentlichen Bestandteil der deutschen Antikriegsbewegung« (S. 154).

Sodann aber, was das »Mitmachen« im produktiven Sinn angeht, das eigentliche Weitertreiben des *kulturellen* Verfalls: gibt es zwischen Aufgang und Niedergang keine dialektischen Beziehungen? Gehört selbst das Verworrene, Unreife und Unverständliche ohne weiteres, in allen Fällen, zur bürgerlichen Dekadenz? Kann es nicht auch – entgegen dieser simplistischen, sicher nicht revolutionären Meinung – zum Übergang aus der alten in die neue Welt gehören? Mindestens zum Ringen um diesen Übergang; wobei lediglich immanent-konkrete Kritik, aber keine aus allwissenden Vor-Urteilen weiterhelfen kann. Die Expressionisten waren »Pioniere« des Zerfalls: wäre es besser, wenn sie Ärzte am Krankenbett des Kapitalismus hätten sein wollen? Wenn sie den Oberflächenzusammenhang wieder geflickt hätten (etwa im Sinn der neuen Sachlichkeit oder des Neuklassizismus) statt ihn immer weiter aufzureißen? Ziegler wirft den Expressionisten sogar »Zersetzung der Zersetzung« vor, also ein doppeltes Minus, ohne in seinem Haß zu bedenken, daß daraus gemeinhin ein Plus wird: für den Untergang des Klassizismus hat er überhaupt keinen Sinn. Erst recht keinen für die seltsamen Inhalte, die gerade im Einsturz der Oberflächenwelt sichtbar wurden, und für das Problem der Montage. Ihm ist das alles »kläglich geleimtes Gerümpel«, und eines, das er den Faschisten nachträgt, obwohl sie es gar nicht haben wollen und ganz seiner Meinung sind. Der Expressionismus hatte gerade in dem Bedeutung, worin ihn Ziegler verurteilt: er hat den Schlendrian und Akademismus zersetzt, zu dem die »Kunstwerte« verkommen waren. Er hat statt der ewigen »Formanalyse« am objet d'art auf den Menschen und seinen Inhalt verwiesen, der zum möglichst echten Ausdruck drängt. Daß sich Schwindler gerade dieser ungesicherten und leicht imitierbaren Direktheit bemächtigt haben, daß die allzu subjektivistischen Durchbruchs- und Ahnungsinhalte nicht immer, ja sogar selten, kanonisch waren, unterliegt keinem Zweifel. Aber eine gerechte und sachliche Wertung muß sich an die wirklichen Expressionisten halten und nicht, der leichteren Kritik zuliebe, an Zerrbilder oder gar nur an die Zerrbilder der eigenen Erinnerung. Der Expressionismus war als Erscheinung bisher unerhört, aber er fühlte sich durchaus nicht traditionslos; im Gegenteil, er suchte, wie der »Blaue Reiter« beweist, durchaus seine Zeugen in der Vergangenheit, er glaubte Korrespondenzen bei Grünewald, in der Primitive, sogar im Barock zu treffen, er betonte eher zu viel Korrespondenzen als zu wenig. Er sah literarische Vorgänger im Sturm und Drang, hochverehrte Vorbilder in den Visionsgebilden des jungen und des greisen Goethe, in ›Wanderers Sturmlied‹, der ›Harzreise im Winter‹, in Pandora und dem späten Faust. Der Expressionismus hatte auch gar keinen volksfremden Hochmut, wieder im Gegenteil: der »Blaue Reiter« bildete murnauer Glasbilder ab, er öffnete zuerst den Blick auf diese rührende und unheimliche Bauernkunst, auf Kinder- und Gefangenenzeichnungen, auf die erschütternden Dokumente der Geisteskranken, auf die Kunst der Primitive. Er pointierte die nordische Ornamentik, das heißt das wild verschlungene Schnitzwerk, wie es sich auf Bauernstühlen und Bauerntruhen bis ins achtzehnte Jahrhundert erhalten hat, als ersten »organisch-psychischen Stil«. Er pointierte dies Wesen als geheime Gotik und setzte es dem menschenleeren, dem kristallinischen Herren-Stil Ägyptens und gar des Klassizismus entgegen. Daß der kunstwissenschaftliche Fachausdruck »nordische Ornamentik«, ja selbst die Feierlichkeit, womit dies Wesen expressionistisch begrüßt worden ist, nichts mit Rosenbergs Nordschwindel gemein hat und nicht seine »Anfänge« darstellt, braucht kaum versichert zu werden. Um so weniger, als die nordische Schnitzkunst voll von orientalischen Einflüssen ist; der Teppich, das »Liniengeschöpf« der Ornamentik überhaupt, war dem Expressionismus ein anderer Zuschuß. Und noch eines, das Wichtigste: der Expressionismus war bei aller Lust an »Barbarenkunst« aufs Humane gezielt, er umkreiste fast ausschließlich Menschliches und die Ausdrucksform seines Inkognito. Davon zeugen, vom Pazifismus ganz abgesehen, selbst noch die expressionistischen Karikaturen und Industrialisierungen; das Wort »Mensch« wurde damals genau so häufig gebraucht wie heute von den Nazis sein Gegenteil: die schöne Bestie. Es wurde auch mißbraucht: da gab es auf Schritt und Tritt »entschlossene Menschlichkeit«, die Anthologien hießen ›Menschheitsdämmerung‹ oder ›Kameraden der Menschheit‹ – lauter verblasene Kategorien, aber zuverlässig keine vorfaschistischen. Der echtrevolutionäre, materialistisch klare Humanismus hat allen Grund, diese verblasenen Kategorien abzulehnen; niemand verlangt auch, daß er den Expressionismus als Muster oder seinerseits als »Vorläufer« nimmt. Aber es besteht auch kein Anlaß, ein neuklassizistisches Interesse durch verjährten Kampf mit entwertetem Expressionismus interessant zu machen. Was kein Vorläufer ist, kann deshalb – in seinem Ausdruckswillen und seiner Zwischenzeiten-Existenz – jungen Künstlern näherstehen als der Klassizismus. Denn Klassizismus ist wohl Kultur, aber abgezogen, abstrakt-gebildet gewordene; er ist Kultur, gesehen durch kein Temperament.

Immerhin regt die frühere Glut, auch als solche, noch auf. Ist also der Expressionismus noch nicht verjährt, hat er noch nicht ausgelebt? Mit dieser Frage wäre man, fast unfreiwillig, an den Anfang unserer Betrachtungen zurückgekehrt. Die ärgerlichen Stimmen reichen gewiß noch nicht zur Bejahung aus, auch Zieglers drei andere Probleme am Schluß seines Artikels verbreiten hierüber kein Licht. Ziegler fragt, zum Zweck einer anti-expressionistischen Selbstprüfung:
»Die Antike: ›Edle Einfalt und stille Größe‹ – sehen wir sie so?«

Zweitens:
»Der Formalismus: Hauptfeind einer Literatur, die wirklich zu großen Höhen strebt – sind wir damit einverstanden?«

Drittens:
»Volksnähe und Volkstümlichkeit: die Grundkriterien jeder wahrhaft großen Kunst – bejahen wir das unbedingt?«

Er ist klar, daß auch derjenige, der diese Fragen verneint, erst recht der andere, der sie als unrichtig gestellt ansieht, deshalb noch keine »Reste des Expressionismus« in sich bergen muß. Hitler – diese Erinnerung läßt sich bei so summarisch gestellten Fragen leider nicht vermeiden – Hitler hat ja die erste und dritte Frage bereits vorbehaltlos bejaht und ist trotzdem nicht unser Mann. Aber lassen wir die »edle Einfalt und stille Größe«, eine rein historisch-kontemplative Frage und eine kontemplative Haltung vor Historischem. Bleiben wir bei den Fragen »Formalismus« und »Volksnähe«, so unscharf diese Probleme im vorliegenden Zusammenhang auch gestellt sein mögen. Zuverlässig aber ist Formalismus der geringste Fehler der expressionistischen Kunst gewesen (die man nicht mit der kubistischen verwechseln darf). Sie litt eher an zu wenig Formung, an einer roh oder wild oder durcheinander hinausgeschleuderten Ausdrucksfülle; das Ungestalte war ihr Stigma. Dafür freilich auch die Volksnähe, die Folklore, ganz im Gegensatz also zu der Meinung Zieglers, der Winkelmanns Antike und den Akademismus, der aus ihr gezogen wurde, als eine Art Naturrecht in der Kunst vorstellt. Volkstümlich im schlechten Sinn ist freilich auch der Kitsch; der Bauer des neunzehnten Jahrhunderts vertauschte seinen gemalten Schrank gegen ein Fabrik-Vertiko, die uralt-bunten Glasbilder gegen einen Öldruck, und hielt sich für arriviert. Aber diese übelsten Früchte der Kapitalisierung wird man kaum als volkshaft ansprechen wollen; sie sind erweisbar auf anderem Boden gewachsen und verschwinden mit ihm. Nicht so sicher ist der Neuklassizismus ein Gegenmittel gegen den Kitsch und ein Element wirklicher Volksnähe; dafür ist er selber viel zu sehr das »Höhere«, das unecht Aufgesetzte. Wogegen die Expressionisten allerdings, wie schon bemerkt, auf Volkskunst durchaus zurückgingen, Folklore liebten und ehrten, ja malerisch zuerst entdeckt haben Besonders Maler aus Völkern von junger Selbständigkeit, tschechische, lettische, jugoslawische Maler fanden um 1918 im Expressionismus eine Ausdrucksweise, die ihrer heimischen Folklore unendlich viel näher lag als die meisten Kunststile bisher (vom Akademismus zu schweigen). Und wenn expressionistische Kunst in vielen Fällen (nicht in allen, man denke an Grosz oder Dix oder Becher) dem Betrachter unverständlich bleibt, so kann das bedeuten, daß Angestrebtes nicht erreicht wurde, es kann aber auch bedeuten, daß der Betrachter weder die Auffassungsgabe unverbildeten Volks noch die Aufgeschlossenheit entgegenbringt, die für das Verständnis jeder neuen Kunst unentbehrlich ist. Ist der Wille des Künstlers für Ziegler maßgeblich, so war der Expressionismus geradezu ein Durchbruch zur Volksnähe. Ist die erreichte Leistung maßgeblich, so darf Verständnis nicht für jedes einzelne Stadium des Prozesses verlangt werden: Picasso malte als erster »geleimtes Gerümpel«, zum Entsetzen sogar des gebildeten Volks; Heartfield ist so volksnah, daß mancher Gebildete nichts von Montage wissen will. Und wenn der Expressionismus heute noch zu Erregungen Anlaß gibt, jedenfalls nicht undiskutabel geworden ist, dann scheint auch die »USP-Ideologie«, die heute zuverlässig ohne Unterbau ist, nicht die einzige im Expressionismus gewesen zu sein. Seine Probleme bleiben so lange denkwürdig, bis sie durch bessere Lösungen, als es die expressionistischen waren, aufgehoben sind. Eine Abstraktion jedoch, die die letzten achtzig Jahre unserer Kulturgeschichte überschlagen möchte, sofern sie keine rein proletarische ist, gibt diese besseren Lösungen kaum. Das Erbe des Expressionismus ist noch nicht zu Ende, denn es wurde noch gar nicht damit angefangen.

NACHWEISE UND ANMERKUNGEN

Prolog

Stefan Zweig, Das neue Pathos. – Erstdruck in: Das literarische Echo. Jg. 11 (1909), H. 24 vom 15. September, Sp. 1701–1709; Vorabdruck des gleichlautenden Kapitels aus: Zweig, Emile Verhaeren. Leipzig, Insel-Verl. 1910. S. 107–109; auszugsweise nachgedruckt als Leitaufsatz in: Das neue Pathos. Jg. 1 (1913), H. 1, S. 1–6. Wiederabdruck in: Zweig, Emil Verhaeren, S. 131–141. © S. Fischer Verlag, Frankfurt am Main 1984. Dieser Beitrag gab der frühexpressionistischen Zeitschrift, die Paul Zech, zuerst mit Hans Ehrenbaum-Degele und Robert R. Schmidt, herausgab [vgl. P. Raabe, Die Zeitschriften und Sammlungen des literarischen Expressionismus. Stuttgart 1964. S. 44 f.], den Namen. – Stefan Zweig (1881–1942), der Wiener Romancier, hatte an der Entwicklung des literarischen Expressionismus keinen Anteil. Wohl aber förderte er den jungen Albert Ehrenstein und war mit Paul Zech befreundet. Außerdem schrieb er 1913 ein Geleitwort zu der Sammlung ›Lyrische Bibliothek‹ im Hermann Meister-Verlag [abgedruckt bei P. Raabe, a.a. O. S. 173 f.]. Im übrigen waren seine Übersetzungen von Verhaeren und Verlaine nicht ohne Wirkung auf die jungen Autoren.

1. Frühe Hinweise. 1913–1914

Kurt Hiller, [Zur neuen Lyrik]. – In: Hiller, Die Weisheit der Langenweile. Eine Zeit- und Streitschrift. Bd. 1. Leipzig, Kurt Wolff 1913. S. 119–137. © Horst H. W. Müller, Hamburg. – Hiller (1885–1972) hat als Gründer literarischer Clubs (Der Neue Club; Gnu), als Veranstalter literarischer Abende (Das neopathetische Cabaret), als Kritiker und Autor hervorragenden Anteil an der Entstehung der expressionistischen Bewegung. Das hier abgedruckte Kapitel beginnt mit dem allgemeinen Überblick ›Gedichtschreiber‹, die dann folgenden Besprechungen der drei Hauptwerke des Frühexpressionismus von Georg Heym, Franz Werfel und Ernst Blass waren schon vorher andernorts veröffentlicht worden. Das Ganze erweist sich als erste Bilanz frühexpressionistischer Lyrik. Vorangegangen war schon 1911 ein Aufsatz ›Die Jüngst-Berliner‹, erschienen in: Literatur und Wissenschaft. Monatliche Beilage der Heidelberger Zeitung, Juli 1911. Diese Beilage redigierte damals Richard Weißbach, der als Verleger Hillers Anthologie ›Der Kondor‹ 1912 veröffentlichte. In diesem Aufsatz nennt Hiller erstmals die Namen der Berliner Dichter, die am Anfang standen:

»Als genialste – will sagen: reichste, umfangreichste, einfühlsamste, zusammengesetzteste, geschmeidigste – erscheinen mir: Ferdinand Hardekopf und Ernst Blass; der am meisten potente, wiewohl weniger zerebrale, der Hinhauer, der Rubens ist: Georg Heym; persönlich am nächsten steht mir: Kurt Hiller; beachtenswert finde ich auch: Ludwig Rubiner, Erich Unger. An Namen wie Robert

Jentzsch oder Wilhelm S. Ghuttman oder Golo Gangi [Erwin Loewenson] wird man sich gewöhnen müssen.«

Im übrigen ist der Aufsatz aus einem anderen Grunde denkwürdig. Hiller übertrug hier als erster – ob in ironischem Sinne oder nicht – den im April 1911 in Deutschland auf die modernen Maler angewandten Begriff »Expressionisten« auf die jungen Dichter. Es heißt in seinem Aufsatz:

». . . Wenigstens erscheinen uns jene Ästheten, die nur zu reagieren verstehen, die nur Wachsplatten für Eindrücke sind und exakt-nuancensam arbeitende Deskribiermaschinen (. . .) als ehrlich inferior. Wir sind Expressionisten. Es kommt uns wieder auf den Gehalt, das Wollen, das Ethos an.«

Eduard Korrodi, Die Jüngsten der deutschen Literatur. – In: Neue Zürcher Zeitung 1914, Nr. 771, 775, 779. – Der Autor (1885–1955), lange Jahre Redakteur der Neuen Zürcher Zeitung, war einer der vielen bedeutenden Schweizer Literaturkritiker. Der Beitrag ist einer der wenigen frühen Zeitungsartikel über die jüngste literarische Entwicklung.

Käthe Brodnitz, Die futuristische Geistesrichtung in Deutschland. – Unveröffentlichter Vortrag, gehalten im Dezember 1914 im Hotel St. Regis in New York. – Die Autorin (1883–1972) promovierte 1912 in München bei Franz Muncker, verkehrte im Kreis um Artur Kutscher und war mit Klabund, Hugo Ball und besonders mit Hans Leybold (1892–1914), Herausgeber der literarischen Zeitschrift ›Revolution‹ (1913), befreundet. Aus den Erfahrungen im Umgang mit diesen Münchener Frühexpressionisten ist der Vortrag zu verstehen. Er ist ein Zeitdokument und spiegelt das Selbstverständnis der frühen Expressionisten, bei denen der Futurismus ebenfalls eine große Rolle spielte.

2. Darstellungen und Diskussionen. 1915–1920

Otto Flake, Von der jüngsten Literatur. – In: Die neue Rundschau. Jg. 26 (1915), Bd. 2 (Septemberheft), S. 1276–1287. © Rolf Hochhuth, Basel. – Flake (1880–1963), in früher Jugend mit René Schickele und Ernst Stadler in Straßburg befreundet, stand dem Expressionismus zeitlebens mit kritischer Distanz gegenüber. Das zeigt dieser Aufsatz, der aber zum erstenmal die Gruppenbildung darstellt und zugleich den künstlerischen Ertrag abwägt. Flake gebraucht den Terminus Expressionismus so, daß man annehmen kann, er sei damals geläufig gewesen. Er liefert zwar keine Entwicklungsgeschichte dieser Bewegung, aber wesentliche Bausteine dazu.

René Schickele [Antwort an Otto Flake]. – In: Die Weißen Blätter. Hrsg. von René Schickele. Jg. 3 (1916), H. 1 (Januar), S. 134–136, veröffentlicht in der Rubik: ›Glossen des Herausgebers‹. Der Abdruck erfolgt mit Genehmigung des Verlages Kiepenheuer & Witsch, Köln. – Schickele (1883–1940), der als Autor vor dem Expressionismus begann, an der Bewegung in vielfältiger Form teilhatte und die Kraft besaß, sich von ihm zu entfernen, versucht hier, Flakes Aufsatz zu entkräften, was ihm allerdings kaum gelingt. Schickeles Expressionismus-Auffassung wird angedeutet, ausgeführt erst in dem späteren Aufsatz (s.u.).

Kurt Pinthus, Zur jüngsten Dichtung. – In: Vom jüngsten Tag. Ein Almanach neuer Dichtung. Leipzig, Kurt Wolff 1916. S. 230–247 [erschienen Anfang 1916]; Erstdruck in: Die Weißen Blätter. Jg. 2 (1915), H. 12 (Dezember), S. 1502–1510. Wir geben den (etwas späteren) unveränderten Almanach-Druck wieder, da sich die Diskussion an diesen anschloß. Der Almanach war in hoher Auflage verbreitet, im November 1916 erschien bereits die 2. Auflage. – Pinthus (1886–1975) war schon vor dem 1. Weltkrieg Lektor des Rowohlt-, dann Kurt Wolff-Verlages in Leipzig, eng befreundet mit Walter Hasenclever und Franz Werfel und so berufen, einen Überblick über die Entwicklung der neuen Literatur zu geben. Es fällt übrigens auf, daß Pinthus den Begriff Expressionismus, den er schon 1914 »uniform« nannte, vermeidet. Die spätere grundsätzliche Darstellung der expressionistischen Literatur findet sich als Einleitung zu seiner berühmten Anthologie ›Menschheitsdämmerung‹ (1919), der er 1922 einen ›Nachklang‹ und 1959 in der Neuausgabe (Rowohlts Klassiker der Literatur und der Wissenschaft. Bd. 55/56) ein weiteres Vorwort ›Nach 40 Jahren‹ hinzufügte.

Franz Herwig, Vom literarischen Expressionismus. – In: Hochland. Jg. 13 (1915/16), Maiheft 1916, S. 232–235. – Der Verfasser (1880–1931), katholischer Erzähler und Dramatiker, war langjähriger Kritiker des ›Hochland‹. In seinem Aufsatz, der sich auf den vorhergehend abgedruckten von Kurt Pinthus bezieht, wird der Begriff des »literarischen Expressionismus« angewendet.

Gerhard Heine, Vom »jüngsten Tag« deutscher Dichtung. – In: Die christliche Welt. Jg. 1916, Nr. 49, Sp. 938–941. – Heine (1867–?), Pädagoge und Schriftsteller evangelischer Tendenz, ergänzt den Aufsatz von Franz Herwig: Auch er bezieht sich auf den Kurt Wolff-Almanach ›Vom jüngsten Tag‹ und auf die gleichlautende Verlagsserie. Mit diesen Publikationen setzten viele Kritiker den Expressionismus damals gleich, was nur zum Teil stimmt.

Kasimir Edschmid, Expressionismus in der Dichtung. – Erstdruck in: Die neue Rundschau, Jg. 29 (1918), Bd. 1 (Märzheft), S. 359–374. Wiederabdruck u.d.T.: ›Über den dichterischen Expressionismus‹ in Edschmids Buch ›Über den Expressionismus in der Literatur und die neue Dichtung‹. Berlin, Reiß 1919. (Tribüne der Kunst und Zeit. Nr. 1) S. 39–78. Diese Fassung, die identisch ist mit dem Abdruck in Edschmids Sammelband ›Frühe Manifeste. Epochen des Expressionismus‹. Hamburg, Wegner 1957. S. 26–43, © Elisabeth Edschmid, Darmstadt, weist einige geringfügige Varianten auf, sie ist außerdem leicht gekürzt: Der Teil, in dem Edschmid über einzelne Autoren schreibt, ist gestrichen. Wir legen den Erstdruck zugrunde unter Heranziehung der Zweitveröffentlichung, in der einige offensichtliche Druckfehler verbessert sind. – Edschmid

(1890–1966), damals einer der führenden expressionistischen Erzähler (Die sechs Mündungen. 1915; Das rasende Leben. 1916; Timur. 1917), wurde mit dieser und einer zweiten Rede (›Über die dichterische deutsche Jugend‹) der theoretische Wortführer des literarischen Expressionismus. Nach ihm haben sehr viele Autoren versucht, das Wesen des Expressionismus darzustellen, fast alle aber beriefen sich immer wieder auf Kasimir Edschmids Ausführungen.

Hermann Hesse, Zu ›Expressionismus in der Dichtung‹. – In: Die neue Rundschau. Jg. 29 (1918), Bd. 1 (Juniheft), S. 838–843. Wie in der Redaktionsvorbemerkung nachzulesen ist, erbat man von Hesse diesen Diskussionsbeitrag, dem ein weiterer, auch von uns wiedergegebener von Alfred Döblin folgte. Wiederabdruck in: Hesse, Gesammelte Werke, Band 11: Schriften zur Literatur I. © Suhrkamp Verlag Frankfurt am Main 1975, S. 202–209. – Hesse (1877–1962), dem die Tendenzen des Expressionismus fremd sein mußten, konnte sich dem Sog des neuen Stils nicht ganz entziehen. Das zeigt z.B. seine Erzählung ›Klingsors letzter Sommer‹. Als Literaturkritiker verstand er es, der expressionistischen Bewegung mit Verständnis zu begegnen. Das belegt nicht nur dieser Aufsatz, sondern auch die frühere Bemerkung über die ›Weißen Blätter‹ [abgedruckt im Expressionismus-Katalog Marbach 1960. S. 138 f.] und ein Aufsatz ›Jüngste deutsche Dichtung‹ (Schweizerland. Jg. 2, 1915/16, Bd. 2, S. 399), den wir anmerkungsweise wiedergeben:

»Eine seit langem geahnte und vorbereitete Neuorientierung und Verjüngung der deutschen Dichtung ist seit wenigen Jahren erst sichtbar geworden, und heute kann man schon von einer jüngsten deutschen Dichtung reden, ohne damit etwas anderes zu meinen als jene Gruppe von Dichtern, deren Bemühungen um neue Ausdrucksmittel sie klar und scharf von der bisherigen Literatur unterscheiden. Die jüngste Dichtung ist revolutionär, sie kämpft, sie sucht Neues, und sie hebt sich schon rein äußerlich von der früheren so deutlich ab, wie etwa eine Ausstellung von jungen Expressionisten sich von älterer Malerei abhebt.

Der oberflächliche Betrachter wird denn auch, ebenso wie bei jenen Malern, in den Dichtungen dieser Neuerer zunächst nur das Gemeinsame sehen, die Schablone, das Programm. Wie der Bürger, der sich in eine Futuristenausstellung verirrt hat, nichts anderes sieht als Augen, die außerhalb der Gesichter hängen, und Häuser, welche die Gesetze der Statik vergessen haben, so sieht der Leser der ›Weißen Blätter‹, der ›Aktion‹ und anderer Blätter der Jüngsten vielleicht anfangs nur überall ein grundsätzliches Zerschlagen alter Formen, ein Wühlen im bisher Unerlaubten, eine gewisse Jungenfreude am Verblüffen des Philisters. Und ohne Zweifel ist all das auch da, nur ist es nicht die Hauptsache. Nichts wäre leichter und dümmer, als aus diesen Dichtungen einen Kranz von Geschmacklosigkeiten, Frechheiten, Dummheiten zusammenzustellen und das Ganze dem Hohn der Philister preiszugeben. Hier wie überall kann nur positive Kritik etwas nützen, kann nur Liebe zur Erkenntnis führen, und die Erkenntnis wird für jeden ernsten Leser diese sein, daß tatsächlich eine neue Welt und eine neue Jugend über Nacht heraufgekommen sind, daß diese Jugend mit Wucht und Ernst ihre nur erst geahnten Ziele verfolgt und daß sie zwar gewiß unterwegs gern ein wenig pöbeln und toben mag, im ganzen aber durchaus ernst zu nehmen ist, ja sogar ein wenig an Ernsthaftigkeit, an Altklugheit und Doktrinarismus krankt, wie es in der Art gerade der begabtesten Jugend liegt.«

Alfred Döblin, Von der Freiheit eines Dichtermenschen. – Erstdruck in: Die neue Rundschau. Jg. 29 (1918), Bd. 1 (Juniheft), S. 843–850. Wiederabdruck in: Döblin, Aufsätze zur Literatur. Hrsg. von Walter Muschg (Döblin, Ausgewählte Werke.), S. 23–32. © Walter Verlag, Olten und Freiburg 1963. – Döblin (1878–1957) war der expressionistischen Generation als Mitarbeiter des ›Sturm‹ von Anfang an verbunden. Er hatte an der Entwicklung dieser Literatur teil. Seine Antwort auf Edschmids Aufsatz ist eine kritische Ergänzung.

Alfred Kerr, Junges Deutschland. – In: Die neue Rundschau. Jg. 29 (1918), Bd. 2 (Juliheft), S. 976–983. © by Michael Kerr und Judith Kerr-Kneale. – Kerr (1867–1948), von der damaligen Jugend verehrt, geliebt, kopiert, wurde als Kritiker der Chronist des deutschen Dramas vom Naturalismus bis zum Ausgang der Zwanziger Jahre. Als subjektive, überspitzte, aus dem Augenblick geborene Ansichten über das expressionistische Drama steht hier eine der Übersichten, sie ist eine kritische Stellungnahme zu Max Reinhardts Versuchsbühne ›Das junge Deutschland‹, die dem expressionistischen Drama zum Durchbruch verhalf. Kerr bezog folgende Stücke in seine Betrachtung ein: Reinhard Sorge, Der Bettler; Franz Werfel, Der Besuch aus dem Elysium; Friedrich Koffka, Kain; Reinhard Goering, Seeschlacht; Fritz von Unruh, Ein Geschlecht; Walter Hasenclever, Der Sohn.

Rudolf Kayser, Literatur in Berlin. – In: Das junge Deutschland. Jg. 1 (1918/19), H. 2 (Oktober 1918), S. 41–42. – Der Autor (1889–1964), Kritiker und Redakteur in Berlin, später langjähriger Schriftleiter der ›Neuen Rundschau‹, gibt in dem kurzen Aufsatz einen historischen Rückblick über die Entwicklung des Expressionismus, speziell auf Berlin bezogen. Kayser verleugnet nicht seinen Gewährsmann Kurt Hiller, dessen Aufsätze in der ›Weisheit der Langenweile‹ den jungen Kayser offenkundig sehr beeindruckten. Auf zwei weitere Aufsätze des Verfassers zum Expressionismus sei anmerkungsweise verwiesen: ›Der Weg der neuen Dichtung‹ (In: Das junge Deutschland. Jg. 2, 1919, S. 109–114); ›Das Ende des Expressionismus‹ (In: Der Neue Merkur. Jg. 4, 1920/21, S. 248–258).

Friedrich Markus Huebner, Der Expressionismus in Deutschland. – Erstdruck in: Preußische Jahrbücher. Bd. 173 (1920), Maiheft, S. 176–188. Wiederabdruck in: Huebner, Europas neue Kunst und Dichtung. Berlin, Rowohlt 1920. S. 81–95. [Hier trägt das Kapitel die Überschrift: ›Deutschland‹. Die andern Beiträge sind andern Ländern gewidmet.] – Huebner (1886–1964), Schriftsteller und Korrespondent, stammte aus dem Kreise der Münchener Frühexpressionisten. Er plante schon 1914 eine ›Geschichte des literarischen Expressionismus‹, wie er in einer Rezension über J.R. Becher schrieb. Als Frucht dieser Studien, die der Krieg unterbrach, ist das vorliegende Kapitel als Versuch eines historischen Überblicks zu verstehen.

3. Betrachtungen und Meinungen. 1918–1920

Rudolf Paulsen, Das Tempo unserer Zeit und der Expressionismus. – In: Das literarische Echo. Jg. 21 (1918/19), H. 3 (1. November 1918), Sp. 141–145. – Der Autor (1883–1966) ging aus dem Charon-Kreis um Otto zur Linde hervor. Als Stimme dieses Kreises, der vielfach als Vorläufer des Expressionismus genannt wird, bezeichnet der Aufsatz die innere Ferne der Charontiker von den Expressionisten.

Margarete Susman, Expressionismus. – In: Die Masken. Blätter des Düsseldorfer Schauspielhauses. Jg. 14 (1918/19), S. 93–96. © 1966 by Erwin Bendemann, London. – Die Verfasserin (1872–1966) gehört zu jenen großen deutschen Schriftstellerinnen des 20. Jahrhunderts, die mit klarem Verstand und bewundernswerter Einfühlung die Zeichen der Zeit erkannten und deuteten.

Walter von Molo, Bekenntnis zum Expressionismus. – In: Die Flöte. Monatsschrift für neue Dichtung. Jg. 3 (1920/21), H. 3 (Juni 1920), S. 49–52. – W. von Molo (1880–1958), der bekannte und erfolgreiche Romanschriftsteller, stand den Tendenzen des Expressionismus, wie viele seiner Zeitgenossen, fern. Als Gegenstimme ist sein Urteil aus einer konservativen, traditionsbetonten Grundhaltung zu verstehen.

Robert Musil, Expressionismus. – Erstdruck aus: ›Über Brücken‹ (etwa 1918–1920). In: Musil, Tagebücher, Essays und Reden. Hrsg. von Adolf Frisé, S. 206–207. Copyright © 1955 by Rowohlt Verlag GmbH, Hamburg. – Musil (1880–1942) hat diesen Entwurf im Tagebuch 1919, Heft 10 (Über Bücher) notiert. Die Aufzeichnungen sind als Vorarbeiten zu einem Vortrag des Autors über den Expressionismus zu verstehen, der aber nicht zustande kam. Sie lassen auf eine sehr intensive Auseinandersetzung mit dem Phänomen Expressionismus schließen, die auf Grund der Handschriften noch näher zu untersuchen wäre.

Friedrich Gundolf [Über das neue Pathos und den Expressionismus]. – Aus dem einleitenden Kapitel ›Zeitalter und Aufgabe‹ in Gundolf, George. Berlin, Bondi 1920. S. 14–23; ein Auszug wurde nachgedruckt u.d.T.: Stefan George und der Expressionismus. In: Die Flöte. Monatsschrift für neue Dichtung. Jg. 3 (1920/21), H. 10 (Januar 1921), S. 217–223. – Gundolf (1880–1931), Schüler Georges, Literaturhistoriker und Dichter, nimmt auf den ersten Seiten seines George-Buches Stellung zur zeitgenössischen Dichtung, um George dagegen abzusetzen. Wir geben den Teil wieder, der das »neue Pathos« [etwa mit dem Frühexpressionismus gleichzusetzen] und den Expressionismus im engeren Sinne wertet.

4. Nekrologe. 1920–1921

Kasimir Edschmid, Stand des Expressionismus. – In: [Katalog] Deutscher Expressionismus, Darmstadt 1920. Unter künstlerischer Leitung der Darmstädter Sezession. Darmstadt 1920. S. 18–25. © Elisabeth Edschmid, Darmstadt. Dieser Text war die Eröffnungsrede, die Kasimir Edschmid (über ihn s. oben), der damals Präsident der Darmstädter Sezession war, hielt. Sie wurde in der ›Frankfurter Zeitung‹ und im ›Kunstblatt‹ nachgedruckt. Es handelt sich um einen veränderten Auszug aus dem Kapitel ›Bilanz‹, das in Edschmids Essaysammlung ›Die doppelköpfige Nymphe‹ (Berlin, Paul Cassirer 1920 [erschienen Weihnachten 1919], S. 209–231) steht.

René Schickele, Wie verhält es sich mit dem Expressionismus? – In: Die weißen Blätter. Jg. 7 (1920), H. 8 (August), S. 337–340. Der Abdruck erfolgt mit Genehmigung des Verlages Kiepenheuer & Witsch, Köln. – Der Autor verteidigt hier den frühen Expressionismus gegen die späteren Entartungserscheinungen. Seine Skepsis richtet sich gegen die Endphase.

Iwan Goll, Der Expressionismus stirbt. – In: Zenit. Jg. 1 (1921), Nr. 8, S. 8f. Abdruck mit freundl. Genehmigung der Fondation Goll, Saint-Dié. – Goll (1891–1950), leidenschaftlicher Expressionist, Verfasser dithyrambischer Lyrik und Prosa, war einer der wenigen, die sich zu dem Begriff des Expressionismus von früh an bekannten. So erschien sein Gedichtband ›Films‹ 1914 in Berlin-Charlottenburg im Verlag der Expressionistischen Hefte. Das programmatische Vorwort heißt:

»Der Expressionismus ist keine neue Religion, die hier gegründet wird. Er ist schon längst das tägliche Brot der Malerei. Er ist eine Seelenfärbung, die (für die Techniker der Literatur) noch nicht chemisch analysiert war und daher keinen Namen hatte. Expressionismus liegt in der Luft unserer Zeit, wie Romantik und Impressionismus die einzige Lebensmöglichkeit früherer Generationen waren.

Expressionismus entfernt sich streng von ihnen. Er verleugnet jene Kunstgattungen des l'art pour l'art, denn er ist weniger eine Kunstform als eine Erlebnisform. Im Goetheschen Sinn.

Expressionismus nähert sich der Klassik. Er hat mehr Gehirn als Gefühl, er ist mehr Ekstase als Traum. Und so ist er klassizistisch, ohne den Anspruch zu haben, je klassisch zu werden.«

Der vorliegende Aufsatz wurde für eine in Zagreb erschienene expressionistische Zeitschrift geschrieben. Er ist ein eindeutiger Abschied von der Idee des expressionistischen Aufbruchs.

Paul Hatvani, Der Expressionismus ist tot ... es lebe der Expressionismus. – In: Renaissance. Jg. 1 (1921), H. 1, S. 3–4; H. 2, S. 10–12. – Der Verfasser (1892–1975), ein österreichischer Literat, der seit 1939 in Australien lebte, hat sich mehrfach über den Expressionismus geäußert. 1917 veröffentlichte Hatvani einen grundsätzlichen ›Versuch über den Expressionismus‹ (Die Aktion. Jg. 7, Sp. 146–150).

5. Rückblicke. 1923–1930

Paul Zech, Expressionistisch – ein neuer Kunstirrtum. – In: Volksbühnen-Blätter. Jg. 1 (1923), Nr. 4 vom Dezember, S. 29–31. – Zech (1881–1946) wird als Autor dem Expressionismus zugerechnet, man denkt dabei an seine frühe Lyrik, an seine Beziehungen zu den Berliner Literaten und an seine Tätigkeit als Herausgeber des ›Neuen Pathos‹ (1913–1920). Andererseits aber stand er Stefan Zweig und Richard Dehmel nahe, die allmählich in Opposition zum Expressionismus gerieten. Ausdruck dieser Zwischenstellung ist der vorliegende polemische Aufsatz, geschrieben unter dem Eindruck des Verfalls expressionistischer Tendenzen.

Heinrich Eduard Jacob, Zur Geschichte der deutschen Lyrik seit 1910. – Einleitung zu: Verse der Lebenden. Deutsche Lyrik seit 1910. Hrsg. von H.E.J. Berlin, Propyläen-Verlag [1924], S. 5–29. Unveränderter Abdruck (mit ergänzenden Nachworten) in der 2. Aufl. 1927 und 3. Aufl. 1932. – Der Verfasser (1889–1967), von Anfang an der expressionistischen Bewegung verbunden, erlebte Aufgang und Niedergang der expressionistischen Lyrik in persönlicher Beteiligung. Das gibt seiner sehr objektiven Darstellung den besonderen Wert. In den Nachworten zur 2. und 3. Auflage führt Jacob die Gedankengänge fort und nimmt zur Lyrik der Zwanziger Jahre Stellung.

Frank Thiess, Das Ende des Expressionismus. – In: Ostdeutsche Monatshefte. Jg. 7 (1926), H. 1, S. 54–59. – Thiess (1890–1977), Romancier und Essayist, setzte sich mehrfach mit den Problemen des Expressionismus auseinander. In der ›Freien Deutschen Bühne‹ vom 25. Juli 1920 (Jg. 1, Nr. 48), S. 2017–2024 veröffentlichte er den ›Versuch einer Entwicklungsgeschichte des Expressionismus‹, in dem er den Begriff außerordentlich weit faßte:

»Ihn als Protest einer Kunstclique aufzufassen, die, koste es was es wolle, das Publikum düpieren und partout etwas Neues auf den Markt schmeißen will, geht nicht an. Auch solche cliquösen Richtungen tauchen wohl einmal auf, sterben aber früh ab und entbehren jeder Beziehung zu den übrigen Künsten. Der Expressionismus in seiner historischen Mission als denkbar leidenschaftlichste Betonung des Unendlichen gegenüber dem Endlichen, des Gefühls gegenüber dem berechnenden Verstande, ist nicht nur die Kunst, sondern auch die Lebensauffassung unserer Zeit. Dagegen wettern hilft ebenso wenig wie sehnsuchtsvoll rückwärts begehren. Wir alle sind, ob wir wollen oder nicht, in diesem

Sinne Expressionisten. Der große Humanitätsgedanke des zwanzigsten Jahrhunderts, das Streben nach einer über die nationalen Grenzen hinausgehenden Völkervereinigung, ist expressionistisch. Weltfriede (ja sogar Weltkrieg) ist ein expressionistischer Gedanke. Die Eroberung der Luft, des Grenzenlosen, des Kommunismus, das heißt die Aufhebung aller begrenzenden Schichten, ist Expressionismus . . .«

1922 veröffentlichte Thiess sein Buch ›Das Gesicht des Jahrhunderts. Briefe an Zeitgenossen‹. In einem darin abgedruckten Brief an Rolf Lauckner vom 12. Juni 1921 – also drei Jahre vor der vorliegenden Publikation – ist ihm das Ende des Expressionismus deutlich bewußt. Thiess schreibt:

»Wir sehen nach dem Absterben des Expressionismus, der einen schon merkwürdig vorgestrig anmutet, einen Tanz der Stille, der weniger auf Fülle denn auf Unsicherheit und Leere des Ausdrucks zu deuten scheint. Und wenn ich auch nicht leugnen will, daß der Expressionismus auf uns alle, die wir uns mit ihm auseinandersetzen mußten, geblieben ist, so sehe ich doch sein Ende schon gekommen . . .« (S. 124)

In diesem Sinne bemüht sich der hier abgedruckte Aufsatz um eine objektive Schlußbilanz.

Hermann Kesser, Überblick über den Expressionismus. – Unveröffentlichtes Rundfunkmanuskript, datiert 8. 1. 1930, aus dem Nachlaß von Hermann Kesser. Gesendet in der Berliner »Funkstunde«. – Kesser (1880–1952), ein bedeutender, zu Unrecht fast vergessener Autor unseres Jahrhunderts, dessen Weg »vom Chaos zur Gestaltung«, vom Expressionismus zur Neuen Sachlichkeit führte, hat sich mehrfach theoretisch zum Problem des Expressionismus geäußert. In der Frankfurter Zeitung erschien 1916 sein Aufsatz ›Der Journalismus und die politische Seele‹ [wiederabgedruckt in Kessers Essayband ›Vom Chaos zur Gestaltung‹. Frankfurt 1925, S. 51–77]. Die Grundgedanken sind in den vorliegenden Vortrag eingegangen, einige Passagen wurden wörtlich übernommen. In der ›Neuen Bücherschau‹ (Jg. 6, 1928, S. 549–553) schrieb Kesser einen Beitrag: ›Expressionismus – Zeitgeschichte‹. Teile dieses Aufsatzes sind ebenfalls für den Rundfunkvortrag übernommen worden. Ein Passus aus diesem Aufsatz, der deutlich aus dem Stilwillen der Neuen Sachlichkeit geschrieben ist, ist hier nachzutragen:

»Man wird gut daran tun, mit allem Nachdruck sich im Interesse der geistigen Reinlichkeit folgenden Sachverhalt klarzumachen: Daß die Ereignisse im Schrifttum und in der bildenden Kunst der letzten zwölf Jahre die Stimmführer und die Beweisführer für eine auf dem Wirklichkeitsboden stehende Literatur ans Licht gebracht haben, die als Kollektiverscheinung vordem in Deutschland niemals vorhanden gewesen ist. Es gab im deutschen Schrifttum schon zu Beginn des Krieges einige wenige Autoren, die immer Stimmführer und Beweisführer zu gleicher Zeit gewesen sind. Es wurden diese wenigen Autoren dann dem Expressionismus zugezählt. Für diese Autoren brauchte weder der ›Expressionismus‹ noch eine ›Neue Sachlichkeit‹ noch ein ›Neuer Naturalismus‹ anzufangen. Sie beweisen sich durch das Werk, nicht mittels einer Richtung. Alle Richtungen, alle ›Ismen‹ sterben. Und werden von Dichtungen überlebt. Es ist aber immerhin festzustellen, daß es niemals, weder in der bildenden Kunst noch im Schrifttum einen Zeitabschnitt gegeben hat, in dem sich das allgemeine Lebensgefühl derer, die überhaupt zu fühlen und ihre Gefühle auszudrücken imstande sind, in stärkerer Übereinstimmung dokumentiert hat als in der Epoche des vielgeschmähten Expressionismus.«

Kesser verstand es, in seinen Studien über den Expressionismus diese Bewegung in ihrer geistigen und politischen Dynamik als Ausdruck der Zeit zu sehen.

Nachspiel: Das ideologische Ärgernis. 1933–1938

Börries von Münchhausen, Die neue Dichtung. – Erstdruck in: Deutscher Almanach auf das Jahr 1934. Leipzig, Reclam-Verl. [1933]. S. 28–36, nachgedruckt in 34 Tageszeitungen. Wiederabdruck in: Münchhausen, Die Garbe. Ausgewählte Aufsätze. Stuttgart, Deutsche Verlagsanstalt (1933). S. 91–99. In diesem Zweitdruck finden sich einige wenige, aber bezeichnende Änderungen: In der Namensliste der Expressionisten fehlt Gottfried Benn, in der anderen wurde Josef Ponten nachgetragen. Weitere Lesarten: aus der finstersten bayrischen »Provinz« > aus der finsteren bayrischen »Provinz«; Großstadt oder Provinz > Großstadt oder Land; Behandlung entgegengesetzter Inhalte > Behandlung schnoddriger Inhalte; Schriftkunst > Wortkunst. – Dieser Angriff des bekannten Balladendichters (1874–1945) auf den Expressionismus, in dem die Literatur der Zwanziger Jahre einbezogen wird, ist symptomatisch für die Auffassung der konservativen Schriftsteller, die mit dem Dritten Reich ihre große Zeit anbrechen sahen. Im übrigen ist es eine Wiederholung der primitiven Argumente, die diese abseits stehenden, von Ressentiments erfüllten Schriftsteller schon 1920 aussprachen. In einem Aufsatz von Paul Schmid, Das literarische Chaos (Der Schwäbische Bund. Jg. 1, 1919/20, S. 464) heißt es z.B.:

»... der neue Inhalt wurde: Anarchie im weitesten Sinne; Aktivismus, Kommunismus, Kriegshaß, Liebe zu den Verworfenen; Zuhälter, Dirnen, Deserteure werden mit den wildesten Mitteln der Pubertät gestaltet; Irre, Mörder und Märtyrer mit abgrundtiefer Psychologie ausgestattet ...«

Münchhausens Beschimpfungen fanden unter den reaktionären Kräften lebhaften Anklang. Nur einer der ehemaligen Expressionisten antwortete auf diese Verleumdungen: Gottfried Benn. Zur Begründung dieser Entgegnung ist es notwendig, den Text von Münchausen wiederzugeben.

Gottfried Benn, Bekenntnis zum Expressionismus. – Erstdruck in: Deutsche Zukunft, 5. November 1933, S. 15–17; aufgenommen u.d.T.: Expressionismus, in Benn, Kunst und Macht. Stuttgart, Deutsche Verlagsanstalt (1934). S. 59–80. Wiederabdruck in: Benn, Gesammelte Werke. Hrsg. von Dieter Wellershoff. Bd. 1, Essays, Reden, Vorträge. 4. Aufl. 1977. Mit freundl. Genehmigung der Verlagsgemeinschaft Klett-Cotta. Wir legen den Druck von 1934 zugrunde, der sich vom Erstdruck dadurch unterscheidet, daß er einige Namen mehr nennt. – Benn (1886–1956), einer der wenigen Dichter, die den Expressionismus überlebten und ihn zu einer großen eigenen dichterischen Leistung umformten, antwortete mit diesem Aufsatz öffentlich auf den im Vorhergehenden abgedruckten Angriff Münchhausens. Geschrieben in den Monaten, da Benn noch an einen toleranten und humanen Nationalsozialismus glaubte, von dem er nicht zuletzt durch das Kunstbanausentum, das er am eigenen Leibe erlebte, kuriert wurde, ist als eine Replik zu verstehen. Es war eine mutige Apologie der dichterischen Jugend des Expressionismus. Nach einer werbenden Einleitung konnte er um so leidenschaftlicher die Größe und die Grenzen des Expressionismus schildern, noch in dem Glauben, er könne die neuen Machthaber bekehren. Eine solche Apologie des Expressionismus im Dritten Reich war äußerst mutig, sie hat es ein zweites Mal nicht mehr gegeben. Ein Jahr später heißt es in einem Brief an F.W. Oelze (24. 11. 1934):

»Die Worte im Anfang des ›Expressionismus‹ sind aus dem vorigen Jahr, als noch viel Glaube, Liebe, Hoffnung war, heute würde ich sie gewiß nicht schreiben. Heute würde ich schreiben: ›Die Fresse von Caesaren und das Gehirn von Troglodyten.‹«

Zur Entstehung ist folgendes anzumerken. Münchhausens Beitrag erschien um den 7. Oktober 1933. Benn schrieb daraufhin am 15. Oktober einen langen, noch unveröffentlichten Brief an den Autor, der wie er selbst Mitglied der Berliner Dichter-Akademie war. In dem Schreiben verwahrt er sich gegen die Anwürfe und Unterstellungen. Der außerordentlich scharfe Brief, der im Ansatz schon die Argumente des Aufsatzes enthält, endet mit einer Frage:

»Wie können Sie es über sich gewinnen, aus Ihrem gepflegten, eleganten Grandseigneur-Dasein, das Ihnen für Ihr Leben und für Ihre Kunst das Schicksal zuwies, mit diesen Terrassen, auf denen Sie Tee trinken, mit diesen Ritten von Damiette zum Teich Mensaheh, Ihrem Park, Ihren Türmen, Ihren Taxushecken, die qualvolle, zerrüttete, erbitterte Existenz meiner expressionistischen Generation mit diesen beleidigenden Ausdrücken zu zeichnen? Ich verstehe, daß man sich von ihr abheben will, daß man sie bekämpft, aber lassen Sie sich von mir versichern, es sind schmerzgezeichnete Züge mehr in dieser Generation, als wie Sie sie heute sehen wollen, und es lagen ungeheure existenzielle Kämpfe auf den Schultern und in den Gehirnen dieser letzten Generation einer untergangsgeweihten Welt. Ich bin sicher und ruhig, daß man eines Tages dies wissen wird.«

Oskar Loerke notierte am 19. Oktober 1933 in seinem Tagebuch:

»Montag, 16. Benns Zwist mit Börries von Münchhausen. Dieser hat im Reclamschen Almanach einen üblen, unklaren Ausfall auf die Dichter des Expressionismus gemacht und auf solche, die er zu Unrecht dazuzählt. Die Bosheit ist wenig bewußt, sie kommt aus einem überaus eitlen Herrschsuchts- und Geltungsbedürfnis. Der Erfolg solcher Leute ist größer als die Substanz, das Fehlende wird nun auf solche unreine Weise ersetzt.

Mittwoch, 17. Nach dem Verlag zu Benn in die Wohnung. Nochmals in Ruhe alles durchgelesen. Danach ist der Fall doch nicht so schlimm, wie er anfangs erschien. Über unsere innere Lage gesprochen, über die gefühlte Verantwortlichkeit und die Vergeblichkeit unserer Arbeit. Wohltuende Stunden.«

Benn entschloß sich zur öffentlichen Antwort, sein ›Bekenntnis zum Expressionismus‹ muß in wenigen Tagen niedergeschrieben worden sein, denn es erschien ja schon am 5. November 1933. Der heilige Zorn und die ganze Inbrunst der Empörung werden so verständlich. – Zwanzig Jahre später hat der Dichter den größten Teil dieser Konfession wörtlich übernommen für die Einleitung der Anthologie ›Die Lyrik des expressionistischen Jahrzehnts‹ (Wiesbaden, Limes-Verl. 1954).

Gerd Rühle, Das Ringen gegen die Bolschewisierung des geistigen Lebens. – In: Der Schulungsbrief. Hauptschulungsamt der NSDAP und der DAF. Jg. 3 (1936), Folge 7, Juli, S. 273 ff. – Rühle (1905–?) war Reichsamtsleiter der NSDAP, Mitglied des Reichstages und Mitglied der Akademie für Deutsches Recht. Er ist der Verfasser einer sechsbändigen dokumentarischen Darstellung des Aufbaus des Dritten Reiches.

Georg Lukács, »Größe und Verfall« des Expressionismus. – Erstdruck in: Internationale Literatur. Jg. 1 (1934), S. 153–173. Wiederabdruck in: Lukács, Schicksalswende. Berlin, Aufbau-Verl. 1948. S. 180–183; unverändert in: Lukács, Gesamtausgabe Band 4, Probleme des Realismus. Essay über Realismus. Darmstadt, Luchterhand 1971. – Lukács (1885–1971), der führende marxistische Literaturwissenschaftler, rechnet in dieser grundlegenden Studie mit dem Expressionismus unter dem Zwang einer dogmatischen Literaturtheorie ab. Die Argumentation allerdings ging zum Teil von einseitigen Voraussetzungen aus, denn er legt seiner Untersuchung vor allem die theoretischen Zeugnisse über den Expressionismus (Pinthus, Edschmid), weniger die Dichtungen selbst, zugrunde.

Alfred Kurella [Bernhard Ziegler], Nun ist dies Erbe zu Ende ... – Erstdruck in: Das Wort. Jg. 2 (1937), H. 9 (September), S. 42–49. Wiederabdruck in: Kurella, Zwischendurch. Verstreute Essays 1934–1940. S. 133–144. © 1961 Aufbau-Verlag Berlin und Weimar. – Kurella (1895–1975) hatte als Aktivist begonnen und sich früh dem Kommunismus angeschlossen. Mit diesem höchst einseitigen, unter dem Pseudonym Bernhard Ziegler erschienenen Aufsatz begann in der Moskauer deutschsprachigen Literaturzeitschrift ›Das Wort‹ [Red.: Bertolt Brecht, Lion Feuchtwanger, Willi Bredel] im September 1937 eine umfangreiche Diskussion. Kurellas Aufsatz schließt sich an Klaus Manns Benn-Polemik an, wendet den inzwischen ja schon überholten »Fall Benn« ins Allgemeine. Seine provokativen Behauptungen (z.B. »... wes Geistes Kind der Expressionismus war, und wohin dieser Geist, ganz befolgt, führt: in den Faschismus«) weckten Zustimmung und Widerspruch. In Heft 12 (Dezember 1937), S. 44–53 veröffentlichte Franz Leschnitzer eine Ehrenrettung von drei Expressionisten (Trakl, Heym, Lotz). Im 3. Jahrgang (1938), Heft 2, S. 89–102 setzten Herwarth Walden (Vulgär-Expressionismus) und Klaus Berger (Das Erbe des Expressionismus) die Debatte fort. In Heft 4 schrieben Kurt Kersten (s.u.) und Gustav von Wangenheim (Klassischer Expressionismus), in Heft 6 (S. 64–138) Peter Fischer (Wie beurteilen wir den Expressionismus?), Alfred Durus (Abstrakt, abstrakter, am abstraktesten), Heinrich Vogeler (Erfahrungen eines Malers), Werner Illberg (Die beiden Seiten des Expressionismus), Rudolf Leonhard, Ernst Bloch (s.u.) und Georg Lukács (Es geht um den Realismus). Im 7. Heft (Juli 1938) beschloß Bernhard Ziegler alias Alfred Kurella die von ihm entfesselte Debatte mit einem Schlußwort (S. 103–122). Die Diskussion wurde dem Expressionismus vielfach nicht gerecht, den Schreibenden fehlten in der Emigration meist die Dokumente und Quellen, außerdem waren sie von Ressentiments erfüllt, da man von vornherein den Expressionismus irrigerweise zu einem Präfaschismus degradierte. Um aber diese Polemik zu spiegeln, wird im folgenden der entscheidende, auch für das geschichtliche Verständnis wesentliche Beitrag abgedruckt. Kurella übrigens, der in seinem Schlußwort 1938 die Behauptung vom Expressionismus als Wegbereiter des Faschismus etwas zurücknahm, schreibt im Vorwort zum Wiederabdruck 1961 zurückblickend:

»Damals schon rief meine Identifizierung des Geistes, der Gottfried Benn die Feder führte, und des ›Geistes‹ der Naziideologie lebhaften Protest hervor. Ich habe die spitzen, ja überspitzten Formulierungen von damals stehen lassen. Soll sich auch heute noch einmal der Streit an ihnen entzünden! Daß nicht so viele deutsche Intellektuelle dem Nazismus zum Opfer gefallen wären, wenn sie nicht durch die Auflösung aller humanistischen Werte durch Leute wie Benn und durch den dekadenten Grundzug des ganzen Expressionismus geistig und moralisch entwaffnet worden wären, ist heute noch meine Überzeugung. Und man sehe einmal zu, *wo* alle Expressionisten (mit Ausnahme derer, die aufhörten, es zu sein und sich zu neuen sozialistischen Positionen durchrangen) heute gelandet sind, *wem* ihr Werk heute dient!« (S. 7)

Ernst Bloch, Diskussionen über Expressionismus. – In: Das Wort. Jg. 3 (1938), H. 6, S. 103–112. Wiederabdruck in: Bloch, Gesamtausgabe Band 4: Erbschaft dieser Zeit. © Suhrkamp Verlag Frankfurt am Main 1985, S. 264–275. Hingewiesen sei auch auf die wenig später geschriebenen Aufsätze ›Der Expressionismus, jetzt erblickt‹, S. 255–263; ›Das Problem des Expressionismus, nochmals‹, S. 275–278. – Der Philosoph Ernst Bloch (1885–1977) setzt sich in diesem Beitrag sowohl mit Lukács wie mit Ziegler-Kurella auseinander. Seine souveräne, über den Parteidoktrinen stehende Haltung bietet den Schluß des Nachspiels in unserem Zusammenhang und zugleich den Ausklang des Bandes mit dem verpflichtenden Vermächtnis: »Das Erbe des Expressionismus ist noch nicht zu Ende, denn es wurde noch gar nicht damit angefangen.«

Wir danken den Rechteinhabern für die freundliche Genehmigung zum Abdruck. In einigen Fällen ist es uns trotz intensiver Nachforschung nicht gelungen, die heutigen Rechteinhaber zu ermitteln. Wir bitten diese, sich mit dem Arche Verlag, Zürich in Verbindung zu setzen.

Der literarische Expressionismus in zeitgenössischen Dokumenten
Eine Bibliographie

I. Sammlungen

Pörtner, Paul: Literatur-Revolution 1910–1925. Dokumente, Manifeste, Programme. Bd. 1–2. Neuwied, Luchterhand 1960–1961. – Bd. 1. Zur Ästhetik und Poetik. 503 S.; Bd. 2. Zur Begriffsbestimmung der Ismen. 613 S. [zitiert: Pörtner.]

Expressionismus. Literatur und Kunst 1910–1923. Eine Ausstellung des Deutschen Literaturarchivs im Schiller-Nationalmuseum Marbach a. N. [Katalog.] Bearb. von Paul Raabe und H. L. Greve unter Mitarb. von Ingrid Grüninger. Marbach 1960. 349 S.; 15.–17. Tsd. 1961. – Enthält Auszüge aus zahlreichen Dokumenten.

Ich schneide die Zeit aus. Expressionismus und Politik in Franz Pfemferts ›Aktion‹ 1911–1918. Hrsg. von Paul Raabe, München, D. Taschenbuch-Verl. 1964. 385 S. (dtv-dokumente. 195/196.)

Chiarini, Paolo: Caos e Geometria. Per un regesto delle poetiche espressioniste. Firenze, »La nuova Italia« 1964. 240 S. – Sammlung der Dokumente des Expressionismus in Auszügen und Regesten.

II. Einzelne Veröffentlichungen

In den zeitlichen Gruppen alphabetisch geordnet: Buchpublikationen stehen voran, danach Beiträge in Büchern, Zeitschriften und Zeitungen; jeweils im Schlußteil Nennung der speziellen Beiträge (nach Gattungen und Problemen).

1. Bis 1914

Hiller, Kurt: Die Weisheit der Langenweile. Eine Zeit- und Streitschrift. Bd. 1–2. Leipzig, Kurt Wolff 1913. – Kapitel hier abgedruckt S. 25–34.

Bab, Julius: Neu-Berlin. In: Die neue Rundschau 23 (1912), S. 888–889.

Brodnitz, Käthe: Die futuristische Geistesrichtung in Deutschland. Vortrag 1914. – Erstdruck in diesem Band S. 42–50.

Eulenberg, Herbert: Jüngste Lyrik. Betrachtet, nicht beurteilt. In: Die neue Rundschau 24 (1913), S. 425–429.

Goll, Iwan: Expressionismus. In: Goll, Films. Berlin, Verl. der expr. Hefte 1914. Vorbemerkung. – Abdruck in diesem Band S. 301.

Hiller, Kurt: Die Jüngst-Berliner. In: Literatur und Wissenschaft. Monatliche Beilage der Heidelberger Zeitung, Juli 1914.

Huebner, Friedrich Markus: Krieg und Expressionismus. In: Die Schaubühne 10, II (1914), S. 441–443. – Wiederabdruck bei Pörtner II 178–181.

Korrodi, Eduard: Die Jüngsten der deutschen Literatur. In: Neue Zürcher Zeitung 1914, Nr. 771, 777, 779. – Abdruck in diesem Band S. 35–42.

Warstat, W.: Die Grundlagen des Expressionismus. In: Grenzboten 73, II (1914), S. 312–318.

Windholz, J. L.: Die von dreißig Jahren. In: März 7, III (1913), S. 167–170.

Zweig, Stefan: Das neue Pathos. In: Das literarische Echo 11 (1909), Sp. 1701–1709; Vorabdruck aus: Zweig, Emil Verhaeren. Leipzig, Insel-Verl. 1910. S. 107–109; auszugsweise nachgedruckt in: Das neue Pathos 1 (1913), H. 1, S. 1–6. – Abdruck in diesem Band S. 15–22.

2. 1915–1920

Bahr, Hermann: Expressionismus. Mit 20 Taf. München, Delphin-Verl. 1916. 170 S.; 25. Tsd. 1920

Däubler, Theodor: Der neue Standpunkt. [Aufsätze.] Dresden, Hellerauer Verl. 1916. 201 S.; 2. Aufl. Leipzig, Insel-Verl. 1919. 201 S.

Däubler, Theodor: Im Kampf um die moderne Kunst. Berlin, Erich Reiss 1919. 75 S. (Tribüne der Kunst und Zeit. Bd. 3.); 4. Aufl. 1919.

Edschmid, Kasimir: Über den Expressionismus in der Literatur und die neue Dichtung. Berlin, Erich Reiss 1919. 79 S. (Tribüne der Kunst und Zeit. Bd. 1); 6. Aufl. 1920.

Edschmid, Kasimir: Die doppelköpfige Nymphe. Aufsätze über die Literatur und die Gegenwart. Berlin, Paul Cassirer 1920. 238 S.

Edschmid, Kasimir: Frühe Manifeste. Epochen des Expressionismus. Hamburg, Wegner 1957. 138 S. (Die Mainzer Reihe. 9.)

Maerker, Friedrich: Lebensgefühl und Weltgefühl. Einführung in die Gegenwart und ihre Kunst. München, Delphin-Verl. 1920. 92 S.

Picard, Max: Das Ende des Impressionismus. München, Delphin-Verl. 1916. 76 S.; 2. Aufl. Zürich, Rentsch 1920. 67 S.

Sallwürk, Edmund: Der Weg zum literarischen Expressionismus. Langensalza, Beyer 1919. 28 S. (Friedrich Manns pädagogisches Magazin. 725.)

Sydow, Eckart von: Die deutsche expressionistische Kultur und Malerei. Berlin, Furche-Verl. 1920. 152 S.

Walden, Herwarth: Einblick in Kunst. Expressionismus, Futurismus, Kubismus. Berlin, Verl. Der Sturm 1917. 175 S. mit Abb.; 3.–5. Tsd. 1924.

Expressionismus. Die Kunstwende. Hrsg. von Herwarth Walden. Berlin, Verl. Der Sturm 1918. 142 S.

Adorno, Theodor: Expressionismus und künstlerische Wahrhaftigkeit. Zur Kritik neuer Dichtung. In: Die neue Schaubühne 2 (1920), S. 233–236.

Auernheimer, Raoul: Die expressionistische Bewegung. In: Neue Freie Presse (Wien), 1918, Nr. 19344.

Bahr, Hermann: Expressionismus und Goethe. In: Die neue Rundschau 25 (1914), S. 913–926.

Benzmann, Hans: Expressionismus in der neuesten Dichtung. In: Die Gegenwart 27 (1919), S. 81–89.

Best, Otmar: Zum Thema Expressionismus. In: Die Sichel 1 (1919), S. 30–34.

Blei, Franz: Über eine Literatur. In: Die weißen Blätter 2 (1915), S. 186–196.

Blessinger, Karl: Musik und Expressionismus. [Das Problem des Expressionismus III.] In: Der schwäbische Bund 1 (1919/20), S. 497–506.

Bonus, Arthur: Zum Expressionismus. In: Der Tag (Berlin) 1918, Nr. 288.

Brod, Max: Die drei Hauptströmungen der zeitgenössischen Literatur. In: Zeit-Echo 2 (1915/16), S. 196–199.

Clement, Frantz: Die Dichtung der neuen Generation. In: Das literarische Echo 21 (1918), Sp. 1–8. – Teilabdruck bei Pörtner II 241–245.

Corrodi, Hans: Zur Kritik des Expressionismus. In: Wissen und Leben 13 (1919/20), S. 319 bis 325.

Däubler, Theodor: Expressionismus. In: Die neue Rundschau 27 (1916), S. 1133–1138. – Teilabdruck bei Pörtner II 210–212.

Deri, Max: Idealismus und Expressionismus. In: Das junge Deutschland 1 (1918), S. 95–98.

Diebold, Bernhard: Schlagworte der Kunst. In: Feuer 1 (1919), S. 68–70. – Abdruck bei Pörtner II 302–306.

Döblin, Alfred: Von der Freiheit eines Dichtermenschen. In: Die neue Rundschau 29, I (1918), S. 843–850; Wiederabdruck in: Döblin, Aufsätze zur Literatur. Hrsg. von Walter Muschg. Olten, Walter Verl. 1963. S. 23–32. – Abdrucke bei Pörtner II 246–255 und in diesem Band S. 114–121.

Drill, Robert: Die Analyse des Expressionismus. In: Frankfurter Zeitung 1920, Nr. 843.

Edschmid, Kasimir: Expressionismus in der Dichtung. Rede gehalten am 13. 12. 1917. In: Die neue Rundschau 29, I (1918), S. 359–374. – Etwas veränderter Abdruck u. d. T.: Über den dichterischen Expressionismus. In: Edschmid, Über den Expressionismus in der Literatur und die neue Dichtung. Berlin, Reiss 1919. S. 39–78, zuletzt in: Edschmid, Frühe Manifeste. Hamburg, Wegner 1957. S. 26–43. – Abdruck in diesem Bande S. 90–108 nach dem Erstdruck.

Edschmid, Kasimir: Stand des Expressionismus. In: [Katalog] Deutscher Expressionismus, Darmstadt 1920. Unter künstlerischer Leitung der Darmstädter Sezession. Darmstadt 1920. S. 18–25. – Abdruck in diesem Band S. 173–176.

Edschmid, Kasimir: Die Situation der deutschen Dichtung. In: Edschmid, Die doppelköpfige Nymphe. Berlin, Cassirer 1920. S. 11–18.

Edschmid, Kasimir: Bilanz. In: Edschmid, Die doppelköpfige Nymphe. Berlin, Cassirer 1920. S. 209–231.

Fischer, E. K.: Knallen und Klingen. Zum Thema: Expressionismus oder Pseudo-Expressionismus? In: Der Kunstwart 33, I (1919), S. 102–103.

Flake, Otto: Von der jüngsten Literatur. In: Die neue Rundschau 26, II (1915), S. 1276–1287. – Abdruck in diesem Band S. 53–65, gekürzt bei Pörtner II 181–188. – Antwort von René Schickele in: Die weißen Blätter 3 (1916), S. 134–136; Abdruck in diesem Band S. 66–68, gekürzt bei Pörtner II 189–190.

Franck, Hans: Synthetismus. In: Masken 14 (1918/19), S. 13–16. – Auszug bei Pörtner II 262–264.

Goldfeld, Karl: Expressionismus und Dichtung. In: Das gelbe Blatt 1 (1919), S. 217 ff.

Gütersloh, A. P.: Deutung des Expressionismus. In: Der Friede 1 (1918), S. 262–264.

Gumperz, Julian: Über die geistige Ortsbestimmung des Expressionismus. Vortrag. In: Der Friede 3 (1919), S. 613–616; 4 (1919), S. 642–644; 662–664.

Gundolf, Friedrich: Stefan George und der Expressionismus. In: Die Flöte 3 (1920/21), S. 217–223. = Auszug aus Gundolf, George. Berlin, Bondi 1920. – S. 13–23 abgedruckt in diesem Band S. 163–170.

Hatvani, Paul: Versuch über den Expressionismus. In: Die Aktion 7 (1917), Sp. 146–150. – Abdrucke bei Pörtner II 214–219 und in: Ich schneide die Zeit aus. S. 273–277.

Haubach, Theodor: Expressionismus. In: Deutsche Kunst und Dekoration 45 (1919), S. 13–20.

Hauptmann, Moritz: Expressionismus. In: Weimarer Blätter 1919, S. 154–156.

Hausenstein, Wilhelm: Was ist Expressionismus? In: Der neue Merkur 3 (1919), S. 119–125; Wiederabdruck in: Hausenstein, Die Kunst in diesem Augenblick. München 1920. – Auszug bei Pörtner II 306–313.

Hefele, Herman: Ausdruck und Symbol. [Das Problem des Expressionismus I.] In: Der schwäbische Bund 1 (1919/20), S. 306–312.

Heine, Gerhard: Vom »jüngsten Tag« deutscher Dichtung. In: Die christliche Welt. Jg. 1916, Nr. 49, Sp. 938–941. – Abdruck in diesem Band S. 84–90.

Herwig, Franz: Vom literarischen Expressionismus. In: Hochland 13, II (1915/16), S. 232–235. – Abdruck in diesem Band S. 80–84.

Hesse, Hermann: Jüngste deutsche Dichtung. In: Schweizerland 2, II (1915/16), S. 399. – Abdruck in diesem Band S. 298–299.

Hesse, Hermann: Zu »Expressionismus in der Dichtung« [von Kasimir Edschmid]. In: Die neue Rundschau 29, I (1918), S. 838–843. – Abdruck in diesem Band S. 108–113, Auszug bei Pörtner II 255–257.

Hesse, Hermann: Die jüngste deutsche Dichtung. In: Wissen und Leben 13 (1919/20), S. 268–271.

Huebner, Friedrich Markus: Expressionismus und nichts Anderes. [Antwort an Friedrich Koffka.] In: Die Schaubühne 13 (1917), S. 123–127. – Auszug bei Pörtner II 200–203.

Huebner, Friedrich Markus: Der Expressionismus in Deutschland. In: Preußische Jahrbücher 173 (1920), S. 176–188; Wiederabdruck in: Huebner, Europas neue Kunst und Dichtung. Berlin, Rowohlt 1920. S. 81–95. – Abdruck in diesem Band S. 133–146; Auszug bei Pörtner II 361–368.

Jansen, F. M.: Über den Expressionismus. Eine Anklage. In: Die Tat 11 (1919), S. 338–345.

Johst, Hanns: Goethe und der Expressionismus. In: Die neue Rundschau 27 (1916), S. 717–718.

Kayser, Rudolf: Literatur in Berlin. In: Das junge Deutschland 1 (1918), S. 41 f. – Abdruck in diesem Band S. 130–132.

Kayser, Rudolf: Der Weg der neuen Dichtung. In: Das junge Deutschland 2 (1919), S. 109–114.

Keim, H. W.: Der Expressionismus als Weltanschauung. In: Das junge Deutschland 2 (1919), S. 171–174.

Keim, H. W.: Des Expressionismus Aufstieg und Irrgang. In: Masken 14 (1918/19), S. 33–48.

Klabund: Über neue menschlich-politische Dichtung. In: Berliner Börsen-Courier 1918, Nr. 423.

Klinger, Robert: Idealismus – Expressionismus. (Worte zu einer Entwicklung.) In: Aufschwung 1 (1919), S. 58–60.

Koffka, Friedrich: Expressionismus und einiges Andere. In: Die Schaubühne 13, I (1917), S. 104 bis 107. – Abdruck bei Pörtner II 195–200.

Koffka, Friedrich: Expressionismus und das Andere. [Erwiderung auf F. M. Huebners Entgegnung.] In: Die Schaubühne 13, I (1917), S. 222–225. – Auszug bei Pörtner II 203–204.

Kracauer, J.: Schicksalswende der Kunst. Ende des Expressionismus. In: Frankfurter Zeitung 1920, Nr. 806.

Kreitmaier, Josef: Vom Expressionismus. In: Stimmen der Zeit 96 (1918), S. 356–373.

Kühn, Julius: Die Geltung des Expressionismus. In: Die Flöte 1 (1918), S. 1–3.

Linck, Otto: Der Expressionismus im Spiegel der Zeit. In: Westermanns Monatshefte 127 (1919/20), S. 457–462.

Loerke, Oskar: Vielerlei Zunge. In: Die neue Rundschau 29, II (1918), S. 1228–1240.

Mahrholz, Werner: Über die Voraussetzungen des Expressionismus. In: Die Rheinlande 27 (1917), S. 31–32.

Marcus, Carl David: Ein Wort zum deutschen Expressionismus. In: Der Roland von Bremen 1 (1919), S. 134–136.
Molo, Walter von: Bekenntnis zum Expressionismus. In: Die Flöte 3 (1920), S. 49–52. – Abdruck in diesem Band S. 157–160.
Müller, Robert: Die europäische Seele im Bilde. Zum Verständnis des Expressionismus. In: Das Landhaus 2 (1917), S. 189–193.
Müller-Freienfels, Richard: Die deutsche Literatur um 1910. Versuch einer Klarlegung ihrer Haupttendenzen. In: Das literarische Echo 19 (1916/17), Sp. 1–9.
Müller-Freienfels, Richard: Die Literatur um 1915. (Der sogenannte »Expressionismus«.) In: Das literarische Echo 19 (1916/17), Sp. 1103–1112.
Müller-Freienfels, Richard: Über Wesen und Wert der zeitgenössischen Dichtung. In: Das literarische Echo 20 (1917/18), Sp. 1–10.
Müller-Freienfels, Richard: Deutsche Dichtung neben dem Kriege. Zum Problem des Expressionismus. In: Europäische Staats- und Wirtschaftszeitung 2 (1917), S. 1115 ff.
Musil, Robert: Expressionismus. [Notizen zu einem Vortrag. 1919.] In: Musil, Tagebücher, Aphorismen, Essays und Reden. Hrsg. von Adolf Frisé. Hamburg, Rowohlt 1955. S. 206–207. – Abdruck bei Pörtner II 284–286, in diesem Band S. 160–162.
Nikolaus, Paul: Der Sinn der jüngsten Dichtung. In: Die Flöte 2 (1919), S. 169–174.
Orlowius, H.: Expressionismus und seine Verirrungen. In: Preußische Jahrbücher 178 (1919), S. 143–148.
Overmans, Jacob: Der Verlag Kurt Wolff und seine neuen Dichter. In: Stimmen der Zeit 95 (1918), S. 281–289.
Paulsen, Rudolf: Das Tempo unserer Zeit und der Expressionismus. In: Das literarische Echo 21 (1918/19), Sp. 141–145. – Abdruck in diesem Band S. 149–153.
Picard, Max: Expressionismus. In: Die Erhebung. Hrsg. von Alfred Wolfenstein. Bd. 1. Berlin, S. Fischer 1919. S. 329–338. – Gekürzter Abdruck bei Pörtner II 292–297.
Pinthus, Kurt: Zur jüngsten Dichtung. In: Die weißen Blätter 2 (1915), S. 1502–1510; Abdruck in: Vom jüngsten Tag. Ein Almanach neuer Dichtung. Leipzig, Kurt Wolff 1916. S. 230–247. – Abdruck in diesem Band S. 68–79.
Schickele, René: Wie verhält es sich mit dem Expressionismus? In: Die weißen Blätter 7 (1920), S. 337–340. – Abdrucke bei Pörtner II 325–328 und in diesem Band S. 176–179.
Schilling, Heinar: Die schöne neue Kunst. Vorträge und Paraphrasen. Dresden, Stiemer 1918. 37 S. (Schilling, Meinungen. III.)
Schlaf, Johannes: Expressionismus. In: Der Merker 9 (1918), S. 240–244; 279–281; 311–316.
Schmid, Paul: Das literarische Chaos. Ein kritischer Versuch. [Das Problem des Expressionismus. II.] In: Der schwäbische Bund 1 (1919/20), S. 462–469.
Schmidt, Robert R.: Manifeste, Taten und Ekstasen. In: Saturn 5 (1919/20), S. 94–98.
Scholz, Hans Gerhard: Expressionismus. In: Die Maske (Mährisch-Ostrau) 1 (1920), Nr. 13/14, S. 1–6.
Schreyer, Lothar: Expressionistische Dichtung. In: Sturm-Bühne Folge 3/4 (1918), S. 19–20; Folge 6 (1918), S. 1–3.
Schulte, Heinrich: Die Idee des Expressionismus. In: Weimarer Blätter Jg. 1919, S. 148–153.
Georg Simmel und Johannes Volkelt über den Expressionismus. In: Der Kunstwart 32 (1919), S. 40–42
Susman, Margarete: Expressionismus. In: Die Masken 4 (1918/19), S. 93–96. – Abdruck in diesem Band S. 153–157.
Sydow, Ekart von: Das religiöse Bewußtsein des Expressionismus. In: Neue Blätter für Kunst und Dichtung 1 (1918/19), S. 193–199. – Auszug bei Pörtner II 266–269.
Sydow, Eckart von: Der doppelte Ursprung des deutschen Expressionismus. In: Neue Blätter für Kunst und Dichtung 1 (1918/19), S. 227–230.
Thiess, Frank: Versuch einer Entwicklungsgeschichte des Expressionismus. In: Freie deutsche Bühne 1 (1919/20), S. 2017–2024.
Thissen, Felix: Expressionismus in der Dichtung. In: Hochland 17, I (1919/20), S. 617–618.
Timpe, Paul: Unsere Expressionisten. In: Der Berg 1 (1919), H. 9.
Tränkner, Chr.: Expressionismus in der Dichtung. In: Preußische Jahrbücher 178 (1919), S. 246 bis 261.
Wachsberger, Arthur: Expressionismus und Impressionismus. In: Der Strom 1 (1919), Nr. 4, S. 20–26.
Was wollte der Expressionismus? In: Dada Almanach. Hrsg. von Richard Huelsenbeck. Berlin, Erich Reiss 1920. S. 35–41.

Weiglin, Paul: Unsere literarische Jugend. In: Velhagen & Klasings Monatshefte 33 (1918), S. 386 bis 388.
Weimann, Rudolf: Die jungen Dichter. In: Münchner Neueste Nachrichten 1918, Nr. 383.
Wiener, Richard: Kunst und Werk. Zur Idee des Expressionismus. In: Der Friede 3 (1919), S. 281f.
Witkowski, Georg: Das jüngste Dichteraufgebot. In: Berliner Tageblatt 1918, Nr. 643.
Wittner, Victor: Das Werden der neuen Dichtkunst. In: Preußische Jahrbücher 181 (1920), S. 337 bis 339.
Zifferer, Paul: Die jungen Dichter. In: Neue Freie Presse (Wien), 20. 10. 1917.

Bock, Kurt: Die junge Lyrik. In: Das gelbe Blatt 1 (1919/20), S. 326–330.
Gregori, Ferdinand: Expressionismus in der Lyrik. In: Österreichische Rundschau 61 (1919), S. 28–34.
Kühn, Herbert: Das Wesen der neuen Lyrik. In: Die neue Schaubühne 1 (1919), S. 365–375.

Bab, Julius: Die Expressionisten und das Drama. In: Die Schaubühne 12, II (1916), S. 266–270.
Bab, Julius: Expressionistisches Drama. In: Die Schaubühne 12, II (1916), S. 286–289.
Bab, Julius: Expressionistisches Drama. In: Deutsche Bühne. Jahrbuch der Frankfurter Städtischen Bühnen. Bd. 1. Frankfurt 1919. S. 107–122.
Csokor, Franz Theodor: Der Expressionismus als Regieproblem. In: Die deutsche Bühne 12 (1920/21), S. 195 ff.
Diebold, Bernhard: Expressionismus und Bühnenkunst. In: Die Szene 6 (1916), S. 159–164.
Heynicke, Kurt: Dramatischer Expressionismus. In: Der Freihafen 1 (1918), S. 125–128.
Hollander, Walther von: Expressionismus des Schauspielers. In: Die neue Rundschau 28, I (1917), S. 575–576. – Abdruck bei Pörtner II 239–240.
Kayser, Rudolf: Das neue Drama. In: Das junge Deutschland 1 (1918), S. 138–141. – Teilabdruck bei Pörtner II 235–238.
Kerr, Alfred: Junges Deutschland. In: Die neue Rundschau 29, II (1918), S. 976–983. – Abdruck in diesem Band S. 121–130.
Kerr, Alfred: Dramen-Expressionismus. In: Die neue Rundschau 30, II (1919), S. 1005–1014.
Rheiner, Walter: Expressionismus und Schauspiel. In: Die neue Schaubühne 1 (1919), S. 14–17. – Abdruck bei Pörtner II 278–280.
Schneider, Manfred: Der Expressionismus im Drama. Ein einführender Vortrag. Stuttgart, Hoffmann 1920. 32 S.
Sinsheimer, Hermann: Das neue Pathos auf der Bühne. In: Das Reich 2 (1917), S. 478–494.
Walzel, Oskar: Vom jüngsten deutschen Drama. In: Deutsche Bühne. Bd. 1. Frankfurt 1919. S. 25–48.
Weichert, Richard: Expressionismus und Regisseur. In: Freie deutsche Bühne 1 (1919), S. 721–723.

Krell, Max: Über neue Prosa. Berlin, Reiss 1919. 80 S. (Tribüne der Kunst und Zeit. 7.)
Rychner, Max: Die Prosa des Expressionismus. In: Wissen und Leben 13 (1919/20), S. 28–33.

Braun, Hanns: Das Religiöse und die jüngste Dichtung. In: Der neue Merkur 3 (1919/20), S. 600 bis 610.
Fischer, Richard: Expressionismus und Politik. In: Menschen 2 (1919), Nr. 28, S. 3.
Fredershoff, Hans: Die Sprache der Expressionisten. In: Phaeton 1 (1919/20), H. 10/11, S. 31–33.
Goldschmidt, Kurt Walter: Expressionismus und Romantik. In: Romantik 2 (1919/20), H. 2, S. 10–14.
Hiller, Kurt: Überlegungen zur Eschatologie und Methodologie des Aktivismus. In: Das Ziel. Hrsg. von Kurt Hiller. Bd. 3. München 1919. S. 195–217. – Auszug bei Pörtner II 437–442.
Hiller, Kurt: Ortsbestimmung des Aktivismus. In: Die Erhebung. Hrsg. von Alfred Wolfenstein. Bd. 1. Berlin 1919. S. 360–377.
Jolowicz, Ernst: Expressionismus und Psychiatrie. In: Das Kunstblatt 4 (1920), S. 273–276. – Abdruck bei Pörtner II 328–335.
Kühn, Herbert: Expressionismus und Sozialismus. In: Neue Blätter für Kunst und Dichtung 2 (1919), S. 28–30.
Muschg, Walter: Expressionismus und Schriftbild. In: Neue Zürcher Zeitung, 15. 8. 1919.
Schneider, Manfred: Expressionismus und Zeitgeist. In: Die Flöte 3 (1920/21), S. 85–89.
Schreyer, Lothar: Expressionismus und Politik. In: Deutsches Volkstum 1919, S. 304–307.
Stammler, Wolfgang: Der Geist der Renaissance und des Expressionismus. In: Das hohe Ufer 1 (1919), S. 278–282.

Wegener, Karl Hanns: Expressionismus und Kulturbolschewismus. In: Rheinisch-Westfälische Zeitung, 1918, Nr. 1048.

3. 1921–1932

Blunck, Richard: Der Impuls des Expressionismus. Hamburg, Harms 1921. 50 S.
Krell, Max: Bilanz der Dichtung. (Vortrag.) Stuttgart und Heilbronn, Seifert 1923. 47 S.; Auszu Die neue Dichtung. Jahrbuch 1922/23, S. 257–268.
Vogeler, Heinrich: Expressionismus. Eine Zeitstudie. Hamburg, Hoym 1921. 29 S. (Kulturfragen. Nr. 2)
Worringer, Wilhelm: Künstlerische Zeitfragen. (Vortrag gehalten am 19. 10. 1920.) München, Bruckmann 1921. 32 S.
Juden in der deutschen Literatur. Essays über zeitgenössische Schriftsteller. Hrsg. von Gustav Krojanker. Berlin, Welt-Verl. 1922. 359 S.
Wolfenstein, Alfred: Jüdisches Wesen und neue Dichtung. Berlin, Reiss 1922. 54 S. (Tribüne der Kunst und Zeit. 28.)
Diebold, Bernhard: Anarchie im Drama. Frankfurt, Frankfurter Verlagsanstalt 1921. 479 S.
Emmel, Felix: Das ekstatische Theater. Prien, Kampmann & Schnabel 1924. 356 S.
Freyhan, Max: Das Drama der Gegenwart. Berlin, Mittler & Co. 1922. 120 S.
Kurtz, Rudolf: Expressionismus und Film. Berlin, Verl. der Lichtbildbühne 1926. 135 S.

Bab, Julius: Expressionismus. In: Das deutsche Drama. Hrsg. von Robert F. Arnold. München, Beck 1925. S. 783–810.
Binding, Rudolf G.: Dichterischer und allgemeiner Expressionismus. In: Faust 1 (1922), S. 1–9; Wiederabdruck u. d. T.: Lage der Dichter um 1920. In: Binding, Rufe und Reden. Frankfurt a.M., Rütten & Loening 1928. S. 191–203. – Abdruck bei Pörtner II 346–354.
Bock, Kurt: Wesen, Wert, Wille jüngster Dichtung. In: Ostdeutsche Monatshefte 3 (1923), S. 521 bis 522.
Charol, Michael: Das expressionistische Erbe. In: Berliner Börsen-Zeitung 1921, Nr. 67.
Cremers, P. J.: Deutscher Expressionismus. In: Hellweg 4 (1924), S. 566 ff.
Diebold, Bernhard: Was bleibt vom Expressionismus? In: Zeitschrift für deutsche Bildung 5 (1929), S. 259–262.
Elster, Hanns Martin: Die Lage der deutschen Dichtung. In: Die Flöte 5 (1922), S. 1–5.
Fischer, Max: Neue Wege zur Dichtung. In: Faust 1 (1922), H. 2, S. 16–24.
Fischer, Otto: Mit Zungen reden. Eine Glosse über den Expressionismus. In: Der schwäbische Bund 4 (1921) ,S. 215–218.
Franck, Hans: Die geistigen Grundlagen der neuen Dichtung. In: Hellweg 2 (1922), S. 457–460; Wiederabdruck in: Szene 12 (1922), S. 173–178.
Friedell, Egon: Der Sinn des Expressionismus. In: Prager Presse 1922, Nr. 40.
Goll, Iwan: Der Expressionismus stirbt. In: Zenit 1 (1921), Nr. 8, S. 8–9. – Abdrucke bei Pörtner II 337–339 und in diesem Band S. 180–181.
Hatvani, Paul: Der Expressionismus ist tot ... es lebe der Expressionismus. In: Renaissance 1 (1921), H. 1, S. 3–4; H. 2, S. 10–12. – Abdruck in diesem Band S. 182–186.
Heise, Carl Georg: Die Forderung des Tages. In: 1925. Ein Almanach für Kunst und Dichtung aus dem Kurt Wolff Verlag. München 1925. S. 5–15.
Kayser, Rudolf: Das Ende des Expressionismus. In: Der neue Merkur 4 (1920/21) S. 248–258. – Auszug bei Pörtner II 318–324.
Keim, H. W.: Die geistige Grundlage der neuesten Dichtung. In: Zeitschrift für Deutschkunde 35 (1921), S. 161–174.
Kesser, Hermann: Expressionismus – Zeitgeschichte. In: Die neue Bücherschau 6 (1928), S. 549 bis 553.
Kesser, Hermann: Überblick über den Expressionismus. (Rundfunkvortrag vom 8. 1. 1930.) – Erstdruck in diesem Band S. 217–225.
Krell, Max: Menschheitsdämmerung. Vom Geiste jüngster Dichtung. In: Revue Rhenane 1921, S. 343–345.
Muckermann, Friedrich: Von der Mystik des Expressionismus. In: Gral 15 (1921), S. 194–203.
Münchhausen, Börries von: Nekrolog für den Expressionismus. In: Deutsche Allgemeine Zeitung, 13. 12. 1925.
Natonek, Hans: Gespräche im Zwischenakt [über das Ende des Expressionismus]. In: Das Stachelschwein 1 (1924), Nr. 2, S. 1–3. – Abdruck bei Pörtner II 380–383

Pieper, Kurt: Dämmerung des Expressionismus. In: Die Drei 5 (1925), S. 17–23.
Reinboth, Gerhard: Die Betonung der schaffenden Persönlichkeit bei den »Jüngsten«. In: Das literarische Echo 23 (1921), Sp. 966–968.
Sarnetzki, D. H.: Die Dichtung nach dem Weltkriege. In: Kölnische Zeitung, 16. 12. 1922.
Thiess, Frank: Das Ende des Expressionismus. In: Ostdeutsche Monatshefte 7 (1926), S. 54–59. – Abdruck in diesem Band S. 211–217.
Walden, Herwarth: Expressionismus. In: Der Sturm 17 (1928), S. 2–12.
Wandrey, Conrad: Vom Grundwillen der expressionistischen Literatur. In: Die deutsche Rundschau 209 (1926), S. 71–79.
Wedderkop, Hermann von: Expressionismus und Wirklichkeit. In: Feuer 3 (1921/22), S. 141–144.
Witkowski, Georg: Deutsche Dichtung 1919/20. In: Mosse Almanach 1921, S. 155–164.
Zech, Paul: Expressionistisch – ein neuer Kunstirrtum. – In: Volksbühnen-Blätter 1 (1923), S. 29 bis 31. – Abdruck in diesem Band S. 189–194.

Hiltbrunner, Hermann: Kritische Gedanken über expressionistische Lyrik. In: Die Schweiz 25 (1921), S. 499–507.
Jacob, Heinrich Eduard: Zur Geschichte der deutschen Lyrik seit 1910. In: Verse der Lebenden. Deutsche Lyrik seit 1910. Hrsg. von H. E. J. Berlin, Propyläen-Verl. 1924. S. 5–29; 3. Aufl. 1932. – Abdruck in diesem Band S. 194–211.
Loerke, Oskar: Die sieben jüngsten Jahre der deutschen Lyrik. [1921] Mitget. von Reinhard Tgahrt. In: Jahrbuch der Deutschen Schillergesellschaft 8 (1964), S. 33–40.
Muckermann, Friedrich: Von der Lyrik des Expressionismus. In: Stimmen der Zeit 100 (1921), S. 38–51.
Schott, Georg: Expressionistische Lyrik. In: Neue Blätter für Kunst und Literatur 4 (1921), S. 50 bis 53.

Diebold, Bernhard: Bilanz der jungen Dramatik. In: Die neue Rundschau 34 (1923), S. 734–754.
Gottfurcht, Fritz: Symbolisten, Expressionisten und ihre Regisseure. In: Der Feuerreiter 1 (1921), S. 30–36.
Krell, Max: Das Drama von heute. In: Das deutsche Theater der Gegenwart. Hrsg. von Max Krell. München, Rösl 1923. S. 65–69.
Marcuse, Ludwig: Das expressionistische Drama. In: Weltliteratur der Gegenwart. Band Deutschland. Bd. 2. Hrsg. von Ludwig Marcuse. Berlin, Schneider 1924. S. 137–169.

Krell, Max: Expressionismus der Prosa. In: Weltliteratur der Gegenwart. Band Deutschland. Bd. 2. Hrsg. von Ludwig Marcuse. Berlin, Schneider 1924. S. 3–59.

Ehrenstein, Albert: Die Juden in der modernen deutschen Dichtung. In: Neue Zürcher Zeitung, 13. 8. 1922.
Haas, Wilhelm: Charontik und Expressionismus. In: Hellweg 2 (1922), S. 12–13.
Heinsius, Walter: Zur Poetik des Expressionismus. In: Das literarische Echo 24 (1921/22), Sp. 833 bis 838.
Herwig, Franz: Das religiöse Gefühl in der zeitgenössischen Dichtung. In: Gral 16 (1922), S. 194 bis 201; 244–248; 360–363.

Namenregister

Adler, Paul 104
Aischylos 244
Albrechtsberger 48
Alsberg, Max 248
Altenberg, Peter 35, 73, 161, 182
Alverdes, Paul 231
Angelus Silesius 140
d'Annunzio, Gabriele 57
Archipenko, Alexander 144, 236
Arnim, Achim von 104, 158, 195, 197

Bach, Johann Sebastian 239
Bachmair, H. F. S. 144
Bachofen, J. J. 280, 288
Bäumler, Alfred 280, 288
Bahr, Hermann 35, 48, 161
Ball, Hugo 296
Balzac, Honoré de 37, 71, 159, 288
Bang, Herman 38, 48, 112
Barbusse, Henri 182, 223
Barlach, Ernst 235, 271, 279
Bartók, Béla 237
Baudelaire, Charles 28, 163, 198
Baum, Peter 65
Baumbach, Rudolf 230
Becher, Johannes R. 49, 61, 74, 86, 106, 109, 142, 144, 177, 193, 194, 195, 205, 206, 212, 237, 256, 285, 293
Bechtejeff, Wladimir Georgiewitsch 138
Beckmann, Max 176
Beer-Hofmann, Richard 199
Beethoven, Ludwig van 48
Belling, Rudolf 236
Benn, Gottfried 11, 26, 75, 76, 177, 203, 228, 230, *235–246*, 275 ff., 283, 304–306
Berg, Alban 216, 237
Berger, Klaus 306
Bergengruen, Werner 231
Bertram, Ernst 278
Beumelburg, Werner 231
Bierbaum, Otto Julius 48, 97
Billinger, Richard 231
Björnson, Björnstjerne 139
Bismarck, Otto von 251
Blass, Ernst 25, 32–34, 75, 106, 131, 202, 203, 261, 295
Blei, Franz 144, 199
Bloch, Ernst 11, 142, 228, *283–293*, 306, 307
Blok, Alexander 181
Blüher, Hans 259, 276
Blunck, Hans Friedrich 231
Boccaccio, Giovanni 104
Boccioni, Umberto 141, 144
Böcklin, Arnold 112, 174
Böhme, Jakob 239
Boldt, Paul 24, 25, 74, 80, 84, 86, 131, 203
Borchardt, Rudolf 199
Brâncusi, Constantin 236
Brandes, Georg 114
Braque, Georges 236
Braun, Felix 199
Brecht, Bertolt 237, 248, 306
Brentano, Clemens 158, 195
Brod, Max 75, 78, 87, 89, 90, 131, 138, 177, 200, 201, 202, 206
Brodnitz, Käthe 24, *42–50*, 296
Bronnen, Arnolt 213
Brütt, Ferdinand 214
Brust, Alfred 213
Buber, Martin 105, 140
Büchner, Georg 104, 160, 174
Burckhardt, Jakob 199, 280, 288
Byron, Lord 123

Calé, Walter 73
Carossa, Hans 231, 233
Carrà, Carlo 236
Cassirer, Paul 145
Cézanne, Paul 141, 177, 184, 214, 238, 288
Chagall, Marc 144, 212, 284
Chamberlain, Houston Steward 280, 288
Cherubini, Luigi 48
Chirico, Giorgio de 236, 281
Chrestien de Troyes 101
Claudius, Matthias 209
Conradi, Hermann 238
Conti, Primo 212
Corinth, Lovis 212
Coster, Charles de 104
Curtius, Ludwig 278

Dacqué, Edgar 278
Däubler, Theodor 73, 106, 141, 142, 171, 178, 199, 210, 237
Dante Alighieri 104
Darwin, Charles 134
Dehmel, Richard 35, 109, 112, 126, 196, 202
Demolder, Eugène 104
Derain, André 141, 212
Déroulède, Paul 19
Dickens, Charles 39, 230
Diederichs, Eugen 140
Dix, Otto 213, 223, 284, 293
Döblin, Alfred 104 f., *114–121*, 162, 177, 230, 233, 298, 299
Dostojewski, Fjodor 39, 71, 79, 111, 136, 139, 160, 207
Drey, Arthur 25
Dreyer, Max 231
Driesch, Hans 278
Droste-Hülshoff, Annette von 196
Dürer, Albrecht 239
Durus, Alfred 306

Eberz, Josef 214
Eckhard, Meister 101, 140, 239
Edschmid, Kasimir 52, 76, 81, 83, 89, *90–108*, 108–113, 142, 145, 162, *173–176*, 177, 180, 212, 237, 297 f., 301, 306
Ehrenbaum-Degele, Hans 204, 295
Ehrenstein, Albert 73 f., 75, 105, 106, 204, 223, 230, 264, 285, 295
Eichendorff, Joseph Freiherr v. 158, 196, 209
Einstein, Albert 278
Einstein, Carl 48, 76
Eulenberg, Herbert 41, 191
Ewers, Hanns Heinz 48

Fechter, Paul 238
Feininger, Lyonel 144
Fichte, Johann Gottlieb 55
Finckh, Ludwig 231
Firdusi 196
Fischer, Peter 306
Fischer, S. 37, 145
Flake, Otto 52, *53–65*, 66–68, 212, 269, 296, 297
Flaubert, Gustave 71, 104, 109, 159, 183
Fontane, Theodor 113, 116
Frank, Bruno 248
Frank, Leonhard 65, 76, 105, 132, 140, 182, 223
Frenssen, Gustav 230, 231, 233
Freud, Sigmund 127, 278
Frey, Erich M. 248
Frobenius, Leo 278
Fuchs, Rudolf 211
Fulda, Ludwig 191

Ganghofer, Ludwig 258
Gauguin, Paul 141
Geibel, Emanuel 196, 230
George, Stefan 10, 35, 69, 93, 109, 110, 131, 156, 160, 163, 167–170, 197, 198, 201, 206, 230, 244, 258, 271, 300
Ghuttmann, W. S. 296
Goebbels, Josef 228, 271, 281, 284
Goethe, Johann Wolfgang von 21, 38, 42, 47, 55, 60, 61, 101, 110, 111, 112, 113, 116, 158, 159, 170, 174, 186, 195, 198, 203, 205, 209, 231, 237, 238, 241, 242, 244, 249, 280, 288, 290
Goering, Reinhard 125 f., 127, 128, 129, 192, 237, 299
Gogh, Vincent van 104, 141, 238
Gogol, Nikolai 39, 104
Goll, Iwan *180–181*, 301
Goya, Francisco de 123
Grabbe, Christian Dietrich 160
Grauthoff, Otto 184
Greco, El 153, 184
Griese, Friedrich 231
Grillparzer, Franz 48
Grimm, Hans 231
Grogger, Paula 231, 233
Gropius, Walter 236
Grosz, George 144, 223, 284, 293
Grünewald, Matthias 101, 102, 150, 173, 290
Gütersloh, Paris von 161, 162
Gundolf, Friedrich *163–170*, 199, 300
Gyrowetz, Adalbert 48

Hamsun, Knut 104, 109, 215
Hardekopf, Ferdinand 34, 76, 131, 202, 295
Haringer, Jakob 249
Hasenclever, Walter 25, 74, 107, 128 f., 132, 142, 145, 180, 190, 192, 204, 213, 251, 285, 297, 299
Hatvani, Paul *182–186*, 301 f.
Hauptmann, Carl 238
Hauptmann, Gerhart 10, 35, 38, 40, 54, 55, 59, 60, 112, 139, 158, 161, 190, 191, 196
Hausenstein, Wilhelm 172, 184
Haydn, Joseph 48
Heartfield, John 293
Hebbel, Friedrich 40, 47, 71, 82, 158
Hebel, Johann Peter 231
Heckel, Erich 142
Hegel, Georg Wilhelm Friedrich 115
Hegner, Jacques 141
Heine, Gerhard *84–90*, 148, 297
Heine, Heinrich 196, 202, 288
Heinse, Johann Jakob Wilhelm 104
Heise, Carl Georg 172
Heisenberg, Werner 278
Herwig, Franz *80–84*, 148, 297
Herzog, Wilhelm 144, 177, 178, 261
Hesse, Hermann 38, 55, *108–113*, 216, 279, 285, 298
Heym, Georg 24, 25, 26–29, 65, 74, 76, 86, 106, 131, 138, 201 f., 205, 236, 237, 285, 295, 296, 306
Heymel, Alfred Walter von 48
Heyse, Paul 196
Hiller, Kurt 7, 9, 24, *25–34*, 48, 131, 145, 177, 178, 202, 258, 260, 261, 276, 285, 295, 296, 299
Hindemith, Paul 237
Hirschfeld, Magnus 249
Hitler, Adolf 251, 252, 253, 276, 280, 282, 283, 292
Hoddis, Jakob van 24, 25, 131, 202, 261
Hodler, Ferdinand 154
Hölderlin, Friedrich 74 f., 104, 111, 154, 158, 162, 170, 198, 205, 238, 244
Hofer, Karl 236
Hoffmann, E. Th. A. 186
Hofmannsthal, Hugo von 10, 37, 38, 73, 129, 197, 198, 199, 230
Holz, Arno 139, 158, 190, 196
Homer 15, 204, 205, 288
Honegger, Arthur 237
Huber, Ferdinand 47
Huch, Friedrich 38
Huch, Geschwister 231
Huebner, Friedrich Markus 9, *133–146*, 299 f.

Hugo, Victor 18, 21
Husserl, Edmund 32

Jacob, Heinrich Eduard 9, 76, 188, *194–211*, 302
Jacobsohn, Siegfried 219
Jacques, Norbert 49
Jahnn, Hans Henny 238
Jammes, Francis 185
Jansen, Werner 231
Jawlensky, Alexej 138
Ibsen, Henrik 40, 60, 71, 112, 113, 134, 139, 159, 161
Jentzsch, Robert 296
Illberg, Werner 306
Johannsen, Wilhelm Ludwig 278
Johst, Hanns 192, 231, 237, 260
Jordan, Pascal 278
Joyce, James, 238
Jung, C. G. 278
Jung, Franz 60, 73

Kästner, Erich 233
Kafka, Franz 76, 81, 82, 83, 89, 105, 177
Kaiser, Georg 107, 142, 177, 191, 192, 193, 194, 213, 230, 237, 248, 250, 263, 264, 299
Kammerer, Paul 278
Kandinsky, Wassilij 138, 224, 236, 284
Kant, Immanuel 45, 154, 240, 257
Kassner, Rudolf 199
Keats, John 198
Keller, Gottfried 55, 111, 112, 113, 159
Keller, Philipp 76
Kerr, Alfred 9, 34, 44, *121–130*, 178, 190, 219, 299
Kersten, Kurt 11, 306
Kesser, Hermann 9, *188–225*, 303
Keyserling, Eduard von 214
Kiepenheuer, Gustav 144
Kiesgen, Laurenz 34
Kirchner, Ernst Ludwig 142, 178, 236
Klaatsch, Hermann 278
Klabund 296
Klages, Ludwig 278
Klee, Paul 144, 236, 249, 284
Kleist, Heinrich v. 107, 158, 191, 192, 238
Klemm, Wilhelm 75
Klinger, Max 15
Klopstock, Friedrich Gottlieb 75, 207
Köhler, Wolfgang 278
Koffka, Friedrich 124 f., 299
Kokoschka, Oskar 142, 212, 223, 230, 236, 249, 284
Kolbenheyer, Erwin Guido 231
Kornfeld, Paul 107, 111, 112, 142
Korrodi, Eduard 24, *34–42*, 296
Kraft, Paul 75
Kraus, Karl 44, 75, 79
Krenek, Ernst 216, 237, 252
Kretschmer, Ernst 278
Kurella, Alfred 228, *277–282*, 306 f.
Kutscher, Artur 296
Kyser, Hans 128

Landau, Lola 211
Landsberger, Arthur 249
Laotse 79, 112
Larsen, Anker 215
Lasker-Schüler, Else 49, 73, 106, 199, 230, 249, 285
Latzko, Andreas 223
Lauff, Joseph 258
Leger, Fernand 141, 236
Lehmbruck, Wilhelm 173, 178, 223
Leibl, Wilhelm 112
Lenau, Nikolaus 208
Lenin 144, 254, 267
Leonhard, Rudolf 11, 75, 177, 259, 285, 306
Leschnitzer, Franz 284, 306
Lessing, Gotthold Ephraim 45, 158, 192
Leybold, Hans 49, 296
Lichtenstein, Alfred 25, 74, 131, 202, 236, 261
Liebermann, Max 176, 182
Lienhard, Fritz 66
Liliencron, Detlev von 35, 196, 202
Lilienfein, Heinrich 231
Lissauer, Ernst 69
Löns, Hermann 230
Loerke, Oskar 73, 106, 209, 210, 211, 237, 305
Loewenson, Erwin 296
Lotz, Ernst Wilhelm 24, 61, 75, 132, 306
Lublinski, Samuel 230
Ludendorff, Erich 181, 211
Ludwig, Emil 251
Lukács, Georg 228, *254–273*, 284 ff., 306, 307
Lunatscharski, A. V. 144
Luther, Martin 55

Mach, Ernst 268
Macke, August 236
Maeterlinck, Maurice 266
Malipiero, G. Francesco 237
Manet, Edouard 174, 214
Mangold, Ernst 278
Mann, Heinrich 31, 56 f., 58, 59, 60, 66, 67, 71, 104, 107, 138, 142, 177, 178, 199, 230, 252, 258, 259, 276
Mann, Thomas 10, 37, 38, 161, 214, 216, 280
Marc, Franz 115, 138, 236, 284
Marcuse, Ludwig 188
Marées, Hans von 174, 176, 184
Marinetti, Filippo Tommaso 177, 237
Marx, Karl 134, 267
Masereel, Frans 236
Matisse, Henri 141, 212
Matthias, Leo 132
Maupassant, Guy de 57, 159
May, Ernst 250
Mechthild von Magdeburg 101
Mehring, Walter 250

Meidner, Ludwig 178, 180, 230
Meier-Gräfe, Julius 184
Mell, Max 199
Mendelssohn, Erich von 38
Meyer, Conrad Ferdinand 161
Meyer, Semi 278
Michelangelo Buonarotti 120, 153
Miegel, Agnes 231
Mörike, Eduard 111, 209, 288
Moholy-Nagy, László 212
Molo, Walter von *157–160*, 300
Mombert, Alfred 109, 140, 191, 194
Monet, Claude 175, 176
Mozart, Wolfgang Amadeus 47, 48
Müller, Georg 36
Münchhausen, Börries v. 228, *229–234*, 304, 305
Munch, Edvard 121, 141, 176, 238
Mundt, Albert 145
Musil, Robert 76, *160–162*, 300

Napoleon I. 170, 251
Nietzsche, Friedrich 18, 30, 34, 39, 43, 46, 117, 134, 170, 199, 200, 207, 220, 238, 241, 261, 268, 280, 281, 288
Nolde, Emil 235, 271, 284
Notker 101
Novalis 46, 47, 49, 55, 104, 109, 158, 199, 207

Otten, Karl 49

Pascal, Blaise 79
Paulsen, Rudolf *149–153*, 300
Pechstein, Max 212, 279
Petöfi, Alexander 17
Pfemfert, Franz 44, 144, 177, 178, 267
Picard, Max 214, 217, 262, 266
Picasso, Pablo 112, 141, 176, 177, 212, 215, 224, 236, 293
Pinthus, Kurt 9, 52, *68–79*, 80, 81, 84, 190, 261, 262, 267, 285, 297, 306
Piper, Reinhard 138
Piscator, Erwin 247, 250
Pissarro, Camille 175
Planck, Max 278
Poe, Edgar Allan 160
Poelzig, Hans 236, 279
Poincaré, Raymond 211
Proust, Marcel 238

Rabelais, François 104
Radbruch, Gustav 260
Raffael Santi 119, 121
Rathenau, Walther 37, 259
Reinhardt, Max 145
Reininghaus 178
Reiss, Erich 145
Remarque, Erich Maria 250, 253
Rembrandt 153
Renoir, Auguste 175, 176
Rilke, Rainer Maria 10, 34, 35, 46, 69, 131, 138 197, 198, 203, 230, 233, 244
Rilla, Walter 145
Rimbaud, Arthur 185, 202
Rodenberg, Julius 35
Rodin, Auguste 150
Rohde, Erwin 280, 288
Rosenberg, Alfred 253, 268, 273, 280, 288
Rousseau, Henri 186
Rousseau, Jean Jacques 186
Rowohlt, Ernst 145
Rubiner, Ludwig 106, 131, 132, 177, 178, 180, 223, 230, 255, 261, 285, 296
Rübsam, Jupp 250
Rühle, Gerd *247–253*, 306

Sachs, Hans 46
Sack, Gustav 237
Sauer, Hedda 34
Schack, Adolf von 196
Schäfer, Wilhelm 231
Schaeffer, Albrecht 75, 199
Schaffner, Jakob 231
Schaukal, Richard 38, 199
Schauwecker, Franz 231
Scheerbart, Paul 230
Scheffel, Viktor von 230
Scheler, Max 278
Schelling, Friedrich Wilhelm Josef von 46
Schickele, René 62, 63, 64, 65, *66–68*, 76, 81, 82, 83, 86, 89, 104, 111, 140, 141, 144, 173, *176–179*, 211, 285, 296, 297, 301
Schiller, Friedrich von 18, 25, 113, 158, 195, 196, 204, 239
Schirokauer, Arno 11, 188
Schlegel, Friedrich von 46, 47, 68
Schmid, Paul 304
Schmidt, Robert R. 295
Schmidt-Rottluff, Karl 212, 236
Schmidtbonn, Wilhelm 191, 199
Schnack, Brüder 211
Schneider, Ferdinand Josef 11, 188
Schnitzler, Arthur 35, 38, 161
Schönberg, Arnold 216
Scholz, Wilhelm von 231
Schott, Karl von 214
Schröder, Rudolf Alexander 75, 199
Schrödinger, Erwin 278
Schumann, Robert 122
Schwind, Moritz von 55, 60
Schwob, Marcel 81, 82, 83
Seewald, Richard 214
Seidel, Ina 231
Severini, Gino 144
Shakespeare, William 59, 102, 113, 158, 174 192, 198
Simmel, Georg 139, 259
Slevogt, Max 176, 182, 212, 214
Soergel, Albert 11, 188, 236
Sombart, Werner 37

Somlo, F. 260
Sophokles 126
Sorge, Reinhard 107, 122 f., 190, 192, 237, 299
Spann, Othmar 268
Spemann, Adolf 278
Spengler, Oswald 142, 268, 278
Spitteler, Carl 35
Stadler, Ernst 24, 65, 66, 75, 87, 89, 106 f., 211, 236, 237, 296
Stendhal 159
Stephan, Rudi 236
Stehr, Hermann 231
Sternheim, Carl 41, 65, 71, 72, 81, 82, 83, 89, 105, 107, 142, 162, 173, 177, 191, 230, 263, 264
Storm, Theodor 112, 113, 161
Stramm, August 106, 115, 125, 191, 230, 236, 237
Strauss, Emil 38, 55, 231
Strauss, Richard 199, 216
Strawinsky, Igor 216, 237
Strindberg, August 102, 128, 139, 154, 159
Stückgold, Stanislaw 138
Sudermann, Hermann 55, 139, 191
Susman, Margarete *153–157*, 300
Suso, Heinrich 140
Swedenborg, Emanuel 207

Taine, Hippolyte 134
Thiess, Frank 189, *211–217*, 302 f.
Tieck, Ludwig 48
Toller, Ernst 192, 230, 247, 251
Tolstoi, Leo 39, 65, 118, 136, 160, 220, 223
Toulouse-Lautrec, Henri 186
Tower 278
Trakl, Georg 24, 41, 73, 75, 85, 86, 106, 211, 236, 237, 285, 306
Troeltsch, Ernst 278
Trotzki, Leo 126, 144, 211

Unger, Erich 296
Unruh, Fritz von 107, 127 f., 129, 193, 223, 299
Utrillo, Maurice 212

Vaihinger, Hans 142
Vauvenargues 32
Verhaeren, Emile 19 f., 21, 22, 24, 40, 69, 295
Verlaine, Paul 123, 202, 295
Vogeler, Heinrich 11, 306
Vollmöller, Carl 199

Wagner, Richard 71, 117, 238, 241
Walden, Herwarth 11, 144, 177, 268, 306
Walser, Robert 73, 105
Walther von der Vogelweide 208, 271
Walzel, Oskar 11
Wangenheim, Gustav von 306
Wassermann, Jakob 35, 199, 230
Wedekind, Frank 59, 71, 107, 109, 139, 159, 160, 191, 230, 237
Wegner, Armin T. 211
Wehner, Josef Magnus 231
Weill, Kurt 248
Weininger, Otto 124
Weißbach, Richard 295
Werefkin, Marianne von 138
Werfel, Franz 25, 29–32, 40, 41, 65, 70, 75, 76, 79, 87 f., 89, 105 f., 107, 112, 123 f., 131, 132, 138, 145, 162, 177, 193, 194, 195, 200 f., 206, 207, 208, 209, 210, 211, 230, 259, 264, 276, 285, 286, 295, 297, 299
Westheim, Paul 144, 184
Whitman, Walt 17, 18, 24, 30, 40, 69, 204
Wiechert, Ernst 231
Wilde, Oscar 38
Wildenbruch, Ernst von 196
Wilhelm II. 251, 258
Winckelmann, Johann Joachim 280, 288
Wirz, Otto 215
Wolf, Friedrich 251
Wolfenstein, Alfred 25, 70, 74, 76, 106, 131, 145, 162, 177, 203, 211, 230, 270
Wolff, Kurt 38, 41, 80, 84, 145
Wolzogen, Ernst von 197
Worringer, Wilhelm 172, 254, 262, 263, 266, 278
Wright, Brüder 198

Zech, Paul 40, 41, 75, 106, 188, *189–194*, 211, 230, 295, 302
Zehder, Hugo 144
Zoff, Otto 211
Zola, Emile 71, 106, 108, 220, 223
Zuckmayer, Carl 248
Zweig, Arnold 76
Zweig, Stefan *15–22*, 24, 199, 295

Über den Herausgeber

Paul Raabe, geboren 1927, Dipl.-Bibliothekar; Studium der Germanistik und Geschichte, Promotion über die Briefe Hölderlins; 1958–68 Leiter der Bibliothek des Dt. Literaturarchivs Marbach a. N.; Habilitation; seit 1968 Direktor der Herzog August Bibliothek, Wolfenbüttel; Professor für Neuere Dt. Literaturgeschichte an der Universität Göttingen. Arbeiten über den literarischen Expressionismus sowie zur Buch- und Bibliotheksgeschichte.

Der Arche Verlag setzt die Tradition der Veröffentlichungen
expressionistischer Texte mit der neuen Reihe
ARCHE-EDITIONEN DES EXPRESSIONISMUS
Herausgegeben von Paul Raabe
in Werk- und Briefausgaben sowie in Studienausgaben
mit folgenden Titeln fort:

Jakob van Hoddis
Dichtungen und Briefe
Hg. von Regina Nörtemann
536 Seiten. Geb.

In Vorbereitung:
Ferdinand Hardekopf
Dichtungen
Hg. von Ingrid Heinrich-Jost

Ferdinand Hardekopf
Briefe
Hg. von Bernhard Echte

Ernst Wilhelm Lotz
Dichtungen und Briefe
Hg. von Jürgen von Esenwein

Ludwig Meidner
Dichtungen und Briefe
Hg. von Paul Raabe